Die Volksinitiative in Sachsen

DRESDNER SCHRIFTEN ZUM ÖFFENTLICHEN RECHT

Herausgegeben von Jochen Rozek

Band 2

PETER LANG
Frankfurt am Main · Berlin · Bern · Bruxelles · New York · Oxford · Wien

Georg Mester

Die Volksinitiative in Sachsen

Ein Beitrag zur verfassungsgeschichtlichen
und verfassungsrechtlichen Entwicklung
des legislativen Einleitungsverfahrens
seit der Verfassung von 1831

PETER LANG
Europäischer Verlag der Wissenschaften

Bibliografische Information Der Deutschen Bibliothek
Die Deutsche Bibliothek verzeichnet diese Publikation in der Deutschen Nationalbibliografie; detaillierte bibliografische Daten sind im Internet über <http://dnb.ddb.de> abrufbar.

Zugl.: Dresden, Techn. Univ., Diss., 2002

88
ISSN 1439-0132
ISBN 3-631-50999-5

www.peterlang.de

Inhaltsverzeichnis

Abkürzungsverzeichnis

a.a.O.	am angegebenen Ort
Abs.	Absatz
a. D.	außer Dienst
a. M.	am Main
Anm.	Anmerkung
AöR	Archiv für Öffentliches Recht, Archiv des Öffentlichen Rechts
ArbuR	Arbeit und Recht
Art.	Artikel
a. S.	an der Saale
Aufl.	Auflage
Bay.VGHE	Entscheidung des bayerischen Verfassungsgerichtshofes
Bd.	Band
BGBl.	Bundesgesetzblatt
BK	Bonner Kommentar
BVerfGE	Entscheidungen des Bundesverfassungs-Gerichts
ca.	cirka
CDU	Christlich Demokratische Union
DDR	Deutsche Demokratische Republik
DDP	Deutsche Demokratische Partei
ders.	derselbe
Diss.	Dissertation
DNG	Die neue Gesellschaft
DNVP	Deutsch Nationale Volkspartei
DÖV	Die Öffentliche Verwaltung
Dr.	Doktor
DuR	Demokratie und Recht
DVBl	Deutsches Verwaltungsblatt
DVP	Deutsche Volkspartei
ebd.	ebenda
etc.	et cetera
e. V.	eingetragener Verein
f.	folgende

ff.	fortfolgende
FDGB	Freier Deutscher Gewerkschaftsbund
FDP	Freie Demokratische Partei
Fn.	Fußnote
FRV	Frankfurter Reichsverfassung
GBl.	Gesetzblatt
GE	Gohrischer Entwurf
gem.	gemäß
GG	Grundgesetz
GS.	Gesetzessammlung
GVBl.	Gesetz- und Verordnungsblatt
GVOBl.	Gesetz- und Verordnungsblatt
GVBl. NW	Gesetz- und Verordnungsblatt für Nordrhein - Westfalen
HdbSächsStVerwR	Handbuch des sächsischen Staats- und Verwaltungsrechts
HdbSächsVerf	Handbuch der Verfassung des Freistaates Sachsen
HdbStR	Handbuch des Staatsrechts
Hrsg.	Herausgeber
hrsg.	herausgegeben
i.d.F.	in der Fassung
i.S.d.	im Sinne des
i.V.m.	in Verbindung mit
JA	Juristische Ausbildung
JöR	Jahrbuch des öffentlichen Rechts der Gegenwart
JW	Juristische Wochenschrift
JZ	Juristische Zeitschrift
KPD	Kommunistische Partei Deutschlands
K. T.	Klausurtagung
LEG	Ländereinführungsgesetz
LDP	Liberal Demokratische Partei
LDPD	Liberal Demokratische Partei Deutschlands
LKV	Landes- und Kommunalverwaltung
MDHS	Maunz, Dürig, Herzog, Scholz
MSPD	Mehrheitlich Sozialdemokratische Partei
m.w.N.	mit weiteren Nachweisen
N. F.	neue Fassung
NJW	Neue Juristische Wochenschrift
Nr.	Nummer
NS	Nationalsozialismus

NSDAP	Nationalsozialistische Arbeiterpartei Deutschlands
NVwZ	Neue Zeitschrift für Verwaltungsrecht
NWVBl.	Verwaltungsblatt des Landes Nordrhein - Westfalen
PDS	Partei des demokratischen Sozialismus
Prof.	Professor
RAO	Reichsabstimmungsordnung
Rdnr.	Randnummer
RGBl.	Reichsgesetzblatt
RGVE	Reichsgesetz über den Volksentscheid
RuP	Recht und Politik
RV	Reichsverfassung
S.	Seite
SächsGemO	Gemeindeordnung für den Freistaat Sachsen
SächsSparG	Sparkassengesetz des Freistaates Sachsen
SächsVerfGH	Verfassungsgerichtshof des Freistaates Sachsen
SächsVBl.	Verwaltungsblatt des Freistaates Sachsen
SächsVerf	Sächsische Verfassung
SächsVerfGHG	Sächsisches Verfassungsgerichtshofsgesetz
SAG	Sowjetische Aktiengesellschaft
SBZ	Sowjetische Besatzungszone
SED	Sozialistische Einheitspartei Deutschlands
SEP	Sozialistische Einheitspartei
SLH	Schleswig - Holstein
SMA	Sowjetische Militäradministration
SMAD	Sowjetische Militäradministration in Deutschland
SMAS	Sowjetische Militäradministration in Sachsen
SPD	Sozialdemokratische Partei Deutschlands
Ts.	Taunus
USA	Vereinigte Staaten von Amerika
US	Vereinigte Staaten
USPD	Unabhängige Sozialdemokratische Partei Deutschlands
usw.	und so weiter
VBl.	Verordnungsblatt
VEB	Volkseigener Betrieb
Vf.	Verfahren
vgl.	vergleiche
VOBl.	Verordnungsblatt
v. Chr.	vor Christus

VVDStRL	Veröffentlichungen der Vereinigung der Deutschen Staatsrechtslehrer
VVVG	Gesetz über Volksantrag, Volksbegehren und Volksentscheid
VVVGVO	Verordnung zur Durchführung des Gesetzes über Volksantrag, Volksbegehren und Volksentscheid
WRV	Weimarer Reichsverfassung
z.B.	zum Beispiel
ZfG	Zeitschrift für Geschichtswissenschaft
ZöR	Zeitschrift für öffentliches Recht
ZG	Zeitschrift für Gesetzgebung
ZK	Zentralkommitee
ZParl	Zeitschrift für Parlamentsfragen
ZRP	Zeitschrift für Rechtspolitik

Einleitung

I Aufgabenstellung und Methode

In der vorliegenden Arbeit wird die verfassungsgeschichtliche und verfassungsrechtliche Entwicklung des legislativen Einleitungsverfahrens seit der Sächsischen Verfassung von 1831 im Hinblick auf die Volksinitiative hin untersucht.

Ziel der Arbeit ist herauszufinden, welche Rolle Sachsen im Hinblick auf die Volksinitiative im Vergleich zu den anderen deutschen Ländern einnimmt, genauer, ob der sächsischen Verfassungsentwicklung eine singuläre Stellung zukommt, die möglicherweise eine Vorreiterrolle für andere Länder hat, oder aber ob sie sich in die allgemeine Entwicklung einfügen läßt, die auch in anderen deutschen Ländern zu beobachten ist.

Ein weiteres Ziel der Arbeit ist herauszufinden, ob es eine spezifische sächsische Tradition im Hinblick auf die Volksinitiative gibt. Nach dem Wortlaut der Präambel der Verfassung vom 6. Juni 1992 hat sich das Volk im Freistaat Sachsen seine Verfassung dank der friedlichen Revolution des Oktober 1989 gestützt auf Traditionen der sächsischen Verfassungsgeschichte gegeben. Welche konkreten Traditionen sächsischer Verfassungsgeschichte gemeint sind und wie weit sie im einzelnen zurückreichen, hat weder die Gohrische Gruppe noch der Verfassungs- und Rechtsausschuß klargestellt, jedoch sollen sie die seit der Verkündung der ersten sächsischen Verfassung vom 4. September 1831 begonnene Geschichte geschriebener sächsischer Verfassungen einschließen.[1]

Die Untersuchung setzt methodologisch auf verschiedenen Ebenen an. Sie will einmal die verfassungsgeschichtlichen Voraussetzungen klären, die über Brüche hinweg zur aktuellen verfassungsrechtlichen Verankerung der Volksinitiative geführt haben, zum anderen soll diese Entwicklung ihrerseits wiederum auf ihre verfassungsrechtliche Dimension hin befragt werden. Folgenden Fragen wird daher nachzugehen sein: Wann fand die Volksinitiative in Sachsen erstmals spürbares Interesse? Bestand dieses Interesse besonders in Sachsen oder auch im übrigen Deutschland und seinen Ländern? Des weiteren: Haben ausländische Regelungen und Erfahrungen Einfluß gehabt (Schweiz, Frankreich, USA)? Gab

---

1 Vgl. Bericht des Verfassungs- und Rechtsausschusses zum Ausschußentwurf der Verfassung des Freistaates Sachsen, Abschnitt 1.

es in Sachsen bezüglich der Ausgestaltung der Volksinitiative spezifische Vorstellungen; haben sich sächsische Politiker oder Wissenschaftler besonders exponiert oder war die Idee in Sachsen lediglich übernommen worden? Welche Gesichtspunkte waren für die Einführung der Volksinitiative maßgebend? Waren es ausschließlich solche der Volksgesetzgebung, spielte auch das Verhältnis zwischen Parlament und Regierung eine Rolle oder übernahm der sächsische Verfassungsgeber die Volksinitiative nur, weil sie vielleicht in anderen Verfassungen Deutschlands bereits aufgenommen worden war? Wie kam es zu den Brüchen während der NS-Zeit und der zwangsweisen Einbindung Sachsens in die sozialistische Ordnung? Auf Grund welcher Vorstellungen wurde die Volksinitiative nach diesen Brüchen wieder eingeführt? Gab es Faktoren, welche die Volksinitiative in Sachsen begünstigten? Hierzu sind spezifische Rahmen- und Randbedingungen für die Entwicklung der Volksinitiative in Sachsen herauszuarbeiten. Dazu gehören die unterschiedlichen Regelungen der jeweiligen Verfassungen und deren jeweilige Entstehung sowie die Argumente für und gegen eine Volksinitiative. Diese sind einander gegenüberzustellen, um die Frage nach einer spezifischen sächsischen Tradition beantworten zu können.

Zunächst wird die theoretische Grundlegung des Volksinitiativrechts herauszuarbeiten sein, da es dieses als Element der Volksgesetzgebung in ihrer Anfangsphase noch nicht gab. Spezifische Gründe, welche die Entwicklung der Volksinitiative begünstigten beziehungsweise erst ermöglichten, werden aufzuzeigen sein, um sagen zu können, ob sie auch in der späteren Entwicklung in Sachsen maßgeblich waren.

Es liegt auf der Hand, daß mit der Untersuchung nicht erst dann eingesetzt werden kann, wenn die Volksinitiative verfassungsrechtlich zum ersten Mal verankert wird. Es sind vielmehr die verfassungshistorischen Prämissen zu untersuchen, die die Grundlage hierfür bilden.

Der Schwerpunkt der Arbeit wird bei der verfassungsgeschichtlichen Entwicklung der Volksinitiative liegen. Jedoch ist stets der Bezug zur aktuellen Verfassung und zu den sich aus ihr ergebenden Fragen bis zur Gegenwart im Auge zu behalten. Die jeweiligen Erkenntnisse werden einander gegenübergestellt, im Hinblick auf Argumente der Befürworter und Gegner miteinander verglichen, praktische Erfahrungen aus der Vergangenheit herangezogen und Erfahrungen aus der Gegenwart betrachtet, um schließlich aus der Gesamtbetrachtung von Verfassungsgeschichte und aktuellem Verfassungsrecht heraus einen Ausblick auf zukünftige Entwicklungen zu wagen.

II Stand der Forschung

Eine umfassende, die verschiedenen Epochen übergreifende Darstellung der Volksinitiative in Sachsen liegt bisher nicht vor. Verschiedene Aspekte der Entwicklung, die in die vorliegende Untersuchung mit einbezogen werden, sind in der Literatur partiell bereits behandelt. Es handelt sich dabei entweder um allgemeingeschichtliche Darstellungen, oder, soweit Untersuchungen zur sächsischen Verfassungsgeschichte vorliegen, um solche, die in der Regel das Gesetzesinitiativrecht nicht zentral zum Thema haben.

Im Hinblick auf die allgemeinen Grundlagen der Initiativberechtigung des Volkes in Aufklärung und Revolution liegen einige Untersuchungen vor, die sich mit den Anfängen der Volksgesetzgebung in Frankreich, in den USA und in der Schweiz beschäftigen.[2] Die Idee zur Erweiterung der Volksgesetzgebung, wie sie etwa von Buonarotti, einem Mitglied der sogenannten Verschwörergruppe um Babeuf und der „Verschwörung für die Gleichheit" aus dem Jahre 1796[3], vertreten worden ist, wird in der einschlägigen Literatur zwar angesprochen, aber nicht weiter vertieft.

Die für die Institutionalisierung der Gesetzgebung bedeutsame konstitutionelle Bewegung ist im Schrifttum umfassend bearbeitet.[4] Auch liegt im Hinblick auf die Verfassungsentwicklung in Sachsen zu Beginn des 19. Jahrhunderts umfangreiches und insbesondere auch zeitgenössisches Schrifttum vor.[5] Des

---

2 Vgl. nur *Adams*, Republikanismus und die ersten amerikanischen Einzelverfassungen, Diss. Berlin 1968; *Heussner*, Volksgesetzgebung in den USA und in Deutschland, Berlin 1994; *Fleiner-Gerster*, Allgemeine Staatslehre, 2. Aufl., 1995; *Lange von Stocmeier*, Volk, Gesetz und Regierung in der Französischen Revolution. Eine vergleichende Darstellung nach Verfassung und Verfassungsentwürfen von 1789 bis 1795, Diss. Bonn 1968; *Loewenstein*, Volk und Parlament nach der Staatstheorie der französischen Nationalversammlung von 1789, Aalen 1964.

3 *Buonarotti*, Conspiration pour l'égalité dite de Babeuf, Bruxelles 1828, deutsche Übersetzung von *Anna* und *Wilhelm Blos*, Stuttgart 1909; zu Babeuf und seiner Verschwörung für die Gleichheit siehe *Jonas*, Die Gesellschaftslehre des Babeuf, in: Jahrbuch für Sozialwissenschaft 1965, S. 317-336; *Ramm*, Die Grossen Sozialisten als Rechts- und Staatsphilosophen, Bd. 1, Stuttgart 1955; *Latzkow*, Babeuf und die Verschwörung für die Gleichen, Diss. Tübingen 1914.

4 Siehe z.B. *Böckenförde*, in: ders. (Hrsg.), Moderne deutsche Verfassungsgeschichte (1815-1914), Königstein/Ts. 1981, S. 146-170; *Gangl*, in: Probleme des Konstitutionalismus im 19. Jahrhundert, Berlin 1975, (Beihefte zu Der Staat, Heft 1), S. 23-59.

5 Anmerkungen Dresdner Sachwalter über den Entwurf der Verfassungsurkunde und des Wahlgesetzes für das Königreich Sachsen, Dresden 1831; *Biedermann*, Mein Leben und ein Stück Zeitgeschichte, Bd. 1, 1812-1849, Breslau 1886; *von Friesen*, Erinnerungen aus meinem Leben, Bd. 1, Dresden 1880; *Grävell*, Sachsens Wiedergeburt. Ein Sendschreiben an Se. Majestät König Friedrich August, Mainz 1814; *Just*,

weiteren finden bis in die heutige Zeit das Verfassungsrecht und die Verfassungsentwicklung in Sachsen zu Beginn des 19. Jahrhunderts Beachtung.[6] Jedoch ist bei genauerer Betrachtung festzustellen, daß die Entwicklung des Gesetzesinitiativrechts hierbei kaum zureichende Berücksichtigung findet. So gut wie keine der angesprochenen Untersuchungen bezieht sich konkret auf die Entwicklung des Gesetzesinitiativrechts während der konstitutionellen Bewegung. Die verschiedenen Vorschläge innerhalb der Verfassungsberatungen werden nicht thematisiert und die konstitutionelle Bewegung nicht darauf hin durchleuchtet, ob in ihr weitergehende Forderungen bezüglich des Gesetzesinitiativrechts erhoben worden sind.

Auch in allgemein geschichtlichen Werken, selbst mit verfassungs- und verwaltungsgeschichtlichem Bezug, wird die hier zu erörternde Thematik kaum angesprochen.[7]

Zwar findet die deutsche Revolution von 1848 im Schrifttum allgemein umfangreiche Beachtung,[8] den hier bedeutsamen Forderungen auf Reichsebene

---

Geschichte der Sächsischen Verfassung nebst einer Würdigung des Inhalts der Verfassungsurkunde und einer Betrachtung über das, was zu ihrer Erfüllung theils schon geschehen ist, theils noch geschehen soll. Denkschrift zur Jahresfeier der Übergabe der Sächsischen Verfassungsurkunde an die Landstände, Zittau 1832; *Sporschil*, Bemerkungen über den Entwurf der Verfassungsurkunde des Königreichs Sachsen, Leipzig 1831; Ausschnitte aus den Verfassungsberatungen und der Werdegang der Verfassung sind angeführt bei *von Witzleben*, Die Entstehung der constitutionellen Verfassung des Königreichs Sachsen, Leipzig 1881; siehe weiterhin *Krehl*, Was geschehen müsse, wenn die neue Verfassung dem sächsischen Volke wirklich Segen bringen soll, Rede bei einer kirchlichen Feier, Meißen 1832.

6 *Reinhardt*, Die sächsischen Unruhen der Jahre 1830-1831 und Sachsens Übergang zum Verfassungsstaat (Teildruck), Diss. Halle/a. S. 1915; *Schlechte*, Die Vorgeschichte der sächsischen Verfassung vom 4. September 1831, Diss. Borna-Leipzig 1927; *Leuthold*, in: Marquardsen (Hrsg.), Handbuch des Öffentlichen Rechts der Gegenwart; Tübingen 1884, S. 169-254; *O. Mayer*, Das Staatsrecht des Königreichs Sachsen, Tübingen 1909; *Wyduckel*, in: SAXONIA, Bd. 7, Dresden 2000, S. 34f.; ders., in: Bauer, Breuer, Degenhart, Oldiges (Hrsg.), 100 Jahre Allgemeines Baugesetz Sachsen, Stuttgart 2000, 20ff.; *Dautz*, Dresdner Hefte 8 (1991), Heft 26, S. 41-46; ders., Sächsische Heimatblätter 37 (1991), S. 202-204; *Hammer*, Sächsische Heimatblätter 37 (1991), S. 204-207; ders., Neues Archiv für sächsische Geschichte 1995, S. 183-208; *Kretzschmar*, in: Der Sächsische Landtag. Geschichte und Gegenwart, Dresden 1990, S. 21-34; *Ruhland*, Dresdner Hefte 8 (1991), Heft 26, S. 5-12.

7 Z.B. *Blaschke*, in: Jeserich, Pohl, von Unruh (Hrsg.), Deutsche Verwaltungsgeschichte, Bd. 2, Stuttgart 1983, S. 608-643; *Kötzschke/ Kretzschmar*, Sächsische Geschichte. Werden und Wandlung eines Deutschen Stammes und seiner Heimat im Rahmen der Deutschen Geschichte, Frankfurt/a. M. 1965; *Schmidt*, Die Staatsrefom in Sachsen in der ersten Hälfte des 19. Jahrhunderts, Weimar 1966; *Gerlach*, Sachsen. Eine politische Landeskunde, Köln 1993.

nach Einführung der Volksinitiative[9] wird jedoch wenig Aufmerksamkeit geschenkt.[10] Fast gänzlich unberücksichtigt bleiben die entsprechenden Forderungen des Stadtverordneten Köchly aus Dresden. Auf sie geht, wie es scheint, nur ein einziger Autor näher ein.[11]

Das allgemeingeschichtliche[12] und verfassungsgeschichtliche[13] Schrifttum zur Weimarer Republik ist im Hinblick auf die Volksinitiative in Sachsen wesentlich weniger ergiebig, als man es aufgrund der Tatsache, daß diese nun erstmalig eingeführt wurde, erwarten dürfte. Die Gründe hierfür werden im Laufe der Untersuchung herauszuarbeiten sein. Zur Untersuchung des Werdegangs der Volksinitiative ist darüber hinaus jedenfalls auf zeitgenössische Aufzeichnungen[14] sowie auch auf unveröffentlichtes Material zurückzugreifen.

Zum Vergleich der sächsischen Volksinitiative mit den Regelungen anderer Landesverfassungen kann teilweise auf zeitgenössische Aufzeichnungen zurückgegriffen werden, in der die entsprechenden Entwicklungen aus der Weimarer

---

8 Beispielsweise *Kühne*, Die Reichsverfassung der Paulskirche, Neuwied 1998; ders., NJW 1998, S. 1513-1518; *R. Weber*, Die Revolution in Sachsen 1848/49. Entwicklung und Analyse ihrer Triebkräfte, Berlin (Ost) 1970; *Zeise*, Dresdner Hefte 13 (1995), Heft 43, S. 2-8; *Ruhland*, Dresdner Hefte 13 (1995), Heft 43, S. 27-37.

9 Vgl. etwa *Rittinghausen*, Die direkte Gesetzgebung durch das Volk, 5. Aufl., Zürich 1893.

10 Siehe z.B. *Schiffers*, Elemente direkter Demokratie im Weimarer Regierungssystem, Düsseldorf 1971, S. 19ff.

11 Hierzu ausführlich *E. Fischer*, Demokratie, München 1919, S. 44ff.. Auf Ihn bezieht sich auch *Schiffers*, Elemente direkter Demokratie im Weimarer Regierungssystem, S. 18f.

12 Siehe z.B. *Eyck*, Geschichte der Weimarer Republik, Bd. 1, Stuttgart 1962, Bd. 2, Zürich 1972; *Apelt*, Geschichte der Weimarer Verfassung, München 1964.

13 Z.B. *E. R. Huber*, Deutsche Verfassungsgeschichte seit 1789, Bd. 6, Berlin 1981; *Gusy*, JZ 1994, S. 753-763; *Schneider*, in: Isensee, Kirchhof (Hrsg.), HdbStR, Bd. 1, 2. Aufl. 1995, S. 85-142; *Strenge*, ZRP 1994, S. 271-275; *Frotscher*, DVBl 1989, S. 541-549; *Kirsch*, Sächsische Heimatblätter 37 (1991), S. 297-299.

14 *Willi Berger*, Der Verlauf der Revolution in Sachsen, Dresden 1920; *Curtius*, Über die Einführung von Volksinitiative und Volksreferendum in die neuen Verfassungen der deutschen Staaten, Heidelberg 1919; *E. Fischer*, Demokratie, München 1919; *Anschütz*, Die Verfassung des Deutschen Reiches vom 11. August 1919. Kommentar für Wissenschaft und Praxis, 14. Aufl., Berlin 1933; *Reichelt*, Das Staatsleben unter der Sächsischen Verfassung vom 1. November 1920, Leipzig 1928; *Schelcher*, JöR 1921, S. 285-300; ders., JöR 1923/24, S. 1-31; *J. Woelker*, Das Staatsleben unter der sächsischen Verfassung vom 1. November 1920 in der Zeit vom 31. März 1927 bis zum 11. Juli 1931, Leipzig 1933; *K. Woelker*, Die Verfassung des Freistaates Sachsen, Leipzig 1921.

Zeit angesprochen sind.[15] Eine spezifische Untersuchung der Volksinitiative liegt jedoch aus dieser Zeit ebensowenig wie aus späteren Jahren vor.

Entsprechendes gilt für die Zeit der nationalsozialistischen Herrschaft in Sachsen.[16]

Auch die sozialistische Instrumentalisierung der sächsischen Volksinitiative unter der sowjetischen Besatzungsherrschaft und deren Aufhebung in der DDR wird in der Literatur kaum aufgegriffen.[17]

Man kann nach allem sagen, daß den Landesverfassungen in der verfassungsrechtlichen Diskussion lange eine nur untergeordnete Rolle beigemessen wurde.[18] Dies begann sich mit dem Beitritt der ostdeutschen Länder zum Grundgesetz zu ändern. Die Verfassungsdiskussion in Deutschland wurde zunehmend wieder belebt, nicht nur hinsichtlich der Länderverfassungen, sondern auch im Hinblick auf eine gesamtdeutsche Verfassung.[19] Dabei spielte auf beiden Ebenen

---

15 Z.B. *Blume*, JöR 1920, S. 171-179; *Gmelin*, JöR 1923/24, S. 113-125; ders., JöR 1920, S. 204-217; ders., JöR 1921, S. 301-320; *Satorius*, JöR 1925, S. 375-403; *Koellreutter*, JöR 1920, S. 180-203; ders., JöR 1921, S. 409-438.

16 Z.B. *Bramke*, Sächsische Heimatblätter 30 (1984), S. 156-164; ders., in: Czok (Hrsg.), Geschichte Sachsens, Weimar 1989, S. 480-517; *Kirsch*, Sächsische Heimatblätter 41 (1995), S. 23-27.

17 Zur Literatur aus dem sowjetisch besetzten Teil Deutschlands siehe z.B. *Fechner*, Landesnachrichtendienst, Ausgabe 76 vom 25. Juni 1946, S. 6/7; *Doernberg*, Die Geburt eines neuen Deutschland 1945-1949, Berlin 1959; *Albrecht*, Dokumente zur Staatsordnung der Deutschen Demokratischen Republik, Bd. 2, Berlin 1959; *Malek*, Archivmitteilungen, Zeitschrift für Theorie und Praxis des Archivwesens 1975, S. 56-60; *O. Schröder*, Einheit, Zeitschrift für Theorie und Praxis des wissenschaftlichen Sozialismus 1961, S. 855-868; STAATSRECHT der DDR, hrsg. von der Akademie für Staats- und Rechtswissenschaft der DDR, Berlin 1978, 2. Aufl., Berlin 1984; zur Literatur aus dem westlichen Teil Deutschlands siehe z.B. Argumente und Zitate aus sowjetischen und sowjetzonalen Quellen, zusammengestellt von *H. Schütze*, Bonn 1959; *Braas*, Die Entstehung der Länderverfassungen in der sowjetischen Besatzungszone Deutschlands 1946/47, Köln 1987; *Roggemann*, Die DDR-Verfassungen. Einführung in das Verfassungsrecht der DDR, 4. Aufl., Berlin 1989; zur Literatur aus dem wiedervereinigten Deutschland siehe z.B. *Schaller*, Sächsische Heimatblätter 37 (1991), S. 302-305; *M. Unger/ Gläß*, Die Verfassung des Landes Sachsen vom 28. Februar 1947, Leipzig 1990.

18 *Sachs*, DVBl 1987, 857.

19 Zur Diskussion im Hinblick auf die Länderverfassungen siehe insbesondere *Starck*, Die Verfassungen der neuen deutschen Länder. Eine vergleichende Untersuchung, Heidelberg 1994; ders., in: Isensee, Kirchhof (Hrsg.), HdbStR, Bd. 9, 1997, S. 353ff.; *Storr*, Verfassunggebung in den Ländern – Zur Verfassunggebung unter den Rahmenbedingungen des Grundgesetzes –, Berlin 1995; *Niedobitek*, Neuere Entwicklungen im Verfassungsrecht der deutschen Länder, 2. Aufl., Speyer 1994.

die Frage der Volksinitiative eine nicht unerhebliche Rolle. Neben den Staatszielbestimmungen stand sie an vorderster Stelle der Reformwünsche.[20]

Dabei wird jedoch vorwiegend die Volksinitiative auf der Ebene des Grundgesetzes thematisiert.[21] Im Rahmen dieser Debatte wird zwar auch auf Regelungen und Erfahrungen der Länder mit der Volksgesetzgebung zurückgegriffen, doch fehlt es an einer auf Sachsen bezogenen Untersuchung. Mit der vorliegenden Arbeit soll hierzu ein Beitrag geleistet werden.

III Gang der Untersuchung

Die Arbeit orientiert sich in ihrem Aufbau an der Abfolge der Verfassungen, das heißt an der Verfassung vom 4. September 1831, dem vorläufigen Grundgesetz für den Freistaat Sachsen vom 28. Februar 1919, der Verfassung des Freistaates Sachsen vom 1. November 1920, der Sächsischen Verfassung vom 28. Februar 1947 sowie schließlich an der Verfassung vom 6. Juni 1992.

Dabei wird ab 1815 die Einbindung Sachsens in den Deutschen Bund, ab 1871 die Einbindung in das Kaiserreich, ab 1919 die Einbindung in die Weimarer Republik, ab 1946 die Einbindung in die sozialistische Ordnung und schließlich ab 1990 die Bindung des sächsischen Verfassungsgebers an das Grundgesetz der Bundesrepublik Deutschland zu berücksichtigen sein.

Im Ersten Teil der Arbeit werden die verfassungsgeschichtlichen und verfassungstheoretischen Grundlagen der sächsischen Volksinitiative herausgearbeitet. Hierbei sind im Ersten Kapitel zunächst die begrifflichen und systematischen Grundlagen der Volksinitiative in den Blick zu nehmen. Als Gegenstück und Ergänzung zur parlamentarischen Gesetzesinitiative ist die Volksinitiative in das Spannungsfeld der repräsentativen beziehungsweise mittelbaren

---

20 Siehe hierzu insbesondere *Degenhart*, Der Staat 1992, 77; *Bönninger*, DuR 1991, 394; *Riege*, in: Meyer, Riege, Strützel (Hrsg.), Jenaer Reden und Schriften N. F., Bd. 3, 171; *Dambeck*, RuP 1994, 208, 219; *von Brünneck/ Epting*, in: Simon, Franke (Hrsg.), Handbuch der Verfassung des Landes Brandenburg, § 22, Rdnr. 1; zu aktuellen Reformwünschen in Nordrhein-Westfalen siehe *Tillmanns*, DÖV 2000, 269ff.

21 Vgl. etwa *Bugiel*, Volkswille und repräsentative Entscheidung, Baden-Baden 1991; *Paterna*, Volksgesetzgebung. Analyse der Verfassungsdebatte nach der Vereinigung Deutschlands, Berlin 1995; *Knaup*, Plebiszitäre Verfahren als Ergänzung der repräsentativen Demokratie, Bonn 1994; als ältere umfassende Werke zu diesem Thema siehe beispielsweise *Wolfgang Berger*, Die unmittelbare Teilnahme des Volkes an staatlichen Entscheidungen durch Volksbegehren und Volksentscheid, Diss. Freiburg 1978; *Hernekamp*, Formen und Verfahren direkter Demokratie, Hamburg 1979; siehe auch die vergleichende Analyse Schweiz/Deutschland von *Troitzsch*, Volksbegehren und Volksentscheid, Meisenheim am Glan 1979.

und plebiszitären beziehungsweise unmittelbaren Demokratie einzuordnen. Im Zweiten Kapitel wird sodann den Grundlagen der Initiativberechtigung des Volkes in Aufklärung, Revolution und konstitutioneller Bewegung nachgegangen, wobei zu Beginn die historische Entwicklungslinie der Volksinitiative daraufhin untersucht wird, ob sie auf einem eigenständigen Entwicklungsstrang beruht oder sich von Anfang an neben der repräsentativen Entwicklungslinie entfaltet hat.

Im Rahmen der Verfassungsgebung vom 4. September 1831 wird Schwerpunkt die Betrachtung der Genese der Gesetzgebungsvorschriften sein. Hierbei ist bedeutsam, daß sowohl die Stände als auch die Regierung Bezug auf bereits erlassene Verfassungen im süddeutschen Raum, insbesondere auf die von Württemberg und Baden genommen haben. Hier wird der Frage nachzugehen sein, ob und inwieweit es im Bereich der Gesetzesinitiativberechtigung unterschiedliche (fortschrittlich-liberale oder konservative) Lösungsmodelle gab, inwieweit der sächsische Verfassungsgeber deren Übernahme in die Verfassung diskutiert hat und inwieweit sie tatsächlich dort Eingang gefunden haben.

Ebenso wie die Verfassung selbst wird ihre Einbettung in die konstitutionelle Bewegung zu untersuchen sein, da hier ein Ertrag im Hinblick auf Forderungen nach vermehrter Volksbeteiligung zu erwarten ist.

Besonderes Augenmerk gilt den Forderungen nach Einführung der Volksinitiative im Zuge der Revolution von 1848, die für die weitere Entwicklung prägende Kraft entfaltet haben.

Der Zweite Teil der Arbeit ist der Einführung der Volksinitiative in der Weimarer Republik, ihrem Ausschluß unter dem NS-Regime sowie ihrer Wiedereinführung, Instrumentalisierung und erneuter Ausschließung innerhalb der sozialistischen Ordnung gewidmet. Dabei ist zunächst auf Vorentwicklungen im Kaiserreich einzugehen, um sodann die Einführung der Volksinitiative unter der Weimarer Republik zu beleuchten (Erstes Kapitel).

Im weiteren Untersuchungsgang ist unter dem Gesichtspunkt von Kontinuitäten und Diskontinuitäten in der Entwicklung der Volksinitiative zu überprüfen, inwieweit diese auch für die sächsischen Verfassungsberatungen der Jahre 1946/47 und 1991/92 relevant geworden sind. Hierbei ist auch danach zu fragen, wie sich der Wunsch nach Aufnahme der Volksinitiativregelungen 1919/1920 zu dem von 1991/1992 verhält und ferner, welche politischen Gruppen die Volksinitiative befürworteten und welche sie mit welchen Argumenten ablehnten.

Darüber hinaus soll durch den Vergleich der sächsischen Volksinitiativregelungen mit den Regelungen anderer Landesverfassungen sowie mit der Reichsverfassung untersucht werden, auf welcher Linie sich der sächsische Verfassungsgeber bei der Aufnahme der Regelung in die Verfassung bewegt hat. Berief sich der Verfassungsgeber in den Verfassungsberatungen auf andere Verfassungen? Nahm er andere Verfassungen im Rahmen der Regelung der Volksinitiativberechtigung als Vorbild? Hat der sächsische Verfassungsgeber bei seinen Vorstellungen über die Volksinitiative eine Vorreiterrolle gehabt oder sich eher zurückhaltend verhalten?

Aber auch die praktische Anwendung der entsprechenden Regelungen ist zu untersuchen. Hierbei ist dazulegen, ob sich die Befürchtungen der Gegner der Volksinitiative oder die Motive der Befürworter bewahrheitet haben.

Es wird schließlich auf den Ausschluß der Volksinitiative auf Reichs- und Landesebene durch das NS-Regime und die Pervertierung des Verfassungsrechts sowie auf die Instrumentalisierung des Volkes einzugehen sein. Sodann ist die sozialistische Instrumentalisierung der sächsischen Volksinitiative unter der Besatzungsherrschaft sowie ihre Aufhebung in der DDR zu untersuchen (Zweites Kapitel).

Der Dritte Teil der Arbeit ist der Genese der Volksinitiative nach der Sächsischen Verfassung vom 6. Juni 1992 gewidmet. Zunächst ist die verfassungsrechtliche Lage bis zur Wiedergründung des Landes Sachsen am 3. Oktober 1990 darzustellen (Erstes Kapitel).

Die von unterschiedlich orientierten Gruppen eingereichten Entwürfe einer Verfassung werden auf die Regelung der Volksinitiative hin miteinander verglichen. Der Verlauf der Verhandlungen über die Volksinitiativregelungen ist darzulegen und es ist zu untersuchen, inwieweit sich Argumente (Motive, Sinn und Zweck der Einführung/Ängste und Befürchtungen) aus den Verfassungsberatungen von 1919/1920 und 1946/1947 in den Beratungen der Jahre 1991/92 widerspiegeln und inwieweit 1991/1992 gänzlich neue Motive bestimmend gewesen sind.

Eine vergleichende Betrachtung mit anderen Landesverfassungen soll zeigen, ob die Sächsische Verfassung zu den Vorreitern der Volksinitiative oder eher zu den in diesem Punkt zurückhaltenden Verfassungen zählt.

Darauf folgt ein Blick auf die sächsischen Volksinitiativregelungen in der Verfassungspraxis und ihre erfolgreiche oder weniger erfolgreiche Umsetzung (Zweites Kapitel).

Schließlich ist die Volksinitiative der Sächsischen Verfassung auf ihre verfassungsrechtliche Vereinbarkeit mit der repräsentativ-demokratisch ausgestalteten Verfassungsordnung des Grundgesetzes zu prüfen.

Die Arbeit schließt mit der Zusammenfassung der Ergebnisse und einem Ausblick auf künftige Perspektiven ab.

Erster Teil: Verfassungsgeschichtliche und verfassungstheoretische Grundlagen der sächsischen Volksinitiative

Erstes Kapitel: Begriffliche und systematische Voraussetzungen der Volksinitiative

§ 1 Verfassungsrechtliche Ausgangslage

Am 26. Mai 1992 beschloß der Sächsische Landtag mit zwei Dritteln seiner Mitglieder die Verfassung für den Freistaat Sachsen. Sie wurde vom Landtagspräsidenten am 5. Juni 1992 ausgefertigt und vom Ministerpräsidenten am 5. Juni 1992 im Gesetz- und Verordnungsblatt für den Freistaat Sachsen verkündet. Die vierte Sächsische Verfassung trat damit am 6. Juni 1992 als erste Verfassung in den neuen Ländern nach der friedlichen Revolution des Jahres 1989 in Kraft.

Zu den bedeutenden Regelungen dieser Verfassung gehören der Volksantrag und das Volksbegehren. Geregelt sind sie im 4. Abschnitt der Verfassung im Rahmen der Gesetzgebung in Art. 70ff.[22] Dabei kommt neben der verfassungsrechtlichen Regelung weiterhin der verfahrensmäßigen Ausgestaltung besondere Bedeutung zu.[23] Gem. Art. 73 Abs. 3 SächsVerf soll das Nähere über Volksantrag, Volksbegehren und Volksentscheid in einem Verfahrensgesetz geregelt werden. In Erfüllung dieses Verfassungsauftrages verabschiedete der sächsische Landtag das Gesetz über Volksantrag, Volksbegehren und Volksentscheid (VVVG) vom 19. Oktober 1993. Es trat am 30. Oktober 1993 in Kraft.[24] Im folgenden sei der verfahrensmäßige Ablauf kurz dargestellt.

Gem. Art. 70 Abs. 1 SächsVerf können Gesetzesvorlagen in den Landtag außer von der Staatsregierung und aus der Mitte des Landtages auch vom Volk durch Volksantrag eingebracht werden.[25]

Mit Ausnahme von Abgaben-, Besoldungs- und Haushaltsgesetzen[26] können alle Regelungsbereiche Gegenstand eines Volksantrages sein, die der Gesetzgebungskompetenz des Landes unterliegen, auch die Verfassung selbst. Formell

---

22 Siehe hierzu auch *Degenhart*, in: Stober (Hrsg.), HdbSächsStVerwR, 1996, § 2, Rdnr. 86ff.

23 Hierzu *Jung*, ZG 1993, 315.

24 GVBl. 44, 1993, S. 949ff.; dazu *Fritz/ Musall*, SächsVBl. 2001, 233ff.

25 Hierzu auch *Baumann-Hasske*; in: Kunzmann/ Haas/ Baumann-Hasske/ Bartlitz, Die Verfassung des Freistaates Sachsen, Art. 70, Rdnr. 1ff.

26 Vgl. hierzu *Birk/ Wernsmann*, DVBl 2000, 669ff.

muß dem Antrag gem. Art. 71 Abs. 1 SächsVerf ein begründeter Gesetzentwurf[27] zugrunde liegen, der von mindestens 40.000 Stimmberechtigten unterstützt, das heißt, unterzeichnet worden ist. Stimmberechtigt ist gem. § 2 VVVG i.V.m. § 11 und § 12 des sächsischen Wahlgesetzes, wer jeweils am Tage der Unterschriftsleistung zum sächsischen Landtag wahlberechtigt ist. Die Unterschrift muß eigenhändig und auf Unterschriftsbögen nach amtlichem Muster geleistet werden. Damit der stimmberechtigte Bürger weiß, wofür er seine Unterschrift gibt, muß gem. § 4 Abs. 2 VVVG jedem Unterschriftsbogen der Volksantrag mit dem zugrundeliegenden Gesetzentwurf einschließlich seiner Begründung beigefügt sein. Die Gemeinde des Wohnortes des Unterzeichners muß gem. § 6 VVVG auf dem jeweiligen Unterschriftsbogen bestätigen, daß dieser bei Abgabe seiner Stimme stimmberechtigt war.[28]

Adressat des Volksantrages ist gem. Art. 71 Abs. 2 SächsVerf i.V.m. § 8 VVVG der Landtagspräsident. Gem. Art. 71 Abs. 2 SächsVerf i.V.m. § 8 Abs. 2 VVVG entscheidet dieser nach Einholung der Stellungnahme der Staatsregierung über die Zulässigkeit des Antrages. Hierbei hat er eine zweifache Prüfungspflicht. Er hat einmal zu prüfen, ob der Antrag den formellen Voraussetzungen genügt.[29] Daneben hat er aber auch zu prüfen, ob der dem Volksantrag zugrunde liegende Gesetzentwurf materiell verfassungsmäßig ist.[30] Hält der Landtagspräsident den Volksantrag für verfassungsmäßig, veröffentlicht er ihn gem. § 13 VVVG nebst Begründung im Amtsblatt. Hält er die formellen Voraussetzungen für nicht gegeben oder den Entwurf materiell für verfassungswidrig, hat er ihn gem. Art. 71 Abs. 2 Satz 3 SächsVerf i.V.m. § 11 Abs. 1 des 1999 geänderten VVVG[31] dem Verfassungsgerichtshof zur Entscheidung vorzulegen. Da der Volksantrag in beiden Fällen bis zur Entscheidung des Verfassungsgerichtshofes gem. Art. 71 Abs. 2 Satz 4 SächsVerf i.V.m. § 11 Abs. 3 VVVG nicht als unzulässig behandelt werden darf,[32] hat der Landtagspräsident auch dann die Veröffentlichung gem. § 13 VVVG im Amtsblatt zu veranlassen.

27 Einzelfragen können nicht Gegenstand eines Volksantrages sein, siehe hierzu *K. Müller*, Verfassung des Freistaates Sachsen, Art. 71, S. 351.

28 Hierzu *Sponer/ Haentjens*, LKV 1996, 151.

29 Siehe hierzu näher unten, SächsVerfGH, Urteil vom 17. Juli 1998, Vf. 27-X-98.

30 Hierzu *K. Müller*, Verfassung des Freistaates Sachsen, Art. 71, S. 351; *Baumann-Hasske*, in: Kunzmann/ Haas/ Baumann-Hasske/ Bartlitz, Die Verfassung des Freistaates Sachsen, Art. 71, Rdnr. 5.

31 Änderungsgesetz vom 01. Juni 1999, GVBl. S. 275.

32 Bezüglich der Verpflichtung des Landtagspräsidenten, den Volksantrag als zulässig zu behandeln, hat es in der Praxis, wie noch zu zeigen sein wird, Differenzen gegeben, die durch den Verfassungsgerichtshof entschieden worden sind und zu einer Klarstellung in §§ 10f. VVVG geführt haben. §§ 10f. VVVG alte Fassung differenzierten bis 1999 zwischen formellen Fehlern und materieller Verfassungswidrigkeit

Gelangt der Verfassungsgerichtshof zu der Überzeugung, daß die formellen Voraussetzungen des Volksantrages nicht erfüllt sind, stellt er fest, daß ein den formellen Voraussetzungen genügender Volksantrag nicht vorliegt. Hält der Verfassungsgerichtshof den Gesetzentwurf des Volksantrages aus anderen Gründen ganz oder teilweise für verfassungswidrig, erklärt er den Volksantrag für unzulässig. Gem. § 12 Abs.2 VVVG ist damit die Volksinitiative gescheitert.

Im Landtag kann das Plen um dem Volksantrag unverändert innerhalb von sechs Monaten seit der Veröffentlichung zustimmen, ihn ablehnen oder aber ihn sechs Monate lang unbearbeitet lassen. Das Verfahren im Landtag über den Volksantrag richtet sich nach den Bestimmungen der Geschäftsordnung über das Gesetzgebungsverfahren.[33] Gem. Art.71 Abs. 4 SächsVerf i.V.m. § 17 Satz 2 VVVG muß der Landtag den Antragstellern jedoch Gelegenheit zur Anhörung geben.[34] Entscheidet der Landtag innerhalb von sechs Monaten nicht im Sinne des Volksantrages, können die Antragsteller gem. Art. 72 Abs. 1 Satz 1 SächsVerf i.V.m. § 16 Abs. 1 VVVG binnen weiterer sechs Monate durch die Vertrauenspersonen gegenüber dem Landtagspräsidenten erklären, daß sie ein Volksbegehren mit dem Ziel eines Volksentscheides einzuleiten beabsichtigen. Gem. § 17 VVVG ist sodann das Volksbegehren mit dem zugrundeliegenden Gesetzentwurf einschließlich Begründung vom Landtagspräsidenten unverzüglich im Sächsischen Amtsblatt zu veröffentlichen.

Das Verfahren des Volksantrags, insbesondere das Verfahren der Unterschriftensammlung, ähnelt dem des gegebenenfalls darauf folgenden Volksbegehrens[35] Ein Volksbegehren ist gem. Art. 72 Abs. 2 SächsVerf i.V.m. § 22 Abs. 1 VVVG erfolgreich zustande gekommen, wenn es durch die Unterschriften von 450.000 oder von mindestens 15 vom Hundert der Stimmberechtigten unterstützt ist.[36] In diesem Fall findet ein Volksentscheid über den begehrten Gesetzentwurf statt.

---

des Volksantrages. Nur beim Vorwurf materieller Verfassungswidrigkeit mußte der Antrag bis zur Entscheidung des Verfassungsgerichtshofes als zulässig behandelt werden. Bei formellen Fehlern konnte er vom Landtagspräsidenten als unzulässig zurückgewiesen werden. Dieses wurde als Verstoß gegen Art. 71 Abs. 2 Satz 3 gewertet; zur alten Fassung von §§ 10f. VVVG siehe *C. Meissner*, in: Degenhart, C. Meissner (Hrsg.), HdbSächsVerf, 1997, § 13, Rdnr. 26.

33 Hierzu *C. Meissner*, in: Degenhart, C. Meissner (Hrsg.), HdbSächsVerf, 1997, § 13, Rdnr. 33ff.

34 Hierzu *Baumann-Hasske*, in: Kunzmann/ Haas/ Baumann-Hasske/ Bartlitz, Die Verfassung des Freistaates Sachsen, Art. 71, Rdnr. 8.

35 Siehe hierzu auch *Baumann-Hasske*, in: Kunzmann/ Haas/ Baumann-Hasske/ Bartlitz, Die Verfassung des Freistaates Sachsen, Art. 72, Rdnr. 1ff.

36 Der Wortlaut des Art. 72 Abs. 2 „Ein Volksentscheid findet statt, wenn mindestens 450.000, jedoch nicht mehr als 15 vom Hundert der Stimmberechtigten das Volksbe-

Für die Unterschriftensammlung beim Volksbegehren sieht Art. 72 Abs. 2 Satz2 SächsVerf eine Mindestfrist von sechs Monaten vor. Gem. § 20 VVVG sind dem Landtagspräsidenten spätestens acht Monate nach der Veröffentlichung des Volksbegehrens im Sächsischen Amtsblatt die gesamten Unterschriftsbögen zu übergeben.[37] Gem. Art. 72 Abs. 1 Satz 2 SächsVerf kann dem Volksbegehren ein gegenüber dem Volksantrag veränderter Gesetzentwurf zugrunde gelegt werden, wenn weder der ursprüngliche Gegenstand des Gesetzentwurfes noch sein wesentlicher Inhalt entscheidend geändert werden. Der erneuten Unterschriftenbeibringung auf der Ebene des Volksantrages bedarf es dann nicht. Im übrigen gelten Art. 71 Abs. 2 SächsVerf und die entsprechenden Vorschriften des VVVG, wonach bis auf die Unterstützungsunterschriften für die geänderte Vorlage auch die formellen und materiellen Voraussetzungen erfüllt sein müssen.

Die Entscheidung, ob ein Volksbegehren erfolgreich abgeschlossen wurde oder gescheitert ist, obliegt gem. § 22 VVVG dem Landtagspräsidenten. Hält der Landtagspräsident das Volksbegehren für gescheitert, können die Vertrauenspersonen des Begehrens gegen den schriftlichen Bescheid des Landtagspräsidenten gem. § 23 VVVG die Entscheidung des Verfassungsgerichtshofes des Freistaates Sachsen anrufen.[38] Erklärt der Landtagspräsident das Volksbegehren für erfolgreich abgeschlossen, bestimmt er unverzüglich den Tag des Volksentscheids und macht diesen zusammen mit dem Abstimmungsgegenstand im Sächsischen Amtsblatt bekannt (§§ 26 Abs. 1, 27 VVVG). Gem. Art. 72 Abs. 2 Satz 3 SächsVerf kann der Landtag zum Volksentscheid einen eigenen Gesetzentwurf beifügen.

Gem. Art. 73 Abs. 3 SächsVerf soll in dem Verfahrensgesetz über Volksantrag, Volksbegehren und Volksentscheid auch der Anspruch auf Erstattung der notwendigen Kosten für die Organisation des Volksbegehrens und eines ange-

---

gehren durch ihre Unterschrift unterstützen," ist redaktionell mißlungen und wird durch § 22 Abs. 1 VVVG, wie im Text angeführt, klargestellt. Der Verfassungsgeber wollte ausdrücken, ein Volksbegehren müsse beim gegenwärtigen Stand der Bevölkerung Sachsens von mindestens 450.000 Stimmberechtigten unterstützt werden. Sinke die Wahlbevölkerungszahl, so sinke ab Unterschreiten einer Schwelle von 3 Millionen Stimmberechtigten auch diese Mindestzahl, sie dürfe dann aber 15 % der jeweiligen Stimmberechtigten nicht unterschreiten, vgl. Protokoll der 9 K. T. des Verfassungs- und Rechtsausschusses, S. 9; hierzu auch *Baumann-Hasske*, in: Kunzmann/ Haas/ Baumann-Hasske/ Bartlitz, Die Verfassung des Freistaates Sachsen, Art. 72, Rdnr. 7.

37 Hierzu ausführlich *Sponer/ Haentjens*, LKV 1996, 151.

38 Siehe hierzu näher SächsVerfGH, Urteil vom 15. März 2001 zur Zulässigkeit des Volksbegehrens „Entwurf eines Gesetzes zur Erhaltung kommunaler Sparkassen in Sachsen", Vf. 59-X-00.

messenen Abstimmungskampfes geregelt werden. Gem. § 15 Abs. 1, 1. Halbsatz VVVG tragen die Antragsteller die Kosten des Volksantrages bis zur Einreichung beim Landtagspräsidenten. Dabei wird es sich hauptsächlich um die Kosten für das Drucken der Unterschriftsbögen und das Versenden der Unterlagen handeln. Die Stimmrechtsbestätigung durch die Gemeinde erfolgt für die Antragsteller gem. § 6 Satz 2 VVVG unentgeltlich. Die übrigen Kosten fallen dem Freistaat zur Last, der den Gemeinden auch die durch den Volksantrag veranlaßten Kosten, insbesondere die durch die Stimmrechtsbestätigung verursachten, gem. § 15 Abs. 2 und 3 VVVG nach Pauschalsätzen erstattet. Die Kosten des Volksbegehrens trägt gem. § 24 Abs. 1 VVVG der Freistaat. Die Erstattung ist mit je 1 DM für zehn Stimmberechtigte, die das Volksbegehren durch ihre Unterschrift rechtswirksam unterstützt haben, pauschaliert. Dabei werden gem. § 24 VVVG höchstens 450.000 Stimmberechtigte berücksichtigt, das heißt, die Kostenerstattung ist auf höchstens 45.000 DM begrenzt.

§ 2 Begriffliche und systematische Einordnung der Volksinitiative

I. Begriffliche Einordnung

Der sächsische Verfassungsgeber hat dem ansonsten üblichen einstufigen Verfahren der Volksinitiativberechtigung, dem Volksbegehren, mit dem Volksantrag eine Stufe vorangestellt. In anderen Bundesländern wird diese Stufe des Verfahrens als Volksinitiative bezeichnet,[39] ohne daß sich sachlich etwas anderes ergibt. Bis zur Wiedervereinigung war in Deutschland das Institut des Volksbegehrens die einzige Möglichkeit einer direkt-demokratischen Gesetzesinitiative. Die Einrichtung der weiteren, dem Volksbegehren vorgeschalteten Stufe der Initiativberechtigung ist im Westen eine Folge der Überarbeitung der Landessatzung Schleswig-Holsteins, wo sie im Juni 1990 erstmalig verankert wurde.[40] Die Reform geht auf einen Beschluß des Landtages aus dem Jahre 1988 zurück. Danach sah sich das Parlament vor dem Hintergrund der Vorgänge um den früheren Ministerpräsidenten Barschel veranlaßt, im Rahmen einer umfassenden Verfassungs- und Parlamentsreform unter anderem eine wirksame Kontrolle der Regierung durch den Landtag, eine Stärkung der Rechte der einzelnen Abgeordneten sowie eine vermehrte Beteiligung der Bürger an der politischen Willensbil-

---

39 Art. 76 Verfassung Brandenburg, Art. 59 Verfassung Mecklenburg-Vorpommern, Art. 80 Verfassung Sachsen-Anhalt, Art. 47 Verfassung Niedersachsen, Art. 41 Verfassung Schleswig-Holstein.

40 Gesetz zur Änderung der Landessatzung für Schleswig-Holstein vom 13. Juni 1990, GVBl.-SLH Nr. 16, 391ff.

dung zu ermöglichen. Der zuständige Sonderausschuß empfahl dem Landtag daher, die Gesetzesinitiativberechtigung des Volkes in Form der erweiterten Stufe einzuführen.[41]

Nach Art. 70 Abs. 1 SächsVerf werden Gesetzesvorlagen von der Staatsregierung, aus der Mitte des Landtages oder vom Volk durch Volksantrag eingebracht. Mit der Unterstützung von mindestens 40.000 Stimmberechtigten kann das Volk durch einen Volksantrag einen Gesetzentwurf in den Landtag einbringen. Die Initiative kann sich auf den Erlaß, die Aufhebung oder die Abänderung eines einfachen oder verfassungsändernden Gesetzes richten.[42] Erreicht der Volksantrag dieses Quorum nicht, ist die Initiative gescheitert.

Adressat des Volksantrages ist der Landtag. Ihm obliegt das weitere Gesetzgebungsverfahren. Ziel des Volksantragsverfahrens ist, daß der im Antrag enthaltene Gesetzentwurf vom Landtag verabschiedet und Gesetz wird. Durch einen Volksantrag soll somit der Landtag als Gesetzgeber veranlaßt werden, der Gesetzesinitiative von mindestens 40.000 stimmberechtigten Bürgern zu entsprechen und das geforderte Gesetz zu erlassen.[43] Verabschiedet der Landtag das im Volksantrag geforderte Gesetz, ist das Verfahren beendet.

Lehnt der Landtag den Volksantrag ab oder stimmt er dem unveränderten Antrag nicht binnen sechs Monaten seit der Veröffentlichung zu (§ 16 Abs. 1 VVVG), können die Antragsteller erklären, daß sie ein Volksbegehren mit dem Ziel eines Volksentscheids einleiten.

Mit dem Volksbegehren und seiner wesentlich höheren Schwelle von mindestens 450.000 Stimmberechtigten soll erreicht werden, daß das Volk selbst über den Gesetzentwurf, der als Volksantrag abgelehnt oder im Landtag länger als sechs Monate nicht behandelt wurde, im Wege des Volksentscheids abstimmt.[44] Anders als beim Volksantrag ist Adressat der Initiative nicht mehr der parlamentarische Gesetzgeber, sondern das Volk in seiner Funktion als gesetzgebendes Organ.[45] Wird das geforderte Quorum erreicht, steht damit fest, daß

---

41 Vgl. hierzu Bericht und Beschlußempfehlung des Sonderausschusses zur Beratung des Schlußberichts der Enquête-Kommission „Verfassungs und Parlamentsreform“, Schleswig-Holsteinischer Landtag, Drucksache 12/218, S. 56ff.

42 Vgl. hierzu *Abelein*, ZParl 1971, 187; *Schlenker*, Die Volksgesetzgebung in Deutschland, S. 6; *Preuß*, DVBl 1985, 711ff.

43 Vgl. hierzu *C. Meissner*; in: Degenhart, C Meissner (Hrsg.), HdbSächsVerf, 1997, § 13, Rdnr. 25.

44 Vgl. hierzu *Pernthaler*, Allgemeine Staatslehre und Verfassungslehre, 2. Aufl. 1996, § 57, a), cc); *Müller*, Kommentar zur Verfassung des Freistaates Sachsen, Art. 72, S. 352f.; *Baumann-Hasske*, in: Kunzmann/ Haas/ Baumann-Hasske/ Bartlitz, Die Verfassung des Freistaates Sachsen, Art. 72, Rdnr. 5.

45 Vgl. hierzu *Sponer/ Haentjens*, LKV 1996, 151.

der Gesetzentwurf automatisch dem Volk zur Entscheidung im Wege des Volksentscheids unterbreitet wird.

Ein wesentlicher Unterschied zwischen dem Volksantrag und dem Volksbegehren liegt somit in deren Adressaten. Der Volksantrag ist an den Landtag gerichtet. Dieser ist aufgefordert, den durch das Volk im Wege des Volksantrages initiierten Gesetzentwurf auf dem Wege des parlamentarischen Gesetzgebungsverfahrens zu verabschieden.

Beim Volksbegehren ist die Gesetzesinitiative an das Volk gerichtet mit der Maßgabe, diesen Schritt im Wege des Volksentscheids selbst vorzunehmen, da das Parlament zuvor die Verabschiedung des Volksantrages abgelehnt hat.

Wird das Quorum beim Volksbegehren nicht erreicht, ist die Initiative gescheitert. Eine Sperrfrist für die Wiederholung eines Volksbegehrens, wie sie Art. 73 Abs. 2 SächsVerf für einen gescheiterten Volksentscheid vorsieht, gibt es nicht.

Im einstufigen Verfahren der Volksinitiativberechtigung, wie es vor dem Beitritt der neuen Bundesländer im Westen die Regel war und auch noch ist, kommt dem Volksbegehren zugleich die Funktion des Volksantrages zu. Jedoch müssen nach diesen Verfassungen durchgängig, wie noch zu zeigen sein wird, die für ein Volksbegehren grundsätzlich wesentlich höheren Beteiligungsquoren erreicht werden. Die einfacher zu erreichenden Quoren eines Volksantrags wie in Sachsen gibt es in diesen Verfassungen nicht.

Volksantrag und Volksbegehren sind somit die wesentlichen Begriffe für die Erscheinungsformen der Gesetzesinitiativberechtigung des Volkes. Ihr Sprachgebrauch ist zwar wie angeführt teilweise uneinheitlich, vor allem, weil der gleiche Begriff nicht immer einheitlich benutzt wird.[46] Für die Zwecke der vorliegenden Untersuchung ist die Begrifflichkeit der Sächsischen Verfassung vom 6. Juni 1992 maßgeblich. Abweichungen, die sich im historischen und im aktuellen Vergleich ergeben, werden jeweils gesondert zu berücksichtigen sein.

Der Volksentscheid ist die bindende Entscheidung der stimmberechtigten Bevölkerung über eine Gesetzesvorlage durch unmittelbare Abstimmung, die entweder vom Volk selbst durch Volksbegehren oder aber durch andere initiativberechtigte Organe der Abstimmung zugeführt worden ist.[47] Teilweise wird unter Volksentscheid auch die Entscheidung einer Frage beliebigen Inhalts verstanden.[48] Wird der Volksentscheid durch ein anderes Staatsorgan als das Volk

---

46 Vgl. hierzu *Paterna*, Volksgesetzgebung, S. 22.

47 *Schönherr*, Die unmittelbare Demokratie als Institution im parlamentarischen Staatssystem, S. 80; *Abelein*, ZParl 1971, 188; *Wolfgang Berger*, Die unmittelbare Teilnahme an staatlichen Entscheidungen durch Volksbegehren und Volksentscheid, S. 22.

48 *Fell*, Plebiszitäre Einrichtungen im gegenwärtigen deutschen Staatsrecht, S. 7.

herbeigeführt, so ist zwischen fakultativem und obligatorischem Volksentscheid zu differenzieren. Während ein obligatorischer Volksentscheid von der Verfassung für bestimmte Abstimmungsmaterien zwingend vorgeschrieben ist, steht die Frage eines fakultativen Volksentscheids allein im Ermessen des antragsberechtigten Organs.[49] Teilweise werden als Synonym für den Volksentscheid auch die Begriffe Referendum oder Volksabstimmung verwendet.[50] Unter Volksentscheid im Sinne der vorliegenden Untersuchung ist jedoch ausschließlich der Gesetzesbeschluß unmittelbar durch das Volk über einen durch Volksbegehren vorgelegten Gesetzentwurf zu verstehen. Er steht am Ende des Verfahrens einer erfolgreichen Volksinitiative, wenn diese vom Landtag nicht angenommen wurde. Anders als zuvor sind nach Art. 72 Abs. 4 SächsVerf keine besonderen Mehrheiten erforderlich.

Volksantrag, Volksbegehren und Volksentscheid werden zusammenfassend als Volksgesetzgebung bezeichnet. Die Volksgesetzgebung richtet sich auf die Schaffung, Ergänzung oder Aufhebung von Gesetzen durch das Volk im Rahmen der einfachen Gesetzgebung und bei Verfassungsänderungen.

2. Systematische Einordnung

Systematisch stellt das legislative Einleitungsverfahren einen Teilaspekt des gesamten Gesetzgebungsverfahrens dar, welches ein Gesetz bei seiner Entstehung zu durchlaufen hat.[51] Das Gesetz als spezifisches Ordnungsmittel des Staates bestimmt Rechte und Pflichten von Individuum und Gemeinschaft sowie von der exekutiven und der judikativen Gewalt.[52]

---

49 Vgl. *Wolfgang Berger*, Die unmittelbare Teilnahme des Volkes an staatlichen Entscheidungen durch Volksbegehren und Volksentscheid, S. 28; *Fell*, Plebiszitäre Einrichtungen im gegenwärtigen deutschen Staatsrecht S. 7.

50 *Abelein*, ZParl 1971, 188; *A. Weber*, DÖV 1985, 178; *Schiffers*, Elemente direkter Demokratie im Weimarer Regierungssystem, S. 11.

51 Vgl. zur Entwicklung der Rechtsetzung im modernen Staat *Wyduckel*, Princeps Legibus Solutus. Eine Untersuchung zur frühmodernen Rechts- und Staatslehre, S. 152; ders. Ius Publicum. Grundlagen und Entwicklung des Öffentlichen Rechts und der deutschen Staatsrechtswissenschaft, S. 81; zur Entwicklung der Gesetzgebungstechnik siehe *Ebel*, Über Legaldefinitionen, S. 17ff.

52 Hierzu *Hill*, Einführung in die Gesetzgebungslehre, S. 38; zu den Problemen der Gesetzgebung, die bereits seit den siebziger und achtziger Jahren des vergangenen Jahrhunderts zu einem bevorzugten Gegenstand der öffentlichen Kritik und der wissenschaftlichen Erörterung geworden sind, siehe *Wyduckel*, DVBl 1982, 1175ff.; *Schreckenberger*, in: Schreckenberger, König, Zeh (Hrsg.), Gesetzgebungslehre. Grundlagen - Zugänge - Anwendung, S. 5; *Eichenberger*, VVDStRL 1982, 13ff.; *Novak*, VVDStRL 1982, 40ff; zur Problematik der Normenflut siehe *Wyduckel*,

Wie dem Begriff schon zu entnehmen ist, handelt es sich bei dem Einleitungsverfahren um den verfassungsrechtlichen Anfangspunkt eines formalisierten Gesetzgebungsprozesses, welcher insgesamt in drei Abschnitte gegliedert werden kann, das Einleitungs- oder Initiativverfahren, das Haupt- oder Beschlußverfahren und das Abschlußverfahren.[53] Zentrale Bedeutung für das legislative Einleitungsverfahren hat die sogenannte Gesetzesinitiative. Hierunter wird der erste Anstoß verstanden, der durch die Vorlage eines Gesetzentwurfes den politischen Willen zum Ausdruck bringt, den verfassungsrechtlich vorgesehenen Gesetzgebungsprozeß mit dem Ziel eines bestimmten Gesetzes in Gang zu setzen.[54] Diejenigen Rechtssubjekte, die hierzu befugt sind, besitzen das sogenannte Gesetzesinitiativrecht. Das Initiativrecht beinhaltet die verfassungsrechtliche Befugnis, den Gesetzgebungsapparat in Bewegung zu setzen. Es ist mit anderen Worten das Recht, die anderen gesetzgebenden Instanzen, die auf dem Weg der Gesetzgebung zusammenwirken müssen, zu einem Mithandeln zu bewegen.[55] Im Falle des Volksantrages ist es das Parlament, welches durch das Volk initiiert zum Mithandeln bewegt werden soll.

Das Spezifische dieses Verfahrens liegt darin, daß es den Antragstellern ermöglicht, mit einem wesentlich niedrigeren Potential an Stimmberechtigten als bei einem Volksbegehren gegenüber dem parlamentarischen Gesetzgeber aktiv zu werden. Damit ergibt sich die Notwendigkeit, daß sich Antragsteller und Landtag ins Benehmen setzen in der Absicht, die Möglichkeit direkter Einflußnahme der Bevölkerung auf den Prozeß staatlicher Willensbildung zu erleichtern.[56] Der Landtag soll als Gesetzgeber veranlaßt werden, dem Willen von mindestens 40.000 Bürgern zu entsprechen. Im Fall des Volksbegehrens ist es direkt das Volk, das zur Entscheidung über den Gesetzentwurf aufgerufen werden soll,[57] falls dem Volksantrag vom Landtag nicht entsprochen worden ist.

Volksantrag und Volksbegehren sind so zwar zu unterscheiden, stellen jedoch beide unmittelbare Willensäußerungsformen des Volkes dar. Beide sind im weiteren Sinne Initiativberechtigungen im Bereich der Gesetzgebung und wer-

---

SächsVBl. 1997, 285; *Schreckenberger*, in: Schreckenberger, König, Zeh (Hrsg.), Gesetzgebungslehre. Grundlagen - Zugänge - Anwendung, S. 21.

53 *Hill*, Einführung in die Gesetzgebungslehre, S. 82.

54 Vgl. *Maunz*, in: Maunz/ Dürig, GG, Art. 76, Rdnr. 1; *Henseler*, NJW 1982, 849, 853.

55 Vgl. hierzu *Maunz*, in: Maunz/ Dürig, GG, Art. 76, Rdnr. 1.

56 *Baumann-Hasske*, in: Kunzmann/ Haas/ Baumann-Hasske/ Bartlitz, Die Verfassung des Freistaates Sachsen, Art. 71, Rdnr. 1.

57 Auch auf diesem Weg ist das Parlament nicht völlig ausgeschaltet. Es kann gem. Art. 72 Abs. 2 Satz 3 SächsVerf dem Volksentscheid einen eigenen Gesetzentwurf hinzufügen und damit zum „Volksentwurf" in Konkurrenz treten, hierzu *C. Meissner*, in: Degenhart, C. Meissner (Hrsg.), HdbSächsVerf, 1997, § 13, Rdnr. 25.

den im Rahmen dieser Arbeit insofern unter dem Begriff Volksinitiative zusammengefaßt.

Weiterhin ist die Volksinitiative als Teil eines am Demokratieprinzip orientierten Gesetzgebungsverfahrens in den Problemkreis unmittelbare/direkte beziehungsweise plebiszitäre und mittelbare beziehungsweise repräsentative Demokratie einzuordnen.

Das Wesen der repräsentativen Demokratie besteht darin, daß nicht das Volk unmittelbar entscheidet, sondern daß die Entscheidungen für das Volk durch von ihm auf Zeit bestimmte Repräsentanten getroffen werden. In einer rein repräsentativen Demokratie kann dem Volk kein Gesetzesinitiativrecht zustehen. Das Volk legt die ihm an sich zustehende Legislativ- und Exekutivgewalt in die Hände besonderer Organe, deren es sich bedient.[58] Echte Repräsentation bedeutet dabei, daß die Repräsentanten unabhängige Vertreter des ganzen Volkes sind und ihnen die Legitimation für politische Entscheidungen während der Dauer der Legislaturperiode nicht deshalb abgesprochen werden kann, weil die Volksmeinung sich seit der Wahl geändert hat.[59]

Direkte Demokratie bedeutet demgegenüber die unmittelbare verbindliche sachliche Entscheidungsgewalt des Volkes. Sie ist gekennzeichnet durch vier Möglichkeiten der Mitwirkung des Volkes an der Staatswillensbildung: 1. Die Wahl des Staatsoberhauptes, 2. Den Appell an das Volk bei einer Krise des parlamentarischen Systems, 3. Das Verfassungsreferendum und schließlich 4. Die Volksgesetzgebung.[60]

Wichtig ist der prinzipielle Gegensatz: hier – unmittelbare – Entscheidung des Volkes, dort Entscheidung durch vom Volk bestellte Repräsentanten, im wesentlichen durch Parlament und Regierung. Die Bestellung der Repräsentativorgane durch das Volk ist der einzige Berührungspunkt beider Prinzipien. Die Wahl der Repräsentativorgane durch das Volk ist für das echte Repräsentationsprinzip unentbehrlich, da auch dieses Prinzip auf dem Grundsatz der Volkssouveränität beruht. Die Wahlen, insbesondere der Parlamente, sind daher ein fester Bestandteil aller dem Repräsentationsgedanken nahestehenden demokratischen Verfassungen.[61]

Wie noch zu zeigen sein wird, war Ausgangspunkt für das Demokratieverständnis sämtlicher Verfassungsgeber in Sachsen seit der erstmaligen Einführung eines plebiszitären Elements nie die Frage: Unmittelbare *oder* repräsentative De-

58 Hierzu *Fraenkel*, Die repräsentative und die plebiszitäre Komponente im demokratischen Verfassungsstaat, S. 5.

59 *Fell*, Plebiszitäre Einrichtungen im gegenwärtigen deutschen Staatsrecht, S. 3f.

60 Vgl. hierzu *Karpen*, JA 1993, 111.

61 Hierzu *Fell*, Plebiszitäre Einrichtungen im gegenwärtigen deutschen Staatsrecht, S. 4.

mokratie? Wo in Sachsen plebiszitäre Formen eingefordert wurden, geschah dies nicht als Antithese, sondern immer als Ergänzung der repräsentativen Demokratie. Die Volksinitiative entwickelte sich in Sachsen daher von Anfang an neben der repräsentativen Entwicklungslinie.

Wie alle geschriebenen Verfassungen sind auch die fünf sächsischen Verfassungen, wie noch im Einzelnen darzulegen sein wird, Abbild ihrer Zeit. Normen einer Verfassung begründen ein System von Staatsorganen, Zuständigkeiten, Rechten und Pflichten, das staatliche Herrschaft ordnen soll.[62] Die Verfassung ist rechtliche Grundordnung und enthält oberste Rechtsnormen, auf die die gesamte übrige Rechtsordnung aufbaut.[63] Verfassungsordnungen dienen jedoch nicht nur der rechtlichen Konstituierung, Organisation und Begrenzung staatlicher Macht, sie erfüllen auch die Funktion der Einheitsbildung, der Integration und der Identifikation der Bürgerinnen und Bürger mit ihrem jeweiligen Staat. Insoweit sind Verfassungen und damit auch die Aufnahme der Volksinitiative in die Verfassung, wie bei der Untersuchung der einzelnen sächsischen Verfassungen herauszustellen sein wird, Antworten auf historische Entwicklungen und Erfahrungen, Konzeptionen für die Lösung zentraler Konflikte in Staat und Gesellschaft sowie verbindliche Grundregeln des Miteinanders und Fixierung von Zielen und Programmen.[64] Jedoch kann eine Untersuchung der Volksinitiative nicht erst mit den geschriebenen Verfassungen beginnen, sondern hat im Sinne ihrer geschichtlichen und theoretischen Grundlegung darüber hinauszugreifen.

Zweites Kapitel: Die Grundlagen der Initiativberechtigung des Volkes in Aufklärung, Revolution und konstitutioneller Bewegung

§ 3 Die geschichtliche Entwicklung der Volksinitiative

Bereits in der athenischen Demokratie beschloß die Volksversammlung als das oberste Organ des politischen Willens die großen Gesetze, die zur Demokratie führten.[65] Um 403 v. Chr. wurde ein Gesetzgebungsverfahren eingeführt, die so-

62 Vgl. hierzu *H. von Mangoldt*, SächsVBl. 1993, 26.

63 Zu dieser Problematik siehe *Isensee*, in: Isensee, Kirchhof (Hrsg.), HdbStR, Bd. 1, 1995, § 13, Rdnr. 121ff.

64 Hierzu *von Mutius/ Friedrich*, Staatswissenschaft und Staatspraxis 1991, 244.

65 Z.B. das Gesetz über die Einrichtung des Ostrakismos (Anfang des 6. oder Anfang des 5. Jahrhunderts), das über die Losung des Archontats aus Vorgewählten (487/86 v. Chr.) und das über das Rechenschaftsverfahren der Beamten (462/61 v. Chr.), hierzu und zum folgenden *Bleicken*, Die athenische Demokratie, S. 88f., 216ff., 373,

genannte Nomothesie. Grundlage dieses Verfahrens war, daß der Bürger zur Änderung beziehungsweise Ergänzung des Gesetzes selbst die Initiative ergriff. Dazu wurden die Mitglieder der Volksversammlung in der ersten Versammlung eines jeden Jahres gefragt, ob ihnen die bestehenden Gesetze genügten. War die Frage für ein oder mehrere Gesetze verneint worden, wurden vom Volk Gesetzgeber (Nomotheten) gewählt, die eine Korrektur erarbeiteten. Hierbei ist allerdings zu berücksichtigen, daß nicht das Volk als Ganzes, sondern nur eine privilegierte kleine Schicht zur Mitwirkung aufgerufen war.

Auch in der römischen Republik war die Gesetzgebungszuständigkeit - neben den Wahlen - die wichtigste Aufgabe der Volksversammlungen. Jedoch konnte die römische Volksversammlung, anders als die athenische, aus sich heraus keine Initiative ergreifen. Die Versammlung konnte einem vom Magistrat formulierten und ihr vorgelegten Antrag lediglich zustimmen oder ihn ablehnen.[66] Auch hier gilt das soeben zum griechischen Verständnis der Volksversammlung Gesagte.

Als modernes plebiszitäres Verfassungselement ist die Volksgesetzgebung auf jüngere Wurzeln zurückzuführen,[67] wobei das Gesetzesinitiativrecht in der Anfangsphase noch keine Rolle spielt.[68] Ursprünglich haben privilegierte Teile des Volkes[69] zunächst über Verfassungen oder über grundlegende Gesetze des

---

387ff.; zur Entwicklung der athenischen Demokratie siehe auch *Henke*, Recht und Staat: Grundlagen der Jurisprudenz, § 31, S. 301ff.

66 Hierzu *Bleicken*, Die Verfassung der Römischen Republik, S. 125ff.; zur Entwicklung der römischen Republik siehe auch *Henke*, Recht und Staat: Grundlagen der Jurisprudenz, § 32, S. 319ff.

67 *Fell*, Plebiszitäre Einrichtungen im deutschen Staatsrecht, S. 16f.; *Fetzer*, das Referendum im deutschen Staatsrecht, S. 4ff.; *Wolfgang Berger*, Die unmittelbare Teilnahme des Volkes an staatlichen Entscheidungen durch Volksbegehren und Volksentscheid, S. 29ff.

68 Zum Ursprung des Referendums in den gegen Ende des Mittelalters entstandenen Kantonen Wallis und Graubünden siehe *Bickel*, Kritische Betrachtungen zum gegenwärtigen Verfahren beim Volksentscheid, S. 4; *Gerstein*, Das Funktionieren der unmittelbaren Demokratie in rechtsvergleichender Sicht, S. 11; *Fleiner*, Schweizerisches Bundesstaatsrecht, 1923, S. 12, Anm. 35; *Curti*, Geschichte der schweizerischen Volksgesetzgebung, S. 10ff.; ders., AöR Bd. 28 (1912), S. 30; *Caviezel*, Die Volksinitiative im allgemeinen und unter besonderer Berücksichtigung des Kantons Graubünden, S. 50; zur Helvetischen Verfassung von 1798 siehe *Fleiner-Gerster*, Allgemeine Staatslehre, 2. Aufl. 1995, S. 272; *Heusler*, Schweizerische Verfassungsgeschichte, 1920, S. 308ff.; *Ruck*, Schweizerisches Staatsrecht, 1957, S. 6f; zu den amerikanischen Wurzeln siehe *Adams*, Republikanismus und die ersten amerikanischen Einzelstaatsverfassungen, S. 106 ff. m.w.N.; ders., Republikanische Verfassung und bürgerliche Freiheit, S. 83ff.

69 Zum Volksgedanken in Deutschland vgl. *Kuriki*, in: Festschrift für H. U. Scupin, 1983, S. 233ff.

staatlichen Aufbaus abgestimmt, ehe es zur Teilnahme am gewöhnlichen gesetzgeberischen Verfahren kam.[70] Auch dort konnte zunächst nur über solche Fragen abgestimmt werden, die von der Obrigkeit zur Entscheidung unterbreitet wurden. Gestimmt werden konnte fast ausschließlich nur mit Ja oder Nein. Erst im Laufe der Entwicklung wurde die Möglichkeit zur konstruktiven Mitgestaltung für das gesamte Volk geschaffen und durch die Einführung des Initiativrechts erweitert.

I. Die erste große verfassungstheoretische Auseinandersetzung über das Verhältnis der repräsentativen und der plebiszitären Komponente im modernen Verfassungsstaat

Die erste große verfassungstheoretische Auseinandersetzung über das Verhältnis der repräsentativen und plebiszitären Komponenten im modernen Verfassungsstaat fand in der ersten Phase der französischen Revolution statt.[71] Zuvor hatte in Frankreich jedoch bereits Jean-Jacques Rousseau mit seinem Werk „Du contrat social" von 1762 Aufsehen erregt.

a) Das Gesetzgebungsrecht nach den Ideen J.-J. Rousseaus

Ausgangspunkt von Rousseaus Ideen ist der Gesellschaftsvertrag.[72] Das durch diesen Vertrag verbundene Volk soll alleiniger Träger der Souveränität sein.[73] Rousseaus Auffassung verlangt demnach eine Demokratie ohne Parlament und Parteien,[74] wobei der Staat gemäß dem Zweck seiner Einrichtung, nämlich dem Gemeinwohl, allein durch den Gemeinwillen, der volonté générale, geleitet werden soll.[75]

---

70 Siehe dazu *Curtius*, Über die Einführung von Volksinitiative und Volksreferendum in die neuen Verfassungen der deutschen Staaten, S. 4.

71 *Fraenkel*, Die repräsentative und die plebiszitäre Komponente im demokratischen Verfassungsstaat, S. 32.

72 Vom Gesellschaftsvertrag, übersetzt und mit Anmerkungen von *Pietzcker* und *Brockard*, 1. Buch, 6. Kapitel, S. 16ff.

73 Vom Gesellschaftsvertrag, 1. Buch, 7. Kapitel, S. 19ff., 2. Buch, 1. Kapitel, S. 27f., 2. Buch, 2. Kapitel, S. 28ff.

74 Seine Lehre stand damit im expliziten Gegensatz zu den Lehren Montesquieus „De l' esprit des lois" von 1748 und J. Lockes „Two treaties of government" von 1690. Die volonté générale trat an die Stelle des absoluten Monarchen, ihr Anspruch war unteilbar, eine Gewaltenteilung unmöglich.

75 Vom Gesellschaftsvertrag, 2. Buch, 1. Kapitel, S. 27; der individuelle Wille des Einzelnen, so Rousseau, sei geleitet von eigensüchtigen Motiven, von Begehren und damit notwendig irregeleitet. Auch die Summe der individuellen Willen, die volonté de

Um den Gemeinwillen im einzelnen Fall festzustellen, sei es notwendig, die gesamte Bevölkerung um ihre Meinung zu befragen. Für die Gesetzgebung bedeute dies, daß das Volk Urheber der Gesetze sein solle. Das Volk könne das „unübertragbare Gesetzgebungsrecht" nicht anderen überlassen, selbst wenn es dies wolle.[76]

Darüber, ob dem Volk auch das Recht zur Gesetzesinitiative zusteht, besagt die Lehre Rousseaus nichts Konkretes, doch kommt er im Hinblick auf die Frage, wie „eine verblendete Menge, die oft nicht weiß, was sie will, weil sie nur selten weiß, was ihr zum Guten gereicht", die Gesetzgebung ausführen soll, zur Notwendigkeit eines Gesetzgebers.[77] Zur Abfassung der Gesetze, so Rousseau, bedürfe das Volk eines Gesetzgebers, der ihm den rechten Weg zur Willensbildung weist. Um die besten, für das Wohl des Volkes geeignetsten Grundsätze für eine Gesellschaftsordnung zu finden, bedürfe es „einer höheren Vernunft", eines Wesens von überlegener Intelligenz, welches alle menschlichen Leidenschaften durchschaut, ohne sie selbst zu empfinden. Rousseau spricht von Denkern, die zu den Menschen in der Sprache des Volkes sprechen, damit sie verstanden werden. Sie sollen weder Behörde noch Träger der Staatsgewalt sein.[78] Rousseau vergleicht sie mit römischen Dezemvirn, die dem Volk Gesetzesvorschläge zur Abstimmung vorlegten. Die Initiative sollte somit von einer „höheren Vernunft" ausgehen, während das Beschlußrecht ausschließlich dem Volk zustehen sollte. Wer die Gesetze formuliert, hat nach Rousseau nicht das Recht, sie zu beschließen.[79]

Ob daneben auch das Volk die Initiative ergreifen kann, ist Rousseaus Werk nicht zu entnehmen. Auch die Antwort auf die Frage, wer konkret für das Volk als „höhere Vernunft" tätig werden soll, bleibt er schuldig. Imboden sagt daher offensichtlich zutreffend, daß, wer bei Rousseau nach den Möglichkeiten realer

---

tous, sei nur auf Privatinteressen gerichtet. Die volonté générale dagegen sei von der Vernunft geleitet und getragen von der Rücksicht auf den Mitmenschen, sie sei der wahre Wille des „corps politique", der in der Gesellschaft vertraglich verbundenen Menschen. Ausführlich über die Lehre Rousseaus siehe *Loewenstein*, Volk und Parlament, S. 4ff; *Mommsen*, Geschichte des Abendlandes 1789-1945, S. 35ff.

76 Vom Gesellschaftsvertrag, 2. Buch, 7. Kapitel, S. 45.

77 Der Titel „Gesetzgeber" (législateur), so Hans Brockard, Herausgeber der Übersetzung, sei irreführend. Dem Sinn des 7. Kapitels des zweiten Buches, S. 43ff. sei zu entnehmen, daß es sich ausschließlich um den Verfasser der Gesetzestexte (celui qui rédige les lois) handele, siehe hierzu Vom Gesellschaftsvertrag, 2. Buch, Anm. 19, S. 162.

78 Hierzu und zum folgenden siehe Vom Gesellschaftsvertrag, 2. Buch, 7. Kapitel, S. 44f.

79 Vom Gesellschaftsvertrag, 2. Buch, 7. Kapitel, S. 45.

demokratischer Gestaltung sucht, von ihm da verlassen wird, wo die praktische Aufgabe beginnt.[80]

b) Die Verfassung der Französischen Republik vom 24. Juni 1793

Im Gegensatz zu Rousseaus Auffassungen siegte zunächst im Rahmen der Neuordnung Frankreichs durch die Verfassung von 1791 der Gedanke, daß das Volk ausschließlich durch Stellvertreter, das heißt, durch Abgeordnete eines Parlaments regieren solle. Nur der vom empirischen Volkswillen völlig unabhängige Wille einer repräsentativen Körperschaft sei geeignet, dem wahren Volkswillen Ausdruck zu verleihen.[81]

Erstmals sah die Verfassung vom 24. Juni 1793, durch Rousseau inspiriert, die unmittelbare Beteiligung des Volkes in Form einer Volksabstimmung vor.

Gem. Art. 25 der Verfassung liegt die Souveränität im Volke. Sie ist eins und unteilbar, unverjährbar und unveräußerlich.

Die Verfassung von 1793 war der Versuch, die Souveränität des Volkes Wirklichkeit werden zu lassen. Das Volk sollte selbst und nicht allein durch seine Vertreter an der gesetzgebenden Gewalt teilhaben. Gem. Art. 10 der Verfassung soll das Volk über die Gesetze beschließen. Zur Ausübung seiner Souveränität ist das französische Volk in Urversammlungen nach Kantonen eingeteilt. Gem. Art. 53 der Verfassung werden die Gesetze von der gesetzgebenden Körperschaft vorgeschlagen. Die Nationalversammlung unterrichtet die Urversammlungen der Kantone, die bis zu sechshundert Bürger umfassen (Art. 12), von den Gesetzentwürfen. Frühestens vierzehn Tage nach dieser Anzeige kann die parlamentarische Diskussion beginnen und das Gesetz provisorisch beschlossen werden (Art. 57). Der Entwurf wird an alle Gemeinden abgeschickt und erlangt Gesetzeskraft, wenn nicht in der Frist von vierzig Tagen in der Mehrheit der Departements[82] ein Zehntel der von diesen regelmäßig gebildeten Urversammlungen das Gesetz reklamiert hat (Art. 58 und 59). Erfolgt eine Reklamation, beruft die gesetzgebende Körperschaft die Urversammlungen ein (Art. 60). Die Abstimmung entscheidet letztlich, ob das provisorische Gesetz Gesetzeskraft erlangt oder nicht.

Der Gedanke der Gesetzesinitiativberechtigung des Volkes war jedoch auch dieser Verfassung noch fremd.

80 *Imboden*, Rousseau und die Demokratie, S. 19.

81 Dazu *Fraenkel*, Die repräsentative und die plebiszitäre Komponente im demokratischen Verfassungsstaat, S. 31; vgl. auch *Loewenstein*, Volk und Parlament, insbesondere S. 3ff., ferner S. 238, 256, 276f., 285ff.

82 Die Begriffe Kanton (Art. 11 canton) und Departements (Art. 59 départements) werden synonym gebraucht.

Über die Verfassung selbst wurde ein Volksentscheid abgehalten, bei dem von 7 Millionen Wahlberechtigten nur etwa 1,9 Millionen abstimmten, diese stimmten fast durchweg mit ja.[83] Die Verfassung trat jedoch nicht in Kraft. Statt dessen wurde sie durch die Direktorialverfassung vom 23. September 1795 ersetzt. In dieser setzte sich der Weg zur direkten Demokratie durch weitgehende Übertragung staatsrechtlicher Entscheidungen auf das Volk nicht fort. Es ist vielmehr gerade im umgekehrten Maße verglichen mit 1793 eine starke Betonung des Repräsentativsystems festzustellen. Der gesetzgebende Körper wurde in zwei Gremien aufgeteilt: in den Rat der Fünfhundert und den Rat der Alten (Art. 44 der Verfassung), dessen Recht es war, die Beschlüsse des Rates der Fünfhundert zu genehmigen oder zu verwerfen (Art. 86 der Verfassung). Eine Beteiligung des Volkes an der Verabschiedung von Gesetzen war nicht vorgesehen. Die Mitwirkung des Volkes war weitgehend auf die personelle Auswahl mittels Wahlen zusammengeschrumpft und selbst dieses Recht war auf einen bestimmten Personenkreis als Wähler beschränkt, da nicht das Volk, sondern der privilegierte Bürger wählte.[84]

2. *Die theoretische Grundlegung des Volksinitiativrechts bei Babeuf und die Verschwörung für die Gleichheit 1796*

In Anlehnung an die Verfassung von 1793 forderten schließlich die Mitglieder der sogenannten Verschwörung des *Babeuf*, auch „Verschwörer für die Gleichheit“ genannt, sowohl die bereits 1793 vorgesehene Volksabstimmung als auch erstmalig die Volksinitiative.[85] Babeuf (1760-1797) gehörte während der französischen Revolution zu den Jakobinern. Unter dem Namen Gracchus Babeuf propagierte er in seiner Zeitung Le Tribun du Peuple die sozialrevolutionären Ideen einer Republik der Gleichen. Die Theorien Babeufs und seiner Anhänger pflanzten sich in der französischen Arbeiterwelt als Babouvismus fort. Sie wurden nach Babeuf benannt, weil dieser durch seine Zeitung eine herausragende Stellung einnahm.[86]

---

83 *Mommsen*, Geschichte des Abendlandes 1789-1945, S. 75.

84 Zum eingeschränkten Wahlrecht nach der Verfassung vom 23. September 1795 vgl. *Lange von Stocmeier*, Volk, Gesetz und Regierung in der Französischen Revolution, S. 82ff.

85 *Buonarotti*, Babeuf und die Verschwörung für die Gleichheit, übersetzt und eingeleitet von *A.* und *W. Blos*, S. 221ff.

86 *Buonarotti*, Babeuf und die Verschwörung für die Gleichheit, Einleitung, S. 5ff.; zur Person Babeufs siehe auch *Ramm*, Die Grossen Sozialisten als Rechts- und Sozialphilosophen, S. 134ff.; Babeuf: Der Krieg zwischen Reich und Arm, Artikel, Reden, Briefe, hrsg. von *P. Fischer*, S. 15ff.; *Jonas*, Jahrbuch für Sozialwissenschaft 1965, 318.

Im März 1796 gründete Babeuf einen geheimen Bund, ein neues Direktorium der öffentlichen Wohlfahrt, auch die Verschwörung für die Gleichen genannt, welches den Sturz des herrschenden Direktoriums organisieren sollte. Oberstes Ziel war es, das gesamte Privateigentum abzuschaffen. Ebenfalls Mitglied dieser Verschwörung war *Philippe Buonarotti*. Buonarotti wurde 1761 in Pisa geboren. Er war ein begeisterter Anhänger Rousseaus. Aufgrund seiner Sympathien für die französische Revolution wurde er aus Italien verbannt. In Frankreich erhielt er 1792 das französische Bürgerrecht.[87] Seinem Werk „Babeuf und die Verschwörung für die Gleichheit" ist die Grundlegung des Volksinitiativrechts durch die Verschwörer zu entnehmen.

Ziel der Verschwörer war es, die Volksherrschaft zu begründen. Nach ihrer Auffassung war die Revolution nicht zu Ende.[88] Gem. Art. 12 ihres Programms ist die Verfassung von 1793 das wahre Gesetz der Franzosen, weil das Volk sie feierlich angenommen habe und weil der Konvent nicht das Recht gehabt habe, sie zu ändern.[89] Die Verfassung von 1793 sollte als Grundlage des neuen Staatsaufbaus dienen. Auf sie wollten die Verschwörer zurückgreifen, doch gingen ihre Pläne zur Organisation des Staates und der Neugestaltung der Verfassung weiter.[90] Das Direktorium war der Meinung, daß durch die Verfassung von 1793 das Volk nicht genügend vor eventuellen Anmaßungen des gesetzgebenden Körpers und vor Irrtümern, in die es selbst hineingezogen werden könnte, geschützt sei,[91] so daß seine Souveränität gefährdet sei.

Nach Buonarotti ist Ausgangspunkt die Überlegung, daß durch die geplante Beseitigung des Privateigentums die volle Beteiligung des Volkes an der Gesetzgebung möglich sei, da dann keine Gefahr mehr bestehe, von den öffentlichen Angelegenheiten durch die eigenen abgelenkt zu werden. Die Macht der Urversammlungen sollte daher vergrößert werden, wie schon ihr neuer Name „Versammlungen der obersten Gewalt" (assemblées de souveraineté) anzeigt.[92] Ihnen wird ausdrücklich das Recht der Gesetzesinitiative zuerkannt.

---

87 Vgl. *Buonarotti*, Babeuf und die Verschwörung für die Gleichheit, Einleitung S. 6ff.

88 Vgl. hierzu Art. 11 des offiziellen Programms der Verschwörer, abgedruckt bei *Buonarotti*, Babeuf und die Verschwörung für die Gleichheit, S. 307ff.

89 Abgedruckt bei *Buonarotti*, Babeuf und die Verschwörung für die Gleichheit, S. 313f.

90 *Jonas*, Jahrbuch für Sozialwissenschaft 1965, 327ff.; *Ramm*, Die Grossen Sozialisten als Rechts- und Sozialphilosophen, S. 186f.

91 *Buonarotti*, Babeuf und die Verschwörung für die Gleichheit, S. 123.

92 In der Verfassung von 1793 hießen sie assemblées primaires.

Um die Freiheit und Gleichheit zu bewahren, dürfe man die Gesetzgebung nicht in die Hände Einzelner legen.[93] Sicherstes Organ der Gesetzgebung sei die Vereinigung aller individuellen Kräfte in einer großen gemeinsamen Kraft, die Schaffung eines politischen Körpers. Insgesamt sollten drei Organe der gesetzgebenden Gewalt eingerichtet werden. Da das Volk sich aus praktischen Gründen nicht an einem Ort versammeln kann, sollten erstens in Anlehnung an Art. 11ff. der Verfassung von 1793 jeweils in jedem Bezirk Volksversammlungen als sogenannte Versammlungen der obersten Gewalt gebildet werden. Weiteres Organ sollte die ebenfalls bereits 1793 in Art. 39ff. vorgesehene Zentralversammlung der Gesetzgeber werden. Als drittes und neues Organ der Gesetzgebung war eine sogenannte Körperschaft der Beschützer des nationalen Willens vorgesehen.

Die Zentralversammlung der Gesetzgeber bestand aus Abgeordneten, die gem. Art. 8 der Verfassung von 1793 vom Volk unmittelbar gewählt werden sollten. Ihre Kompetenz sollte darauf beschränkt bleiben, Gesetze vorzuschlagen, und nur das sonst der Exekutive vorbehaltene Verordnungsrecht blieb ihr uneingeschränkt überlassen. Eigentliche Träger der gesetzgebenden Gewalt sollten, entsprechend den assemblées primaires der Verfassung von 1793, die Versammlungen der obersten Gewalt sein. Sämtliche Bürger eines Bezirkes sollten das Plenum der Versammlung bilden. Von diesem Plenum sollte nebst einem Präsidenten und einem Sekretär ein ausschließlich aus Greisen bestehender Senat gewählt werden, der die Volksversammlung beraten sollte. Neben der Aufgabe, Gesetze anzunehmen oder zu verwerfen, sollte den Versammlungen der obersten Gewalt in Fortführung der Verfassung von 1793 jetzt auch das Recht der Gesetzesinitiative zustehen.

Die Körperschaft der „Beschützer des nationalen Willens“ sollte von den Volksversammlungen aus den Reihen der Senatoren gewählt werden. Sie hatte die Aufgabe, die Einzelverhandlungen der Versammlungen der obersten Gewalt zu erfassen und deren Ergebnisse bekanntzugeben. Der Schwerpunkt ihrer Tätigkeit sollte jedoch in der Überwachung der Zentralversammlung der Gesetzgeber liegen, damit diese das Verordnungsrecht nicht mißbrauchen und nicht in das Gesetzgebungsrecht des Volkes eingreifen.

Ein Gesetz sollte nach Bildung dieser Einrichtungen auf zwei Wegen zustande kommen können. Die Initiative konnte erstens von der Zentralversammlung der Gesetzgeber ausgehen. In diesem Fall richtet die Zentralversammlung ihre Anträge mit Darstellung der Gründe an die Versammlungen der obersten Ge-

93 Hierzu und zum folgenden siehe *Buonarotti*, Babeuf und die Verschwörung für die Gleichheit, S. 221ff.; vgl. auch *Latzko*, Babeuf und die Verschwörung der Gleichen, S. 69ff.

walt. Das Ergebnis der Volksberatungen war an die Beschützer der Nation zu leiten, welche die in den Volksversammlungen vertretenen Auffassungen veröffentlichen sollten.

Als zweite Möglichkeit konnte jede Versammlung der obersten Gewalt ein neues Gesetz oder die Abschaffung eines alten Gesetzes vorschlagen. Für den Fall, daß der Gesetzesvorschlag von mehreren Versammlungen der obersten Gewalt ausging, sollte er von den „Beschützern der Nation" an die Zentralversammlung der Gesetzgeber weitergeleitet werden. Diese sollten das Gesetz redigieren und es anschließend sämtlichen Versammlungen der obersten Gewalt zur Annahme unterbreiten.[94]

Zwar konnte die Verschwörung für die Gleichheit ihre Pläne nicht durchsetzen, da Babeuf und einige Mitverschwörer 1797 verhaftet und hingerichtet wurden, doch wurde durch sie, wenn auch nur theoretisch, erstmalig die Volksgesetzgebung, die bis dahin auf das Referendum beschränkt war, um das Initiativrecht erweitert.

Die erstmalige theoretische Grundlegung der Volksinitiative entstammt somit einer radikaldemokratischen Idee, die die Gesetzgebung durch das Volk offensichtlich als Antithese zur repräsentativen Gesetzgebung sah. Ein gesetzgebendes Organ, das ohne die Mitwirkung des Volkes Gesetze initiieren und auch verabschieden konnte, sah das Programm der Verschwörer für die Gleichheit nicht vor. Ohne Mitwirkung des Volkes sollte es keine Gesetzgebung geben.

3. Die erstmalige Einführung des Volksinitiativrechts 1845 im schweizer Kanton Waadt und in der frühen US-amerikanischen Entwicklung

Eingeführt wurde das Gesetzesinitiativrecht des Volkes erstmalig 1845 in dem schweizer Kanton Waadt.[95] Hier galt es als die bedeutendste Erneuerung im Bereich der politischen Rechte.

Inwieweit die theoretische Grundlegung der Verschwörung des Babeuf für die Einführung eine Bedeutung hatte, kann nicht sicher gesagt werden. Curti stellt in seinem Werk „Geschichte der schweizerischen Volksgesetzgebung" fest, daß es möglich sei, daß es sich um eine spontane Idee gehandelt habe, es spreche aber mehr dafür, daß sie dem Geiste Babeufs oder seiner Schüler in der Überlieferung Buonarottis entnommen wurde.[96] Damit hätte die „Theorie der Verschwörer" über die Schweiz Eingang in die Praxis gefunden.

---

94 *Buonarotti*, Babeuf und die Verschwörung für die Gleichheit, S. 225ff.
95 *Curti*, AöR Bd. 28 (1912), S. 39.
96 *Curti*, Geschichte der schweizerischen Volksgesetzgebung, S. 151f.

Die Einführung war zunächst unumstritten, doch im Verlauf der Verhandlungen konnten sich die Befürworter mit knapper Mehrheit durchsetzen.[97] Die Initiative, so die Befürworter, sei die einzige Möglichkeit, das Volk zunehmend in das Werk der Gesetzgebung einzubeziehen. Durch die Initiative gewinne man einen echten Eindruck von der politischen Stimmung im Land. Sie könne zugleich zum „Sicherheitsventil" in unruhigen Zeiten werden.

Radikale Forderungen gingen noch weiter, die das Initiativrecht nicht auf Gesetze beschränken, sondern auf alle Gebiete des staatlichen Lebens erweitern wollten. Wenn das Volk mit einem Beamten des Staatsrats oder der Gerichte unzufrieden sei, müsse es die Möglichkeit haben, dieses Anliegen vor die Volksversammlung zu bringen.[98] Das Volk sei der Herrscher, ein Herrscher aber müsse alles, was er wolle, auch können.

Gegner der Volksinitiative warfen demgegenüber die Frage auf, ob nicht eine Revolution ab und an, etwa alle 15 Jahre, einem System vorzuziehen sei, das eine konstante Unruhe begünstige und daher die Regierung sehr schwierig gestalte.[99] Ebenso befürchtete man den Einfluß von Minderheiten.

Derartige Bedenken konnten sich jedoch nicht durchsetzen. Nach der verabschiedeten Fassung sollte das waadtländische Volk jährlich in etwa 60 Kreisen an einem bestimmten Tag zusammentreten, um Gesetze und Dekrete zu erlassen. Verlangten es fünftausend Bürger, dann hatten auch außerordentliche Versammlungen stattzufinden, um deren Vorschläge entgegenzunehmen.[100]

Die Initiativberechtigung des Volkes wurde kurz darauf auch in die Verfassungen anderer Kantone aufgenommen.[101]

Ein weiterer Entwicklungsstrang geht von einzelnen Staaten der USA aus. Erstritten wurde die Volksgesetzgebung in den US-Staaten, weil man sich davon wesentliche Hilfe im Kampf gegen die Folgen der industriellen Revolution versprach, gegen die damit einhergehende soziale Verelendung, die gesellschaftlich-politische Vermassung und die Korruption in Parteien und Parlamenten.[102]

---

97 Vgl. hierzu und zum folgenden *Meuwly*, Histoire des droits Politiques dans le Canton de Vaud de 1803 à 1885, Lausanne 1990, S. 206ff.

98 *Meuwly*, Histoire des droits Politiques dans le Canton de Vaud de 1803 à 1885, Lausanne 1990, S. 206.

99 *Meuwly*, Histoire des droits Politiques dans le Canton de Vaud de 1803 à 1885, Lausanne 1990, S. 207.

100 *Curti*, Geschichte der schweizerischen Volksgesetzgebung, S. 153.

101 Zur Entwicklung in den Kantonen Schwyz und Zug vgl. *Gerstein*, Das Funktionieren der unmittelbaren Demokratie in rechtsvergleichender Sicht, S. 19; vgl. auch *Heusler*, Schweizerische Verfassungsgeschichte, S. 303.

102 Zu den der Volksgesetzgebung zugedachten Funktionen vgl. *Heussner*, Volksgesetzgebung in den USA und in Deutschland, S. 47ff.

Als erstes forderte die Socialist Labour Party in ihrem Manifest von 1883 und der „Platform" von 1885 „the people to have the right to propose laws (initiative) and the vote upon all laws of importance (referendum)".[103] 1891 und 1892 folgten, inspiriert vom Vorbild der Schweiz, mit entsprechenden Forderungen die großen Gewerkschaftsorganisationen Knights of Labour und American Federation of Labour und die aus Farmer- und Arbeiterorganisationen hervorgegangene People's Party.[104]

Die Volksinitiative in den einzelnen Staaten der USA ist in eine direkte und in eine indirekte Variante zu unterteilen.[105] Bei der „direct initiative" oder „Initiative measure to be submittet directly to the electors" handelt es sich um einen Antrag aus dem Volk an das Volk auf Erlaß eines einfachen oder verfassungsändernden Gesetzes, der, wie ein Volksbegehren nach der Verfassung Sachsens von 1992, unmittelbar zu einer Volksabstimmung führte. Die Zwischenschaltung des Parlaments war dabei nicht vorgesehen. Zwischengeschaltet wurde dieses bei der sogenannten „indirect initiative" oder „Initiative measure to be presented to the legislature". Das Begehren wurde in diesem Fall zunächst, wie auch im Volksantragsverfahren in Sachsen, der gewählten Volksvertretung vorgelegt. Diese konnte dem Antrag entweder stattgeben und den begehrten Gegenstand als Rechtssatz erlassen oder den Entwurf, falls er dort keine Mehrheit fand, dem Volk zur Entscheidung vorlegen.

Bei den Beteiligungsquoren wurde zwischen der Initiative zur Änderung der Verfassung und zum Erlaß einer einfach gesetzlichen Regelung unterschieden. 1902 war Oregon der erste Staat, der die Möglichkeit zur Änderung der Verfassung durch Volksinitiative ermöglichte. Es folgten bis 1918 zwölf weitere Staaten, wobei die Unterschriftsquoren im Durchschnitt bei 10% lagen.[106]

Die Gesetzesinitiativberechtigung des Volkes für einfach gesetzliche Regelungen wurde bereits 1898 erstmalig in Süd-Dakota und 1900 in Utah ein-

---

103 Hierzu und zum folgenden *Heussner*, Volksgesetzgebung in den USA und in Deutschland, S. 44f. mit weiteren Hinweisen zu den Parteien.

104 Dazu *Heussner*, Volksgesetzgebung in den USA und in Deutschland, S. 45 m.w.N.

105 Vgl. hierzu und zum Folgenden *Curtius*, Über die Einführung von Volksinitiative und Volksreferendum in die neuen Verfassungen der deutschen Staaten, S. 31ff; *Stelzenmüller*, Direkte Demokratie in den Vereinigten Staaten von Amerika, S. 85f.

106 Grundzüge der Verfassungen sind abgedruckt in: Posener (Hrsg.), Die Staatsverfassungen des Erdballs, S. 1365ff.; die historischen Daten zur Einführung des Volksbegehrens aus dieser Zeit sind nach dem Untersuchungsergebnis von *Stelzenmüller* verstreut und gelegentlich widersprüchlich, hierzu dieselbe, Direkte Demokratie in den Vereinigten Staaten von Amerika, S. 85, Fn. 206, m.w.N.

geführt. Bis 1918 wurde sie in sechzehn weiteren Einzelstaaten eingeführt. Die verlangten Beteiligungsquoren lagen zwischen 5-8%.[107]

Weiterhin unterschied man ein sogenanntes Kassationsbegehren (petition/protest referendum), für das wiederum andere Beteiligungsquoren[108] verlangt wurden. Diese Art des Volksbegehrens ermöglichte, wie noch zu zeigen sein wird, auch die Weimarer Reichsverfassung. Die Volksinitiative war dabei nicht konstruktiv auf den Erlaß eines Gesetzes gerichtet, sondern bezweckte dessen Aufhebung durch die Vorlage zur Abstimmung durch das Volk. Diese Möglichkeit wurde erstmalig 1898, ebenfalls in Süd-Dakota, eingeführt. Bis 1918 folgten einundzwanzig weitere Staaten. Mit durchschnittlich 5% war das Antragsquorum nicht sehr hoch.[109]

Auf eine von Julius *Curtius* erfolgte Bestandsaufnahme[110] der Regelungen und Erfahrungen der Volksinitiative in den Einzelstaaten der USA wurde, wie im weiteren Verlauf der Untersuchung darzulegen sein wird, in späteren Verfassungsberatungen in Deutschland, insbesondere in den Beratungen in Baden zurückgegriffen, so daß der amerikanische Entwicklungsstrang der Volksinitiative für die Entwicklung in Deutschland und damit auch für Sachsen nicht ohne Einfluß geblieben ist.

---

107 Hierzu *Stelzenmüller*, Direkte Demokratie in den Vereinigten Staaten von Amerika, S. 88.

108 Hierzu *Stelzenmüller*, Direkte Demokratie in den Vereinigten Staaten von Amerika, S. 86, als Berechnungsgrundlage für alle Varianten der Volksinitiative wurde meist die Teilnehmerzahl an der vorangegangenen Wahl festgesetzt. Außerdem wurde häufig zusätzlich als Erschwernis eine bestimmte geographische Streuung der Ja-Stimmen verlangt, etwa in der Form, daß die Mehrheit der unterstaatlichen Verwaltungseinheiten (meist die „counties“) zugestimmt haben mußten.

109 Dafür gaben jedoch viele Staaten dem Parlament die Möglichkeit, ein Gesetz mit entsprechender Klausel als „emergency legislation“, also als dringend erforderlich zum Schutze der öffentlichen Sicherheit und Ordnung zu deklarieren, womit diese Vorschrift dem sogenannten Kassationsbegehren entzogen war, hierzu *Stelzenmüller*, Direkte Demokratie in den Vereinigten Staaten von Amerika, S. 86.

110 *Curtius*, Über die Einführung von Volksinitiative und Volksreferendum in die neuen Verfassungen der deutschen Staaten, Beilage: System der Initiative und des Referendums in den Staaten der nordamerikanischen Union, S. 29ff.

§ 4 *Die konstitutionelle Bewegung in Deutschland als Folge der Französischen Revolution*

I. Die Entstehung von Verfassungen in Deutschland

Aufgrund der Tatsache, daß es sich bei der Volksinitiative um ein verfassungsrechtlich gewährleistetes Recht des Volkes handelt, stellt sich an dieser Stelle zunächst die Frage nach der Entstehung von Verfassungen in Deutschland.

Der entscheidende Anstoß zur konstitutionellen Bewegung in Deutschland war die Französische Revolution von 1789. Sie hat zwar die monarchische Staatsform, die seit Jahrhunderten herrschte, nicht beseitigen und auch den Absolutismus und sein politisches Erbe keinesfalls völlig beseitigen können, gegenüber den neuen politischen Ideen wurden die überkommenen Anschauungen jedoch mehr und mehr fragwürdig und standen seit 1789 gegenüber diesen in der Defensive.[111] Von Frankreich ausgehend haben sich die nationale und die konstitutionelle Bewegung dann zu einer universalen Strömung ausgeweitet.[112]

Infolge des Fehlens eines einheitlichen nationalen Staates erstreckt sich die konstitutionelle Bewegung in Deutschland von Anfang an auf die Einzelstaaten. Wichtig für die konstitutionelle Bewegung in Deutschland ist der Wiener Kongreß. Dessen doppelte Aufgabe bestand darin, die Neuordnung Europas zu vollenden und auf Dauer zu sichern sowie die im Pariser Frieden vorgesehene Verbindung der deutschen Staaten zum Abschluß zu bringen.[113] Hierbei war es zu einer Kontroverse darüber gekommen, ob und in welchem Maß der Bund die Gliedstaaten zum Erlaß von Verfassungsgrundgesetzen verpflichten sollte.

Die Deutsche Bundesakte vom 8. Juni 1815 versuchte schließlich, diese Frage durch ihren Art. 13 zu beantworten. Danach sollte in allen Bundesstaaten eine „landständische Verfassung statt finden“. Hierbei handelte es sich um eine formal wie materiell unbestimmte Norm, denn der Begriff der Landstände war ungeklärt.[114] Jedoch mußte es angesichts der Zurückdrängung des Ständestaates

---

111 *Mommsen*, Größe und Versagen des deutschen Bürgertums, S. 15; vgl. hierzu auch *Wyduckel*, Ius Publicum. Grundlagen und Entwicklung des Öffentlichen Rechts und der deutschen Staatsrechtswissenschaft, S. 220.

112 Siehe hierzu *Näf*, Die Epochen der neueren Geschichte, Bd. 2, S. 174; *Loewenstein*, Verfassungslehre, S. 137.

113 Über den Wiener Kongreß als europäischen Friedensvollzugskongreß und als deutschen Verfassungskongreß vgl. *E. R. Huber*, Deutsche Verfassungsgeschichte seit 1789, Bd. 1, S. 543ff.

114 Auch die Tatsache, daß der Verfassungsordnung souveräner Gliedstaaten einer völkerrechtlichen Verbindung Vorgaben gemacht wurden, machte die Vorschrift umstritten, vgl. dazu *Gangl*, in: Probleme des Konstitutionalismus im 19. Jahrhundert, S. 49.

durch den Absolutismus und des Aufstiegs der bürgerlichen Gesellschaft fragwürdig erscheinen, landständische Verfassung im Sinne der altständischen Vertretung zu verstehen. Vielmehr wurde darunter überwiegend eine konstitutionelle Verfassungsordnung nach den Grundsätzen des Repräsentativsystems verstanden.[115]

Derartige Vorstellungen konnten sich in der Restaurationszeit jedoch nicht oder nur zum Teil durchsetzen. Infolge einer restriktiven Auslegung des Art. 13 sollte sich das Repräsentativsystem mit der landständischen Verfassung als kaum vereinbar erweisen. Diese Bestrebungen fanden in Art. 57 der Wiener Schlußakte vom 15. Mai 1820 ihren Niederschlag, die dem Ausbau der Bundesverfassung im restaurativen Sinne dienen sollte. Sie brachte eine Verstärkung der Bundesgewalt gegenüber den Einzelstaaten und unterstellte deren konstitutionelles Leben der Oberaufsicht des Bundes, indem sie als Auslegung des Art. 13 der Bundesakte für die einzelstaatlichen Verfassungsgeber festlegte, daß die gesamte Staatsgewalt in dem Oberhaupt des Staates vereinigt bleiben müsse und der Souverän durch eine landständische Verfassung nur in der Ausübung bestimmter Rechte an die Mitwirkung der Stände gebunden werden könne. Damit wurde das Monarchische Prinzip stabilisiert und wurden gleichzeitig die Ideen der Volkssouveränität, der parlamentarischen Volksvertretung und der Gewaltenteilung verworfen.

Aus verfassungsgeschichtlicher Sicht unterscheidet man beim Übergang der deutschen Länder zum konstitutionellen System drei sogenannte Verfassungswellen,[116] von denen die erste die Jahre 1816 bis 1820, die zweite die Jahre 1830 bis 1833 und die dritte die Jahre 1848 bis 1850 umfaßt.

Seit 1818 kam es in den vier größeren süddeutschen Staaten Bayern, Württemberg, Baden und Hessen-Darmstadt zum Erlaß von Verfassungen. Als Vorbild diente ihnen gemeinsam die französische Charte Constitutionnelle von 1814, die damals als Musterbeispiel des monarchisch-konstitutionellen Prinzips angesehen wurde.[117]

Die zweite Verfassungswelle (1830-1833) hatte die Pariser Julirevolution des Jahres 1830 als geschichtlichen Hintergrund. Kurhessen, Braunschweig, Sachsen und Hannover erhielten eine Verfassung. Damit waren die wichtigsten Staaten Norddeutschlands zu Verfassungsstaaten geworden. Nur auf die Großstaaten Preußen und Österreich blieb die Verfassungsbewegung der dreißiger Jahre ohne erkennbaren Einfluß.

---

115 Vgl. *Badura*, in: Isensee, Kirchhof (Hrsg.), HdbStR, Bd. 1, 2. Aufl. 1995, S. 967.

116 *Van Calker*, in: Anschütz, Thoma (Hrsg.), HdbStR, Bd. 1, 1930, S. 49ff.

117 *Gangl*, in: Probleme des Konstitutionalismus im 19. Jahrhundert, S. 51.

Während der dritten Verfassungswelle (1848-1850) mußten sich nunmehr auch die beiden deutschen Großmächte Österreich und Preußen zur Aufgabe des Widerstandes gegen das konstitutionelle System entschließen. Durch jeweils einseitigen Akt wurden die österreichischen Verfassungen vom 25. April 1848 beziehungsweise 3. März 1849 sowie die preußische Verfassung vom 5. Dezember 1848 erlassen, die in revidierter Form am 31. Januar 1850 erging.

2. *Die Formalisierung des Gesetzgebungsverfahrens durch die Sächsische Verfassung vom 4. September 1831*

Daß die Gesetzesinitiativberechtigung des Volkes, wie sie die Sächsische Verfassung vom 6. Juni 1992 kennt, bis auf Traditionen aus der Verfassung vom 4. September 1831 zurückreicht, ist schon aufgrund des oben zum Einfluß des Art. 57 der Wiener Schluß-Akte vom 15. Mai 1820 auf die Verfassungen der Einzelstaaten des Deutschen Bundes Gesagten, kaum zu erwarten. Direkte Beteiligungsformen des Volkes waren der Sächsischen Verfassung fremd. Jedoch ist eine nähere Untersuchung des Gesetzgebungsrechts gleichwohl erforderlich, da durch die Verfassung das Gesetzgebungsrecht des Königs begrenzt und das Gesetzgebungsverfahren verfassungsrechtlich verankert wurde. Die Verfassung vom 4. September 1831 ist insoweit Ausgangspunkt der verfassungsrechtlich verankerten sächsischen Gesetzgebung. Durch sie wurde das Gesetzgebungsverfahren erstmalig formalisiert, so daß sie den Beginn der verfassungsrechtlichen Entwicklung des Gesetzesinitiativrechts und damit letztlich auch der erst später hinzutretenden Volksinitiativberechtigung darstellt.

a) *Verfassungsrechtliche Ausgangslage nach Auflösung des Heiligen Römischen Reiches 1806*

Die Auflösung des alten deutschen Reiches 1806 hatte den deutschen Einzelstaaten mit dem Wegfall der Reichsgewalt und dem Gewinn der vollen Souveränität die rechtliche Möglichkeit der freien und selbständigen Regelung ihrer Verfassungen gegeben.[118]

Sachsen hatte, anders als die Mehrzahl der deutschen Einzelstaaten, die altüberlieferten ständischen Formen weitgehend bewahrt und seinen altständischen Landtag 1807 neu bestätigt.[119]

---

118 *Pölitz*, Die europäischen Verfassungen seit dem Jahre 1789 bis auf die neueste Zeit, Bd. 1, S. 199.

119 *Pölitz*, Die europäischen Verfassungen seit dem Jahre 1789 bis auf die neueste Zeit, Bd. 1, S. 199f.; *von Witzleben*, Die Entstehung der constitutionellen Verfassung des

Da, wie im weiteren Verlauf der Arbeit zu zeigen sein wird, die Forderung nach der Volksinitiative im engen Zusammenhang mit der Frage der rechtlichen wie tatsächlichen Repräsentation des Volkes durch das jeweilige Parlament steht, ist auch auf die entsprechenden Vorentwicklungen kurz einzugehen.

Der Landtag bestand aus drei Kurien. Die erste setzte sich aus Prälaten, Grafen und Herren zusammen, in der zweiten war der ritterschaftliche Gutsadel vertreten, der sich vor der Aufnahme in die Kurie einer strengen Ahnenprobe unterziehen mußte. Die dritte Kurie umfaßte die Vertreter der Städte, welche nicht gewählt, sondern von den patrizischen Stadträten ernannt wurden. Das Bauerntum war gänzlich ohne Vertretung.[120] Der Landtag war nicht nur weit davon entfernt, eine Repräsentativversammlung darzustellen, sondern ebenso wenig war er eine alle Stände einigermaßen gleichmäßig verkörpernde landständische Vertretung.[121]

Auch die Kompetenzen des Landtages waren bescheiden. Die bedeutendste Funktion war das Steuerbewilligungsrecht, hinsichtlich dessen der Landtag beschlußberechtigt war. Die Gesetzgebung lag grundsätzlich in der Hand des Königs. Dieser hatte formell weitgehend freie Hand. Der Landtag konnte lediglich beratend teilnehmen, hatte praktisch jedoch weitaus höheres Gewicht.

Königreichs Sachsen, S. 95; zur Entwicklung der alten sächsischen Ständeverfassung seit dem 15. Jahrhundert S. 65ff.

120 Ausführlich über die Zusammensetzung und die Funktionen des Landtages siehe *Behrendts*, Reformbestrebungen in Kursachsen im Zeitalter der französischen Revolution, S. 2ff.

121 Der liberale Landeshistoriker *Theodor Flathe* charakterisierte 1873 in seinem Werk „Geschichte des Kurstaates und Königreiches Sachsen. Neuere Geschichte Sachsens von 1806-1866", Bd. 3, S. 377 diese alten Landstände mit folgenden Worten: „Sachsen hat Landstände, allein ihre Zusammensetzung ist so mangelhaft, so ungenügend dem allgemein erhöhten Volksgefühle, so heterogen von allen Repräsentationen, welche anjetzt von den Nationen und Landen um uns her gewünscht, von den Fürsten zum Teil schon bewilligt worden, daß wir unmöglich aus Bequemlichkeit das alte Gebäude unserer Landschaft nur immer zu stützen fortfahren dürfen, ohne befürchten zu müssen, daß es endlich von selbst einstürze oder zur Unzeit von unvorsichtigen Eiferern erschüttert und umgestürzt werde." Vgl. hierzu auch *Schmidt*, LĚTOPIS, Reihe B, Nr. 27/1 und 2, S. 20f.; *Ruhland*, Neues Archiv für sächsische Geschichte 1994, 217; *Ahcin*, Zur Entstehung des Bürgerlichen Gesetzbuchs für das Königreich Sachsen von 1863/65, S. 58; *Blaschke* bezeichnet in „Königreich Sachsen und thüringische Staaten" die damaligen sächsischen Verfassungs- und Verwaltungsverhältnisse als „tief in feudalen Abhängigkeiten" verwurzelte Ordnungen und absolutistische Herrschaftsformen, in: Jeserich, Pohl, von Unruh (Hrsg.), Deutsche Verwaltungsgeschichte, Bd. 2, S. 612.

Das infolge der Gebietsverluste an Preußen verkleinerte Sachsen[122] wurde aufgrund der auf dem Wiener Kongreß getroffenen Regelungen Mitglied des Deutschen Bundes. Dieser war keine rein staatsrechtliche Einheit mit einer Zentralgewalt über die Staaten, kein Bundesstaat, sondern trug insofern völkerrechtliche Züge, als er eine vertragsmäßige Vereinigung souveräner Staaten darstellte.

b) Die konstitutionelle Bewegung in Sachsen

Ebenso notwendig wie die Betrachtung der Verfassung selbst ist die Untersuchung der konstitutionellen Bewegung als Ganzes, die mehr umfaßt, als in der verabschiedeten Sächsischen Verfassung ihren Niederschlag gefunden hat. Eher als in der Verfassung selbst sind daher Forderungen nach vermehrter Volksbeteiligung in ihrem Umfeld zu erwarten.

Noch im ausgehenden 18. Jahrhundert wurden in Sachsen die überkommenen staatlichen Einrichtungen respektiert und ohne große Neuerungsversuche gewahrt.[123] Die staatstheoretischen Anschauungen eines Rousseau sowie die Lehren der französischen Revolution scheinen an der Masse des sächsischen Volkes zunächst nahezu spurlos vorübergegangen zu sein.[124]

Zu Beginn des 19. Jahrhunderts dagegen wurden vermehrt kritische Stimmen laut.[125] Bereits 1814 wurde von dem bis 1811 im sächsischen Justizdienst tätig

---

122 Zu den betroffenen Gebieten *Pölitz*, Die europäischen Verfassungen seit dem Jahre 1789 bis auf die neueste Zeit, Bd. 1, S. 200; Sachsen hatte nach der Bevölkerungsliste von 1812 2.038.000 Einwohner, an Preußen fielen Gebiete mit 855.000, bei Sachsen blieben 1.183.000 Einwohner; ein allgemeiner geschichtlicher Überblick hierzu bei *Zwahr*, Sächsische Heimatblätter 30 (1984), 97ff.

123 Hierzu *Wyduckel*, in: SAXONIA, Bd. 7, S. 34; ders., in: Bauer, Breuer, Degenhart, Oldiges (Hrsg.), 100 Jahre Allgemeines Baugesetz Sachsen, S. 20f.; *Behrendts*, Reformbestrebungen in Kursachsen im Zeitalter der französischen Revolution, S. 38; *O. Mayer*, Das Staatsrecht des Königreichs Sachsen, S. 6; vgl. dazu auch *Rühlmann*, Die öffentliche Meinung in Sachsen während der Jahre 1806 bis 1812, S. 20f., der als markanteste Form des Beharrens von einer „dynastischen Treue“ spricht, die sich darin äußerte, daß das politische Denken und Handeln von dem Willen des Königs abhängig gemacht wurde.

124 So *Rühlmann*, Die öffentliche Meinung in Sachsen während der Jahre 1806 bis 1812, S. 27f.; zu den Wirkungen der französischen Revolution in Sachsen siehe *Hoyer*, Neues Archiv für sächsische Geschichte 1994, 61ff.; *Schober*, Sächsische Heimatblätter 36 (1990), 185ff.; zu den Wirkungen in Deutschland allgemein siehe *Nolte*, in: Hettling (Hrsg.), Revolution in Deutschland? 1789-1989, S. 8ff.

125 Dazu *von Friesen*, Erinnerungen aus meinem Leben, Bd. 1, S. 12f.; vgl. auch *Reinhardt*, Die sächsischen Unruhen der Jahre 1830/31 und Sachsens Übergang zum Verfassungsstaat, S. 40.

gewesenen preußischen Hauptmann *M.C.F.W. Grävell* in einem Sendschreiben an den König die Einführung einer neuen Verfassung gefordert, da in Sachsen eine „Menge Einrichtungen und Institute bestehen, welche ein Produkt der Rohheit, Gewalt oder Not in früheren Jahrhunderten" seien und in die jetzige Zeit nicht mehr paßten, da sie mit den Begriffen von Menschenrechten und Staatsbürgerrechten im Widerspruch stünden.[126] Unter anderem forderte er Neuerungen wie die Abschaffung der Patrimonialgerichtsbarkeit und eine das Volk wirklich repräsentierende Versammlung. Die direkte Beteiligung des Volkes an der Gesetzgebung lehnte Grävell jedoch ausdrücklich ab. An der Ausübung der Souveränität dürfe das Volk keinen Anteil haben, und nicht der kleinste Teil der Regierung des Landes dürfe in seinen Händen liegen, denn die Souveränität gebühre dem Regenten, der sie nicht veräußern, wohl aber durch Gehilfen und Diener ausüben dürfe. Da nun die Gesetzgebung eines der wesentlichsten Souveränitätsrechte sei, dürfe das Volk weder selbst noch durch seine Stellvertreter an der Gesetzgebung Anteil haben.[127]

Grävells Forderungen wurden, wenn auch in teils modifizierter Form, von Unzufriedenen in Sachsen aufgegriffen.

Ebenfalls 1814 erschien eine Darstellung der königlich sächsischen Regierung nebst einer Skizze zur besseren Organisation der Staatsverwaltung. Verfasser war *Andreas August Hering*. Kritisiert wurde in dieser Darstellung besonders die dem Adel persönlich zustehenden Prärogativen und Vorzüge, wodurch dem vielleicht besser geeigneten Mann aus dem Bürgerstand das Emporsteigen im Staatsdienst zu sehr erschwert werde. Weiter forderte Hering, daß jeder Gutsbesitzer unabhängig davon, ob er adelig sei oder nicht, das Recht haben müsse, auf dem Landtag persönlich zu erscheinen. Schließlich sei eine große Zahl veralteter Gesetze aufzuheben, um der Kollision von Rechtsnormen ein Ende zu bereiten.[128]

Weiterhin erschien eine Broschüre mit Bemerkungen eines sächsischen Patrioten über Grävells Sendschreiben an König Friedrich August, Sachsens Wiedergeburt betreffend, sowie eine Broschüre eines „Dresdner Sachwalters" ohne Verfassernamen. In Bezug auf die Beteiligung des Volkes an der Gesetzgebung wurden 1814 in Sachsen andere Auffassungen als Grävells jedoch nicht öffentlich vertreten.

---

126 *Grävell*, „Sachsens Wiedergeburt." Ein Sendschreiben an Seine Majestät König Friedrich August, S. 21.

127 *Grävell*, „Sachsens Wiedergeburt." Ein Sendschreiben an Seine Majestät König Friedrich August, S. 40.

128 Hierzu und zum folgenden *Schlechte*, Die Vorgeschichte der sächsischen Verfassung vom 4. September 1831, S. 40ff.

Die genannten Forderungen fanden nicht die Aufmerksamkeit der Regierung und führten somit zu keiner Verbesserung. Trotz veränderter Ansprüche des Volkes an die Verfassung aufgrund gesteigerter wirtschaftlicher und kultureller Leistungen des Bürgertums[129] blieb die alte ständische Verfassung zunächst unverändert weiter bestehen, als König Friedrich August 1827 nach 64-jähriger Regierungszeit verstarb. Sein Bruder *Anton* war, als er fast zweiundsiebzigjährig den Thron bestieg, überzeugt, daß das Land von seinem Bruder „gut und gerecht" regiert worden sei und führte daher die Politik Friedrich Augusts unverändert fort. Kabinettsminister Graf *Einsiedel*,[130] dessen Einfluß schon in den letzten Regierungsjahren Friedrich Augusts immer mehr zugenommen hatte, wurde unter einem so unselbständigen König, der über keinerlei Regierungs- und Verwaltungserfahrungen verfügte, die beherrschende Person im sächsischen Staatswesen.[131] In der politischen Führung des Landes herrschte somit Stagnation und eine Abneigung gegen den politischen Fortschritt. Die Mißstimmung im Land richtete sich vor allem gegen Einsiedel als den entschiedensten Gegner aller Neuerungen.[132]

Seit 1827 erschien in Zwickau ein Oppositionsblatt, *Die Biene*. Herausgeber war der ehemalige Theologe Karl Ernst Richter.[133] *Die Biene* bekämpfte nicht nur lokale Mißstände, sondern setzte sich auch ein für persönliche Freiheit, für Glaubens- und Meinungsfreiheit, für Gleichheit der Lasten und Gleichheit vor dem Richterstuhl sowie für die Vertretung des Volkes bei den Regierenden durch Abgeordnete.[134] Richter erwartet vom aufgeklärten Fürsten die Gewährung der dem bürgerlichen Fortschritt angemessenen Reformen. In einem Beitrag über „Die moderne Gesetzesdeutung" stellt er fest, daß die alten Gesetze

---

129 Näheres zur wirtschaftlichen und kulturellen Entwicklung in Sachsen, *Schmidt*, Die Staatsreform Sachsens in der ersten Hälfte des 19. Jahrhunderts, S. 94ff.

130 Detlev Graf von Einsiedel (1773-1861), seit Mai 1813 Kabinettsminister und Innenminister, später auch Außenminister.

131 Dazu *von Friesen*, Erinnerungen aus meinem Leben, Bd. 1, S. 13f.; dazu auch *K. von Weber*, Archiv für die sächsische Geschichte 1863, 159.

132 *Flathe*, Das Zeitalter der Restauration und Revolution 1815-1851, S. 282; vgl. zur Entwicklung auch *von Friesen*, Erinnerungen aus meinem Leben, Bd. 1, S. 18ff.

133 Ein ausführlicher Lebenslauf bei *Hammer*, Neues Archiv für sächsische Geschichte 1995, 184ff., zu den Jahren der *Die Biene* 188ff., *Die Biene* erschien von 1827 bis anfang 1833 in 319 Nummern und erlangte zunehmende Verbreitung. Die Zahl der Abonnenten stieg von anfangs 800 auf zuletzt 5.000; zur *Die Biene* siehe weiterhin *Knüpfer*, Konstitution und Öffentlichkeit. Zur Verfassungsdiskussion in der sächsischen Wochenschrift „Die Biene" 1831-33, S. 1ff.; ders., Neues Archiv für sächsische Geschichte 1994, 80ff.

134 Diese Forderungen hatte Richter bereits 1826 in den unter seiner alleinigen Redaktion stehenden *Erinnerungsblättern für gebildete Leser aller Stände* gestellt, hierzu *Hammer*, Sächsische Heimatblätter 37 (1991), 204.

und Verpflichtungen der neuen Zeit nicht mehr angemessen seien. Volksleben, Kultur und Sitten warteten in ihrem Fortschreiten zum Besseren nicht auf die Gesetzgebung, sie gingen den Gesetzen nicht nach, sondern voraus.[135] Dies war ein deutlicher Hinweis darauf, daß die Staatsverfassung hinter dem sich entwikkelnden bürgerlichen Leben zurückblieb.

Mitte November 1829 veröffentlichte *Albert von Carlowitz*, Sohn des Wirklichen Geheimen Rates und späteren Staatsministers Hans Georg von Carlowitz in *Die Biene* eine Adresse des sächsischen Volkes an seinen „gütigen und geliebten" König bei der Eröffnung des Landtages. Darin empfahl er die Einführung einer wirklichen und einflußreichen Volksvertretung.[136]

Noch schärfer bezog der Landtagsabgeordnete und gleichfalls bei der Regierung als Assessor tätige *Otto von Watzdorf* in seiner Druckschrift über die Notwendigkeit einer Veränderung der im Königreich Sachsen bestehenden ständischen Verfassung Stellung gegen die überalterten Verhältnisse. Er forderte die Einführung einer Verfassung mit einer Trennung der gesetzgebenden, richterlichen und vollziehenden Gewalt nach Montesquieus Vorbild.[137]

Zündstoff der sächsischen Unruhen bildeten neben der Pariser Revolution[138] die behördlichen Maßnahmen, mit denen der katholische Hof gegen die Interessen der überwiegend protestantischen Bevölkerung die in Sachsen am 25. Juni 1830 begangene 300-Jahrfeier der Confessio Augustana[139] zu behindern suchte.[140]

---

135 Hierzu *Hammer*, Sächsische Heimatblätter 37 (1991), 204.

136 Hierzu *Schmidt*, Die Staatsreform in Sachsen in der ersten Hälfte des 19. Jahrhunderts, S. 100, Fn. 16; von Carlowitz war von 1846-1848 sächsischer Justizminister und trat 1849 für Deutschlands Einigung und für die Annahme der Frankfurter Reichsverfassung durch Sachsen ein. Nach dem Sieg der konservativen Kräfte ging er nach Preußen.

137 Dazu *Schlechte*, Die Vorgeschichte der sächsischen Verfassung vom 4. September 1831, S. 54f; *Schmidt*, Die Staatsreform in Sachsen in der ersten Hälfte des 19. Jahrhunderts, S. 101; vgl. auch Richters Grundsätze einer konstitutionellen Staatsverfassung in *Die Biene* 43/1830, in denen auch er die Trennung der gesetzgebenden, richterlichen und vollziehenden Gewalt fordert, abgedruckt bei *Hammer*, Sächsische Heimatblätter 37 (1991), 205.

138 Eine ausführliche Darstellung der Wirkungen der Julirevolution in Deutschland bei *Flathe*, Das Zeitalter der Restauration und Revolution 1815-1851, S. 282ff.

139 In der Confessio Augustana legten 1530 die Protestanten ihr Glaubensbekenntnis ab. Die katholischen Theologen widerlegten sie umgehend in der Confutatio. Kaiser Karl V. wies die Apologie der Confessio Augustana zurück und bestätigte das Wormser Edikt, dazu *Willoweit*, Deutsche Verfassungsgeschichte, S. 97.

140 In Dresden wurde bei einer abendlichen Veranstaltung die Straßenbeleuchtung um das Rathaus herum nicht angezündet; in Leipzig wurde ein Aufzug der Schulkinder und ein von Studenten beabsichtigter Fackelzug untersagt; weiteren Zündstoff für

Am 2. Oktober 1830 erschien in der Sachsenzeitung die Forderung nach einer repräsentativen Verfassung unter Vertretung aller Stände und Gleichheit aller Staatsbürger vor dem Gesetz.[141] Ein vom Volk erzwungener Regierungswechsel nach braunschweigischem oder kurhessischem Muster[142] kündigte sich an.

Die gemäßigt-konstitutionelle Bewegung fing jedoch die radikaleren Kräfte bald ab. Das gehobene Beamtentum übernahm die Führung. In seinen Reihen trat der Geheime Rat *von Lindenau*[143] hervor, dem es gelang, den sächsischen Aufruhr in die Bahn des Konstitutionalismus zu lenken. Graf Einsiedel erhielt seine Entlassung, an seine Stelle trat am 13. September von Lindenau. Gleichzeitig erhob König Anton seinen Neffen *Friedrich August* zum Mitregenten.[144] Damit war der Übergang Sachsens vom altständischen zum konstitutionellen Staatssystem eingeleitet.[145] Bereits am 5. Oktober ließ die neue Regierung „eingreifende Verbesserungen in der Verfassung und Verwaltung" ankündigen.[146]

Am 4. Dezember 1830 bildete sich in Dresden ein Bürgerverein, der am 1. März 1831 einen Verfassungsentwurf mit dem Titel: „Constitution, wie sie

---

die Unruhen bot eine am 2. September auf einem Polterabend wegen Straßenlärms entstandene Schlägerei zwischen Polizei und Handwerksgesellen, die auch in den nächsten Tagen weitere Eskalationen verursachte, dazu *von Witzleben*, Die Entstehung der constitutionellen Verfassung des Königreichs Sachsen, S. 134ff.; ebenso Beilage Nr. 5, Bericht über den Verlauf der aufständischen Bewegungen in Sachsen im Herbst des Jahres 1830, S. 326ff.; vgl. ebenfalls *Reinhardt*, Die sächsischen Unruhen der Jahre 1830-1831 und Sachsens Übergang zum Verfassungsstaat; *Ruhland*, Sächsische Heimatblätter 37 (1991), 194ff.; ders., Dresdner Hefte 8 (1991), Heft 26, 5ff.

141 *Reinhardt*, die sächsischen Unruhen der Jahre 1830-1831 und Sachsens Übergang zum Verfassungsstaat, S. 64.

142 Zum erzwungenen Regierungswechsel in Kurhessen und Braunschweig siehe *Flathe*, Das Zeitalter der Restauration und Revolution 1815-1851, S. 283f.; *E. R. Huber*, Deutsche Verfassungsgeschichte seit 1789, Bd. 2, S. 64ff.

143 Bernhard August von Lindenau (1779-1854), Jurist und Astronom, war, nachdem er einige Jahre im Dienste der Herzogtümer Altenburg und Gotha gestanden hatte, 1827 in den Staatsdienst des Königreichs Sachsen berufen worden. 1829 wurde er Mitglied des geheimen Rates, Angaben bei *von Witzleben*, Die Entstehung der constitutionellen Verfassung des Königreichs Sachsen, S. 121, 147ff.

144 Dazu *Pölitz*, Die europäischen Verfassungen seit dem Jahre 1789 bis auf die neueste Zeit, S. 200; eine zeitgenössische Schilderung der näheren Umstände, die unmittelbar die Regierung beeinflußten, die Ernennung Friedrich Augusts zum Mitregenten zu beschleunigen, ist abgedruckt bei *Ruhland*, Neues Archiv für sächsische Geschichte 1994, 220ff.; die Mitregentschaft hielt Friedrich August bis zum Tod Antons am 6. Juni 1836 inne, danach wurde er als Friedrich August II. sein Nachfolger als König von Sachsen.

145 *Von Witzleben*, Die Entstehung der constitutionellen Verfassung des Königreichs Sachsen, S. 145.

146 Bekanntmachung vom 5. Oktober 1830, GS., S. 175.

das sächsische Volk wünscht" verbreitete, den der Dresdner Rechtsanwalt *Bernhard Moßdorf* verfaßt hatte.[147]

Dautz zufolge dienten Moßdorf als Vorlage ein Auszug der französischen republikanischen Verfassung von 1793, zwei Aufsätze zur griechischen Verfassung und zur Verfassung des Königreiches Württemberg, eine Abschrift der Verfassung der preußischen Provinzialstände, vor allem aber ein Aufsatz über die Verfassung Belgiens vom 7. Februar 1831. Namentlich die letztgenannte Verfassung habe ihn auf den Gedanken gebracht, die parlamentarisch beschränkte Monarchie der landständischen Verfassung der Regierung gegenüberzustellen.[148]

Da die Regierung und das Königshaus fünf Monate nach den Versprechungen vom 5. Oktober noch keine verbesserte Verfassung vorgelegt hatten, erregte der Entwurf Moßdorfs nicht nur unter den Ständen, sondern auch in der Bevölkerung starkes Interesse und lebhafte Diskussionen.[149]

Der Entwurf enthielt ausgedehnte Grundrechte, vor allem Rede- und Versammlungsfreiheit. Moßdorf zielte darauf, die Grundpfeiler des altständischen Systems zu beseitigen. Die Verfassung erkennt weder Vorrechte der Geburt noch des Standes noch des Adels an. „Es gibt keinen Adel mehr" formuliert Moßdorf in Art. 5. Im vierten Abschnitt von der Staatsgewalt heißt es in Art. 30: „Die Souveränität liegt im Volke. Von ihm geht alle Gewalt aus". Eine unmittelbare Beteiligung des Volkes an der Gesetzgebung sah Moßdorfs Entwurf jedoch nicht vor. Im Abschnitt von der Staatsgewalt heißt es in Art. 33 über die Ausübung der Souveränität: „Die gesetzgebende Gewalt ist der Kammer der Volksvertreter und dem König gemeinschaftlich übertragen. Die vollziehende Gewalt ist dem König allein übergeben, die richterliche Gewalt wird unabhängig von der gesetzgebenden und vollziehenden durch Richter und Geschworene ausgeübt". Vorgesehen war das Einkammersystem, wobei der Landtag jedes Jahr vom Volk neu gewählt werden sollte. Gegenüber Gesetzesvorschlägen des Landtages sollte dem König nur ein suspensives Veto zustehen.

Über diesem Entwurf stand das Motto: „Und wird sie nicht gewährt, so pochen wir mit Flintenkolben an." Moßdorf wollte in der von ihm vorgestellten

---

147 Dazu *Dautz*, Sächsische Heimatblätter 37 (1991), 202ff.; ders., Dresdner Hefte 8 (1991), Heft 26, 41ff.; Bernhard Moßdorf (1802-1833) wurde 1831 verhaftet und nahm sich als Gefangener auf der Festung Königstein das Leben. Einige Artikel des Entwurfs sind ebenfalls abgedruckt bei *Kretzschmar*, in: Der Sächsische Landtag. Geschichte und Gegenwart, S. 29, Fn. 23.

148 *Dautz*, Sächsische Heimatblätter 37 (1991), 203.

149 *Schlechte*, Die Vorgeschichte der sächsischen Verfassung vom 4. September 1831, S. 92.

konstitutionellen Monarchie die reale Repräsentanz des Volkes durchsetzen und erhalten.[150]

Anfang 1831 war *Die Biene* verstärkt tätig geworden. In der Absicht, das neue Verfassungsdenken aus anderen deutschen Bundesstaaten auch für Sachsen fruchtbar zu machen, wurde die badische Verfassung mit dem Entwurf der kurhessischen verglichen, dem als dem liberalsten und zweckmäßigsten in Deutschland der Vorzug gegeben wurde.[151] Das Einkammersystem, die Gesetzesinitiativberechtigung des Landtages etc. sollten auch in die Sächsische Verfassung aufgenommen werden.

Forderungen nach Volkssouveränität mit Einsetzung und Abberufung der Regierung durch das Volk nach rousseauschem Vorbild blieben eine Ausnahme.[152] Dagegen wurden Gewaltenteilung, Einschränkung der Monarchengewalt und letztlich die Ablösung des Monarchischen Prinzips durch die Vorstellung, daß der Monarch nur „[...] von Amts wegen [...] im Auftrage der Staatsgewalt die Vollziehung der Gesetze zu besorgen [...]" habe, wiederholt gefordert.[153]

Als Ergebnis hinsichtlich der konstitutionellen Bewegung ist somit festzuhalten, daß auch aus dem Volk neben Forderungen nach einer tatsächlich repräsentativen Volksvertretung, Trennung der Gewalten, Rede- und Pressefreiheit, Grundrechten und Volkssouveränität Forderungen nach direkten Beteiligungsmöglichkeiten des Volkes an der Gesetzgebung, wie sie in Frankreich bereits die Verfassung vom 24. Juni 1793 vorgesehen hatte, nicht laut wurden.

c) Das Gesetzesinitiativrecht nach den Verfassungsentwürfen des Geheimen Rates von Carlowitz, des Kabinettsministers von Lindenau und der Staatsregierung

Am 21. September 1830 war eine Aufforderung von der Regierung an Hans *Georg von Carlowitz* (1772-1840), Mitglied des Geheimen Rates, ergangen,[154] eine

150 *Dautz*, Dresdner Hefte 8 (1991), Heft 26, 45.

151 Hierzu *Knüpfer*, Konstitution und Öffentlichkeit. Zur Verfassungsdiskussion in der sächsischen Wochenschrift *Die Biene* 1831-33, S. 2.

152 Nach *Knüpfers* Untersuchung wurde diese Forderung nur in der *Biene* vom 16. Januar 1831, S. 17f. laut, dazu ders., Konstitution und Öffentlichkeit. Zur Verfassungsdiskussion in der sächsischen Wochenschrift *Die Biene* 1831-33, S. 2f.

153 Vgl. dazu *Knüpfer*, Konstitution und Öffentlichkeit. Zur Verfassungsdiskussion in der sächsischen Wochenschrift *Die Biene* 1831-33, S. 5 m.w.N.

154 Detaillierte Angaben über die Mitglieder des Geheimen Rates bei *von Witzleben*, Die Entstehung der constitutionellen Verfassung des Königreichs Sachsen, S. 145ff.

„den Erfordernissen der Zeit und den Verhältnissen hiesiger Lande entsprechende“ Verfassung auszuarbeiten.[155]

Ein weiterer Entwurf wurde vom Kabinettsminister von Lindenau erarbeitet.[156]

Während der Entwurf von Lindenaus sich hauptsächlich an der badischen Verfassung vom 22. August 1818[157] orientiert, hat von Carlowitz in seinem Entwurf neben dieser auch die 1830 bereits bestehenden Verfassungen Bayerns[158], Württembergs[159] und die des Großherzogtums Hessens[160] berücksichtigt.[161]

In dem vom Geheimen Rat von Carlowitz ausgearbeiteten Entwurf einer Verfassungsurkunde ist die Gesetzgebung im zehnten Titel, welcher die Überschrift von den Ständen trägt, unter Punkt II mit der Überschrift „der Wirkungskreis der Stände“ geregelt. Wie vorherzusehen war, sieht der Entwurf die Beteiligung des Volkes an der Gesetzgebung nicht vor. Gem. § 122 des Entwurfs sind auch die Stände nur insoweit zur Gesetzesinitiative befugt, als sie dem König gutachterlich Anträge zu neuen Gesetzen sowie zur Abänderung oder Aufhebung bestehender Gesetze vorlegen können. Die Stände haben damit kein Initiativrecht im Sinne einer öffentlichen Machtbefugnis, welche den König rechtlich zu einem Handeln verpflichtet. Er kann nach seinem Belieben auf die gutachterlichen Anträge reagieren oder auch nicht.[162]

Im Hinblick auf die Initiierung verfassungsändernder Gesetze bestimmt § 6 des elften Titels des Verfassungsentwurfes, in dem die Gewähr der Verfassung geregelt wird, daß Anträge auf Gesetze, welche Abänderungen und Erläuterungen von Bestimmungen der Verfassungsurkunde oder Zusätze zum Inhalt haben, nur vom König an die Stände, nie aber von den Ständen an den Kö-

---

155 *Reinhardt*, Die sächsischen Unruhen der Jahre 1830-1831 und Sachsens Übergang zum Verfassungsstaat, S. 73; der Entwurf ist abgedruckt bei *von Witzleben*, Die Entstehung der constitutionellen Verfassung des Königreichs Sachsen S. 330ff.

156 Der Entwurf ist abgedruckt bei *von Witzleben*, Die Entstehung der constitutionellen Verfassung des Königreichs Sachsen, S. 357ff; zur Bedeutung von von Lindenau und von Carlowitz für die Ausarbeitung der Verfassung siehe *Wyduckel*, in: König Johann von Sachsen, S. 128.

157 Staats- und Regierungsblatt 1818, S. 1425ff.

158 Verfassung vom 26. Mai 1818, GBl. 1818, S. 101ff.

159 Verfassung vom 25. September 1819, Staats- und Regierungsblatt 1819, S. 633ff.

160 Verfassung vom 5. Januar 1831, Gesetz- und Verordnungs-Sammlung 1831, S. 1ff.

161 Hierzu *von Witzleben*, Die Entstehung der constitutionellen Verfassung des Königreichs Sachsen, S. 181.

162 Vgl. hierzu die ähnlichen Regelungen in § 172 der Württembergischen Verfassung und in Abschnitt VII § 19 der Bayerischen Verfassung.

nig gebracht werden können.[163] Auch gutachterliche Anträge wie bei einfachgesetzlichen Regelungen waren nicht vorgesehen. Damit sollte offensichtlich fortschrittlichen Auffassungen über Gewaltenteilung und Volkssouveränität entgegengetreten werden.

Die Gesetzgebung im Entwurf von Lindenaus ist im vierten Abschnitt unter der Überschrift „Wirksamkeit der Stände" geregelt. Die Beteiligung des Volkes an der Gesetzgebung sieht auch dieser Entwurf erwartungsgemäß nicht vor. Das Initiativrecht der Stände ist, wie im Entwurf des Geheimen Rates, auf das Recht beschränkt, den König um den Vorschlag eines Gesetzes zu bitten. Gem. § 72 hat diese Bitte unter Angabe der Gründe, warum das Gesetz erlassen werden soll, zu erfolgen.

Ein ausdrückliches Verbot, den König um den Vorschlag eines verfassungsändernden Gesetzes zu bitten, wie es § 6 des Entwurfes des Geheimen Rates von Carlowitz vorsieht, enthält der Entwurf des Kabinettsministers von Lindenau nicht.[164]

Unter Zugrundelegung beider Entwürfe verfaßte die Regierung einen weiteren, der schließlich dem Landtag unterbreitet werden sollte.[165] Die Beratungen im Geheimen Rat hierzu begannen am 17. Januar 1831.[166] Das Gesetzesinitiativrecht wurde in diesen Beratungen nicht mehr problematisiert und diskutiert. Es wurde auch nicht mehr auf die erst kürzlich in Kraft getretene Verfassung des Kurfürstentums Hessen vom 5. Januar 1831[167] Bezug genommen, nach deren § 97, anders als nach den vorliegenden Entwürfen, bereits auch die Stände die Gesetzesinitiative zu neuen Gesetzen beziehungsweise zur Abänderung oder Aufhebung der bestehenden Vorschriften ergreifen konnten. Sowohl die Volksinitiative als auch diese Möglichkeit wurde von keiner Seite in Erwägung gezogen.

Am 1. März 1831 trat der letzte altständische Landtag des Königreichs Sachsen zusammen, um über die Verfassungsentwicklung zu beraten. Der von der Staatsregierung eingereichte Entwurf wurde in den einzelnen Kurien beraten.

163 Zur ähnlichen Regelung nach der Bayerischen Verfassung siehe dort Abschnitt X § 7.

164 Hier zeigt sich die Orientierung an der Badischen Verfassung, die ebenfalls ein solches Verbot nicht enthält.

165 Abgedruckt bei *von Witzleben*, Die Entstehung der constitutionellen Verfassung des Königreichs Sachsen, S. 370ff.

166 Hierzu *von Witzleben*, Die Entstehung der constitutionellen Verfassung des Königreichs Sachsen, S. 181f.

167 Gesetz- und Verordnungs-Sammlung 1831, S. 1ff.; durch diese Verfassung wurde erstmalig das bisher verbreitete Zwei-Kammer-System durch ein Ein-Kammer-System ersetzt, vgl. hierzu §§ 63ff. der Verfassung. Die Verfassung war damit die fortschrittlichste der damaligen Zeit.

Das Ergebnis der Beratungen wurde in der ständischen Schrift vom 19. Juli 1831 den „Verfassungsentwurf betreffend" zusammengefaßt.

In Hinblick auf das Gesetzgebungsrecht verwies die ständische Schrift auf die Regelung der Württembergischen Verfassung vom 25. September 1819 und schlug in Anlehnung an deren § 172 als Regelung vor, daß Gesetzentwürfe nur vom König an die Stände, nicht von den Ständen an den König gerichtet werden können. Die Stände sollten lediglich, wie ebenfalls in den vorangegangenen Entwürfen vorgesehen, die Initiierung neuer Gesetze sowie die Abänderung beziehungsweise Aufhebung bestehender beim König beantragen können. Ihre eigene Gesetzesinitiativberechtigung forderten sie somit nicht.

Mit Ausnahme der fast revolutionären Regelung der Verfassung des Kurfürstentums Hessens vom 5. Januar 1831, auf welche man in der Verfassungsdiskussion vielleicht wegen der zeitlichen Nähe zur Sächsischen Verfassungsgebung nicht zurückgegriffen hatte, hielten sich die Vorschläge zur Regelung der Gesetzesinitiative in Sachsen somit eng an jene Verfassungen, die man als Vorbild herangezogen hatte.

Eine Änderung beantragte der Landtag jedoch bei der Regelung des § 144 des Entwurfes der Staatsregierung. Nach dieser Vorschrift konnten Anträge auf Abänderungen und Erläuterungen in den Bestimmungen der Verfassungsurkunde oder auf Zusätze nur vom König an die Stände, nicht aber von den Ständen an den König gebracht werden. Hier stellte der Landtag einen Abänderungsantrag dahingehend, daß diese Initiativberechtigung auch den Ständen zustehen sollte.[168]

Die unmittelbare Beteiligung des Volkes in Form von Volksabstimmungen, wie die Französische Verfassung von 1793 es vorsah, geschweige denn in Form eines Gesetzesinitiativrechts, wurde somit nicht gefordert. Ebenso fanden die Forderungen nach Trennung der Gewalten und Volkssouveränität aus der konstitutionellen Bewegung in der Verfassungsdiskussion keine Berücksichtigung. Nach allen Verfassungsentwürfen ist der König dem Monarchischen Prinzip zufolge souveränes Oberhaupt des Staates, der in sich alle Rechte der Staatsgewalt vereinigt.[169]

Am 4. September 1831 wurde die Sächsische Verfassung verabschiedet und sogleich in Kraft gesetzt.[170]

---

168 Der Abänderungsantrag ist abgedruckt bei *von Witzleben*, Die Entstehung der constitutionellen Verfassung des Königreichs Sachsen, S. 250.

169 vgl. § 5 des vom Geheimen Rat von Carlowitz ausgearbeiteten Entwurfs, § 3 des Entwurfs von von Lindenau sowie § 4 des Entwurfs der Staatsregierung.

170 GS., S. 241ff; abgedruckt bei *E. R. Huber*, Dokumente zur Deutschen Verfassungsgeschichte, Bd. 1, S. 223ff.; zum Wesen der Verfassung vgl. auch *Kretzschmar*, in: Der Sächsische Landtag. Geschichte und Gegenwart, S. 27ff.; *Blaschke*,

Sie war das Ergebnis einer Verständigung zwischen der Krone und den Ständen[171] im Sinne eines Entgegenkommens gegenüber den liberalen Zeitströmungen. Die Stände wollten so wenig wie möglich von der alten Machtstellung preisgeben, die Krone war zufrieden, wenn die neue Volksvertretung so wenig wie möglich Neues und Unberechenbares brachte.[172]

Vorbild der Verfassung war das durch die französische Charte constitutionnelle von 1814 proklamierte Monarchische Prinzip.[173] Dieses Prinzips bedienten sich deutsche Verfassungsgeber, um die zu schaffende konstitutionelle Ordnung mit den Forderungen der Fürstensouveränität[174] in Einklang zu bringen, die es vor allen revolutionären Überflutungen zu schützen galt.[175] Verfassungsrechtlich besagt das Monarchische Prinzip, daß Träger der Staatsgewalt nicht die souveräne Nation, auch nicht König und Volk gemeinsam sind, sondern der König allein ist. Die Verfassung stellt sich als eine – allerdings verbindliche – Selbstbeschränkung der monarchischen Gewalt dar. Sie ist Begrenzung, nicht Grundlage der monarchischen Herrschaft. Der König behält die Fülle der Machtgewalt, in ihrer Ausübung unterliegt er den verfassungsmäßigen Bindungen und wird eben dadurch vom absoluten zum konstitutionellen Monarchen.[176] Volk und Volksvertretung bedürfen für jedes politische Recht, das sie beanspruchen, eines verfassungsrechtlichen Titels, der Monarch besitzt diesen Titel durch sich selbst.

Sächsische Heimatblätter 37 (1991), 306ff.; zum Abriß der Geschichte der Verfassung *Just*, Geschichte der sächsischen Verfassung nebst einer Würdigung des Inhalts der Verfassungsurkunde und einer Betrachtung über das, was zu ihrer Erfüllung theils schon geschehen ist, theils noch geschehen soll, S. 1ff.

171 Vgl. Gesetz zur Bekanntmachung des Landtagsabschieds und der Verfassungsurkunde vom 7. September 1831, abgedruckt von *Näf*, in: Quellen zur neueren Geschichte, Heft 4, S. 18.

172 *O. Mayer*, Das Staatsrecht des Königreichs Sachsen, S. 123.

173 Anders als die sogenannten paktierten Verfassungen, welche zwischen König und den Repräsentanten der Nation ausgehandelt werden, wurde die Charte als alleiniges Werk des Monarchen dem Volk oktroyiert, vgl. dazu *Gangl*, Historische Zeitschrift 1966, 273; zur Geschichte der Formel vom Monarchischen Prinzip vgl. auch *Meisner*, Die Lehre vom monarchischen Prinzip, S. 1ff. Nach seiner Auffassung scheidet die französische Quelle für die Verortung des Monarchischen Prinzips in Deutschland allerdings aus, vgl. S. 4. Ziel seiner Untersuchung ist es nämlich, den selbständigen, von der Charte constitutionnelle nicht beeinflußten Ursprung in Deutschland zu belegen. Dazu versucht er, die im Rahmen des Art. 57 der Wiener Schlußakte behaupteten Übereinstimmungen mit der Präambel der Charte zu widerlegen und eine eigenständige deutsche Entwicklung nachzuweisen, hierzu a.a.O., Einleitung, S. IX.

174 Vgl. Art. 57 der Wiener Schlußakte vom 15. Mai 1820.

175 *G. Jellinek*, Allgemeine Staatslehre, S. 469.

176 *Böckenförde*, in: Moderne deutsche Verfassungsgeschichte (1815-1914), S. 148f.

In Sachsen wird das Monarchische Prinzip durch § 4 der Verfassung aufgegriffen. Danach ist der König das souveräne Oberhaupt des Staates, vereinigt in sich alle Rechte der Staatsgewalt und übt diese unter den durch die Verfassung festgesetzten Bestimmungen aus. Seine Person ist heilig und unverletzlich.

Die Verfassung ist ihrem Selbstverständnis zufolge vom König und seinem Mitregenten im Einvernehmen mit den Ständen gegeben worden. Sie haben, so heißt es charakteristisch in der Präambel, „auf Wunsch der Stände, mit ihrem Rat und ihrer Zustimmung, die Verfassung unserer Lande geordnet".

Das Königreich Sachsen ist nach § 1 der Verfassung ein unter einer Verfassung vereinigter, unteilbarer Staat des deutschen Bundes. Der Staat ist eine Monarchie mit landständischer Ordnung, wie § 3 besagt. Im Abschnitt von den „allgemeinen Rechten und Pflichten der Unterthanen" ist von den Einzelnen die Rede, vom Schutz persönlicher Freiheit, von Freizügigkeit, Religions- und Gewissensfreiheit, Militär und Steuerpflicht, Ämterfähigkeit etc.. Träger dieser Rechte ist aber nicht der eigenberechtigt dem Staate gegenüberstehende einzelne Mensch, sondern der der Staatsgewalt untergebene Untertan. Von Menschenrechten kann daher keine Rede sein.[177] Wie es keine wirklichen Menschenrechte gibt, so gibt es auch keine verselbständigten aktiven politischen Rechte der Individuen. Politisch handlungsfähig ist außer dem König nur der Stand, die Korporation, der Mensch nur als Glied eines Standes, als Vertreter einer Korporation, als Besitzer eines Lehens.

Reformkräfte oder Vorstellungen wie die Verabschiedung der Verfassung durch das Volk sowie eine repräsentative Volksversammlung, ganz abgesehen von der Gesetzesinitiativberechtigung des Volkes, waren in Sachsen 1831 kaum vorstellbar.

d) Das Gesetzgebungsverfahren nach der verabschiedeten Fassung

Nach § 86 der neuen Verfassung konnte ohne die Zustimmung der Stände kein Gesetz erlassen, abgeändert oder authentisch interpretiert werden.

Ein Gesetz galt als eine Willenserklärung des Königs.[178] Die Initiative für einfachgesetzliche Regelungen konnte entsprechend der Entwürfe zunächst nur

177 Hierzu und zu folgenden: *Näf*, in: Moderne deutsche Verfassungsgeschichte (1815-1914), S. 139; zu den Menschenrechten siehe auch *Tietze*, Dresdner Hefte 8 (1991), Heft 26, 13ff.

178 *O. Mayer*, Das Staatsrecht des Königreichs Sachsen, S. 158; zur sächsischen Gesetzgebung vgl. auch *Leuthold*, in: Marquardsen (Hrsg.), Handbuch des Öffentlichen Rechts der Gegenwart, Bd. 2, 1884, S. 195ff.; zur Mitwirkung der Stände bei der Gesetzgebung siehe auch *Opitz*, Das Staatsrecht des Königreichs Sachsen, Bd. 2, S. 80ff.

vom König ausgehen. Gem. § 85 Abs. 1 der Verfassung konnten Gesetzentwürfe vom König an die Stände, nicht aber von den Ständen an den König gebracht werden. Die Initiierung bestimmter Gesetze wurde vom König jedoch bereits in der Verfassungsurkunde zugesagt.[179] Dieses wurde als „Versprechen des Königs, eine dahin zielende Vorlage zu machen" interpretiert.[180] Die Stände konnten gem. § 85 Abs. 2 der Verfassung lediglich bei der Regierung die Vorlage eines neuen Gesetzes beantragen.

Dagegen stand das Initiativrecht für verfassungsändernde Gesetze, anders als in sämtlichen Entwürfen vorgesehen, von Mitgliedern der Zweiten Kammer in den Beratungen jedoch gefordert, bereits nach dem ursprünglichen Text der Verfassungsurkunde neben dem König ausdrücklich auch den Ständen zu. Gem. § 152 Abs. 1 der Verfassung konnten Anträge auf Abänderung oder Erläuterungen in den Bestimmungen der Verfassungsurkunde sowie Zusätze sowohl vom König an die Stände als auch von den Ständen an den König gebracht werden.

Die praktische Anwendung dieser Vorschrift wurde jedoch durch sehr hohe Voraussetzungen fast unmöglich gemacht. Für den Beschluß, einen Antrag auf ein verfassungsänderndes Gesetz beim König einzureichen, bedurfte es der Übereinstimmung beider Kammern, wobei in jeder Kammer drei Viertel der verfassungsmäßigen Zahl ihrer Mitglieder anwesend sein sowie zwei Drittel der Anwesenden zugestimmt haben mußten. Die größte Hürde lag jedoch darin, daß nach erfolgreichem Beschluß der Antrag gem. § 152 Abs. 2 der Verfassung nur dann an den König gebracht werden konnte, wenn dieses Abstimmungsergebnis in einem weiteren Beschluß auf dem nächsten Landtag ein zweites Mal erzielt worden war. Wenn der König nicht gerade einen außerordentlichen Landtag einberief, fand dieser gem. § 115 der Verfassung lediglich alle drei Jahre statt.[181] Eigenmächtig durften sich die Kammern nicht versammeln.[182]

---

179 Vgl. § 25 (Bestimmungen über das Heimat- und Staatsbürgerrecht), § 35 (die Angelegenheiten der Presse), § 39 (Abgabengesetze), § 44 (Verhältnisse der Staatsdiener), § 55 (Die Rechtspflege), § 77 (Über das Wahlverfahren).

180 Vgl. *O. Mayer*, Das Staatsrecht des Königreichs Sachsen, S. 162.

181 Durch Gesetz vom 3. Dezember 1868 wurde der Zeitraum auf zwei Jahre verkürzt, GVBl. S. 365.

182 Vgl. § 118 der Verfassung.

e) *Die Verwirklichung der Forderung nach Volksrepräsentation durch die Verfassung vom 4. September 1831*

Da die Forderung nach Einführung der Volksinitiative mit der Frage der Repräsentation des Volkes durch das Parlament zusammenhängt, ist hier auch der Frage nach einer tatsächlichen Repräsentation der Bevölkerung nachzugehen.

Gem. § 61 Abs. 1 der Verfassung wurde für das Königreich Sachsen nach süddeutschem Vorbild eine Ständeversammlung mit zwei einander gleichberechtigten Kammern gebildet, während in Kurhessen 1831 und in Braunschweig 1832 bereits das Einkammersystem eingeführt wurde.[183] Die Zusammensetzung war in § 63 der Verfassung geregelt.

Unter den 42 Mitgliedern der Ersten Kammer befanden sich ein königlicher Prinz, fünf Standesherren, zwölf auf Lebenszeit gewählte und zehn vom König ernannte Rittergutsbesitzer, fünf Vertreter der Kirchen, ein Vertreter der Universität sowie die Bürgermeister von acht bedeutenden Städten.

Eine bemerkenswerte Neuerung ist darin zu sehen, daß außer dem Adel, dem Klerus und der Universität auch die bedeutendsten Städte durch Magistratsmitglieder in der Ersten Kammer repräsentiert waren.[184] Insgesamt hatten Rittergutsbesitzer, Standesherren und Prinzen jedoch zwei Drittel aller Sitze, so daß der Adel in der Ersten Kammer weiterhin dominierte.

Die Zweite Kammer sollte als eine Volksvertretung den Zeitströmungen entgegenkommen.[185] Sie war eine reine Wahlkammer. Laut § 68 der Verfassung setzte sie sich aus zwanzig Abgeordneten der Rittergutsbesitzer, fünfundzwanzig Abgeordneten der Städte, fünfundzwanzig Abgeordneten des Bauernstandes und aus fünf Vertretern des Handels und Fabrikwesens zusammen.[186]

---

183 Dazu *E. R. Huber*, Deutsche Verfassungsgeschichte seit 1789, Bd. 2, S. 62ff.

184 Hierzu *Wyduckel*, in: Bauer, Breuer, Degenhart, Oldiges (Hrsg.), 100 Jahre Allgemeines Baugesetz Sachsen, S. 23.

185 *O. Mayer*, Das Staatsrecht des Königreichs Sachsen, S. 123.

186 In die sächsische Zweite Kammer wurden damit zum ersten Mal in einer deutschen parlamentarischen Vertretung neben den Vertretern des städtischen Großgrundbesitzes auch besondere Vertreter von Handel und Industrie aufgenommen, dazu *Wyduckel*, in: Bauer, Breuer, Degenhart, Oldiges (Hrsg.), 100 Jahre Allgemeines Baugesetz Sachsen, S. 23, darin drückte sich die veränderte Sozialstruktur Sachsens aus, in der der wirtschaftliche Vorrang besonders früh vom Großgrundbesitz auf das kommerzielle und industrielle Unternehmertum überging. Jedoch waren sie, gemessen an der Zusammensetzung der sächsischen Bevölkerung, im Jahre 1831 in der Kammer unterrepräsentiert. In beiden Kammern war der Grundbesitz in der Überzahl vertreten, dazu *Schmidt*, Die Staatsreform in Sachsen in der ersten Hälfte des 19. Jahrhunderts, S. 141; *Ruhland*, Sächsische Heimatblätter 37 (1991), 196.

Während die Rittergutsbesitzer ihre Abgeordneten unmittelbar wählten, verlief die Wahl bei den Städten und dem Bauernstand indirekt durch Wahlmänner. Nach jedem Landtag schied ein Drittel der Abgeordneten aus der Zweiten Kammer aus und wurde durch neu gewählte Mitglieder ersetzt. Da alle drei Jahre Landtage stattfanden, war also jeder Abgeordnete neun Jahre lang tätig.

Die immer zahlreicher werdende Klasse der Lohnarbeiter blieb von jeder aktiven Betätigung im Staatsleben ausgeschlossen, da selbst bei den Wahlen der bäuerlichen Abgeordneten nur Eigentümer eines Landgrundstückes teilnehmen konnten. Zur Zweiten Kammer waren nur Männer ab 25 Jahren wahlberechtigt, ab 30 Jahren wählbar. Frauen waren nicht wahlberechtigt. Bürger, die zur Wahl kandidierten, mußten ein Mindestvermögen von 6.000 Talern (etwa 15.000-20.000 DM), Bauern eine jährliche Steuerleistung von mindestens 30 Talern nachweisen.[187] Die meisten Abgeordneten waren daher Vertreter privilegierter und besitzender Schichten.[188]

Teilweise konnte es auch zu Doppelwahlen kommen.[189] Die Rittergutsbesitzer wählten nicht nur zur Zweiten, sondern auch zur Ersten Kammer. Hatten sie in verschiedenen Kreisen Rittergüter, wählten sie in jedem Kreis, und wenn sie neben ihrem Rittergut noch Bauernhöfe hatten, so wählten sie nochmals mit dem Bauernstand.

Die Verfassung von 1831 bedeutete keinen Bruch mit der Vergangenheit, sondern einen organischen Anschluß an bestehende Verhältnisse. Man glaubte den Forderungen des Volkes dadurch Genüge zu leisten, daß man die alten Stände durch die Einbeziehung des Bauernstandes erneuerte, und hoffte damit, das Ideal einer Einheit des Volkes und des Staates zu erreichen.[190] Die neue Ständeversammlung bedeutete zwar gegenüber der früheren einen erheblichen Fortschritt, von einer wirklichen Volksvertretung, wie sie während der konstitutionellen Bewegung gefordert worden war, war sie jedoch noch weit entfernt.[191]

In diese Richtung wies auch bereits zeitgenössische Kritik. Eine Repräsentation nach Ständen durch eine Versammlung von Rittergutsbesitzern, Abgeordneten der Städte und des Bauernstandes könne nicht eine Repräsentation des Volkes genannt werden, um so weniger, wenn bei allen diesen Ständen die An-

---

187 *Schmidt*, Die Staatsreform in Sachsen in der ersten Hälfte des 19. Jahrhunderts, S. 142.

188 Dazu *Wyduckel*, in: Bauer, Breuer, Degenhart, Oldiges (Hrsg.), 100 Jahre Allgemeines Baugesetz Sachsen, S. 23.

189 *O. Mayer*, Das Staatsrecht des Königreichs Sachsen, S. 125.

190 *Schlechte*, Die Vorgeschichte der sächsischen Verfassung vom 4. September 1831, S. 106.

191 Dazu auch *Ahcin*, Zur Entstehung des Bürgerlichen Gesetzbuchs für das Königreich Sachsen von 1863/65, S. 61.

sässigkeit als Haupterfordernis für das aktive wie passive Wahlrecht vorausgesetzt werde. Durch dieses Prinzip würde ein großer Teil der Intelligenz von der Teilnahme an gemeinschaftlichen Volksrechten ausgeschlossen, da der größte Teil der im Zivil- oder Militärdienst Angestellten, der Gelehrten, Advokaten, Ärzte, Professoren, Kaufleute etc. nicht „ansässig" in dem genannten Sinne sei.[192] Die Zeit fordere eine Vertretung des ganzen Volkes. Die Verfassung gewähre, von Ausnahmen abgesehen, dem Wesen nach nur eine Vertretung des Grundeigentums. Leitgedanke einer idealen Lösung müsse aber sein, daß nur „Arbeit, Verstand und Sittlichkeit zu Ehren, Würden und Ämtern berechtigen."[193]

Im Ergebnis ist daher festzuhalten, daß die Forderung nach echter Volksrepräsentation nicht verwirklicht worden ist.

Zusammenfassend kann über die Gesetzgebung Sachsens aufgrund der Verfassung von 1831 gesagt werden, daß ein Mitwirkungsrecht des Volkes nicht einmal dahingehend bestand, daß einer das Volk repräsentierenden Versammlung die Gesetzgebung und damit auch das Gesetzesinitiativrecht oblag. Gleichwohl war ein verfassungsrechtlicher Rahmen geschaffen, der künftigen Entwicklungen Raum ließ.

§ 5 Die Forderung nach Einführung der Volksinitiative im Zuge der Revolution von 1848

Bis Mitte des Jahres 1847 ist Deutschland weithin unangefochten durch die deutsche Bundesakte vom 8. Juni 1815 bestimmt. Durch sie wurde ein staatenbündisches Gebilde geschaffen. Ende 1847 lebten indessen Bestrebungen auf, einen engeren staatlichen Zusammenschluß zu schaffen, als er 1815 verwirklicht worden war. So wurden Forderungen, die Bundesakte weiter- beziehungsweise in eine Gesamtstaatsverfassung umzubilden, erhoben.[194] Diese Forderungen mün-

---

192 Bemerkungen *Dresdner Sachwalter* über den Entwurf der Verfassungsurkunde und des Wahlgesetzes für das Königreich Sachsen, S. 11ff.

193 *Sporschil*, Bemerkungen über den Entwurf der Verfassungsurkunde des Königreichs Sachsen; über Hoffnungen und Befürchtungen im Hinblick auf die Verfassung siehe auch *Krehl*, Was geschehen müsse, wenn die neue Verfassung dem sächsischen Volke wirklich Segen bringen soll. Rede bei der kirchlichen Feier der Constitution am 4. Sept. 1832 in der St. Afra Kirche zu Meißen, S. 8ff.

194 Zur Verfassunggebung in der Paulskirche vgl. *Kühne*, die Reichsverfassung der Paulskirche, S. 43ff.

deten schließlich in die deutsche Revolution von 1848[195] und die Bestrebungen, Deutschland eine freiheitlich-liberale Verfassung zu geben.

Unter den 23 ständigen Mitgliedern des Verfassungsausschusses befand sich mit dem liberal-demokratischen *Franz Jacob Wigard* (1807-1885)[196] lediglich ein Sachse. Zu den 15 zeitweiligen Mitgliedern zählte *Robert Blum* (1807-1848),[197] ein scharfer Kritiker der sächsischen politischen Zustände, der im Laufe der Revolution zu Tode kam. Fortschrittliche Kreise der sächsischen Bevölkerung setzten große Hoffnung auf die Frankfurter Nationalversammlung. Dies zeigte sich an zahlreichen Petitionen, die aus Sachsen in die Nationalversammlung eingebracht wurden. Gefordert wurde jedoch nicht die unmittelbare Beteiligung an der Gesetzgebung, wohl aber die Abschaffung aller mit dem Lehnswesen verbundenen gutsherrlichen Rechte, die Abschaffung der Patrimonialgerichtsbarkeit und die Aufhebung der Feudallasten.[198]

Am 28. Mai 1849 wurde die Paulskirchenverfassung, auch Frankfurter (Reichs-) Verfassung genannt, von der konstituierenden Nationalversammlung in Frankfurt ausgefertigt und verkündet.[199] Diese Verfassung war wesentlich

---

195 Zur Revolution siehe *Blum*, Die deutsche Revolution 1848-49, S. 73ff.; *Hettling*, in: Revolution in Deutschland? 1789-1989, S. 27ff.

196 *Wigard*, Stenograph, Politiker, Arzt; seit 1834 als Stenograph im sächsischen Staatsdienst; 1848 führend im entschieden liberal-demokratischen Dresdner Vaterlandsverein; als Abgeordneter der Frankfurter Nationalversammlung war er Herausgeber der sieben Bände umfassenden Stenographischen Berichte über die Verhandlungen der deutschen constituierenden Nationalversammlung zu Frankfurt am Main; 1849 widersetzte er sich der Rückkehr nach Dresden, was zu einem Hochverratsprozeß führte, der zwar mit einem Freispruch endete, ihn jedoch die Staatsstellung kostete; im Alter von 46 Jahren begann er 1853 in Dresden ein Medizinstudium; 1850 und 1869-72 war er Mitglied der Zweiten Kammer des sächsischen Landtages, Angaben im *Stadtlexikon Dresden*, S. 456f; ebenso bei *Kühne*, die Reichsverfassung der Paulskirche, S. 544.

197 Robert *Blum*, trat ab 1840 im oppositionellen Vereinsleben in Leipzig hervor; ab 1845 war er zusammen mit Wigard maßgeblich in der deutsch-katholischen Bewegung Sachsens tätig; ab 1846 war er Stadtverordneter in Leipzig; ab 1848 Mitglied der Nationalversammlung in Frankfurt, wo er Mitglied der Redaktion der Frankfurter Reichstagszeitung war; anläßlich der Wiener Oktober-Revolution wurde er von der Linken dorthin entsandt und nach deren Scheitern standrechtlich erschossen, Angaben bei *Kühne*, Die Reichsverfassung der Paulskirche, S. 546; siehe auch *Dannenberg*, Dresdner Hefte 13 (1995), Heft 43, 11ff.; *R. Weber*, Sächsische Heimatblätter 36 (1990), 80ff.

198 91. Bericht über die Verhandlungen der Nationalversammlung vom 4. Oktober 1848, S. 2390ff, 2397f; Petitionen mit ähnlichen Forderungen gingen auch aus anderen Ländern wie Württemberg, Bayern, Preußen ein, dazu a.a.O. S. 2394ff.

199 RGBl. 1849, S. 101ff.

fortschrittlicher als die Sächsische Verfassung von 1831[200] und entsprach den Anforderungen der Zeit an eine moderne Verfassungsurkunde.[201] In allen nachfolgenden Verfassungsdebatten mit gesamtstaatlichem Ziel wird auf die Frankfurter Reichsverfassung, obwohl sie am Ende scheiterte, zurückgegriffen, bis hin zu den Überlegungen von 1918, diese Verfassung wieder in Kraft zu setzen beziehungsweise im wesentlichen zu übernehmen.[202] Vor allem ihr Grundrechtskatalog (§§ 130ff.) machte sie nach dem Urteil ausländischer Beobachter zu einer der modernsten Verfassungen Europas. Prägend ist darüber hinaus der bis heute nicht überholte rechtsstaatliche Gehalt.[203]

Die Volksinitiative wurde in den Verhandlungen der Nationalversammlung jedoch nicht gefordert. Dem Volk ein Gesetzesinitiativrecht zu gewähren, wurde nicht einmal erwähnt.[204] Bedenkt man jedoch den Adressatenkreis, dessen Machtbefugnisse durch die Verfassung beschränkt werden sollten, so war es die Exekutive, der der Rechtsstaat begrenzend entgegengesetzt werden sollte.[205] Dies galt auch und insbesondere für die Einzelstaaten. Die Legislative mußte sich erst zu einer eigenständigen Gewalt entwickeln. Offensichtlich war in diesem Stadium an eine Beteiligung des Volkes an der Gesetzgebung noch nicht zu denken.

In der Frankfurter Reichsverfassung ist das Gesetzesinitiativrecht in § 80 und § 99 geregelt. Gem. § 80 hat der Kaiser, der gem. § 68 das Staatsoberhaupt bildet, das Recht zur Gesetzesinitiative. Weiterhin steht dieses Recht als Folge der

---

200 Z.B. trennten § 181f. FRV die Rechtspflege von der Verwaltung, welche in Sachsen erst 1873 vorgenommen wurde, vgl. § 6 des Gesetzes die Organisation der Behörden für die innere Verwaltung betreffend vom 21. April 1873, GVBl. S. 275; vgl. auch den ausgeprägten Grundrechtskatalog, zu seiner Vorbildfunktion für die WRV und das GG vgl. *Kühne*, Die Reichsverfassung der Paulskirche, S. 131ff.

201 Zur erstmaligen demokratischen Verfassungslegitimation *Kühne*, Die Reichsverfassung der Paulskirche, S. 51ff. m.w.N.; die Verfassungsgebung der Paulskirche ist jedoch de facto gescheitert, da der preußische König sich weigerte, die am 28. März 1849 auf ihn gefallene Wahl zum Kaiser anzunehmen.

202 Hierzu und zum folgenden *Kühne*, NJW 1998, 1513ff. m.w.N.

203 Dies gilt einmal für das Reichsgericht, welches als Verfassungsgericht einschließlich der Verfassungsbeschwerde gem. § 126 g FRV die Kompetenzen des Bundesverfassungsgerichts um 100 Jahre vorwegnahm, weiterhin für die unmittelbare Geltung der Grundrechte gem. § 130 FRV und für die Vorschriften zur Trennung von Verwaltung und Gerichtsbarkeit in den §§ 174ff. FRV, so *Kühne*, NJW 1998, 1516ff.

204 Zu den Verhandlungen über das Gesetzesinitiativrecht siehe beispielsweise den 135. Bericht über die Verhandlungen der Nationalversammlung vom 13. Dezember 1848, S. 4066 sowie Bericht 159. über die Verhandlungen vom 26. Januar 1849, S. 4884f.

205 *Kühne*, Die Reichsverfassung der Paulskirche, S. 377ff.

Revolution neben dem Kaiser gem. § 99 auch dem Staatenhaus und dem Volkshaus[206] zu, aus denen der Reichstag als Volksvertretung gebildet werden sollte.

Allerdings fand der Gedanke der Volksinitiativberechtigung seit 1848 in Sachsen sowie in ganz Deutschland gleichwohl zunehmendes Interesse.

1. Die Forderungen in Sachsen

a) Die revolutionäre Bewegung in Sachsen

Der Auftakt der Revolution in Deutschland wurde entscheidend von nationalstaatlichen Bestrebungen geprägt. Als Folge der nationalen Zersplitterung lösten sich die ersten Erhebungen in mehr oder weniger voneinander isolierte Bewegungen auf.[207] Die von der französischen Februarrevolution[208] stimulierte revolutionäre Bewegung erfaßte deshalb die deutschen Einzelstaaten in unterschiedlichem Tempo und mit unterschiedlicher Intensität.[209]

Hier ist eine genauere Betrachtung der revolutionären Bewegung in Sachsen notwendig, da aus ihr heraus die erste Forderung nach unmittelbaren Teilhaberechten des Volkes hervorging.

Im September 1843 trat von Lindenau als Vorsitzender des Gesamtministeriums zurück. Er zog damit die Konsequenz aus dem Umstand, daß er mit seinen liberalen Positionen innerhalb des Gesamtministeriums zunehmend ins politische Abseits geraten war. Die politische Linie des Gesamtministeriums war im Laufe der Zeit immer stärker konservativ ausgerichtet worden.[210] In Übereinstimmung mit den konservativen Kreisen wandte sich das Gesamtministerium deshalb ge-

---

206 Zur Zusammensetzung des Staaten- und des Volkshauses siehe § 86f. FRV, zum weiteren Ablauf des Gesetzgebungsverfahrens §§ 100ff.

207 Zum Verlauf der Revolution in Sachsen siehe *Blum*, die deutsche Revolution von 1848-49, S. 140ff.; *Ruhland*, Dresdner Hefte 13 (1995), Heft 43, 27ff.; *Zeise*, Dresdner Hefte 13 (1995), Heft 43, 2ff.; *R. Weber*, Sächsische Heimatblätter 30 (1984), 116ff.

208 Zur Ursache und zum Verlauf der französischen Februarrevolution siehe *Sieburg*, Grundzüge der französischen Geschichte, S. 138f.

209 In Frankreich tauchten die während der napoleonischen Zeit in Vergessenheit geratenen Ideen Babeufs und der Verschwörung für die Gleichheit wieder auf und beeinflußten die Mitglieder der Geheimgesellschaften und die Sozialrevolutionäre, insbesondere Louis-Auguste Blanqui (1805-1881), der bereits am 12. Mai 1839 unter Auswertung der von Babeuf 1797 entwickelten konspirativen Planungen einen Putsch durchzuführen versuchte, siehe hierzu *Sieburg*, Geschichte Frankreichs, S. 283; *Ritter*, in: Arbeiter, Arbeiterbewegung und soziale Ideen in Deutschland, S. 28f.

210 Dazu *von Friesen*, Erinnerungen aus meinem Leben, Bd. 1, S. 66.

gen die Durchführung weiterer Reformen.[211] Die von von Lindenau geführte, auf Ausgleich ausgerichtete Politik der dreißiger Jahre wurde durch eine hochkonservative Politik der Konfrontation mit den Reformkräften abgelöst. Als neuer Vorsitzender des Gesamtministeriums wurde der gemäßigt-konservative *Traugott von Könneritz* ernannt.[212]

Anders als unter den politischen Verhältnissen in Sachsen bis 1843, welche durch einen gewissen Konsens der Öffentlichkeit mit der aus den dreißiger Jahren datierenden Reformpolitik der Regierung gekennzeichnet war,[213] wurde nun, je deutlicher sich der neue Kurs der Regierung abzeichnete, die öffentliche Kritik an dieser Politik der Regierung um so heftiger.

Kritiker waren überwiegend Angehörige der mittelständischen Bildungselite, die trotz aller Unterschiedlichkeiten in ihrer politischen Zielsetzung im weiteren Sinne dem Liberalismus verpflichtet waren.[214] Ihre prominentesten Vertreter waren neben dem Advocaten *Alexander Karl Hermann Braun* der Verleger *Heinrich Brockhaus* sowie der Publizist und Professor *Karl Biedermann*.[215]

Auf der Grundlage von Bildung und Leistung definierten sie sich als Mittelstand der Gesellschaft und betrachteten sich dank ihres aufgeklärten Bewußtseins als geistiges Zentrum der Gesellschaft.[216] Im Zentrum ihrer politischen Forderungen stand die Sicherung der liberalen Freiheitsrechte. Neben der Freiheit der Person und des Eigentums nahm hier vor allem die Meinungsfreiheit

---

211 Zu den Auffassungen der einzelnen Minister siehe *von Friesen*, Erinnerungen aus meinem Leben, Bd. 1, S. 66ff.; vgl. auch *Schmidt*, in: LĚTOPIS, Reihe B, Nr. 27/1 und 2, S. 32; *Blaschke*, in: Jeserich, Pohl, von Unruh (Hrsg.), Deutsche Verwaltungsgeschichte, Bd. 2, S. 631.

212 Über diesen *von Witzleben*, Archiv für die sächsische Geschichte 1869, 1ff.

213 Vgl. *Biedermann*, Mein Leben und ein Stück Zeitgeschichte, Bd. 1, S. 229f.

214 Zum heterogenen Bild der Liberalen im Vormärz vgl. *Wehler*, Deutsche Gesellschaftsgeschichte, Bd. 2, S. 413ff; *Sheehan*, Der Deutsche Liberalismus, S. 25ff.; zum demokratischen Prinzip der Liberalen vgl. auch *von Rotteck*, Das demokratische Prinzip, abgedruckt bei *Mommsen*, Deutsches Handbuch der Politik, Bd. 1, S. 93ff.

215 *Braun*, Alexander (1807-1868), in Plauen tätiger Advokat, gehörte ab 1839 der Zweiten Kammer des sächsischen Landtages an, deren Präsident er 1845 wurde; *Brockhaus*, Heinrich (1804-1874), Mitinhaber des Verlages F.A. Brockhaus, war von 1842-1848 ebenfalls Mitglied der Zweiten Kammer des sächsischen Landtages, Angaben bei *Ahcin*, Zur Entstehung des Bürgerlichen Gesetzbuchs für das Königreich Sachsen von 1863/65, S. 78, Fn. 1; *Biedermann*, Karl (1812-1901), seit 1838 Professor für Staatswissenschaft in Leipzig; 1845 wegen eines pro-preußischen Vortrags von der sächsischen Regierung mit dem Verbot belegt, „akademische Vorlesungen über Gegenstände des öffentlichen Staatslebens" zu halten, dazu *Biedermann*, Mein Leben und ein Stück Zeitgeschichte, Bd. 1, S. 162.

216 *Sheehan*, Der Deutsche Liberalismus, S. 34f.

eine zentrale Stellung ein, die als eine unabdingbare Voraussetzung für die in der öffentlichen Diskussion zu erzielenden politischen Entscheidungen angesehen wurde. Diese Freiheitsrechte sollten vom Staat durch Gesetze, durch die Verfassung sowie von einer unabhängigen Justiz gesichert werden.[217]

Über die liberalen Kräfte hinausgehend wurden in Sachsen, wie auch sonst im süd- und mitteldeutschen Raum, radikal-demokratische Forderungen geltend gemacht.[218] Ihre prominentesten Vertreter waren der Abgeordnete der Frankfurter Nationalversammlung *Robert Blum*, der Fabrikant *Bernhard Eisenstuck* sowie der Jurist und ehemalige Bürgermeister von Adorf, *Karl Gotthelf Todt*.[219]

Mit ihren Forderungen nach Volkssouveränität, einer Parlamentsherrschaft auf der Basis von freien und allgemeinen Wahlen und einer sozialen Republik mit unveräußerlichen Teilhabe- und Gleichheitsrechten[220] stellten sie nicht nur das aktuelle Erscheinungsbild des Staates in Frage, sondern vertraten auch mit denen der Mehrheit der Liberalen nicht zu vereinbarende Ansichten. Diese glaubten vielmehr, daß die „Proletarier" infolge ihrer materiellen Abhängigkeit zu rationalen Entscheidungen nicht fähig seien.[221] Politische Teilhabe wie etwa das allgemeine, aktive und passive Wahlrecht ohne einen gewissen Vermögenszensus lehnten sie daher ab.[222] Der Liberale Karl Biedermann warnte deshalb bereits 1847 eindringlich vor der Gefahr einer Infiltration der unteren Schichten durch die sozialistische Bewegung.[223]

b) Die Forderung des Dresdner Stadtverordneten Köchly nach unmittelbarer Beteiligung des Volkes an den Regierungsgeschäften vom 5. Juli 1848

Die Vorstellungen der radikalen Demokraten waren der Boden, auf dem unter anderem Vorschläge für die unmittelbare Beteiligung des Volkes am staatlichen Leben entwickelt wurden.

Wohl der erste sächsische Vorschlag für eine unmittelbare Beteiligung des Volkes an den Regierungsgeschäften ging von dem Dresdner Stadtverordneten

---

217 *Wehler*, Deutsche Gesellschaftsgeschichte, Bd. 2, S. 418f.

218 *Wehler*, Deutsche Gesellschaftsgeschichte, Bd. 2, S. 432.

219 Biographische Hinweise bei *E. R. Huber*, Deutsche Verfassungsgeschichte seit 1789, Bd. 2, S. 527, Fn. 11ff.

220 *Wehler*, Deutsche Gesellschaftsgeschichte, Bd. 2, S. 432.

221 *Sheehan*, Der Deutsche Liberalismus, S. 41.

222 *Sheehan*, Der Deutsche Liberalismus, S. 35f.; *Wehler*, Deutsche Gesellschaftsgeschichte, Bd. 2, S. 426.

223 *Biedermann*, Mein Leben und ein Stück Zeitgeschichte, Bd. 1, S. 160f.

Dr. Hermann Köchly[224] aus, den dieser am 5. Juli 1848 als Vorlage 635 in die Stadtverordnetenversammlung Dresdens einbrachte.[225]

Die Stadtverordneten, lange nur lokalen Fragen zugewandt, wurden im Zuge der revolutionären Verhältnisse 1848 und 1849 zu wichtigen politischen Entscheidungen veranlaßt.[226] Bereits 1847 bezogen sie Stellung gegen die Regierung, als diese zwei neu gewählten Demokraten den Eintritt in das Stadtverordnetenkollegium verweigerte. Auch in anderen Fällen zeigten sie sich aufgeschlossen für politisch-aktuelle Fragen. 1848 aber griffen sie in einer ganzen Reihe der 76 Sitzungen des Jahres unmittelbar in die Politik ein.[227] So erklärte sich die Stadtverordnetenversammlung in wichtigen Fällen für zuständig, auch Fragen des ganzen Landes zu besprechen.[228]

In seinem Antrag vom 5. Juli 1848 ging Köchly davon aus, daß eine Republik und ein vom Volk gewähltes Parlament an sich noch keine Freiheit bedeute. Träten an die Stelle der Fürsten, Minister und Beamten Volksabgeordnete, so bleibe auch in einem solchen Fall das Volk unmündig. Es habe lediglich den sehr streitigen Vorteil, seinen Vormund selbst zu wählen. Das ganze Prinzip der Vertretung sei nicht demokratisch, sondern konstitutionell.[229] Damit wurde ebenso wie bei Rousseau das Repräsentativprinzip in Frage gestellt.

Nach Auffassung Köchlys soll das Volk selbst souverän bleiben und über seine wichtigsten Lebensfragen nicht Vertreter entscheiden lassen. Seinem Antrag zufolge soll es von nun an selbst in Urversammlungen über die Differenzen der aus ihm hervorgegangenen Regierungsgewalten entscheiden. Dazu entwickelte er im Einzelnen folgende Vorstellungen: In ganz Sachsen werden durch ein Gesetz zur Fortentwicklung der Städte- und Gemeindeordnung Volksgemeinden nach einem bestimmten Zahlenverhältnis, z.B. zu 5.000 Köpfen, gebildet.

Kleinere Gemeinden, besonders auf dem Lande, sollen dabei mit anderen zu einer größeren Volksgemeinde zusammengeschlossen werden. Größere Gemein-

---

224 Philologe, geboren 1815 in Leipzig, gestorben 1876 in Triest; seit 1840 Oberlehrer an der Dresdner Kreuzschule; wirkte am 4. Mai 1849 an der Bildung der provisorischen Regierung mit und floh nach dem Scheitern des Maiaufstandes nach Brüssel; 1851 übernahm er in Zürich, 1864 in Heidelberg eine Professur und widmete sich als Philologe vor allem den altgriechischen Epikern, Angaben im *Stadtlexikon Dresden*.

225 Sitzungsprotokolle der Stadtverordneten zu Dresden, Drucke, 1847-1850, S. 1350f.

226 Hierzu *Hahn*, 120 Jahre Dresdener Gemeindevertretung – Kommunalrepräsentanten und Stadtverordnete – 1830-1950, S. 12f.

227 Hierzu *Hahn*, 120 Jahre Dresdener Gemeindevertretung – Kommunalrepräsentanten und Stadtverordnete – 1830-1950, S. 12f.

228 Hierzu *Hahn*, 120 Jahre Dresdener Gemeindevertretung – Kommunalrepräsentanten und Stadtverordnete – 1830-1950, S. 12f.

229 Dazu auch *E. Fischer*, Demokratie, S. 44ff.

den, namentlich in den Städten, werden nach Bezirken in mehrere Volksgemeinden aufgeteilt. Jeder unbescholtene volljährige sächsische Staatsbürger habe das Recht und die Pflicht, als Mitglied zu einer dieser Volksgemeinden zu gehören. Welcher Gemeinde er angehöre, werde durch seinen Wohnsitz bestimmt, wobei niemand in mehr als einer Gemeinde Mitglied sein dürfe.

Regelmäßig einmal im Monat und ansonsten so oft der Vorsitzende oder der zehnte Teil der Mitglieder es für notwendig erachte, versammelt sich die Volksgemeinde. Auf diesen Versammlungen sollen die bedeutendsten Ereignisse in Sachsen und in Deutschland mitgeteilt, insbesondere neue Gesetze und Verordnungen vorgelesen und erläutert und die Schritte der Behörden sowie die Verhandlungen der Abgeordneten besprochen werden.

Bei wichtigen Streitfragen soll es sowohl dem Ministerium als auch den Abgeordneten freistehen, die Volksgemeinden über ihre Meinung zu befragen. Allerdings könne eine Volksgemeinde auch ohne Anfrage derartige Probleme diskutieren und zu gleicher Berücksichtigung den anderen Volksgemeinden empfehlen. Im ersten Fall habe jede Volksgemeinde die Pflicht, in einer bestimmten Frist zu antworten, im letzteren Fall sei eine Behandlung des Themas freigestellt.

Die erste Berufung und Zusammenkunft der Volksgemeinden soll durch die städtischen und ländlichen Obrigkeiten organisiert werden, um sich danach selbst zu konstituieren.

Die Volksgemeinden werden als Organe des Staates vorgestellt, welche bei Gemeinde-, Landes- und Nationalabgeordnetenwahlen nach Bedarf auch zu größeren Körperschaften zusammengefaßt werden können. Ferner sollen sie bei der Volksbewaffnung, der Bildung der Geschworenengerichte, dem Gemeindeschulwesen, der Polizeiverwaltung, der Besteuerung, der Armenversorgung etc. beteiligt werden.

Für den verfassungsmäßig ausgesprochenen Willen des ganzen Volkes soll in Zukunft nur die Übereinstimmung oder Mehrheitsentscheidung sämtlicher Volksgemeinden gelten.

Darüber, ob den Volksgemeinden auch das Gesetzesinitiativrecht zustehen soll, sagt Köchly ausdrücklich nichts. Jedoch ist seinem Antrag zu entnehmen, daß der Bevölkerung eine Art Schiedsinstanz zwischen der Regierung und den Abgeordneten zugedacht war. Zur Abstimmung sollten lediglich Streitpunkte zwischen der Regierung und den Abgeordneten stehen.

Auch die Ausgestaltung des Abstimmungsverfahrens spricht dafür, daß das Volk zwar die letztliche Entscheidung treffen sollte, jedoch die Abstimmungsgegenstände von der Regierung oder von der Abgeordnetenkammer vorgegeben waren.

Köchlys Antrag sieht kein Verfahren vor, mit dem die Volksversammlungen Regierung oder Abgeordnetenkammer zur Befassung mit einer von ihnen eingereichten Gesetzesvorlage verpflichten konnten.

Auch spricht seine Auffassung, daß neue Gesetze in den Volksversammlungen lediglich vorgelesen und erklärt werden sollten, gegen die Beteiligung der Volksversammlungen bereits auf der Initiativebene. Dennoch ist Köchlys Antrag in Bezug auf eine unmittelbare Beteiligung des Volkes an den Staatsgewalten die weitreichendste Forderung, die bisher in Sachsen laut geworden ist.

Wie das Stadtverordnetenkollegium in Dresden mit diesem Antrag verfahren sollte, war nicht zu erkennen. Nach Auffassung Fischers beabsichtigte Köchly wohl, daß die Stadt Dresden mit der Organisation der Volksgemeinden den Anfang machen sollte. Der Antrag wurde schließlich ohne Debatte einem außerordentlichen Ausschuß überwiesen. In der Sitzung der Stadtverordneten am 23. August 1848 gab der Ausschuß ein Gutachten dahingehend ab, daß von einer weiteren Verfolgung dieser Angelegenheit in diesem Kollegium abzusehen sei. Das Plenum der Stadtverordneten schloß sich dem an.[230]

c) Die Forderung des sächsischen Arbeiterkongresses auf seiner Tagung vom 29. Dezember 1848 bis zum 5. Januar 1849

Seit das Vereins- und Versammlungsgesetz in liberaler Richtung neu geregelt worden war,[231] entwickelte sich Sachsen zunehmend zum Zentrum der Arbeiterbewegung.[232]

Am 15. November 1848 erging in Sachsen das Provisorische Gesetz wegen einer Änderung der Verfassungsurkunde.[233] Die Zusammensetzung der beiden Kammern wurde dadurch in einschneidender Weise geändert. Für die Zweite Kammer des Landtages wurde das allgemeine gleiche Wahlrecht für „selbständige" Männer über 21 Jahre und die Wählbarkeit für Männer über 30 Jahre eingeführt, während in der Ersten Kammer das Wahlrecht an Grundbesitz und die Wählbarkeit an einen Steuerbetrag von jährlich 10 Talern gebunden wurde. Als selbständig galten in Städten Bürger und „Schutzverwandte" mit geringem Bürgerrecht, auf dem Lande Grundbesitzer und „Hausgenossen" sowie sämtliche Angehörige der Armee. Ausgeschlossen blieben die besitzlosen, als unselbständig geltenden Lohnarbeiter.[234]

---

230 *E. Fischer*, Demokratie, S. 47.

231 GVBl. 1848, S. 289f.

232 Dazu *Zeise*, in: Czok (Hrsg.), Geschichte Sachsens, S. 361.

233 GVBl. 1848, S. 227ff.

234 *Schmidt*, in: LĚTOPIS, Reihe B, Nr. 27/1 und 2, S. 34; im Landtag von 1849 beantragte der Abgeordnete Heubner vergeblich eine weitergehende Auslegung des Be-

Umstritten war vor allem der Begriff der Selbständigkeit. Auf der Tagung des sächsischen Arbeiterkongresses vom 29. Dezember 1848 bis zum 5. Januar 1849 forderten die Teilnehmer in einer Adresse an die Zweite Kammer, von dem unbestimmten Begriff der Selbständigkeit abzusehen. Vielmehr solle bestimmt werden, daß erstens jeder einundzwanzigjährige Sachse wahlberechtigt sei und zweitens in Hinblick auf die Wählbarkeit der Zensus und das Mindestalter von 30 Jahren aufgehoben werde. Den Wählern müsse es freistehen, denjenigen zu ihrem Vertreter zu ernennen, zu dem sie das größte Vertrauen hätten. Eine Beschränkung der Wählbaren sei eine Beschränkung der Wähler und mache die freie Volksvertretung demnach zu einer „Unwahrheit."[235] Der „freie Mann" gehorche nur den Gesetzen, zu deren Beschluß er selbst seine Stimme abgegeben habe.[236]

Nach Ansicht der sogenannten Arbeiterverbrüderung von 1848/49,[237] zu der auch die sächsischen Arbeiterorganisationen gehörten,[238] sollten alle erwachsenen Staatsbürger, Männer und Frauen, zusammenkommen, um selbst zu beschließen, worüber Gesetze zu erlassen seien.[239] Damit wurde soweit ersichtlich im deutschen Raum zum ersten Mal explizit die Mitwirkung des Volkes bei der Gesetzgebung in Form der Initiativberechtigung formuliert. Jedoch wurde ihre Einführung letztlich nicht befürwortet, da diese Mitwirkungsform nur auf kleinem Gebiet möglich sei, nicht dagegen auf der Ebene ganzer Länder. Es sollte somit dabei bleiben, daß die Gesetze von Abgeordneten/Repräsentanten formuliert werden, sofern es sich um wirklich repräsentative Versammlungen handele. Zu diesem Zweck müßten diese von allen erwachsenen Bürgern gewählt werden. Die Wahl der Abgeordneten sollte direkt, das heißt, ohne die Zwischenstufe von Wahlmännern erfolgen. Weiterhin müsse jede Person, unabhängig von Stand und Besitz, wählbar sein. Ebenso sollten die Wähler das Recht haben, einen Abgeordneten, welcher im nachhinein das Vertrauen der Wähler verliere, jederzeit wieder abberufen zu können, was auf ein imperatives Mandat hinauslief.

---

griffs „selbständig" auf alle, die ihr Recht vor Gericht selbst zu vertreten befähigt sind, dazu *Schmidt*, in: Der Sächsische Landtag. Geschichte und Gegenwart, S. 38, Fn. 8.

235 Adresse an die Sächsische Zweite Kammer, abgedruckt bei *Quark*, Die Arbeiterverbrüderung 1848/49, S. 57.

236 Adresse an die Sächsische Zweite Kammer, abgedruckt bei *Quark*, Die Arbeiterverbrüderung 1848/49, S. 56f.

237 Zur Arbeiterverbrüderung siehe *Quark*, Die Arbeiterverbrüderung 1848/49, S. 1ff.

238 Hierzu *Zeise*, Dresdner Hefte 13 (1995), Heft 43, 5.

239 Wie müssen in einem ordentlichen Staat die Gesetze gemacht werden, Bericht der Arbeiterverbrüderung, abgedruckt bei *Quark*, Die Arbeiterverbrüderung 1848/49, S. 62ff.

Das Genehmigungs- beziehungsweise das Verwerfungsrecht habe jedoch niemand anders als das ganze Volk selbst. Alle wichtigen Gesetze und Einrichtungen sollten deshalb dem ganzen Volk, das heißt, einzelnen Wählerversammlungen zur Genehmigung vorgelegt werden.

Das Gesetzesinitiativrecht der Bevölkerung wurde damit 1848/49 von der Arbeiterverbrüderung zwar in Erwägung gezogen, aus Praktikabilitätsgründen jedoch einer Repräsentativversammlung überlassen.

Der nach der Wahlrechtsänderung vom 15. November 1848 neu gewählte Landtag, welcher am 10. Januar 1849 zusammentrat, war trotz Ausschluß der Lohnarbeiter seiner Zusammensetzung nach eine der fortschrittlichsten Volksvertretungen, die 1848/49 ein deutsches Land überhaupt besaß.[240] Er enthielt eine überwiegende demokratische Mehrheit. Bezüglich der Gesetzgebung half ihm das jedoch nicht weiter, da noch immer das Gesetzesinitiativrecht ausschließlich beim König und der Regierung lag. Am 31. März 1849 gab die Regierung jedoch den Forderungen des Landtages nach. § 85 der Verfassung wurde dahingehend geändert, daß Gesetzentwürfe nun auch von den Kammern an den König gebracht werden konnten.[241] Der König verkündete diese neuen Gesetze nicht mehr mit Zustimmung „unserer getreuen Stände", sondern im Einvernehmen mit den Kammern des Königreiches,[242] womit die ständische Repräsentation in Zweifel gezogen wurde.

2. Die Forderung Rittinghausens auf Reichsebene 1849

Eine weitere Stufe der Entwicklung wird mit den Forderungen *Rittinghausens* erreicht.

Moritz Rittinghausen war Verfasser der Schriftenreihe „Sozial-demokratische Abhandlungen", die in den Jahren kurz vor und nach 1870 erschien und mit

240 *R. Weber*, Die Revolution in Sachsen 1848/49, S. 236.

241 Gesetz vom 31. März 1849, GVBl. S. 57ff.; der Gesetzesvorschlag der Stände kam durch getrennte Beratungen in beiden Kammern zustande. In den Kammern entstand ein Gesetzesvorschlag durch Einbringung und Beratung eines Gesetzentwurfes durch die Mitglieder. Hatte die eine Kammer den aus ihrer Mitte hervorgegangenen Entwurf angenommen und kam der Entwurf nunmehr in die andere, konnte diese den Entwurf, ohne in eine Beratung der Einzelheiten einzugehen, unmittelbar ablehnen. Das Verfahren war damit erledigt. Wurde ein gemeinsamer Beschluß gefaßt, dann wurde dieser in Form einer ständischen Schrift beim Gesamtministerium eingereicht, hierzu *O. Mayer*, Das Staatsrecht des Königreichs Sachsen, S. 166ff.

242 Dazu *Blaschke*, in: Jeserich, Pohl, von Unruh (Hrsg.), Deutsche Verwaltungsgeschichte, Bd. 2, S. 634.

der er in der ersten Phase der sozialdemokratischen Bewegung eine nicht unbeträchtliche Rolle spielte.[243]

Für die Idee der direkten Gesetzgebung durch das Volk in Form der Volksinitiative und der Volksabstimmung in Deutschland warb Rittinghausen erstmals seit 1849.[244] Als ideale Mitwirkungsmöglichkeit des Volkes an der Gesetzgebung betrachtete er die öffentliche Diskussion in Form von Grundsatzdebatten über die jeweilige Gesetzesmaterie und Debatten über Einzelfragen, denen dann schließlich die Abgabe eines Stimmvotums folgen sollte.[245] Das Volk sollte dazu in Sektionen von etwa 1.000 Staatsbürgern eingeteilt werden, von denen jede ihren Vorsitzenden ernennt.[246]

Mit der Anwendung der Gesetze wollte Rittinghausen ein neben den Gesetzgebungskörpern durch allgemeine und direkte Wahl für einen befristeten Zeitraum gewähltes Ministerkollegium betrauen. Diesem Kollegium sollte – mit Ausnahme des Bereichs der auswärtigen Angelegenheiten – das Recht zur Gesetzesinitiative entzogen sein. Die Gesetzgebung sollte sich in organischer Weise aus dem Volk selbst heraus entwickeln. Es sei allein Sache des Volkes, die Gegenstände seiner gesetzgeberischen Tätigkeit zu bestimmen, weil es besser als jede Einzelperson, besser als jede Korporation oder jeder Stand beurteilen könne, was in seinem, das heißt, im allgemeinen Interesse zu geschehen habe.

Sobald eine gesetzlich festzulegende Anzahl von Staatsbürgern den Erlaß, die Änderung oder Aufhebung eines Gesetzes beantrage, sollte nach Rittinghausens Vorstellung das Ministerkollegium die Sektionen des Volkes zur Beratung und Beschlußfassung einberufen.[247]

Anders als die Vorstellungen von Köchly und die des Arbeiterkongresses sieht das System Rittinghausens überhaupt keine Repräsentativkörperschaft vor. Rittinghausen will die unmittelbare Gesetzgebung als ausschließliche und nicht nur als Ergänzung zur parlamentarischen. In seiner Absicht lag es vielmehr, das Repräsentativsystem abzuschaffen.[248] Allerdings hält auch er ein auf Verwaltungsaufgaben beschränktes Ministerkollegium für notwendig, weil zwar das

---

243 Dr. Moritz *Rittinghausen* (1814-1890), demokratischer Publizist und Politiker; 1848 Mitglied des Vorparlamentes; neben Karl Marx und Friedrich Engels Mitarbeiter der Neuen Rheinischen Zeitung; 1849 einer der Herausgeber der Westdeutschen Zeitung; später Mitglied der I. Internationalen und der sozialdemokratischen Arbeiterpartei, zu den Angaben siehe *Obermann*, Die deutschen Arbeiter in der Revolution von 1848, S. 185f.

244 *Rittinghausen*, Die direkte Gesetzgebung durch das Volk, S. 22.

245 *Rittinghausen*, Die direkte Gesetzgebung durch das Volk, Anm. 21, S. 136f.

246 *Rittinghausen*, Die direkte Gesetzgebung durch das Volk, Anm. 21, S. 51.

247 *Rittinghausen*, Die direkte Gesetzgebung durch das Volk, Anm. 21, S. 135.

248 *Rittinghausen*, Die direkte Gesetzgebung durch das Volk, Anm. 21, S. 129ff.

Volk in direkter Weise seine Gesetzgebung ordnen, es sich aber nicht selbst in direkter Weise regieren oder ohne Beauftragte die Verwaltung führen könne.[249]

Rittinghausens parlamentsfeindliche Haltung hat ihren Ursprung in der Enttäuschung über das Scheitern einer gesellschaftlichen Neuordnung in den Jahren 1848/49. Die Nationalrepräsentation erscheint bei ihm als ein überlebtes Relikt der Feudalzeit, als eine reine Fiktion. Die nach seiner Auffassung vorherrschende Mittelmäßigkeit und Bestechlichkeit „sogenannter Volksvertreter" würden das Repräsentativsystem unfähig machen.[250] Damit klingt ein Argument an, das seit Rousseau in die politische Debatte eingeführt war.

Festzuhalten bleibt, daß die ersten Forderungen nach unmittelbarer Beteiligung des Volkes an der Gesetzgebung in Deutschland offensichtlich im engen Zusammenhang mit wahlrechtlichen Fragen und einem Mißtrauen gegenüber dem Parlament stehen. Wie Rittinghausen geht auch Köchly in seinem Antrag davon aus, daß ein vom Volk gewähltes Parlament noch lange keine Ideallösung für die Demokratie sei. Das Volk bleibe dabei unmündig und habe lediglich den Vorteil, seinen Vormund selbst wählen zu können. Weder die Fürsten noch die Minister und Beamten verfolgten das Wohl des Volkes als oberstes Ziel, noch sei ein vom Volk gewähltes Parlament dieser Aufgabe gewachsen, da die Abgeordneten aufgrund ihrer Eigeninteressen von der Erfüllung der Allgemeininteressen abgehalten würden. Aufgrund dieses Mißtrauens erscheint die Folgerung schlüssig, daß das Volk in wichtigen Punkten selbst entscheiden solle.

Auf dem Arbeiterkongreß wird die Einführung der Gesetzesinitiativberechtigung des Volkes ebenfalls eng mit dem Wahlrecht verknüpft. Der Initiativberechtigung des Parlamentes wird gegenüber der Volksinitiative zwar der Vorzug eingeräumt, jedoch mit der Maßgabe, daß es sich bei dem Parlament um eine tatsächlich repräsentative Volksversammlung handeln müsse. Nur bei einem wirklich demokratischen Wahlrecht kann nach der auf dem Arbeiterkongreß vertretenen Auffassung auf die Initiativberechtigung des Volkes verzichtet werden.

Das Mißtrauen, welches Rittinghausen und Köchly gegenüber dem Parlament und den einzelnen Abgeordneten zeigen, wird zwar auch auf dem Arbeiterkongreß deutlich. Dieses Problem soll jedoch nicht durch die Abschaffung des Repräsentativsystems, sondern durch die Möglichkeit der Abberufung jener Abgeordneten, welche das Vertrauen des Volkes verloren haben, angegangen werden.

---

249 *Rittinghausen*, Die direkte Gesetzgebung durch das Volk, Anm. 21, S. 51, 135.

250 *Rittinghausen*, in: Protokoll über die Verhandlungen des Allgemeinen Deutschen sozialdemokratischen Arbeiterkongresses zu Eisenach vom 7. bis 9. August 1869, abgedruckt in: Der Leipziger Hochverratsprozeß vom Jahre 1872, S. 472.

Anders als das Projekt Köchlys, das schnell wieder in Vergessenheit geriet, lösten Rittinghausens Vorstellungen, wie noch zu zeigen sein wird, bis ins zwanzigste Jahrhundert hinein vielfältige Diskussionen aus, die deutlich machen, daß er einen wichtigen Punkt angesprochen hatte, der sowohl reichliche Kritik als auch Zustimmung auslöste.

3. *Die ersten verfassungsrechtlichen Ansätze unmittelbarer Volksbeteiligungsrechte in Deutschland, insbesondere der Volksinitiative*

Erste Ansätze plebiszitärer Verfassungselemente brachte die deutsche Revolution in der durch sie inspirierten Verfassung Bremens vom 21. März 1849 mit sich.[251] Ihr lag erstmalig in Deutschland das in Sachsen zwar geforderte, aber nicht umgesetzte Prinzip der Volkssouveränität zugrunde. Gem. Art. 2 § 3 der Verfassung sollte alle Staatsgewalt von der Gesamtheit der Staatsbürger ausgehen.[252]

Als plebiszitäres Element enthielt sie zunächst die Einrichtung des Volksentscheids. Gem. § 4 der Verfassung beauftragte das Volk mit der Ausübung der Staatsgewalt den Senat, die Bürgerschaft und die richterlichen Behörden. Konnten sich diese bei gemeinschaftlichen Aufgaben nicht einigen, hatte gem. Art. 3 § 6 nach Maßgabe der Bestimmungen der Verfassung die Gesamtheit der Staatsbürger den strittigen Punkt zu entscheiden.

Dabei kann jedoch nur ansatzweise von einem modernen Volksentscheid gesprochen werden, da die Bevölkerung die Sachfrage nicht direkt zu entscheiden hatte, sondern gem. Art. 63 § 116 der Verfassung einen Ausschuß von dreizehn Staatsbürgern wählte, der dann die Entscheidung zu treffen hatte. Es handelte sich somit um einen mittelbaren Volksentscheid.

Ausdrücklich war in der Verfassung ein solcher mittelbarer Volksentscheid in § 152 vorgesehen für den Fall, daß sich Senat und Bürgerschaft nicht darüber einigen konnten, ob eine Trennung der Stadtverwaltung von der Staatsverwaltung getroffen werden sollte.

Auch wurden durch die neue Verfassung 1849 in Bremen bereits erste Ansätze der Volksinitiative eingeführt. Gem. Art. 5 §§ 186ff. konnte die Verfassung auf Beschluß des Senates und der Bürgerschaft geändert werden. Gem. § 191 trat dieser Beschluß sechs Wochen nach seiner Veröffentlichung in Kraft, sofern sich nicht bis dahin die Mehrheit der wahlberechtigten Staatsbürger in ei-

251 Zur verfassungsrechtlichen Entwicklung Bremens vgl. *Klischies*, Die verfassungs- und staatsrechtliche Entwicklung Bremens von einer mittelalterlichen Reichsstadt zu einem modernen Verfassungsstaat unter besonderer Berücksichtigung der Verfassungen von 1849 und 1854.

252 GBl. S. 37.

nem unmittelbaren Volksbegehren dagegen ausgesprochen hatte. Im Bereich verfassungsändernder Gesetze konnte die Bevölkerung Bremens damit selbst initiativ werden. Jedoch bezog sich dieses Recht dem Wortlaut nach nicht auf die Initiierung eines verfassungsändernden Gesetzes, sondern war als ein Vetorecht ausgestaltet.

Wie das in Aussicht genommene Volksbegehren im einzelnen durchgeführt werden sollte, ist in der Verfassung offen gelassen. In der Verfassungsdeputation gingen die Ansichten über den Umfang der Volksinitiativberechtigung weit auseinander. Teilweise wurde als Folge aus der in Art. 2 § 3 verankerten Volkssouveränität der Schluß gezogen, daß dem Staatsvolk nicht nur ein Einspruchsrecht, sondern neben der Bürgerschaft und dem Senat auch das Recht zur Initiierung eines verfassungsändernden Gesetzes zustehen müsse.[253] Dieses Recht bedürfe nicht erst einer ausdrücklichen Formulierung in der Verfassung, sondern ergebe sich allein aus dem Prinzip der Volkssouveränität. Eine genaue Ausformung in der Verfassung hätte aber den Vorzug verdient, da es weitaus gefährlicher sei, dieses Prinzip unausgeformt zu lassen, als ihm die Bahn, in der es sich konkretisieren könne, vorzuschreiben. Werde die Ausübung der Volkssouveränität nicht durch die Verfassung gelenkt, dann könne die unmittelbare Geltendmachung des Volkswillens kaum anders als durch eine Revolution erfolgen.[254] Wie man nun verfahren solle, blieb jedoch unklar.

Von der konservativen Bürgerschaftsmehrheit hingegen wurde der Rückschluß von der in Art. 2 § 3 verankerten Volkssouveränität auf die Berechtigung, ein verfassungsänderndes Gesetz zu initiieren, abgelehnt. Stünde der Bevölkerung das Recht zur Initiierung zu, wäre die Stabilität der Verfassung bedroht.[255]

Bremen kommt in dessen, auch unabhängig von dieser Auslegung in Deutschland eine Vorreiterrolle zu. In der Verfassung vom 21. März liegen in der Tat die ersten Ansätze unmittelbarer Volksbeteiligungsrechte in Deutschland.

Diese Regelungen hätten auch mit der Paulskirchenverfassung – wäre sie wirklich in Kraft getreten – durchaus im Einklang gestanden. Zwar sah die Paulskirchenverfassung selbst keine plebiszitären Einrichtungen vor, jedoch behielten die einzelnen deutschen Staaten gem. § 5 FRV ihre Selbständigkeit, soweit sie nicht durch die Reichsverfassung beschränkt waren.

---

253 Vgl. Protokolle der Verfassungsdeputation, Bd. 1, 38. Sitzung, Freitag den 06. Oktober 1848, S. 254.

254 Vgl. Protokolle der Verfassungsdeputation, Bd. 2, 69. Sitzung, Sonntag den 25. Februar 1849, S. 251ff.

255 Vgl. Protokolle der Verfassungsdeputation, Bd. 2, 66. Sitzung, Freitag den 16. Februar 1849, S. 228 sowie 69. Sitzung, Sonntag den 25. Februar 1849, S. 251ff.

Zwar unterstellte die Reichsverfassung wesentliche Fragen der Reichsgewalt,[256] für die den Ländern verbleibenden Kompetenzen ließ sie diesen jedoch weite Gestaltungsmöglichkeiten. Vorgaben für die Staatsorganisation wurden lediglich durch §§ 186ff. gemacht. Gem. § 186 sollte jeder deutsche Staat eine „Verfassung mit Volksvertretung“ haben, wobei die Volksvertretung gem. § 187 „eine entscheidende Stimme“ bei der Gesetzgebung, bei der Besteuerung und bei der Ordnung des Staatshaushaltes haben sollte. Unter anderem sah die Reichsverfassung für die Volksvertretungen zwingend das Gesetzesinitiativrecht vor.

Doch durfte gem. § 194 FRV keine Verfassung und kein Gesetz eines Einzelstaates der Reichsverfassung widersprechen. Einen Widerspruch beziehungsweise einen Verstoß gegen die Reichsverfassung stellten die ersten Ansätze plebiszitärer Mitwirkungsrechte der bremischen Verfassung jedoch nicht dar, solange sie sich ausschließlich auf bremische Angelegenheiten bezogen. Die direkte Mitwirkung des Volkes auf der Ebene der Einzelstaaten wurde durch die Reichsverfassung nicht ausdrücklich ausgeschlossen oder als Widerspruch bewertet, solange nur gem. § 187 gewährleistet war, daß der Volksvertretung eine entscheidende Stimme zukam. Dies aber war auch in Bremen nicht in Frage gestellt.

256 Z.B. gem § 6 die völkerrechtliche Vertretung Deutschlands, gem. § 10 das Recht des Krieges und des Friedens, gem. § 12 die Wehrverfassung, gem. § 13 das Heerwesen, gem. § 38 den Handel und die Schiffahrt, gem. § 39 das Gewerbewesen, gem. § 41 das Postwesen, gem. § 45 das Münzwesen.

Zweiter Teil: Der Weg zur Einführung der Volksinitiative in der Weimarer Republik, ihr Ausschluß unter dem NS-Regime sowie ihre Wiedereinführung, Instrumentalisierung und erneute Ausschließung innerhalb der sozialistischen Ordnung

Erstes Kapitel: Die Forderung nach Einführung der Volksinitiativberechtigung im Kaiserreich, ihre Umsetzung in der Weimarer Republik und ihr Ausschluß unter dem NS-Regime

§ 6 Die Forderung nach Einführung der Volksinitiative im Kaiserreich

Zwar wurde das Volksinitiativrecht unter dem Kaiserreich begreiflicherweise in keine deutsche Verfassung aufgenommen, jedoch wurde von sozialdemokratischer und sozialistischer Seite erstmalig die Notwendigkeit eines solchen Rechts neben dem Volksentscheid thematisiert und in den Parteiprogrammen artikuliert.

I. Die Aufnahme der Volksinitiative in die sozialistischen und sozialdemokratischen Parteiprogramme auf Reichsebene

Bereits vor Gründung des Deutschen Kaiserreichs forderten die Sozialdemokraten 1869 in ihrem Eisenacher Programm[257] (Teil III, 2) die Einführung der direkten Gesetzgebung durch das Volk. In der ursprünglichen Fassung war lediglich das Referendum, nicht jedoch die Initiativberechtigung des Volkes vorgesehen. Rittinghausen beantragte daher, das Wort Referendum zu streichen und den Programmpunkt „Einführung der direkten Gesetzgebung durch das Volk“ zu nennen.[258]

Die Notwendigkeit, auch das Initiativrecht aufzunehmen, wurde damit begründet, daß das direkte Wahlrecht als Mittel zur Besserung politischer und sozialer Verhältnisse versagt habe.[259] Man habe mit dem direkten Wahlrecht nichts

257 Das Protokoll über die Verhandlungen des Allgemeinen Deutschen sozialdemokratischen Arbeiterkongresses zu Eisenach vom 7. bis 9. August 1869 ist abgedruckt in: Der Leipziger Hochverratsprozeß vom Jahre 1872, S. 432ff.

258 Protokoll über die Verhandlungen des Allgemeinen Deutschen sozialdemokratischen Arbeiterkongresses zu Eisenach vom 7. bis 9. August 1869, abgedruckt in: Der Leipziger Hochverratsprozeß vom Jahre 1872, S. 471.

259 Hierzu und zum folgenden siehe Protokoll über die Verhandlungen des Allgemeinen Deutschen sozialdemokratischen Arbeiterkongresses zu Eisenach vom 7.

ausrichten können, weil daraus zumeist Männer hervorgingen, die einer privilegierten Klasse angehörten und daher die Interessen des gesamten Volkes nicht verstünden. Dies könne man daran sehen, daß selbst in Arbeiterkreisen nicht Männer aus dem Arbeiterstand, sondern solche aus privilegierteren Kreisen gewählt würden. Ergebnis solcher Wahlentscheidungen sei, daß die Interessen des Arbeiterstandes – ebenso wie der Bauern – nicht genügend vertreten würden. Das Recht der Abstimmung durch das Volk sei daher unvollständig. Denn wenn das Volk nichts weiter als Ja oder Nein sagen könne und das Parlament kein Gesetz zum Wohle des Volkes initiiere, habe es auch keine Möglichkeit, Gesetze zu seinem Wohle durchzubringen.

Auf der Grundlage der Ideen Rittinghausens forderte auch die Deutsche Arbeiterpartei auf dem Vereinigungskongreß der Sozialdemokraten Deutschlands 1875 in Gotha die Einführung der direkten Gesetzgebung durch das Volk in Form eines Vorschlags- und Verwerfungsrechts.[260]

Auch im Erfurter Programm der Sozialistischen Partei von 1891 wurde die Einführung der direkten Gesetzgebung in Form des Vorschlags- und Verwerfungsrechts gefordert. Die Forderung wurde damit begründet, daß die politisch mündigen Bürger eines Gemeinwesens sich nicht damit begnügen könnten, einer Körperschaft die Gesetzgebung zu übertragen, ohne sich die Mittel der Aufsicht, der Prüfung und der Berichtigung zu sichern.[261] Diejenigen, für welche die Gesetze geschaffen würden, müßten auch zu Wort kommen. Denn ohne die unmittelbare Beteiligung des Volkes an der Ausübung der Staatsgewalt liefe die Volkssouveränität ins Leere.

Damit ist noch nicht ausdrücklich eine Organstellung des Volkes angesprochen, doch wurde nur wenig später gefordert, daß wie der Monarch auch das Volk als Träger der Souveränität die Stellung eines Organs im Staat annehmen müsse. Durch das Wahlrecht allein erhalte das Volk nur mittelbaren Einfluß auf den Gang des Staatslebens. Erst die unmittelbare Ausübung eines staatlichen Hoheitsrechts mache den Souverän zum Herrscher.[262]

---

bis 9. August 1869, abgedruckt in: Der Leipziger Hochverratsprozeß vom Jahre 1872, S. 471f.

260 Das Protokoll des Vereinigungs-Kongresses der Sozialdemokraten 1875 in Gotha ist abgedruckt in: Die ersten deutschen Sozialisten Kongresse. Urkunden aus der Jugendzeit der deutschen Sozialdemokratie (1865-1875), S. 68ff.; zur Forderung nach Volksgesetzgebung S. 69.

261 *Kautsky/ Schoenlank*, Grundsätze und Forderungen der Sozialdemokratie. Erläuterungen zum Erfurter Programm, S. 34f.; in diesem Zusammenhang wurden auch die französische Verfassung von 1793 erläutert und auf Erfahrungen mit der Volksgesetzgebung in der Schweiz eingegangen.

262 Vgl. *Fetzer*, Das Referendum im deutschen Staatsrecht, S. 2.

Die Argumentation zur programmatischen Aufnahme der Volksinitiative verdeutlicht auch hier wiederum wie bereits 1849 das Mißtrauen gegenüber den nach 1848 entstandenen Repräsentativorganen und ihren Abgeordneten. Gerade die Volksinitiative soll hier als Gegenmaßnahme fungieren. Für den Fall, daß das Parlament im Rahmen der Gesetzgebung nicht im Sinne des Volkes initiativ werde, solle dem Volk selbst diese Möglichkeit zustehen. Aber auch gegen unliebsame Maßnahmen des Parlaments solle das Volk die Initiative ergreifen können. Die Gesetzesinitiativberechtigung des Volkes wird somit als entscheidendes Mittel zur Korrektur parlamentarischer, aber dem Volk und seinen Interessen zuwiderlaufender Tätigkeit oder auch der Untätigkeit gesehen.

Rittinghausen zufolge, der bei der Diskussion über die Aufnahme der Volksinitiative in das Eisenacher Programm federführend war, steht die Volksgesetzgebung im Gegensatz zur Repräsentativ-Verfassung, soll also nicht nur der Korrektur dienen. Die reine Gesetzgebung durch das Volk verlange, daß *alle* Gesetzesvorschläge aus dem Volk selbst hervorgingen und nicht von irgendeiner Kommission, z.B. einem Repräsentativorgan, gemacht würden. Das Volk habe demnach seine Gesetze selbst zu machen. Rittinghausen beurteilt die Repräsentativ-Verfassung auf diesem Hintergrund durchaus negativ.[263]

Mit seinen radikalen Forderungen stieß Rittinghausen selbst unter Parteigenossen immer mehr auf Kritik. Die Mehrheit der Parteimitglieder sah, wie sich aus ihren Programmen ergibt, in der Volksgesetzgebung keine Antithese, sondern eine Ergänzung zum parlamentarischen System.[264] Auch seine Person wurde allmählich zur Zielscheibe innerparteilicher Kritik,[265] weshalb er 1884 aus der Fraktion ausgeschlossen wurde.[266]

2. Der Kampf um das allgemeine Wahlrecht in Sachsen

In Sachsen war die Unzufriedenheit mit dem Parlament aufgrund von Veränderungen des im Verlauf der Revolution von 1848/49 errungenen Wahlrechts besonders groß.

---

263 Hierbei nimmt Rittinghausen Bezug auf die Entwicklungen in Frankreich und in der Schweiz, in: Protokoll über die Verhandlungen des Allgemeinen Deutschen sozialdemokratischen Arbeiterkongresses zu Eisenach vom 7. bis 9. August 1869, abgedruckt in: Der Leipziger Hochverratsprozeß vom Jahre 1872, S. 472f.

264 Vgl. hierzu auch *Jacoby*, Gesammelte Schriften und Reden, Bd. 2, S. 340ff.

265 Vgl. nur *Engels* Brief an Bebel, London, 10. Mai 1883, in: August Bebels Briefwechsel mit Friedrich Engels, S. 158: „An Rittinghausen war schon 1848 nichts, er ist nur Sozialist pro forma, um mit unserer Hilfe seine direkte Volksgesetzgebung durchzusetzen. Da haben wir besseres zu tun."

266 *Blos*, Denkwürdigkeiten eines Sozialdemokraten, Bd. 2, S. 118.

Das Wahlgesetz vom 15. November 1848[267] hatte ursprünglich einen nahezu vollständigen Sieg des Bürgertums über die konservativen Kräfte bedeutet.[268] Nur das von den demokratischen Abgeordneten geforderte Einkammersystem war nicht durchgesetzt worden. Aus diesem Grund trug das Wahlgesetz auf Wunsch der Demokraten die Bezeichnung „provisorisch".

Nach dem Sieg der konservativen Kräfte erklärte die Regierung am 3. Juni 1850 das Wahlgesetz für ungültig und berief die Stände nach dem Wahlgesetz von 1831 in der herkömmlichen Form wieder ein.[269] Die Ständeversammlung stimmte der Aufhebung des Wahlgesetzes nachträglich zu und billigte mehrere reaktionäre Gesetze wie z.B. ein Pressegesetz, das die Pressefreiheit rigoros beschränkte. Durch das wieder eingeführte Wahlgesetz von 1831 wurden die Kräfte der Demokraten und Liberalen auf lange Jahre von der parlamentarischen Tätigkeit ausgeschlossen.

Gegen diese Zustände forderte unter anderem die von *Wilhelm Liebknecht* (1840-1913) und *August Bebel* (1826-1900) gegründete sächsische Volkspartei in dem von Bebel und Liebknecht verfaßten Programm unter Punkt 1 das unbeschränkte Selbstbestimmungsrecht des Volkes und ein allgemeines, gleiches und direktes Wahlrecht mit geheimer Abstimmung auf allen Gebieten des staatlichen Lebens.[270]

Am 03. Dezember 1868 wurde das Wahlrecht zur Zweiten Kammer schließlich geändert.[271] Durch die Neuregelung wurde die ständische Gliederung der Zweiten Kammer in Rittergutsbesitzer, Bauern, Städte sowie Handels- und Fabrikwesen aufgegeben, um statt dessen 35 städtische und 45 ländliche Wahlkreise mit je einem Abgeordneten zu bilden, die nach dem Mehrheitssystem gewählt wurden. Dazu waren alle Männer über 25 Jahre mit einer Minimalsteuerleistung von einem Taler jährlich im direkten und geheimen Wahlverfahren zugelassen. Wählbar war jeder Bürger ab dem 30. Lebensjahr, der 10 Jahre Steuern gezahlt hatte und mindestens 3 Jahre die sächsische Staatsangehörigkeit besaß.

Unter dem alten Wahlrecht bis 1868 hatten die Sozialdemokraten keinen Kandidaten in die Zweite Kammer gebracht.[272] Seit der Wahlrechtsänderung

---

267 GVBl. 1848, S. 227ff.

268 *Schmidt*, in: Der Sächsische Landtag. Geschichte und Gegenwart, S. 38.

269 Dazu *Biedermann*, Die Wiedereinberufung der alten Stände in Sachsen aus dem Gesichtspunkt des Rechts und der Politik, S. 1ff.; *Kötzschke/ Kretzschmar*, Sächsische Geschichte, S. 341ff; *Schmidt*, in: LĚTOPIS, Reihe B, Nr. 27/1 und 2, S. 37.

270 Abgedruckt bei *Mommsen*, Deutsches Handbuch der Politik, Bd. 1, S. 307.

271 GVBl. 1868, S. 365ff.

272 1868 setzte sich die Zweite Kammer aus 41 Konservativen, 30 Nationalliberalen, 6 Fortschrittlern und 1 Liberalen zusammen, hierzu *Staude*, Sächsische Heimatblätter 30 (1984), 126.

hingegen verzeichneten sie trotz des Zensuswahlrechts immer größere Erfolge.[273] Die sozialdemokratische Landtagsfraktion drängte jedoch weiter und brachte immer neue Anträge zur Einführung des allgemeinen, gleichen, geheimen und direkten Wahlrechts ein (1893/94) und traf damit bei den anderen im Landtag vertretenen Parteien einen wunden Punkt, denn bisher hatte man die Anträge ohne besondere Beachtung auf sich beruhen lassen.[274] Wollte man sich aber politisch keine Blöße geben, mußte man sich Gedanken machen, wie man den häufig eingebrachten Anträgen entgegentreten konnte. Die sozialdemokratischen Vorstöße und die ständig anwachsende Besorgnis über sozialdemokratische Wahlerfolge sowie der zu Beginn des Landtages 1895/96 erneut gestellte Antrag zum Wahlrecht, diesmal modifiziert durch die Forderung, daß *alle* Staatsangehörigen über 21 Jahren, das heißt, auch Frauen, wählen durften, ließen die bürgerlichen Parteien zur Aktion schreiten. Schließlich wurde ein dem preußischen ähnliches Dreiklassenwahlrecht eingeführt.[275]

Dies stellte sich in der Folge als sehr problematisch heraus. Zunächst wurde die Diskrepanz zwischen Landtagswahlrecht und Reichstagswahlrecht vergrößert. Die Reichsverfassung vom 16. April 1871[276] traf im Abschnitt über den Reichstag einige zentrale Aussagen zum Wahlrecht. Gem. Art. 20 RV mußten die Wahlen allgemein, direkt und geheim sein.[277] Das sächsische Dreiklassenwahlrecht dagegen schloß den größten Teil der erwachsenen Bevölkerung von der Wahlberechtigung aus und gab den Sozialdemokraten von 1901 bis 1905 überhaupt kein Mandat im Sächsischen Landtag. Als Folge dieses Rückschlags auf Landesebene erzielten die Sozialdemokraten jedoch bei der Reichstagswahl

---

273 1879 errangen sie 3, 1881 4, 1883 3, 1885 5, 1889 7, 1891 11, 1893 14 und 1895 15 von insgesamt 82 Mandaten, hierzu *Staude*, Sächsische Heimatblätter 30 (1984), 131f.

274 Vgl. hierzu und zum folgenden *Goldt*, Parlamentarismus im Königreich Sachsen. Zur Geschichte des Sächsischen Landtages 1871-1918, S. 39f.

275 Die Wahlberechtigten wurden nach der Höhe ihrer Steuerleistung in drei Klassen eingeteilt, die denen des preußischen Dreiklassenwahlrechts von 1850 ungefähr entsprachen. Zwar waren die Steuersätze für die Aufnahme in die erste und zweite Klasse niedriger als in Preußen und auch die Wahlen anders als in Preußen geheim. Jedoch wurden diejenigen, die keine Steuern zahlten, welche in Preußen wenigstens in der dritten Klasse wahlberechtigt waren, in Sachsen 1896 von der Wahlbeteiligung völlig ausgeschlossen, vgl. dazu *Schmidt*, in: LĚTOPIS, Reihe B, Nr. 27/1 und 2, S. 124; vgl. auch *Blaschke*, in: Der Sächsische Landtag. Geschichte und Gegenwart, S. 14; ebenso *Zeise*, in: Czok (Hrsg.), Geschichte Sachsens, S. 398; *Pache*, Geschichte des sächsischen Landtagswahlrechts von 1831-1907, S. 3ff.

276 RGBl. 1871, S.63ff.

277 Unter allgemeinen Wahlen verstand man solche, die nicht auf gewisse Stände oder Klassen beschränkt oder nach Ständen oder Klassen ausgeübt wurden.

von 1903 in 22 von 23 sächsischen Wahlkreisen die Mehrheit,[278] woraufhin Sachsen als „rotes Königreich“ bezeichnet wurde.[279]

In den süddeutschen Ländern stellten die Sozialdemokraten zwar ebenfalls einen stabilen Faktor dar, waren allerdings hier – Württemberg, Bayern, Baden, Hessen – nicht so stark vertreten wie in Mittel- oder Norddeutschland.[280] Grund dafür ist in erster Linie die geringere beziehungsweise spätere Industrialisierung vieler süddeutscher Regionen. Die politische Führung mußte in diesem Teil des Reiches kaum befürchten, daß die sozialdemokratischen Landtagsfraktionen in den nächsten Jahren bedrohlich stark anwachsen beziehungsweise die Partei insgesamt zu mächtig werden würde. Unter diesen Umständen sah sie sich auch nicht veranlaßt, eine unüberwindliche Barriere gegen die Sozialdemokratie aufzubauen. Immerhin galt ja hier bereits ein fast allgemeines, zwar (mit Ausnahme Württembergs) indirektes, insgesamt aber doch schon recht demokratisches Wahlrecht.[281]

Um einer Radikalisierung breiter Bevölkerungsteile Sachsens entgegenzutreten,[282] wurde am 5. Mai 1909 das Dreiklassenwahlrecht durch eine sogenannte Pluralwahl abgelöst.[283] Danach hatte jeder Wahlberechtigte eine Grundstimme. Dazu traten aber ein bis drei Zusatzstimmen für die Inhaber höherer Einkommen und für die Grundbesitzer sowie eine Altersstimme.[284]

Die Sozialdemokraten konnten somit die Forderung nach Einführung der Volksinitiative aus den Parteiprogrammen in Sachsen noch gar nicht wir-

278 *Blaschke*, in: Der Sächsische Landtag. Geschichte und Gegenwart, S. 14.

279 Hierzu *Fabian*, Klassenkampf um Sachsen. Ein Stück Geschichte 1918-1930, S. 15.

280 Hierzu und zum folgenden siehe *Lässig*, in: Modernisierung und Region im wilhelminischen Deutschland, S. 140.

281 Das Wahlrecht in Baden und Bayern war ebenso wie in Hessen und Oldenburg allgemein und gleich, aber indirekt, wobei in Bayern und Hessen die Nichtsteuerzahler und in Oldenburg Dienstboten ausgegrenzt blieben. In Württemberg wurden 71 Abgeordnete nach einem dem Reichstagswahlrecht ähnlichen Verfahren und dazu noch 23 Privilegierte gewählt, hierzu *Lässig*, in: Modernisierung und Region im wilhelminischen Deutschland, S. 140.

282 Zum Kampf der Sozialdemokratie gegen das Dreiklassenwahlrecht siehe *Schmidt*, in: Der Sächsische Landtag. Geschichte und Gegenwart, S. 44ff, insbesondere S. 44, Fn. 24, m.w.N.; ders., in: LĚTOPIS, Reihe B, Nr. 27/1 und 2, S. 123; zur Tätigkeit der Sozialdemokratie siehe weiterhin *W. Schröder*, Sächsische Heimatblätter 35 (1989), 106ff.

283 GVBl. 1909, S. 339ff.

284 Dazu *Schmidt*, in: LĚTOPIS, Reihe B, Nr. 27/1 und 2, S. 124; *Ritter*, in: Der Aufstieg der deutschen Arbeiterbewegung. Sozialdemokratie und freie Gewerkschaften im Parteiensystem und Sozialmilieu des Kaiserreichs, S. 84ff.; *Fabian*, Klassenkampf um Sachsen. Ein Stück Geschichte 1918-1930, S. 15f., zu weiteren Forderungen und Debatten über das Wahlrecht bis zur Revolution, S. 16ff.

kungsvoll verfolgen, da sie schon durch das Wahlrecht von der politischen Macht weitgehend ausgeschlossen waren. Erst nach der Wahlrechtsänderung 1909 waren sie wieder im Landtag vertreten. Nach den 1909 durchgeführten Wahlen erhielten die Konservativen 28 Mandate, die Nationalliberalen ebenfalls 28 Mandate, die Deutschfreisinnigen 8 Mandate, die Reformer 2 und die Sozialdemokraten sogar 25 Mandate.

§ 7 Die Beteiligung des Volkes an der Gesetzgebung nach dem Gesetz über die vorläufige Reichsgewalt vom 10. Februar 1919 und dem vorläufigen Grundgesetz für den Freistaat Sachsen vom 28. Februar 1919

I. Die Beteiligung des Volkes an der Gesetzgebung nach dem Gesetz über die vorläufige Reichsgewalt vom 10. Februar 1919

Vor Ausbruch der Revolution stellten der Bundesrat, Reichstag, Kaiser und Reichskanzler die oberste Reichsgewalt dar. Nach dem 9. November 1918 vereinigte sich die oberste Reichsgewalt im Rat der Volksbeauftragten.[285] Dieser leitete seine Machtbefugnisse von den Berliner Arbeiter- und Soldatenräten ab. Auf Reichsebene sollte eine konstituierende Versammlung gewählt werden. Am 19. Januar 1919 fanden die Wahlen statt. Am 6. Februar trat die Nationalversammlung in Weimar zusammen. Am 10. Februar 1919 verabschiedete sie das Gesetz über die vorläufige Reichsgewalt.[286] Die verfassunggebende Gewalt ruhte danach gem. § 4 Abs. 1 Satz 1 des Gesetzes ausschließlich bei der Nationalversammlung.

Reichsgesetze kamen nach § 4 Abs. 2 des Gesetzes über die vorläufige Reichsgewalt durch Übereinstimmung zwischen der Nationalversammlung und dem Staatenausschuß[287] zustande. Dringende Reichsgesetze konnte gem. § 1 die Nationalversammlung auch allein beschließen. Ein Initiativrecht des Volkes sah das Gesetz über die vorläufige Reichsgewalt nicht vor. Die Mitwirkung des Volkes war auf den Fall beschränkt, daß eine Übereinstimmung zwischen Nationalversammlung und Staatenausschuß nicht erzielt werden konnte. In einer solchen

---

285 Zum Untergang des Kaiserreiches bis zur Entstehung der Weimarer Republik vgl. *Apelt*, Geschichte der Weimarer Verfassung, Teil 1; *Eyck*, Geschichte der Weimarer Republik, Bd. 1, m.w.N.; ausführlich zum Verlauf der Revolution vgl. auch *W. Jellinek*, JöR 1920, 4ff.

286 RGBl. 1919, Nr. 33, S. 169ff.

287 Der Staatenausschuß sollte gem. § 2 Satz 2 des Gesetzes über die vorläufige Reichsgewalt aus Vertretern der Länder gebildet werden, deren Regierungen allgemein, gleich, geheim und direkt gewählten Volksvertretung entstammten.

Situation konnte der Reichspräsident gem. § 4 Abs. 2 Satz 2 die Entscheidung durch eine Volksabstimmung herbeiführen.

2. *Die Beteiligung des Volkes an der Gesetzgebung nach dem vorläufigen Grundgesetz für den Freistaat Sachsen vom 28. Februar 1919*

a) *Die revolutionäre Bewegung 1918/19 und die Entstehung des vorläufigen Grundgesetzes für den Freistaat Sachsen vom 28. Februar 1919*

Da die Volksinitiative Bestandteil eines verfassungsrechtlich geregelten Gesetzgebungsverfahrens ist, ist zunächst die Entstehungsgeschichte des Grundgesetzes für den Freistaat Sachsen darzulegen.

Auch im damaligen Königreich Sachsen führte die politische Entwicklung in den Jahren 1918 und 1919 wie in ganz Deutschland von der konstitutionellen über die parlamentarische Monarchie in die verfassungsmäßige parlamentarische Demokratie.[288]

Anfang November 1918 bildeten sich in Sachsen lokale Arbeiter- und Soldatenräte. Am 13. November erklärte der Monarch den Thronverzicht. Am 14. November wandten sich die Vertreter der Arbeiter- und Soldatenräte von Dresden, Leipzig und Chemnitz an das sächsische Volk, um die sozialistische Republik auszurufen.

Am 15. November übernahmen dann sechs zu gleichen Teilen den Mehrheitssozialisten und den Unabhängigen entstammende Volksbeauftragte die Regierung.[289] Auch sie betonten in ihrem Programm in Form eines Aufrufs den notwendigen Übergang von der kapitalistischen zur sozialistischen Gesellschaftsordnung sowie die Einordnung Sachsens in die einheitliche Volksrepublik.[290]

Im Laufe der nächsten Zeit verschärften sich die Gegensätze zwischen Mehrheitssozialisten und Unabhängigen. Einer der Hauptstreitpunkte war die Frage, ob eine sächsische verfassunggebende Nationalversammlung gewählt werden sollte. Mit den konservativen Kräften setzten sich die Mehrheitssozialisten für die Wahl ein.[291] Auch die breite Masse der Bevölkerung, die nach dem Krieg

---

288 *Jacobi*, JöR 1921, 163.

289 Dazu *Blaschke*, in: Der Sächsische Landtag. Geschichte und Gegenwart, S. 14; zur revolutionären Bewegung vgl. auch Berichte usw. der Volkskammer. Nr. 834, 1920, S. 1351.

290 Der Aufruf ist abgedruckt bei *Fabian*, Klassenkampf um Sachsen. Ein Stück Geschichte von 1918-1930, S. 32.

291 Zum Kampf um das Parlament siehe *Willi Berger*, Der Verlauf der Revolution in Sachsen, S. 14ff.

möglichst schnell Ruhe und Ordnung wiederhergestellt sehen wollte, glaubte dieses Ziel eher durch eine Nationalversammlung als durch einen Ausbau des Rätesystems und eine längere Herrschaft der Volksbeauftragten zu erreichen. Sie hatte nach jahrzehntelangem Kampf das allgemeine und gleiche Wahlrecht erkämpft und aus begreiflichen Gründen zum System Nationalversammlung mehr Vertrauen als zu den Arbeiter- und Soldatenräten.

Die Unabhängigen lehnten die Wahl ab, da sie wegen der angestrebten Einheitsrepublik ein besonderes sächsisches Parlament für überflüssig hielten. Des weiteren setzten sich einige ihrer Mitglieder zusammen mit den radikalen Kräften für die Beseitigung des Parlamentarismus und seine Ersetzung durch die Rätediktatur ein.[292] Dieser Streitpunkt prägte die öffentliche Diskussion und führte vielerorts zu Auseinandersetzungen.[293] Die Befürworter einer Nationalversammlung setzten sich jedoch am Ende durch.[294]

Daraufhin erließ die Regierung am 27. Dezember 1918 eine Verordnung über die Wahlen zur Volkskammer der Republik Sachsen. Diese bestand aus einer Kammer, deren 96 Abgeordnete erstmals von allen Männern und Frauen ab dem 20. Lebensjahr in allgemeinen, gleichen Wahlen gewählt werden sollten. Am 2. Februar 1919 fanden die Wahlen statt. Am 25. Februar 1919 wurde die neu gewählte Volksvertretung[295] einberufen, die sich, anders als die beiden Kammern der bisherigen Ständeversammlung, als Volkskammer bezeichnete.

Bereits am 28. Februar 1919 wurde ein vorläufiges Grundgesetz für den Freistaat Sachsen erlassen.[296] Eine endgültige Verfassung auszuarbeiten erschien noch nicht möglich, denn der künftige Verfassungsaufbau war von der Reichsverfassung abhängig, die noch nicht erstellt war.[297] Da aber mit Ausnahme der Unabhängigen alle Parteien den größten Wert darauf legten, sofort wieder „fe-

---

292 So bemerkte der Abgeordnete der Volkskammer *Liebmann* (USPD) am 8. April 1919 in der Volkskammer: „Der Leipziger Arbeiter und Soldatenrat erkennt keine andere Instanz über sich an als die Revolution, deren Werkzeug und Produkt er ist. Der Bolschewismus ist überhaupt nicht aufzuhalten. Ich begrüße den Tag, wo die Volkskammer verschwindet.“, hierzu *Willi Berger*, Der Verlauf der Revolution in Sachsen, S. 19.

293 Dazu *Willi Berger*, Der Verlauf der Revolution in Sachsen, S. 14ff.; *Fabian*, Klassenkampf um Sachsen. Ein Stück Geschichte 1918-1930, S. 37ff.

294 Hierzu *K. Woelker*, Die Verfassung des Freistaates Sachsen, S. 47f.

295 Sie setzte sich aus 42 Mitgliedern der MSPD, 15 der USPD, 22 der DDP, 13 der DNVP und 4 der DVP zusammen.

296 GVBl. S. 37ff; abgedruckt auch bei *Jacobi*, JöR 1920, 169ff.

297 Volksbeauftragter *Gradnauer*, Erläuterungen zum vorläufigen Grundgesetz, in: Verhandlungen der Sächsischen Volkskammer, 2. Sitzung vom 26. Februar 1919, S. 15; der Verfassungsentwurf enthielt keine schriftliche Begründung, statt dessen erfolgte eine mündliche Erläuterung durch den Volksbeauftragten *Gradnauer* und dem Justizminister *Harnisch*.

sten Boden unter die Füße" zu bekommen[298] und eine Grundlage für die künftige Regierung zu schaffen, damit „keine Stimmungs- und Gelegenheitspolitik Platz greift" und eine organische Entwicklung des wirtschaftlichen Aufbaus garantiert war,[299] schien der Erlaß eines vorläufigen Grundgesetzes für die künftige Entwicklung unaufschiebbar. Dabei sollten im vorläufigen Grundgesetz nicht bereits alle verfassungsrechtlichen Fragen, sondern lediglich die elementarsten Fragen des Staatslebens geregelt werden.

Zunächst sollte eine rechtlich begründete, aktionsfähige Regierung geschaffen werden. Weiterhin war das Verhältnis zwischen Volkskammer und Regierung sowie das Gesetzgebungsverfahren zu regeln. Auf diese Aufgaben sollte sich das vorläufige Grundgesetz beschränken, während alle weiteren Punkte der späteren Regelung durch die endgültige Verfassung vorbehalten blieben.

Aufgrund dieser provisorischen Verfassung wurde Sachsen repräsentative Demokratie, die, wie sogleich darzulegen ist, sowohl Züge der parlamentarischen wie der unmittelbaren Gesetzgebung aufwies.

b) Die Verknüpfung der Volksinitiativberechtigung mit dem allgemeinen und gleichen Wahlrecht und die Verschiebung auf die Beratungen zur endgültigen Verfassung

Gem. § 4 des vorläufigen Grundgesetzes konnten Gesetzentwürfe entweder vom Gesamtministerium bei der Volkskammer eingebracht oder von der Volkskammer dem Gesamtministerium überwiesen werden.

Obwohl die Sozialdemokraten in der Volkskammer die absolute Mehrheit hatten und ursprünglich in ihrem Parteiprogramm bei Fehlen der Initiativberechtigung die Volksgesetzgebung als unvollständig bezeichnet hatten, sah die vorläufige Verfassung kein Initiativrecht des Volkes vor. Dieses Thema sollte nach Auffassung der Regierung auf die Beratungen zur endgültigen Verfassung verschoben werden.

Auch in den Verhandlungen der Volkskammer wurde die Aufnahme von keiner Seite gefordert. Geäußert hat sich dazu lediglich ein Abgeordneter der DNVP. Seine Partei habe sich zwar mit der Volksinitiativberechtigung beschäftigt, sie sehe aber von der Forderung, diese in das vorläufige Grundgesetz aufzunehmen, ab.[300] Eine Begründung gab er nicht.

---

298 *Fabian*, Klassenkampf um Sachsen. Ein Stück Geschichte 1918-1930, S. 49.

299 Justizminister *Harnisch*, in: Verhandlungen der Sächsischen Volkskammer, 2. Sitzung vom 26. Februar 1919, S. 20.

300 *Beutler*, (DNVP) in: Verhandlungen der Sächsischen Volkskammer, 2. Sitzung vom 26. Februar 1919, S. 31.

Nach Auffassung der Regierung sollte von dieser Einrichtung im vorläufigen Grundgesetz zunächst abgesehen werden, da bei der Freiheit des neuen Wahlrechts kein besonderes Bedürfnis nach einem unmittelbaren Vorschlagsrecht des Volkes vorliegen dürfte.[301] Außerdem sei durch die Einführung des Verhältniswahlverfahrens jede größere Gruppe, die besondere Wünsche und Interessen verfolge, in der Lage, Abgeordnete für sich zu gewinnen, die ihre Wünsche in der Volkskammer zum Ausdruck und in Form eines Gesetzesvorschlags einbringen könnten. Das Volk als Inhaber der obersten Gewalt sollte diese durch Wahlen und Volksentscheid ausüben. Indem es seinen Gesetzgeber wähle, gebe es sich selbst für die Gesetzgebung „eine Aristokratie in Gestalt derjenigen", die es für die Geeignetsten halte, die Gesetze zu erlassen. Für die wichtigsten Fälle dagegen sei dem Volk die unmittelbare Abstimmung vorbehalten.[302]

Gegen die Volksinitiative wurde nun vorgebracht, daß sie mannigfache technische Schwierigkeiten bereite, die nicht ohne weiteres zu lösen seien.

Da durch das vorläufige Grundgesetz nur die elementarsten Fragen des Staatslebens bereits geregelt werden sollten,[303] ging man offenbar davon aus, daß die Initiativberechtigung des Volkes nicht dazu gehöre.

Neben dem neuen Wahlrecht gibt wohl auch die Intention des vorläufigen Grundgesetzes hierfür eine Erklärung. Grundgedanke des Gesetzes war die Sicherung der Rechte der Volkskammer, deren Tätigkeit von keiner Seite, insbesondere nicht von den Arbeiter- und Soldatenräten, eingeschränkt werden sollte,[304] hatte das parlamentarisch-repräsentative System sich doch gerade erst gegenüber dem Rätesystem durchgesetzt. Deshalb hatte man es mit dem vorläufigen Grundgesetz auch so eilig. Die Volkskammer benötigte für die Vorlage, Beratung und Verabschiedung lediglich drei Tage. Man wollte schnell eine gesetzliche Grundlage schaffen, um den Machtansprüchen der Arbeiter- und Soldatenräte entgegenzutreten. Die Regierung wandte sich aus diesem Grund auch gegen deren weitere Existenz. Es gehe vielmehr darum, ihre Tätigkeit in geordneter Weise an die gewählte Volkskammer zu übergeben. Dort sei der souveräne demokratische Wille des Volkes verkörpert.[305] In diesem Zusammenhang erschien

301 Volksbeauftragter *Gradnauer*, Erläuterungen zum vorläufigen Grundgesetz, in: Verhandlungen der Sächsischen Volkskammer, 2. Sitzung vom 26. Februar 1919, S. 17.

302 So Justizminister *Harnisch*, in: Verhandlungen der Sächsischen Volkskammer, 2. Sitzung vom 26. Februar 1919, S. 20.

303 So der Volksbeauftragte *Gradnauer* in der mündlichen Erläuterung zum vorläufigen Grundgesetz, in: Verhandlungen der Sächsischen Volkskammer, 2. Sitzung vom 26. Februar 1919, S. 15.

304 Dazu *Fabian*, Klassenkampf um Sachsen. Ein Stück Geschichte 1918-1930, S. 49.

305 Hierzu *Fabian*, Klassenkampf um Sachsen. Ein Stück Geschichte 1918-1930, S. 49.

die Aufnahme von Volksinitiativregelungen zunächst weniger wichtig. Vielleicht wollte man aber auch zunächst die Reichsverfassung abwarten, um sich eventuell an ihr zu orientieren. Die unmittelbare Mitwirkung des Volkes war daher wie auf Reichsebene lediglich auf den Fall der Volksabstimmung beschränkt, die das Gesamtministerium nach § 16 der vorläufigen Verfassung über Gesetze, die von der Volkskammer bereits beschlossen waren, innerhalb eines Monats anordnen konnte.[306] Die Beschlüsse der Volkskammer wurden in diesen Fällen erst wirksam, wenn sie durch Volksabstimmung bestätigt wurden. Entschied die Volksabstimmung gegen die Volkskammer, so konnte diese vom Gesamtministerium aufgelöst werden. Entschied die Volksabstimmung aber gegen das Gesamtministerium, so hatte dieses laut § 16 Abs. 5 der vorläufigen Verfassung zurückzutreten.

Initiativberechtigt waren lediglich die Regierung sowie die Volkskammer, wobei die Regierung die größere Einflußmöglichkeit hatte, da das Initiativrecht der Volkskammer gem. § 4 des vorläufigen Grundgesetzes dahingehend eingeschränkt war, daß ihre Gesetzesentwürfe vor der endgültigen Beschlußfassung von der Regierung abgeändert werden konnten. Dadurch sollte erreicht werden, daß die Gesetzentwürfe gründlich und sorgsam behandelt wurden. Auch wurde so den einzelnen Ministerien die Möglichkeit eröffnet, die Gesetzesentwürfe auf ihre technischen Einzelheiten zu überprüfen.[307] Ganz unproblematisch war dieses Procedere im Hinblick auf die Gewaltenteilung freilich nicht.

---

306 Ursprünglich war seitens der Regierung das Amt eines Staatspräsidenten vorgesehen. Statt dem Gesamtministerium hätte es diesem obliegen sollen, das Gesetz zur Volksabstimmung zu bringen. Die Volkskammer lehnte jedoch das Amt eines Staatspräsidenten ab, vgl. Verhandlungen der Sächsischen Volkskammer, 3. Sitzung vom 28. Februar 1919, S. 38; weiterhin wurde in einem Minderheitsantrag gefordert, auch auf Beschluß des Arbeiter- und Soldatenrates eine Volksabstimmung herbeizuführen. Außer dem Parlament und den sonstigen öffentlichen Körperschaften sollten auch die Arbeiter- und Soldatenräte verfassungsrechtlich verankert werden. Sie sollten das Recht der Kontrolle und des Einspruchs gegenüber Maßnahmen und Beschlüssen des Parlaments und der öffentlichen Körperschaften haben. Blieb der Einspruch dem Parlament gegenüber wirkungslos, sollte auf Beschluß des Arbeiter- und Soldatenrates durch eine Volksabstimmung eine Entscheidung herbeigeführt werden. Der Antrag wurde gegen zehn Stimmen mehrheitlich abgelehnt, vgl. Verhandlungen der Sächsischen Volkskammer, 3. Sitzung am 28. Februar 1919, S. 62.

307 Volksbeauftragter *Gradnauer*, Erläuterung des vorläufigen Grundgesetzes, in: Verhandlungen der Sächsischen Volkskammer, 2. Sitzung vom 26. Februar 1919, S. 16.

§ 8 Die Einführung der Initiativberechtigung des Volkes in Form des Volksbegehrens durch die Weimarer Reichsverfassung vom 11. August 1919 und die Verfassung des Freistaates Sachsen vom 1. November 1920

1. Die Einführung des Volksbegehrens durch die Weimarer Reichsverfassung vom 11. August 1919

Da auch die SPD noch keine konkrete Ausformung für die Volksgesetzgebung erarbeitet hatte, griffen die Volksgesetzgebungsbefürworter mangels eigenständiger intensiver Diskussion auf das Vorbild der Schweiz, der US-Staaten sowie auf die Badische Verfassung vom 21. März 1919[308] zurück,[309] als in den Verfassungsberatungen zu Beginn der Weimarer Republik[310] die Einführung auf Reichs- und Länderebene erwogen wurde.[311] Auch die Staatsrechtslehre hatte bisher nur vereinzelt eine Theorie zur Volksgesetzgebung erarbeitet.

Nachdem die Volksabstimmung in Deutschland in den letzten Jahrzehnten des 19. Jahrhunderts infolge der bonapartistischen Plebiszite[312] als diskreditiert und kaum diskussionswürdig gegolten hatte,[313] befaßten sich seit den Jahren 1912 bis 1914 in Deutschland unter anderem die Hochschullehrer Hans Delbrück, Wilhelm Hasbach sowie die später namhaften Juristen Julius Curtius und

---

308 Badisches Gesetz- und Verordnungsblatt 1919, Nr. 28, S. 279ff.

309 Vgl. Verfassunggebende Deutsche Nationalversammlung. Aktenstück Nr. 391, S. 294, 296, 308.

310 Zur Entstehung der Reichsverfassung *Gusy*, JZ 1994, 753ff.; ders., Die Weimarer Reichsverfassung, S. 82ff.

311 In der Badischen Verfassung war die Volksgesetzgebung in §§ 21ff. geregelt. Gem. § 21 konnte von 80.000 stimmberechtigten Staatsbürgern das Volksvorschlagsrecht (Volksinitiative) ausgeübt und die Volksabstimmung verlangt werden. Für die Volksinitiative im Rahmen der Gesetzgebung waren zwei Fälle vorgesehen. Gem. § 22 konnte von 80.000 stimmberechtigten Staatsbürgern der Erlaß, die Abänderung oder die Aufhebung eines Gesetzes gefordert werden. Gem. § 22 Abs. 2 mußte die Initiative in Form eines ausgearbeiteten Entwurfes eingereicht und begründet werden. Der zweite Fall, in dem 80.000 Bürger im Rahmen der Gesetzgebung die Initiative ergreifen konnten, war dann gegeben, wenn der Landtag einen Gesetzentwurf angenommen hatte. Innerhalb von drei Monaten konnten gem. § 23 Abs. 2 80.000 Bürger verlangen, daß das Gesetz dem Volk zur Abstimmung unterbreitet wurde. Gesetze, insbesondere Finanzgesetze, welche von der Volksgesetzgebung ausgenommen sind, werden in § 23 Abs. 3 angeführt.

312 Zu diesen *Sieburg*, Grundzüge der französischen Entwicklung, S. 140ff.

313 Vgl. nur *Hoffmann*, Das Plebiscit als Correctiv der Wahlen, S. 4: „Und es mag gerade das Ergebnis des einen dieser Plebiscite, welches Napoleon III. zum Kaiser der Franzosen par la grâce de Dieu et la volonté du peuple machte, die Ursache davon sein, daß unsere demokratischen Parteien das Institut mit heiliger Scheu betrachten und ihm durch einmüthiges Totschweigen ihren Respekt bezeugen."

Karl Loewenstein in ihren erst nach dem Krieg bekannt gewordenen Studien[314] mit der unmittelbaren Beteiligung des Volkes an der Gesetzgebung in Deutschland.

Delbrück geht in seinen Ausführungen jedoch kaum auf die Volksinitiative, sondern fast ausschließlich auf den Volksentscheid beziehungsweise das Referendum ein.[315] Hierbei nimmt er auf Erfahrungen mit Abstimmungen in der Schweiz Bezug. Nach seiner Auffassung habe sich dort gezeigt, daß die Vorstellung, durch die Volksgesetzgebung den Volkswillen sicher zu erfassen, eine Illusion sei. Weiterhin sei das Volk nicht in der Lage, die weitreichenden Konsequenzen konkreter Gesetzesvorlagen zu überblicken. Zur Volksinitiative sagt Delbrück lediglich: „Für uns ist es nicht notwendig, darauf einzugehen."[316] Delbrück hält schon vom Volksentscheid so wenig, daß offensichtlich die Einführung der Volksinitiative für ihn überhaupt nicht in Betracht kommt.

Auch Hasbach bezieht sich bei seiner Beurteilung der Volksgesetzgebung unter anderem auf die Schweiz. In zehn Punkten faßt er die Beurteilung zusammen und kommt insgesamt zu einem negativen Fazit.[317] Die Gesetzesinitiativberechtigung will er vorzugsweise einer gesetzgebenden Versammlung überlassen, da man dort über Fachausschüsse etc. verfüge, die einen besseren Überblick und mehr Fachkompetenz besäßen. Bei der Volksinitiative mute man den außerhalb des Getriebes der Verwaltung stehenden, mit der Gesetzgebung und deren Formen nur teilweise vertrauten Initianten zu, daß sie „beim ersten Wurf den Nagel auf den Kopf" träfen.[318] Hasbach bekennt sich im übrigen zur Monarchie, weil in ihr „ungesunde" Reformen besser gehemmt werden könnten als in einer Demokratie.[319]

Julius Curtius hatte vor allem maßgeblichen Einfluß auf die Einführung der Volksinitiative in die badische Verfassung vom 21. März 1919. Er ist Verfasser der Denkschrift über die Einführung von Volksinitiative und Volksreferendum in die neuen Verfassungen der deutschen Staaten. Hierbei handelt es sich laut Untertitel um eine Untersuchung auf Grund des Regierungsentwurfs zur badi-

314 Auf die bereits vor dem Krieg begonnenen Studien weist *Curtius*, in: Über die Einführung von Volksinitiative in die neuen Verfassungen der deutschen Staaten auf S. 3 und S. 29 hin; *Loewenstein* in: Volk und Parlament nach der Staatstheorie der französischen Nationalversammlung von 1789 auf S. IX f.

315 *Delbrück*, Regierung und Volkswille, S. 29ff.

316 *Delbrück*, Regierung und Volkswille, S. 31.

317 *Hasbach*, Die moderne Demokratie, S. 150ff.

318 *Hasbach*, Die moderne Demokratie, S. 151.

319 *Hasbach*, Die moderne Demokratie, S. 349; ebenso auf S. 182f. hierzu sinngemäß: im Vergleich werde niemand das Bild des demokratischen Staates für besser halten als das der konstitutionellen Monarchie. Der demokratische Staat sei der unfreie, der konstitutionell-monarchische der freie Staat.

schen Verfassung. Sie entsprang dem Wunsch, mit den aus ihr gewonnenen Kenntnissen an der Gestaltung der deutschen Verfassungen, wenn auch nur in bescheidenem Maße, mitzuwirken.[320] Im Januar 1919 ging sie der badischen Nationalversammlung zu. Die Denkschrift setzt sich kritisch mit den in Baden bereits vorgeschlagenen Formen der Volksgesetzgebung auseinander[321] und bringt auch einen eigenen Vorschlag. Danach können 100.000 stimmberechtigte Staatsangehörige die Gesetzesinitiative ergreifen. Sie kann auf den Erlaß, die Abänderung oder die Aufhebung eines Gesetzes gerichtet sein. Das Verlangen ist in Form eines ausgearbeiteten Entwurfes an das Staatsministerium oder an den Landtag zu richten und zu begründen. Wird der Gesetzentwurf vom Landtag nicht unverändert angenommen, kann er zur Volksabstimmung gebracht werden, wenn dies von weiteren 50.000 Stimmberechtigten verlangt wird.[322]

Weiterhin enthält die Denkschrift einen Exkurs über Referendum und Initiative in der Schweiz und in den Einzelstaaten der USA.[323]

Die badische Nationalversammlung nahm die Denkschrift an und gab sie als Beratungsmaterial an die Verfassungskommission weiter.[324]

Aufgenommen werden sollte die Volksgesetzgebung auch in die Weimarer Reichsverfassung, da die unmittelbare Beteiligung der Bevölkerung an politischen Entscheidungen ein Korrektiv zum parlamentarischen System bilden und zugleich die demokratische Bewußtseinsbildung des Volkes fördern sollte.[325] Das Parlament sei nicht die einzige Ausdrucksform der Demokratie. Je mehr Säulen den Aufbau des demokratischen Staates stützten, um so besser könne der Volkswille festgestellt werden.[326] Sinn der Volksgesetzgebung sei die Kontroll- und Korrekturfunktion gegenüber dem Parlament.[327] In aufgeregten und von

320 *Curtius*, Über die Einführung von Volksinitiative und Volksreferendum in die neuen Verfassungen der deutschen Staaten, S. 3.

321 Hierzu *Curtius*, Über die Einführung von Volksinitiative und Volksreferendum in die neuen Verfassungen der deutschen Staaten, S. 8ff.

322 Hierzu *Curtius*, Über die Einführung von Volksinitiative und Volksreferendum in die neuen Verfassungen der deutschen Staaten, S. 25f.

323 *Curtius*, Über die Einführung von Volksinitiative und Volksreferendum in die neuen Verfassungen der deutschen Staaten, S. 29ff.

324 Siehe hierzu *Glockner*, Badisches Verfassungsrecht mit Erläuterungen, S. 142.

325 Abgeordneter *Koch* (DDP), Verfassunggebende Deutsche Nationalversammlung. Aktenstück Nr. 391, S. 307.

326 Abgeordneter *Koch* (DDP), Verfassunggebende Deutsche Nationalversammlung. Aktenstück Nr. 391, S. 307.

327 Abgeordneter *Ablaß* (DDP), Verfassunggebende Deutsche Nationalversammlung. Aktenstück Nr. 391, S. 449.

Mißtrauen gegen Regierung und Volksvertretung geprägten Zeiten sei ein Ventil erwünscht.[328]

Der erste, vom späteren Reichsinnenminister Preuß im Auftrag des Rates der Volksbeauftragten ausgearbeitete Verfassungsentwurf enthielt als Institut der unmittelbaren Gesetzgebung nur den Volksentscheid. §§ 51, 60 des Entwurfes sahen bei Verfassungsänderungen einen obligatorischen Volksentscheid und zur Entscheidung von Meinungsverschiedenheiten zwischen Staatenhaus und Volkshaus einen fakultativen Volksentscheid vor. Auch der zweite und dritte Entwurf sahen kein Gesetzesinitiativrecht des Volkes vor, sondern lediglich einen Volksentscheid bei Meinungsverschiedenheiten zwischen Reichstag und Reichsrat.

Die Argumente aus den früheren Parteiprogrammen, wonach die Volksinitiative als Instrument des Mißtrauens fungierte, wurden hier nicht angeführt. Die Einführung der Volksinitiative wurde erst später im Verfassungsausschuß der Nationalversammlung gefordert.[329] Der Verfassungsausschuß stand unter dem Vorsitz des der Demokratischen Partei angehörigen Abgeordneten Haußmann, der besonders die nach seiner Auffassung guten Erfahrungen mit der direkten Demokratie in der benachbarten Schweiz zum Vorbild für die Volksinitiativregelung nahm.[330] Zur direkten Mitwirkung des Volkes bei der Gesetzgebung in Form der Gesetzesinitiative wurden schließlich in der WRV zwei Fälle vorgesehen, die in Art. 73 Abs. 2 und Abs. 3 im Einzelnen geregelt sind.

a) Das Verwerfungsbegehren gem. Art. 73 Abs. 2 WRV

Gemäß Art. 73 Abs. 2 WRV konnte unter den Voraussetzungen des Art. 72 WRV ein Volksentscheid über ein Gesetz beantragt werden.

Nach Art. 72 WRV war die Verkündung eines Reichsgesetzes für zwei Monate auszusetzen, wenn ein Drittel des Reichstages dies verlangte. Nach der Aussetzung der Verkündung konnte ein Zwanzigstel der Stimmberechtigten den Volksentscheid über das Gesetz beantragen. Dieses Zwanzigstel der Stimmbe-

328 Abgeordneter *Koch* (DDP), Verfassunggebende Deutsche Nationalversammlung. Aktenstück Nr. 391, S. 294; zu den Befürchtungen, die man auf der anderen Seite hatte, vgl. Innenminister *Preuß* sowie die Abgeordneten *Gröber* und *von Delbrück*, ebd., S. 308ff.

329 Antrag Nr. 169 der Abgeordneten *Ablaß*, *Haußmann*, *Koch*, *Naumann*, *Zöphel*, sie hielten sie für das wichtigste Recht auf dem Gebiet der Volksgesetzgebung, der Antrag ist abgedruckt in: Verfassunggebende Deutsche Nationalversammlung. Aktenstück Nr. 391, S. 307.

330 *Anschütz*, Kommentar zur Verfassung des Deutschen Reiches vom 11. August 1919, Einleitung, S. 26, 28.

rechtigten war auf dem Wege des Volksbegehrens zusammenzubringen.[331] Hatte die Mehrheit des Reichstages und des Reichsrates das Gesetz jedoch für dringlich erklärt, so konnte der Reichspräsident gem. Art. 72 Satz 2 das Gesetz trotz des Aussetzungsantrages verkünden. Durch diesen formellen Akt der Verkündung konnte letztlich jedes Gesetz dem sogenannten Verwerfungsbegehren entzogen werden, so daß die Wirkung dieses parlamentarischen Minderheitsrechts relativiert wurde.[332]

b) Das Begehren auf Erlaß, Abänderung oder Aufhebung eines Gesetzes gem. Art. 73 Abs. 3 WRV

Gem. Art. 73 Abs. 3 WRV konnte ein Volksbegehren auf Vorlage eines Gesetzentwurfs herbeigeführt werden, welcher dann von der Regierung dem Reichstag zu unterbreiten war. Im Unterschied zu Art. 73 Abs. 2 WRV sollte im Fall des Art. 73 Abs. 3 WRV nicht das Zustandekommen eines Gesetzes verhindert werden, sondern das Volk unmittelbar im Gesetzgebungsverfahren aktiv werden können.

Das Begehren mußte von mindestens einem Zehntel der Stimmberechtigten unterstützt werden. Es mußte gem. Art. 73 Abs. 3 Satz 2 WRV des weiteren einen ausgearbeiteten Entwurf enthalten, damit nicht nur Schlagworte oder irgendeine Idee zur Agitation mißbraucht und zur Abstimmung gebracht würden.[333]

Zunächst hatte sich die Reichsregierung mit dem Entwurf zu befassen und ihn dann mit ihrer Stellungnahme dem Reichstag zu unterbreiten.[334] Wurde der Volksentwurf vom Reichstag, ohne daß der Reichsrat Einspruch erhob, unverändert angenommen, war der Weg der Volksgesetzgebung erfolgreich abgeschlossen. Wurde er abgelehnt oder abgeändert, war gem. Art. 73 Abs. 3 Satz 2 ein Volksentscheid durchzuführen.

Bei einfachgesetzlichen Regelungen sollte die Mehrheit der abgegebenen Stimmen entscheiden. Von besonderer Bedeutung war in diesen Fällen die Vorschrift des Art. 75 WRV. Danach konnte ein Beschluß des Reichstages nur dann außer Kraft gesetzt werden, wenn sich die Mehrheit der Stimmberechtigten an der Abstimmung beteiligte. Diese Regelung wurde dahingehend ausgelegt, daß

---

331 Da dieses Begehren ausschließlich auf die Beseitigung eines vom Reichstag beschlossenen Gesetzes durch Volksentscheid angelegt war, kann es als Verwerfungsbegehren bezeichnet werden. Vgl. hierzu auch die Regelung des § 23 Abs. 2 der Badischen Verfassung vom 21. März 1919, welche bei der Aufnahme der Volksgesetzgebung in die WRV als Vorbild diente.

332 *Hatschek*, Deutsches und preussisches Staatsrecht, S. 337.

333 *Meißner*, Das Staatsrecht des Reichs und seiner Länder, S. 133.

334 Art. 73 Abs. 3 S. 3 WRV.

nicht allein die (positive) Gesetzesannahme als Beschluß im Sinne des Art. 75 WRV angesehen wurde, sondern auch das negative Reichstagsvotum, welches einen durch Volksbegehren gewünschten Gesetzentwurf ablehnte. Diese Auslegung führte dazu, daß am Volksentscheid grundsätzlich mindestens die Hälfte der Stimmberechtigten teilnehmen mußte. Die Gegner des Volksentscheides brauchten so ihren Anhängern nur die Nichtteilnahme an der Abstimmung zu empfehlen, so daß sie, auch wenn sie sich in der Minderheit befanden, zusammen mit den sich notorisch bei jeder Wahl oder Abstimmung passiv verhaltenden Stimmberechtigten den Volksentscheid zu Fall bringen konnten.[335]

Gem. Artikel 73 Abs. 4 WRV konnte über Haushaltspläne, Abgabengesetze und Besoldungsordnungen kein Volksbegehren auf Volksentscheid herbeigeführt werden. Hier konnte nur der Reichspräsident einen Volksentscheid veranlassen.

Gegenstand eines Volksbegehrens konnte auch ein verfassungsänderndes Gesetz sein. Gem. Art. 76 Abs. 1 Satz 1 WRV konnte die Verfassung auf dem Wege der Gesetzgebung geändert werden, so daß auch hier Art. 73 Abs. 3 WRV zur Anwendung kam. Beim Volksentscheid war gem. Art. 76 Abs. 1 Satz 4 die Zustimmung der Mehrheit der Stimmberechtigten erforderlich, wenn nicht zuvor der Reichstag das verfassungsändernde Gesetz bei Anwesenheit von wenigstens zwei Dritteln der gesetzlichen Mitgliederzahl und unter Zustimmung von wenigstens zwei Dritteln der Anwesenden angenommen hatte.

Außer in Bezug auf Haushaltspläne, Abgabengesetze und Besoldungsordnungen war das Volksbegehren auf alles zulässig, was überhaupt Gegenstand der Reichsgesetzgebung sein konnte. Das Volk konnte deshalb sogar eine Kriegserklärung begehren, die nach Art. 45 Abs. 2 WRV durch Reichsgesetz zu erfolgen hatte. Auch die Kreditbeschaffung für einen außerordentlichen Bedarf, für die es nach Art. 87 WRV eines Reichsgesetzes bedurfte, konnte Gegenstand eines Volksbegehrens sein.

Das Rangverhältnis zwischen Parlaments- und Volksgesetz war offen gelassen. Die Staatsrechtslehre folgerte daraus zunächst die Ranggleichheit, erst später setzte sich die Auffassung durch, daß das Parlament gehalten sei, den im Volksentscheid hervortretenden unmittelbaren Volkswillen bis zur nächsten Wahl zu respektieren.[336]

---

335 Dazu *E. R. Huber*, Deutsche Verfassungsgeschichte seit 1789, Bd. 6, S. 433.
336 Dazu *E. R. Huber*, Deutsche Verfassungsgeschichte seit 1789, Bd. 6, S. 431f.

c) Die Verfahrensvorschriften für das Volksbegehren

Die Durchführung des Volksbegehrens und des Volksentscheides wurde in einem Reichsgesetz näher geregelt.[337] Danach mußte zunächst ein Antrag auf Zulassung des Volksbegehrens an den Reichsminister des Innern gestellt werden. Dieser Antrag mußte von mindestens 5.000 Stimmberechtigten unterzeichnet sein.[338] Von der Beibringung der Unterschriften konnte abgesehen werden, wenn der Vorstand einer Vereinigung den Antrag stellte und glaubhaft machte, daß ihn einhunderttausend ihrer stimmberechtigten Mitglieder unterstützten.

Je nach Zielsetzung mußte der Antrag im Falle des Art. 73 Abs. 3 WRV einen ausgearbeiteten Entwurf des begehrten Gesetzes oder im Falle des Art. 73 Abs. 2 WRV die genaue Bezeichnung des zu verwerfenden Gesetzes enthalten.

Über den Zulassungsantrag entschied der Reichsminister des Innern.[339] Gegen die Entscheidung des Reichsministers konnte kein Rechtsbehelf eingelegt werden. Gab er dem Antrag statt, dann veröffentlichte er den Gesetzentwurf im Reichsanzeiger und setzt dabei die Eintragungsfrist für das Volksbegehren, welche in der Regel vierzehn Tage betrug, fest.[340]

Nachdem ein Volksbegehren das Zulassungsverfahren passiert hatte, mußten die Initiatoren Eintragungslisten auf eigene Kosten an die Gemeinden verteilen. Daraufhin eröffnete die Regierung das sogenannte Eintragungsverfahren, indem sie alle Gemeindebehörden anwies, während einer Anzahl bestimmter Tage Unterschriften zur Unterstützung des Volksbegehrens von den in den Wählerlisten bezeichneten Stimmberechtigten unter Prüfung der Identität der Unterzeichner entgegenzunehmen.[341] Nach Abschluß des Eintragungsverfahrens prüfte der

---

337 Reichsgesetz über den Volksentscheid (RGVE) vom 27.6.1921, i.d.F. vom 31.12.1923, RGBl. 1924, I, S. 1; abgedruckt auch bei *Milatz*, Wähler und Wahlen in der Weimarer Republik, S. 53ff.; siehe hierzu auch *Stern*, Das Staatsrecht der Bundesrepublik Deutschland, Bd. 5, § 129 IV 6, S. 624.

338 § 27 Abs. 1 RGVE; das Stimmrecht der Unterzeichner mußte zudem durch eine Bestätigung der Meldebehörde glaubhaft gemacht werden.

339 Zwar war er nicht dazu verpflichtet, doch aus Rücksicht auf die allgemein politische Bedeutung hörte er in der Regel zuvor das Kabinett, hierzu *Kaisenberg*, in: Anschütz, Thoma (Hrsg.), HdbStR, Bd. 2, S. 208.

340 §§ 30, 31 RGVE; die amtliche Bekanntgabe der zugelassenen Volksbegehren ermöglichte eine rechtzeitige öffentliche Diskussion über das geplante beziehungsweise angegriffene Gesetz. Durch die zeitlich stark eingeschränkte Eintragungsfrist sollten auf der anderen Seite nur wenig unterstützte und damit aussichtslose Gesetzesvorschläge von vornherein aus der erwarteten Flut von Volksbegehren ausgefiltert werden.

341 §§ 34 Abs. 1, 44 Abs. 1 S. 1 RGVE i.V.m. § 73 Reichsabstimmungsordnung (RAO).

Reichswahlausschuß, ob die erforderliche Unterschriftenzahl erreicht worden war.

Der Reichstag konnte den begehrten Gesetzentwurf unverändert annehmen, ihn vollständig ablehnen oder Änderungen daran vornehmen.[342] Nahm der Reichstag Änderungen vor, dann wurden zwei Gesetzentwürfe zur Volksabstimmung gestellt: Der Entwurf in der Form, wie er begehrt wurde, und in der Form, die er durch den Beschluß des Reichstages erhalten hatte.[343] Auf die politische Praxis dieses Verfahrens wird noch einzugehen sein.

2. *Die Einführung des Volksbegehrens durch die Sächsische Verfassung vom 1. November 1920*

a) *Die Initiativberechtigung nach der Regierungsvorlage Nr. 64 über den Entwurf einer Verfassung für den Freistaat Sachsen vom 20. April 1920*

Die Weimarer Reichsverfassung ließ den Ländern für die Gestaltung ihrer Verfassungen grundsätzlich freie Hand. Art. 17 WRV normierte lediglich, daß jedes Land eine freistaatliche Verfassung haben, die Volksvertretung in allgemeiner, gleicher, unmittelbarer und geheimer Wahl von allen reichsdeutschen Männern und Frauen nach den Grundsätzen der Verhältniswahl gewählt werden müsse, sowie des weiteren, daß die Landesregierung des Vertrauens der Volksvertretung bedürfe.[344] Damit stand für die Landesverfassungen fest, daß durch sie keine reine unmittelbare Demokratie eingeführt werden könne, sondern, was die Gesetzgebung betrifft, nur eine Volksgesetzgebung neben der parlamentarischen Gesetzgebung, da mit Art. 17 WRV der Grundsatz der repräsentativen Demokratie für die Länder zwingend vorgeschrieben war. Der Volksvertretung mußte demnach eine zentrale Stelle im Verfassungsaufbau zukommen, daß heißt, ein maßgeblicher Anteil an der Gesetzgebung und die Kontrolle der Verwaltung. Daraus ergab sich aber wiederum kein Verbot, andere Einrichtungen neben sie zu stellen. Wie im Reich sollte es daher auch in den Ländern für zulässig, wenn auch nicht für zwingend erachtet werden, das Volk unmittelbar an den Staatsfunktionen in Form von Volksbegehren und Volksentscheiden teilnehmen zu lassen.[345] Infolgedessen waren Art und Umfang der Volksrechte, wie noch zu zeigen sein wird, in den einzelnen Ländern recht unterschiedlich.[346]

---

342 *Kaisenberg*, in: Anschütz, Thoma (Hrsg.), HdbStR, Bd. 2, S. 212.

343 § 3 Abs. 1 RGVE.

344 Dazu *Gusy*, Die Weimarer Reichsverfassung, S. 227ff.

345 Hierzu *Wenzel*, in: Anschütz, Thoma (Hrsg.), HdbStR, Bd. 1, S. 605ff.; *Apelt*, Geschichte der Weimarer Verfassung, S. 161.

346 Siehe hierzu auch *Klinghoffer*, AöR N. F. Bd. 14 (1928), S. 4ff.

Auch in Sachsen konnte man mangels eigenständiger intensiver Diskussion – zuletzt hatte man bei den Verhandlungen zum vorläufigen Grundgesetz die Beratung dieses Themas auf die Verhandlungen zur endgültigen Verfassung verschoben – kaum auf eigene Vorstellungen zurückgreifen.

Grundlage der Verfassungsdiskussion war der Verfassungsentwurf der Regierung, welcher am 20. April 1920 als Regierungsvorlage Nr. 64 über den Entwurf der Verfassung für den Freistaat Sachsen beim Präsidenten der Volkskammer einging.[347]

Das Gesetzgebungsverfahren war in Art. 34 und 36 der Vorlage geregelt. Danach werden Gesetzentwürfe vom Staatsministerium in den Landtag eingebracht oder vom Landtag dem Staatsministerium überwiesen. Hat das Staatsministerium Bedenken, ein vom Landtag beschlossenes Gesetz auszufertigen und zu verkünden, so kann es binnen Monatsfrist einen Volksentscheid veranlassen. Stimmt das Volk dem Landtag zu, dann tritt das Staatsministerium zurück.

Die Befugnis des Volkes, im Rahmen der Gesetzgebung mitzuwirken, ist nach der Regierungsvorlage wie nach dem vorläufigen Grundgesetz vom 28. Februar 1919 auf die Möglichkeit eines Volksentscheids auf Veranlassung der Staatsregierung beschränkt. Die Gesetzesinitiativberechtigung sah die Vorlage nicht vor.

Am 12. Mai 1920 fand in der 116. Sitzung der Volkskammer die erste Lesung statt. Kritisiert wurde vor allem von sozialdemokratischer Seite, daß die Vorlage die unmittelbare Mitwirkung des Volkes auf ein Minimum reduziere. Nicht einmal das Maß an Mitwirkung des Volkes an der Gesetzgebung auf direktem Wege, wie sie die Reichsverfassung vorsehe, würde gewährt.[348] Sowohl das Volksbegehren als auch das Recht des Volkes, über abgeschlossene gesetzgeberische Arbeiten die letzte Entscheidung zu treffen, müsse in die Sächsische Verfassung aufgenommen werden. Das Volk werde durch die Volksgesetzgebung mit den parlamentarischen Arbeiten und mit der Aufgabe, politischen Willen in allgemeingültige und haltbare Formen zu bringen, vertraut gemacht. Selbst wenn man an die Möglichkeit einer aufgehetzten Volksmasse denke, sei mit einem Mißbrauch nicht zu rechnen, da das Volk eher unpolitisch sei.[349] Praktisch solle man sich an den bayerischen und württembergischen Regelungen orientieren, welche für das Volksbegehren ein Quorum von 10% vorsähen.

347 Berichte usw. der Volkskammer. Nr. 834, S. 1351; zur Verfassungsentwicklung *Kirsch*, Sächsische Heimatblätter 37 (1991), 297ff.

348 Abgeordneter *Castan*, in: Verhandlungen der Sächsischen Volkskammer, 116. Sitzung vom 12. Mai 1920, S. 3662.

349 *Wulffen* (DDP), in: Verhandlungen der Sächsischen Volkskammer, 116. Sitzung vom 12. Mai 1920, S. 3671f.

Weiterhin wurde als Grund für die Aufnahme des Volksbegehrens angeführt, daß man es doch seit jeher gefordert habe. Zudem sei der direkte Einfluß des Volkes auf die Gesetzgebung Teil des Parteiprogramms, so daß versucht werden sollte, diesen Forderungen auch gerecht zu werden.[350]

Eine gegenteilige Auffassung wurde durch den Abgeordneten Blüher (DVP) im Hinblick auf angeblich schlechte Erfahrungen in der Schweiz geäußert. Die Volksgesetzgebung werde wohl eher Volksfeste, aber keine Volkserziehung herbeiführen.[351]

Weitere Diskussionen über die unmittelbare Beteiligung des Volkes an der Gesetzgebung fanden in der 116. Sitzung nicht statt.

Bezeichnend ist, daß die Regierung, obwohl man 1918 erst den Staatsaufbau der Reichsverfassung abwarten wollte[352] und daher zunächst nur ein vorläufiges Grundgesetz erließ, trotz Aufnahme des Volksbegehrens in die Reichsverfassung eine Einführung in Sachsen ablehnte. Auch die Tatsache, daß keine weiteren Wortmeldungen diesen Punkt aufgriffen, deutet darauf hin, daß ihm keine allzu große Bedeutung beigemessen wurde.

b) *Die Verhandlungen über die Aufnahme des Volksbegehrens im Verfassungsausschuß*

Noch in der 116. Sitzung der Volkskammer wurde die Vorlage Nr. 64 über den Entwurf der Verfassung für den Freistaat Sachsen gem. § 15 Abs. 2 der Geschäftsordnung einem außerordentlichen Ausschuß zur weiteren Beratung überwiesen.

Ausgangspunkt im Verfassungsausschuß war zuerst die Frage, ob grundsätzlich die direkte Mitwirkung des Volkes an der Gesetzgebung in der Form des Volksentscheids, wie ihn das vorläufige Grundgesetz kannte und die Regierungsvorlage vorsah, beibehalten werden sollte. Als zweiter Punkt sollte geklärt werden, ob der Volkskammer die Einführung des Volksbegehrens vorgeschlagen werden sollte. Wenn ja, so wäre drittens zu klären, ob es sinnvoll sei, dieses Recht auch auf verfassungsändernde Gesetze zu erstrecken.[353]

Im ersten Punkt war der Ausschuß einstimmig der Meinung, den Volksentscheid beizubehalten, da ihn auch das Reich und alle anderen Landesverfas-

350 *Nitzsche* (MSPD), in: Verhandlungen der Sächsischen Volkskammer, 116. Sitzung vom 12. Mai 1920, S. 3679ff.

351 Verhandlungen der Sächsischen Volkskammer, 116. Sitzung vom 12. Mai 1920, S. 3679.

352 Vgl. Erläuterungen zum vorläufigen Grundgesetz, in: Verhandlungen der Sächsischen Volkskammer, 2. Sitzung vom 26. Februar 1919, S. 15.

353 Vgl. Niederschrift über die 4. Sitzung des Verfassungsausschusses, S. 6, 8.

sungen vorsähen. Wie auch in der Schweiz und in den Vereinigten Staaten sollten in der Sächsischen Verfassung Elemente der unmittelbaren und der mittelbaren Demokratie miteinander verbunden werden. Ideale Möglichkeit zur Verbindung dieser Elemente sei der Volksentscheid, da er sich in zweckmäßiger Weise auf der mittleren Linie bewege.[354] Das Volk entscheide, worüber es jedoch zu entscheiden habe, bestimmten die Repräsentanten.

Zwar sahen die Ausschußmitglieder in der Beteiligung des Volkes an der Gesetzgebung nicht wie der Abgeordnete Castan eine Schutzeinrichtung gegen „Verbrechen an der Wohlfahrt des Volkes durch einzelne Klassen oder Cliquen", jedoch sei der Volksentscheid ein zweckmäßiges politisches Erziehungsmittel für das Volk, das daran gewöhnt werden solle, über Angelegenheiten des Staates und des Allgemeinwohles nachzudenken und mitverantwortlich zu entscheiden.

Dagegen war im Ausschuß die Auffassung, dem Volk neben der direkten Mitwirkungsmöglichkeit durch Volksentscheid auch die Möglichkeit zur Gesetzesinitiative durch Volksbegehren zu gewähren, nicht so einhellig. Die Entwicklung seit der Revolution sei im allgemeinen die gewesen, daß nicht nur der Verwaltungsorganismus, sondern auch die ganze Regierungsweise wesentlich komplizierter geworden sei. Ursache hierfür sei, daß man das Volk in allen seinen Teilen mitreden lassen wolle. Die Einführung des Volksbegehrens würde nur eine weitere Komplizierung herbeiführen.[355] Theoretisch sei die Sache zwar sehr interessant, praktisch aber schwer durchführbar. Der Volksentscheid sei wünschenswert und vorteilhaft, da jede Alleinherrschaft zu Mißbräuchen neige. Dies gelte auch für ein Volksparlament. Allein schon die Tatsache, daß die Einrichtung des Volksentscheids bestehe, könne einem Mißbrauch entgegenwirken. Die Einführung des Volksbegehrens dagegen würde zwar in politisch ruhigen Zeiten kaum eine Rolle spielen, doch könne es in unruhigen Zeiten um so mehr Schaden stiften. Als Beispiel wurden Impfgegner und Naturheilkundige angeführt, die genügend Unterschriften für ein Volksbegehren zusammenbringen könnten. Für solche Fälle sei es nicht nötig, ein derartiges Verfahren in Bewegung zu setzen.[356] Außerdem mute man der Urteilsfähigkeit und der politischen Anteilnahme des Volkes zuviel zu. Es sei besser, eine solche Einrichtung nicht ins Leben zu rufen, da sie eine Beunruhigung und Belastung der Öffentlichkeit

354 Vgl. Bericht des Verfassungsausschusses, in: Berichte usw. der Volkskammer. Nr. 834, S. 1354; ebenso Niederschrift über die 4. Sitzung des Verfassungsausschusses, S. 5.

355 *Wagner* (DNVP), in: Niederschrift über die 4. Sitzung des Verfassungsausschusses, S. 12.

356 *Wagner* (DNVP), in: Niederschrift über die 4. Sitzung des Verfassungsausschusses, S. 2.

bedeute.[357] Es seien mit beiden Einrichtungen, sowohl mit dem Volksentscheid als auch mit dem Volksbegehren, schon große Fehler gemacht worden. Es herrsche eben bei solchen Volksabstimmungen nicht immer die Vernunft, sondern häufig das Gefühl und damit einhergehend ein gewisser Fanatismus.[358] Weiterhin spreche gegen die Einführung des Volksbegehrens die Überlegung, daß ein Gesetzentwurf, der von einem großen Volksteil gewünscht werde und auch vernünftig sei und Dringliches und Notwendiges zum Ausdruck bringe, von einer Fraktion der Volkskammer als ihr eigener in die Kammer eingebracht werden könne.[359] Außerdem bestehe das Problem der Abgrenzung zwischen Reichs- und Landesgesetzgebungskompetenzen, die vom Volk nicht erwartet werden könne.[360]

Diese Argumente, die im wesentlichen von Seiten der deutsch-demokratischen und deutsch-nationalen Partei vorgebracht wurden, hielten die Befürworter des Volksbegehrens für stark übertrieben. Seine Ausübung werde sich in der Praxis weit weniger schwierig gestalten als man bei theoretischer Betrachtung anzunehmen geneigt sei.[361] Ausschußmitglieder, die den sozialdemokratischen Parteien angehörten, beriefen sich nun wieder, anders als 1918 bei den Verhandlungen zum vorläufigen Grundgesetz, auf ihre Parteiprogramme, in welchen sie seit Jahrzehnten die Volksinitiative als wichtiges Volksrecht gefordert hätten.[362] Beide Einrichtungen, sowohl das Volksbegehren als auch der Volksentscheid, sollten ein Korrektiv gegenüber der gewählten Regierung und der Volksvertretung sein, damit diese keinen Mißbrauch treiben könnten.[363] Auch in politisch unruhigen Zeiten sei die Einrichtung des Volksbegehrens kein Schaden, es stelle im Gegenteil eher eine Art Sicherheitsventil dar, durch das Schlimmeres verhütet werden könne.[364] Des weiteren wird hinsichtlich der Regierung erneut

357 Bericht des Verfassungsausschusses, in: Berichte usw. der Volkskammer. Nr. 834, S. 1355.

358 *Wulffen* (DDP), in: Niederschrift über die 4. Sitzung des Verfassungsausschusses, S. 12 f.

359 *Beutler* (DNVP), in: Niederschrift über die 4. Sitzung des Verfassungsausschusses, S. 13.

360 *Beutler* (DNVP), in: Niederschrift über die 4. Sitzung des Verfassungsausschusses, S. 13.

361 Bericht des Verfassungsausschusses, in: Berichte usw. der Volkskammer. Nr. 834, S. 1356.

362 Vgl. nur Niederschrift über die 4. Sitzung des Verfassungsausschusses, S. 11.

363 *Müller* (USPD), in: Niederschrift über die 4. Sitzung des Verfassungsausschusses, S. 15.

364 *Nitzsche* (SPD), in: Niederschrift über die 4. Sitzung des Verfassungsausschusses, S. 14.

das Mißbrauchsargument angeführt.[365] Es sei aber ebenso ein „Gegenstoß gegen den Absolutismus des Parlamentarismus."[366] Das Volksbegehren sei nach allem ein wichtiges Volksrecht, das in einem modernen demokratischen Staatswesen als Ausfluß der unmittelbaren Demokratie nicht fehlen dürfe, zumal es auch einen Schutz der Minderheiten bedeute.[367]

Die Aufnahme des Volksbegehrens in den Vorschlag des Ausschusses wurde schließlich gegen drei Stimmen der Abgeordneten der DNVP beschlossen.[368]

c) Die Vorbildfunktion der Verfassungen der süddeutschen Länder

Der Ausschuß hatte die Kanzlei der Volkskammer beauftragt, für jedes Mitglied des Ausschusses das gedruckte Verfassungsmaterial der übrigen Länder zu beschaffen, um die Hauptfragen vergleichen zu können.

Hinsichtlich des Volksbegehrens hatten insbesondere die Verfassungen Süddeutschlands Vorbildfunktion.[369] Nachdem sämtliche süddeutschen Verfassungen auf die Einrichtung des Volksbegehrens hin untersucht worden waren, wurden im Ausschuß zunächst folgende Regelungen vorgeschlagen: Gem. Art. 36 solle das Gesamtministerium den Volksentscheid herbeiführen, wenn ein Fünftel der Stimmberechtigten der letzten Landtagswahl ein Gesetz begehre. Das begehrte Gesetz müsse bereits ausgearbeitet sein, damit nicht Volksbegehren über theoretische Punkte gestellt würden, bei denen sich hinterher herausstelle, daß sie sich nicht als Tatbestand erfassen ließen.[370] Das Gesamtministerium habe das Volksbegehren mit seinen Vorschlägen dem Landtag zu unterbreiten. Der Volksentscheid finde nicht statt, wenn der Landtag dem Volksbegehren zustimme.[371]

Man war der Meinung, sich mit diesen Regelungen im Vergleich zu den anderen Landesverfassungen auf einer mittleren Linie zu bewegen.[372]

---

365 *Müller* (USPD), in: Niederschrift über die 3. Sitzung des Verfassungsausschusses, S. 2.

366 *Menke-Glückert* (DDP), in: Niederschrift über die 3. Sitzung des Verfassungsausschusses, S. 2.

367 Bericht des Verfassungsausschusses, in: Berichte usw. der Volkskammer. Nr. 834, S. 1356.

368 Siehe Niederschrift über die 4. Sitzung des Verfassungsausschusses, S. 17.

369 Vgl. Bericht des Verfassungsausschusses, in: Berichte usw. der Volkskammer. Nr. 834, S. 1352.

370 Vgl. Niederschrift über die 4. Sitzung des Verfassungsausschusses, S. 8.

371 Die Anträge des Ausschusses sind abgedruckt in: Berichte usw. der Volkskammer. Nr. 834, S. 1414.

372 Bericht des Verfassungsausschusses, in: Berichte usw. der Volkskammer. Nr. 834, S. 1356.

Gem. § 10 Abs. 2 der Verfassung des Freistaates Bayern vom 14. August 1919 war ein Volksbegehren bei einfachen Gesetzen rechtswirksam, wenn es von mindestens einem Zehntel, bei verfassungsändernden Gesetzen von mindestens einem Fünftel der stimmberechtigten Staatsbürger unterstützt worden war. Gem. § 44 Abs. 1 der Verfassung Württembergs vom 25. September 1919 mußte ein Volksbegehren von einem Zehntel der Stimmberechtigten unterstützt werden. Die Hessische Verfassung verlangte in Art. 12 lediglich die Unterstützung durch ein Zwanzigstel der bei der letzten Wahl zum Landtag Stimmberechtigten.

In der 21. Sitzung des Verfassungsausschusses wurde schließlich von sozialdemokratischer Seite der Antrag gestellt, ein Fünftel durch ein Zehntel zu ersetzen.[373] Ein Fünftel bedeute die Unterstützung von einer halben Million Stimmberechtigter, das sei zu hoch und werde sich kaum zusammenbringen lassen. Auch im Hinblick auf die bayerische und württembergische Regelung sei das Quorum von einem Fünftel zu viel.[374]

Nach Auffassung der Mitglieder der DNVP hingegen war das Erfordernis der Unterstützung durch lediglich ein Zehntel der Stimmberechtigten nicht tragbar, da die Einrichtung des Volksbegehrens nicht weiter ausgedehnt werden solle als unbedingt notwendig sei.[375] Eine möglichst große Anzahl von Stimmen müsse auch schon deshalb gefordert werden, damit garantiert die Stimmung des ganzen Volkes und nicht nur die einer Minderheit wiedergegeben werde.

Der Antrag, ein Fünftel durch ein Zehntel zu ersetzen, wurde schließlich gegen vier Stimmen mehrheitlich angenommen.

Hinsichtlich der Frage, ob auch verfassungsändernde Gesetze dem Volksbegehren unterliegen könnten, sprach man sich zunächst im Gegensatz zu den süddeutschen Verfassungen dagegen aus, da eine gewisse Stetigkeit des Verfassungslebens zu gewährleisten sei. Schließlich wurde jedoch beantragt, in Art. 37, demgemäß über Verfassungsänderungen, über den Staatshaushaltsplan, Abgabengesetze und Besoldungsordnungen Volksbegehren unzulässig sein sollten, eine Änderung vorzunehmen. Denn die Initiative des Volkes auf die Änderung der Verfassung sei dessen wichtigstes Recht.[376]

---

373 *Nitzsche* (SPD), in: Niederschrift über die 21. Sitzung des Verfassungsausschusses, S. 17.

374 *Wulffen* (DDP), in: Niederschrift über die 21. Sitzung des Verfassungsausschusses, S. 17f.

375 *Beutler* (DNVP), in: Niederschrift über die 21. Sitzung des Verfassungsausschusses, S. 18.

376 *Lipinski* (USPD), in: Niederschrift über die 21. Sitzung des Verfassungsausschusses, S. 18.

In der ersten Lesung des Verfassungsausschusses herrschte die Auffassung vor, daß über Verfassungsänderungen sowohl kein Volksentscheid auf ein Volksbegehren hin als auch kein Volksentscheid initiiert durch die Regierung stattfinden könne. Der Wortlaut des Art. 37 der Regierungsvorlage, nach dem über Verfassungsänderungen ein Volksbegehren unzulässig sein sollte, beließ jedoch dem Gesamtministerium die Möglichkeit, gem. Art. 35 Abs 2 über diese Materie einen Volksentscheid herbeizuführen. Danach konnte das Gesamtministerium, falls es Bedenken gegen ein vom Landtag beschlossenes Gesetz hatte und der Landtag auf dem Gesetz beharrte, innerhalb eines Monats einen Volksentscheid herbeiführen. Da Art. 37 der Vorlage im Hinblick auf verfassungsändernde Gesetze nur das Volksbegehren und nicht auch den Volksentscheid untersagte, hatte die Regierung damit die Möglichkeit, über verfassungsändernde Gesetze das Volk im Wege des Volksentscheids bestimmen zu lassen. Dies gab Anlaß zur Kritik: Wenn die Regierung einen Volksentscheid über Verfassungsänderungen herbeiführen könne, dann solle dieses auch durch einen Volksentscheid, veranlaßt durch ein Volksbegehren, ermöglicht werden.[377]

Von anderer Seite wurde wiederum, um dies zu vermeiden, beantragt, in Art. 37 das Wort Volksbegehren durch das Wort Volksentscheid zu ersetzen, so daß auch auf Veranlassung der Regierung über Verfassungsänderungen kein Volksentscheid hätte herbeigeführt werden können.[378]

Schließlich wurde auf Art. 73 Abs. 4 der WRV verwiesen.[379] Bei der Abstimmung wurde der Antrag, in Art. 37 das Wort Verfassungsänderungen zu streichen, gegen drei Stimmen angenommen.

d) Die Initiativberechtigung nach der verabschiedeten Verfassung

Am 20. Oktober 1920 erstattete der Verfassungsausschuß der Volkskammer seinen Bericht. Die Kammer beriet über die Vorlage am 26. Oktober 1920 und nahm in dieser Verhandlung den Entwurf des Ausschusses einstimmig an. Über die Regelung des Volksbegehrens wurde nicht mehr debattiert.

Die neue Verfassung trat am 1. November 1920 in Kraft.[380] Die Vereinigung der unmittelbaren und der repräsentativen Demokratie war gleich in den ersten Artikeln der Verfassung festgelegt. Gem. Art. 2 Abs. 2 wurde die Staatsgewalt durch das Volk, den Landtag und die Behörden ausgeübt. Die unmittelbare Mit-

---

377 Vgl. *Wulffen* (DDP), Erläuterung zum Antrag Lipinskis, in: Niederschrift über die 21. Sitzung des Verfassungsausschusses, S. 18.

378 *Wulffen* (DDP), in: Niederschrift über die 21. Sitzung des Verfassungsausschusses, S. 19.

379 Vgl. Niederschrift über die 21. Sitzung des Verfassungsausschusses, S. 19.

380 GVBl. S. 445ff.; abgedruckt auch bei *Schelcher*, JöR 1921, 296ff.

wirkung des Volkes wurde sodann in Art. 3 der Verfassung näher bestimmt, wonach dieses seinen Willen durch Wahlen, Volksbegehren und Volksentscheid äußern konnte.

Wie auch die WRV differenzierte die Sächsische Verfassung vom 1. November 1920 zwischen dem Einbringungs- und dem Initiativrecht.[381] Der formelle Akt der Einbringung eines Gesetzentwurfs beim Landtag konnte gem. Art. 34 allein durch das Gesamtministerium erfolgen. Initiativberechtigt war dagegen neben Mitgliedern des Landtages und des Gesamtministeriums auch das Landesvolk.[382] Gem. Art. 36 Abs. 1 der Verfassung bedurfte das auf den Erlaß, die Abänderung oder Aufhebung eines Landesgesetzes gerichtete Volksbegehren zu seiner Rechtswirksamkeit der Unterstützung eines Zehntels der Stimmberechtigten der letzten Landtagswahl. Gem. Art. 36 Abs. 3 mußte das Gesamtministerium das Volksbegehren unter Darlegung seines Standpunktes dem Landtag unterbreiten. Gem. Art. 36 Abs. 2 mußte dem begehrten Gesetzentwurf eine Begründung hinzugefügt werden. Gab der Landtag dem Begehren statt, so erledigte sich die diesbezügliche Volksabstimmung. Über den Staatshaushaltsplan, Abgabengesetze und Besoldungsordnungen fanden gem. Art. 37 Volksbegehren nicht statt.

Wie die WRV differenzierte auch die Sächsische Verfassung nicht zwischen einem Volksbegehren auf den Erlaß, die Abänderung oder Aufhebung eines einfachen Landesgesetzes und eines verfassungsändernden Gesetzes. Auch für letzteres galt Art. 36 Abs. 1, nach dem ein Zehntel der Stimmberechtigten der letzten Landtagswahl das Begehren unterstützen mußten.

Bei einem Volksentscheid mußten sowohl bei einfachen als auch bei verfassungsändernden Gesetzen gem. Art. 38 Abs. 2 mindestens die Hälfte der Stimmberechtigten teilnehmen. Es entschied dann aber die Mehrheit der abgegebenen Stimmen.

Gem. Art. 38 Abs. 3 war das Verfahren über Volksentscheid und Volksbegehren in einem besonderen Gesetz zu regeln.

---

381 Anders als in der WRV, nach der gem. Art. 68 ein Gesetzentwurf von der Reichsregierung oder aus der Mitte des Reichstages eingebracht werden konnte, stand dieses Recht nach der Sächsischen Verfassung allerdings nur der Regierung zu. Gem. Art. 34 mußten Gesetzentwürfe aus der Mitte des Landtages zunächst dem Gesamtministerium überwiesen werden. Diesem stand ein Prüfungs- und Abänderungsrecht zu, bevor der Entwurf dem Landtag zur endgültigen Beschlußfassung durch das Gesamtministerium wieder vorgelegt wurde.

382 *Kaisenberg*, in: Anschütz, Thoma (Hrsg.), HdbStR, Bd. 2, S. 193f unterscheidet auf diesem Hintergrund zwischen mittelbarem und unmittelbarem Initiativrecht; ebenso *Triepel*, AöR Bd. 39 (1920), S. 477.

Hinsichtlich der Verhandlungen zum Volksbegehren ist anzumerken, daß Sachsen bei dessen Aufnahme in die Verfassung keine Vorreiterrolle[383] eingenommen hat. Dies wird schon dadurch deutlich, daß man im Verfassungsausschuß großen Wert darauf legte, sich mit den Regelungen der Volksgesetzgebung im Vergleich zu anderen Landesverfassungen auf mittlerer Linie zu bewegen. Bei der Abstimmung in der Volkskammer über die Regelungen der Gesetzgebung wurde das Volksbegehren nicht einmal mehr thematisiert. Es gab auch keine Minderheitsanträge, die Zustimmungsquoren wurden nicht besprochen, die Regelungen fanden weder Lob noch Kritik. Hätte die Nationalversammlung sie nicht bereits ein Jahr zuvor in die WRV aufgenommen und wären nicht zunächst einige süddeutsche Länder, an denen sich der Verfassungsausschuß orientierte, diesem Beispiel gefolgt, hätte sicherlich auch der sächsische Verfassungsgeber auf das Volksbegehren verzichtet, ohne dabei ein demokratisches Defizit zu empfinden.

Als Erklärung für dieses Desinteresse können zum einen die Differenzen um die Machtverteilung zwischen Parlament und Regierung herangezogen werden. Hier lag der Schwerpunkt der Verfassungsdebatte.[384] Die Regierungsvorlage Nr. 64 zeigte das Bestreben, der Regierung eine möglichst starke Stellung gegenüber der Volksvertretung zu sichern. Dies wurde schon äußerlich dadurch betont, daß nach der Vorlage der Ministerpräsident den Namen Staatspräsident führen sollte. Noch deutlicher wurde diese Tendenz durch Art. 9 des Entwurfs, der dem Staatsministerium das uneingeschränkte Recht einräumen wollte, den Landtag aufzulösen. Gegen diese Regelung wandten sich sofort die beiden sozialdemokratischen Fraktionen, und auch die Demokraten schlossen sich der Kritik an. Nach der endgültigen Regelung sollte die Regierung das Parlament nur auf Antrag durch einen Volksentscheid auflösen können.

Einen weiteren Konflikt rief Art. 38 der Vorlage hervor. Danach sollte das Etatrecht der Volksvertretung eingeschränkt werden.

Die Machtverteilung zwischen Regierung und Parlament betraf wiederum die Frage, was das Staatsministerium gegen ein vom Landtag beschlossenes Gesetz unternehmen könne. Neben diesen grundsätzlichen Fragen spielten andere von mehr praktischer Bedeutung eine nur geringe Rolle.[385] Wenn sich demnach Parlament und Regierung über die Machtverteilung nur schwerlich einigen konnten, liegt es auf der Hand, daß sie kein großes Interesse daran hatten, diese Macht

383 Eine Vorreiterrolle haben, wie noch zu zeigen sein wird, die Länder Baden, Hessen und Württemberg eingenommen.

384 Vgl. nur Verhandlungen der Sächsischen Volkskammer, 152. Sitzung vom 26. Oktober 1920, S. 4828ff.

385 Hierzu *Fabian*, Klassenkampf um Sachsen. Ein Stück Geschichte 1918-1930, S. 82ff.

noch mit einem Dritten, dem Volk, zu teilen. In diese Richtung weist auch Fetzer, der feststellt, daß für die Einführung von Volksabstimmungen in die deutschen Verfassungen nicht Gesichtspunkte der Volksgesetzgebung maßgebend waren, sondern das Verhältnis von Parlament und Regierung.[386] Durch die Einführung des Volksentscheids sollte einerseits die Macht der Regierung geschwächt werden. Sie sollte nicht mehr, wie in der Vorlage vorgesehen, allein gegen den Landtag vorgehen können, sondern nur mit Hilfe der Entscheidung des Volkes. Die bürgerlichen Politiker wiederum glaubten, mit dem Volksentscheid eine wirksame Schranke gegen ein allzu neuerungssüchtiges Parlament gefunden zu haben. Durch die Volksinitiativberechtigung dagegen kann das Machtpotential nicht wirksam ausgeglichen werden. Durch sie erhält weder das Parlament noch die Regierung eine stärkere Position. Im Gegenteil, durch sie wird höchstens die Macht beider Institutionen beschnitten, was die Zurückhaltung bei der Einführung erklärt.

Zum anderen ist zu berücksichtigen, daß man innerhalb der Sozialdemokratie bereits vor dem Krieg in der Beurteilung der Volksgesetzgebung zurückhaltender geworden war. Ursache hierfür war unter anderem, daß die Landtage infolge der Wahlrechtsveränderungen als Foren der politischen Meinungsbildung in vielen deutschen Staaten deutlich aufgewertet worden waren. Selbst in Sachsen konnte seit der Wahlrechtsänderung 1909 aus dem Landtag als einem Erfüllungsgehilfen konservativer Interessen ein Ort lebendiger Auseinandersetzung werden. Es bestand nun erstmals die Möglichkeit, daß sich zu bestimmten Sachfragen linke Mehrheiten bilden konnten.

Durch das neue Wahlrecht entfielen damit die Gründe, welche nach 1848 für die Einführung der Volksinitiative angeführt worden waren.

Während man im Anschluß an die Revolution von 1848 mit den damals eingeführten Wahlrechtsordnungen unzufrieden war und daher als Korrektiv zum Parlament, dem man mißtrauisch gegenüberstand, auch die Volksinitiative gefordert hatte, waren die Sozialdemokraten mit dem 1909 eingeführten Wahlrecht relativ zufrieden. Die Wahlrechtsänderung beförderte neue Ansätze in der Entwicklung einer für die Demokratisierung der Gesellschaft unverzichtbaren politischen Streitkultur und parlamentarischen Konfliktaustragung, wie sie für die süddeutschen Staaten schon seit längerem typisch war.[387]

Völlig neu war, daß die Sozialdemokratie in der Zweiten Kammer keine in sich geschlossene Front der Gegner mehr vorfand, die alle sozialdemokratischen Anträge schon aus Prinzip und ohne sachliche Prüfung ablehnte. Was 1903 im

386 *Fetzer*, Das Referendum im Deutschen Staatsrecht, S. 35.

387 Hierzu und zum folgenden *Lässig*, in: Modernisierung und Region im wilhelminischen Deutschland, S. 161ff.

Rahmen erster Konzeptionen zur Wahlrechtsreform noch unrealistisch erschien, nahm immer deutlichere Formen an, die Möglichkeit zur Integration der SPD in den Staat. Insofern hatte sich in den Reformjahren ein wichtiger Formenwandel in der Auseinandersetzung mit dem politischen Gegner vollzogen. Der Ausbau von Beteiligungsmöglichkeiten und die Verbreiterung der sozialen Basis des Parlamentes wurden nicht mehr grundsätzlich abgelehnt. Damit ging schließlich eine Aufwertung des Stellenwertes der Landtage in der politischen Öffentlichkeit einher. Wenn aber der Landtag als Forum der politischen Meinungsbildung demokratisch legitimiert ist und dem Volkswillen entspricht, wird verständlich, warum Forderungen nach Einführung der Volksinitiative zurücktreten.

Dieser Schluß kann auch aus den sozialdemokratischen Parteiprogrammen gezogen werden. Die Volksinitiative wurde dort gerade deshalb gefordert, da das Parlament eben nicht das Volk repräsentierte und damit kein demokratisches Forum politischer Meinungsbildung darstellte. Durch die Einführung des allgemeinen, gleichen und direkten Wahlrechts im Anschluß an die Revolution von 1918 wurde das Interesse der Sozialdemokratie an der Volksinitiative schließlich noch geringer.

Sicherlich trugen aber auch negative Äußerungen einiger zeitgenössischer Akteure hierzu bei. Karl *Kautskys* negative Auffassung über direkte Demokratie ging so weit, daß er es für durchaus positiv gehalten hätte, wenn die direkte Volksgesetzgebung überhaupt nicht in das sozialdemokratische Programm aufgenommen worden wäre.[388]

Kautsky macht hierzu in einer Abhandlung über das neue Parteiprogramm 1891 zunächst zwei verschiedene, damals vertretene sozialistische Ansätze deutlich, die als einheitlichen Tenor den Sozialismus als den eigentlichen Staatszweck anstrebten.[389] Der Unterschied der Ansätze, so Kautsy, bestehe darin, daß die einen das Volk für den ausschlaggebenden Faktor hielten, der den Sozialismus näher bringe. Wo das Volk Inhaber staatlicher Macht sei, müsse nach dieser Auffassung die Einführung des Sozialismus unproblematisch sein, da die Masse des Volkes arm sei. Man brauche also nur das Volk zum Gesetzgeber zu machen, und die Einführung des Sozialismus sei garantiert. Gemeint ist hier offensichtlich das von Rittinghausen und seinen Anhängern vertretene Konzept.

Die anderen Anhänger der sozialistischen Idee zweifelten statt dessen am Volk. Dieses, so Kautsky, erscheine ihnen als stupide Masse, die eines Führers bedürfe, um sich in die richtige Richtung zu bewegen. Es bedürfe deshalb einiger weniger weitblickender Männer, um den Sozialismus zu erreichen.[390]

---

388 *Kautsky*, Parlamentarismus und Demokratie, S. 127f.
389 Hierzu und zum folgenden *Kautsky*, Die Neue Zeit, Bd. 2 (1891), 726f.
390 *Kautsky*, Die Neue Zeit, Bd. 2 (1891), 727.

Kautsky und seine Anhänger dagegen wollten die Macht ausschließlich für das sogenannte Proletariat.[391] Dieses, so Kautsky, müsse die Staatsgewalt erlangen, um sie für seine Interessen dienstbar zu machen. Das Proletariat müsse sich daher als eine selbständige politische Partei organisieren mit dem Endziel, den Staat zu erobern. Das Proletariat sei außerdem etwas ganz anderes als das Volk. Das Volk sei ein Gemisch der verschiedenartigsten und gegensätzlichsten Klassen. Proletarier dagegen seien konkret die Arbeiter einer historisch bestimmten Produktionsweise. Nur die Herrschaft des Proletariats sei gleichbedeutend mit dem Sieg des Sozialismus. Die Herrschaft des Volkes jedoch könne alles Mögliche bedeuten. Sie könne ebenso gut die Reaktion bedeuten wie die Revolution.

Diese Sicht ist grundlegend für Kautskys Auffassung über die Volksgesetzgebung.[392] Diese ermögliche eben nicht nur dem sogenannten Proletariat die Möglichkeit zur Mitgestaltung der Gesetzgebung, sondern auch dessen Gegnern. In der Einsicht, daß das Proletariat aber nicht gleichbedeutend mit dem Volk ist und das Proletariat in vielen Staaten nicht die Mehrheit, sondern eher die Minderheit bildet, zielten Kautsky und seine Anhänger eher auf die Möglichkeit der Volksinitiative ausschließlich für das Proletariat als für das Volk insgesamt.

In diese Richtung wies auch *Engels*, der die Volksgesetzgebung als ein Instrument bezeichnete, das mehr Schaden als Nutzen anrichte.[393] Ebenso kritisierte *Karl Marx* die Volksgesetzgebung hart, indem er sie als Teil der „alten weltbekannten demokratischen Litanei“[394] abqualifizierte.

Wohl wollte Kautsky eine Stärkung der Volksvertretungen, da er hoffte, daß in diesen irgendwann die Interessenvertreter des sogenannten Proletariats mehrheitlich vertreten sein und den Sozialismus einführen würden. Daher habe die Sozialdemokratie in Deutschland noch über eine lange Zeit für die Stärkung der Volksvertretungen einzutreten.[395]

Für das parlamentarische System trat auch der sächsische Sozialdemokrat Edmund Fischer ein, der sich 1919 kritisch mit Rittinghausen auseinandersetzte. Für ihn gehörte die Gesetzgebung durch das Volk nicht als entscheidendes Merkmal zur Demokratie. Für Fischer war entscheidend die Abhängigkeit des

---

391 Hierzu und zum folgenden *Kautsky*, Die Neue Zeit, Bd. 2 (1891), 750f.

392 *Kautsky*, Die Neue Zeit, Bd. 2 (1891), 751, 816ff.

393 So *Engels* in einem Brief an Bebel vom 18. (-28.) März 1875, abgedruckt in: August Bebels Briefwechsel mit Friedrich Engels, hrsg. von Blumenberg, Brief 10, S. 31.

394 *Marx*, Die Neue Zeit, Bd. 1 (1890-91), 573; zur Entwicklung der Sozialisten und Sozialdemokraten unter dem Sozialistengesetz 1878-1890 und deren Aufstieg bis 1918 vgl. *Wehler*, Das Deutsche Kaiserreich 1871-1918, S. 87ff.

395 *Kautsky*, Die Neue Zeit, Bd. 2 (1891), 817.

Parlamentes sowie der Regierung vom Volk durch Parlamentswahlen.[396] Wahlen seien der entscheidende Faktor, durch den das Volk an der Gesetzgebung teilnehme. Die direkte Gesetzgebung durch das Volk, wie sie die Theorie fordere, sei schon aus praktischen Gründen nicht möglich.[397]

Andererseits war seit 50 Jahren die direkte Volksgesetzgebung gefordert worden. Jetzt war die Gelegenheit zur Verwirklichung dieser Forderungen in den Formen des Referendums und der Initiative gegeben. Da durfte die sozialdemokratische Partei an ihrer eigenen Geschichte nicht achtlos vorübergehen und dem Volk ein Recht nicht vorenthalten, das es in anderen bürgerlichen Demokratien bereits hatte.[398]

So wird verständlich, daß trotz der Gegenstimmen die Beteiligung des Volkes an der Gesetzgebung in die Verfassung vom 1. November 1920 Eingang fand.

e) Die Einführung einer zweiten Instanz zur Überprüfung der Zulässigkeit des Volksbegehrens durch die Verfahrensvorschriften

Die Regelung des Verfahrens ist schon deshalb von größerer Bedeutung, da hiervon abhängt, ob das Volksbegehren überhaupt geeignet ist, eine Rolle im Staatsrecht zu spielen, oder ob es lediglich zum „Dekorationsstück der Verfassung" langt.[399] Da schon das Zustandekommen eines Volksentscheids in Sachsen dadurch erschwert werde, daß Art. 38 Abs. 2 der Verfassung die Beteiligung der Hälfte der Stimmberechtigten und die Mehrheit der Abstimmenden vorschreibe, war bereits in zeitgenössischer Beurteilung klar, daß die praktische Durchführung des Volksbegehrens ebenso wie die des Volksentscheids nicht noch durch die Verfahrensvorschriften beengt werden dürfe.[400]

Am 19. Januar 1921 legte die Regierung als Vorlage Nr. 12 dem Landtag den Entwurf eines Gesetzes über Volksbegehren und Volksentscheid vor.[401]

Gem. § 1 der Vorlage war der Antrag auf Zulassung eines Volksbegehrens an das Gesamtministerium zu richten. Ein Volksbegehren sollte nur dann zugelassen werden, wenn die verfassungsmäßigen Voraussetzungen erfüllt waren und garantiert war, daß das Begehren von einer ins Gewicht fallenden Zahl von

---

396 *E. Fischer*, Demokratie, S. 54.

397 *E. Fischer*, Demokratie, S. 50.

398 *Fetzer*, Das Referendum im Deutschen Staatsrecht, S. 34f.

399 So schon *Fetzer*, Das Referendum im Deutschen Staatsrecht, S. 94.

400 *Reichelt*, Das Staatsleben unter der Sächsischen Verfassung vom 1. November 1920, S. 22.

401 Am 8. März 1921 wurde es verkündet (GBl. S. 62); dazu auch *Schelcher*, JöR 1923/24, 5.

Wählern unterstützt würde. Die Vorlage sah daher in Anlehnung an Art. 22 des bayerischen Gesetzes vom 12. Mai 1920[402] vor, daß der Antrag auf Zulassung des Volksbegehrens von 1000 Stimmberechtigten gestellt werden mußte. Das Stimmrecht der Unterzeichner mußte zudem durch eine Bestätigung der Gemeindebehörde ihres Wohnortes nachgewiesen werden. Das unter amtlicher Aufsicht stehende Zulassungs- und Einzeichnungsverfahren sollte Nachteile des System der privaten Unterschriftensammlung von Haus zu Haus vermeiden, vor allem Unredlichkeiten wie Belästigungen der Bevölkerung.[403]

Von der Beibringung der Unterschriften konnte abgesehen werden, wenn der Vorstand einer Vereinigung den Antrag stellte und glaubhaft machte, daß 20.000 ihrer stimmberechtigten Mitglieder den Antrag unterstützten. Dadurch sollte es den größeren Parteien und wirtschaftlichen Vereinigungen erleichtert werden, die Initiative zu ergreifen.[404]

Ehe das Gesamtministerium den Antrag zulassen durfte, hatte es zu prüfen, ob dieser auf eine verfassungsmäßige, dem Volksbegehren unterliegende Materie gerichtet und die in § 1 vorgesehene Unterstützung gegeben war. Dieser Punkt stieß im Landtag auf Kritik.[405] Das Gesamtministerium sei in den meisten Fällen von Volksbegehren politischer Gegner des Verfahrens. Es sei daher nicht richtig, ein Organ, das durch das Begehren in gewisser Beziehung angegriffen werde, zur entscheidenden Stelle über dessen Zulässigkeit zu machen. Mit dieser Entscheidung solle eine „unpolitische" Behörde, und zwar nach einer im Parlament vertretenen Auffassung das Oberverwaltungsgericht betraut werden.[406] Die Unabhängigkeit der Behörde sei wichtig, da die zu treffenden Entscheidungen nicht unerheblich seien, so z.B. die Frage, ob genügend glaubhaft gemacht werde, daß wirklich 20.000 Stimmberechtigte hinter dem Antrag auf ein Volksbegehren stünden.[407] Nach anderer Ansicht sollte zwar zunächst das Gesamtministerium entscheiden, in den Fällen jedoch, in denen dieses zu einer Ablehnung des Antrages komme, sollte einer weiteren Instanz die Nachprüfung des Entscheids überlassen werden.[408]

---

402 GVBl. Freistaat Bayern 1920, S. 195.

403 *Reichelt*, Das Staatsleben unter der Sächsischen Verfassung vom 1. November 1920, S. 20.

404 *Reichelt*, Das Staatsleben unter der Sächsischen Verfassung vom 1. November 1920, S. 21.

405 Vgl. Verhandlungen des Sächsischen Landtages, 20. Sitzung vom 28. 01. 1921.

406 *Wagner* (DNVP), in: Verhandlungen des Sächsischen Landtages, 20. Sitzung vom 28. 01. 1921, S. 653.

407 *Bünder* (DVP), in: Verhandlungen des Sächsischen Landtages, 20. Sitzung vom 28. 01. 1921, S. 655.

408 *Dehne* (DDP), in: Verhandlungen des Sächsischen Landtages, 20. Sitzung vom 28. 01. 1921, S. 659.

Die Vorlage wurde sodann dem Rechtsausschuß überwiesen. In der zweiten Beratung am 23. Februar 1921 teilte der Berichterstatter Wagner in einem mündlichen Bericht dem Landtag die Positionen des Ausschusses mit.

Hinsichtlich der Frage, ob das Gesamtministerium allein und endgültig über die Vorfragen entscheiden, oder ob und in welchem Umfang das Oberverwaltungsgericht daran beteiligt werden solle, habe auch im Rechtsausschuß Meinungsverschiedenheit bestanden.[409] Hierbei seien im wesentlichen drei verschiedene Ansichten vertreten worden, die im folgenden kurz darzulegen sind.

Ein Teil des Ausschusses hielt die ausschließliche Zuständigkeit des Gesamtministeriums, so wie es die Vorlage vorsehe, für das Einfachste und auch für unbedenklich. Das Gesamtministerium stehe unter der Kontrolle der Öffentlichkeit, außerdem seien die Fragen der Zulässigkeit von einfacher Art.

Von kommunistischer Seite wurde erklärt, daß auch die Frage der Zulässigkeit eines Volksbegehrens nicht nach Rechtsgrundsätzen zu entscheiden sei, sondern daß die Entscheidung eine politische Machtfrage darstelle, deren Beantwortung je nach Zusammensetzung der Regierung anders ausfalle. In politisch kritischen Zeiten erlangten auch bei den Gerichten politische Stimmungen Einfluß, so daß ein umfassendes Vertrauen nicht bestehen könne.

Ein anderer Teil hielt die ausschließliche Zuständigkeit des Ministeriums mit einer Ausnahme für unbedenklich. Wenn das Gesamtministerium Bedenken habe, ob der Gegenstand des Volksbegehrens innerhalb der Zuständigkeit der Landesgesetzgebung liege, dann solle das Oberverwaltungsgericht als unbeteiligte richterliche Behörde die Entscheidung hierüber treffen, zumal es sich hierbei um schwierige Rechtsfragen handeln werde.

Ein dritter Teil des Ausschusses war der Ansicht, daß, außer im Falle des Art. 37 der Verfassung (Unzulässigkeit eines Volksbegehrens über den Staatshaushaltsplan, Abgabengesetze und Besoldungsordnung), das Oberverwaltungsgericht die Entscheidung treffen müsse und zwar auch dann, wenn das Gesamtministerium einem solchen Begehren stattgeben wolle. Weise das Gesamtministerium mit der Begründung auf Art. 37 der Verfassung das Volksbegehren als unzulässig zurück, müsse dagegen ein Rechtsmittel zulässig sein, über das dann ebenfalls das Oberverwaltungsgericht zu entscheiden habe.

Die Heranziehung des Oberverwaltungsgerichts in dem engeren beziehungsweise weiteren Umfang wurde Wagner zufolge ähnlich wie im Landtag damit begründet, daß das Volksbegehren sich häufig nicht gegen die jeweilige Mehrheit des Landtages, sondern auch gegen die Regierung selbst richte und daß es

409 Hierzu und zum folgenden Berichterstatter des Rechtsausschusses *Wagner*, mündlicher Bericht des Rechtsausschusses, in: Verhandlungen des Sächsischen Landtages, 26. Sitzung vom 23. Februar, 1921.

daher bedenklich sei, das „Schicksal" über die Zulässigkeit eines solchen Antrags in die Hand einer rein politischen Körperschaft, die durchaus Partei sei, zu legen. Wenn auch der Gegenstand des Volksbegehrens politischen Inhalts sei, so sei doch die Vorfrage, ob das Volksbegehren zulässig sei, eine reine Rechtsfrage. Das Oberverwaltungsgericht stehe aber mit seinem wissenschaftlichen Ansehen dafür ein, daß seine Entscheidung, die es begründen müsse, den Gesetzen entspreche.

Nach der vom Landtag mit 45 gegen 44 Stimmen knapp angenommenen Regelung mußte das Gesamtministerium prüfen, ob die Voraussetzungen des § 1 des Verfahrensgesetzes erfüllt waren und ob das Begehren nicht gegen Art. 37 der Verfassung verstieß.[410] Waren die Voraussetzungen des § 1 nicht erfüllt oder verstieß das Begehren gegen Art. 37 der Verfassung, dann mußte das Gesamtministerium den Antrag zurückweisen und darüber den ersten Unterzeichner in Kenntnis setzen. Dieser konnte daraufhin gem. § 2 S. 2 der verabschiedeten Regelung innerhalb von zwei Wochen durch Einspruch beim Gesamtministerium die Entscheidung des Oberverwaltungsgerichtes anrufen.

Sachsen verfügte damit über die auf Reichsebene fehlende zweite Instanz zur Überprüfung des Ablehnungsbeschlusses.

Auf Reichsebene gab diese fehlende zweite Instanz zur Überprüfung des Zulassungs- oder Ablehnungsbeschlusses im Laufe der Jahre Anlaß zur Kritik. So wurde im Jahre 1930 die Einrichtung einer Revisionsinstanz gefordert, in der die Rechtswidrigkeit der Zulassungsprüfung gerügt werden konnte.[411] Eingeführt wurde sie jedoch nicht.

Waren die Voraussetzungen des § 1 des Verfahrensgesetzes erfüllt und richtete sich das Begehren auf eine andere als in Art. 37 genannte Materie, dann hatte das Gesamtministerium den Antrag dem Oberverwaltungsgericht zu übergeben. Gem. § 2 des Gesetzes entschied dieses, ob das Begehren zur Zuständigkeit der Landesgesetzgebung gehörte. Diese Aufteilung der Prüfung des Volksbegehrens fand lediglich in Sachsen statt.

Fiel das Begehren nicht in den Bereich der Gesetzgebungskompetenz des Landes, so wurde hiervon wiederum der erste Unterzeichner unterrichtet. Der Antrag hatte sich dann erledigt. Ein Rechtsmittel hiergegen gab es nicht. Wurde die sachliche Zulässigkeit bejaht, veröffentlichte das Gesamtministerium den

---

410 Gem. Art. 37 der Verfassung sind Volksbegehren über den Staatshaushaltsplan, Abgabengesetze und Besoldungsordnungen unzulässig.

411 *Hartwig*, Volksbegehren und Volksentscheid im deutschen und österreichischen Staatsrecht, S. 79, 131ff. schlug als Rechtsmittel die Beschwerde beim Staatsgerichtshof vor; ebenso *Paetzold*, Das Volksbegehren über das „Freiheitsgesetz" als Quelle staatlicher Problemstellung, S. 91.

Antrag in der zug :nen Form in der Sächsischen Staatszeitung und setzte den Beginn und das E er Abstimmungsfrist fest.

Ein weiterer schied zum Verfahren im Reich lag somit darin, daß in Sachsen die Zulä eitsprüfung der Regierung auf die Prüfung der formalen Voraussetzungen } 1 des Verfahrensgesetzes und auf einen Verstoß gegen Art. 37 der Verfa r beschränkt war, die Frage der materiellen Zulässigkeit jedoch der gerich Reichsinnenminis [illegible] Hinsicht.[412]

Gem. § 3 des ıhrensgesetzes konnte nach der Veröffentlichung der Zulassungsantrag ni ıehr geändert werden. Jedoch konnte er bis zum Ablauf der Abstimmungs jederzeit zurückgenommen werden. Die Zurücknahmeerklärung war gülti nn sie von mehr als der Hälfte der Antragsunterzeichner oder von dem V ıd der Vereinigung, die den Antrag gestellt hatte, abgegeben wurde. Ka n Volksbegehren zustande, war eine Zurücknahme, Ergänzung oder A :rung des Begehrens schon aus äußeren Gründen unmöglich.[413]

Die Abstimmı ırfte frühestens zwei Wochen und spätestens einen Monat nach der Veröffe ung der Zulassung beginnen. Die Abstimmungsfrist betrug gem. § 2 A S. 2 vierzehn Tage. Für die Austeilung der Eintragungslisten an die eindebehörden waren die Antragsteller zuständig. Ebenso hatten gem. § 11 esetzes die Antragsteller die Kosten der Eintragungslisten und ihrer Versenc ın die Gemeindebehörden zu tragen. Lediglich die Kosten der Feststellung d stimmungsergebnisses trug der Staat.

Zweck des Zı ngsverfahrens war wie auch auf Reichsebene die Filterfunktion für weni :rstützte und damit aussichtslose Volksinitiativen. Gleichzeitig eröffnete di liche Bekanntgabe der zugelassenen Begehren eine rechtzeitige öffentliche ussion über das geplante oder angegriffene Gesetz.

Im Vergleich Reichsebene wurde somit die praktische Durchführung durch das Verfah esetz über Volksbegehren und Volksentscheid nicht eingeschränkt, sonde :r erleichtert.

---

412 Dazu *Kaisenb* ı: Anschütz, Thoma (Hrsg.), HdbStR, Bd. 2, S. 208.

413 *Giese*, Die Ve ng des Deutschen Reiches, Art. 73, Rdnr. 15; hierzu auch *Triepel*, AöR Bd. 20), S. 476ff.

4. *Die sächsischen Volksinitiativregelungen im Vergleich mit denen der übrigen Länderverfassungen*

Die Beantwortung der Frage, inwieweit sich die sächsischen Volksinitiativregelungen, wie vom Verfassungsausschuß angeregt, auf der mittleren Linie im Vergleich zu den übrigen Landesverfassungen bewegten, macht eine Betrachtung dieser Verfassungen notwendig.

Mit Ausnahme der Verfassung Lübecks vom 23. Mai 1920[414] sahen alle damaligen Landesverfassungen das Volksbegehren vor. Wie in Sachsen und auf der Ebene der Reichsverfassung konnte es sich auf den Erlaß, die Änderung und die Aufhebung von einfachen sowie von Verfassungsgesetzen richten.

Nach dem Vorbild der Weimarer Reichsverfassung stellten die meisten Landesverfassungen für das Zustandekommen eines Begehrens auf eine relative Größenordnung, also auf eine variable Unterschriftenzahl ab.

Neben der Sächsischen Verfassung forderten sechs weitere Landesverfassungen ebenso wie das Reichsrecht die Unterstützung des Begehrens durch ein Zehntel der Stimmberechtigten.[415] In Hessen und Preußen war die Initiative demgegenüber insofern erleichtert, als dort ein Zwanzigstel der Stimmberechtigten genügte.[416] In den übrigen Landesverfassungen war sie durch höhere Beteiligungsquoren erschwert. Die Verfassung Mecklenburg-Schwerins verlangte die Zustimmung eines Sechstels der Stimmberechtigten für die Initiative bei einem einfachen Gesetz und die eines Drittels für die Initiative bei einem verfassungsändernden Gesetz.[417] Mecklenburg-Strelitz verlangte für eine Ge-

414 Sammlung der Lübeckischen Gesetze und Verordnungen 1920, Nr. 78, S. 114ff.

415 Vgl. hierzu § 10 Abs. 2 Verfassungsurkunde des Freistaates Bayern vom 14. August 1919, GVBl. 1919, Nr. 58, S. 531ff., diese Vorschrift verlangte die Zustimmung von einem Zehntel bei einfachen Gesetzen und von einem Fünftel bei verfassungsändernden Gesetzen; Art. 41 Abs. 2 Verfassung des Freistaates Braunschweig vom 6. Januar 1922, Gesetz- und Verordnungs-Sammlung 1922, Nr. 8, S. 55ff.; Art. 47 der Verfassung der freien Stadt Danzig vom 15./17. November 1920, Stadtanzeiger für Danzig 1920, Nr. 49, S. 343ff., nach Änderungen neu bekanntgemacht am 14. Juni 1922, Anlage zum GBl. 1922, Nr. 30, S. 144ff.; Art. 58 Abs. 2 Verfassung der freien und Hansestadt Hamburg vom 7. Januar 1921, GVBl. 1921, Nr. 5, S. 9ff.; § 25 Abs. 1 Verfassung des Landes Thüringen vom 11. März 1921, GS. 1921, Nr. 10, S. 57ff.; § 44 Verfassung Württembergs vom 25. September 1919, Regierungsblatt 1919, Nr. 30, S. 281ff.

416 Art. 12 Abs. 1 Hessische Verfassung vom 12. Dezember 1919, Regierungsblatt 1919, Nr. 37, S. 439ff.; Art. 6 Abs. 2 Verfassung des Freistaates Preußen vom 30. November 1920, GS. 1920, Nr. 54, S. 543ff., diese verlangte ein Fünftel für verfassungsändernde und ein Zwanzigstel für einfache Gesetze.

417 § 45 Abs. 3 Verfassung des Freistaates Mecklenburg-Schwerin vom 17. Mai 1920, Regierungsblatt 1920, Nr. 92, S. 653ff.

setzesinitiative bei einfachen Gesetzen die Unterstützung des Begehrens von einem Fünftel und bei einem verfassungsändernden Gesetz die von einem Viertel.[418] Die Verfassungen Bremens sowie die von Schaumburg-Lippe und Lippe verlangten generell die Zustimmung eines Fünftels der Stimmberechtigten[419]; die Verfassung Anhalts generell die Zustimmung von einem Viertel der Stimmberechtigten.[420]

Das Verfahren war – wie in Sachsen – in den jeweiligen Ausführungsgesetzen geregelt, die oft erst Jahre nach Inkrafttreten der Verfassungen erlassen wurden. Sie übernahmen weitgehend die Vorschriften des Reichsgesetzes über den Volksentscheid (VEG), so daß bis auf noch anzuführende Ausnahmen auf die obigen Ausführungen zu diesem Gesetz verwiesen werden kann.

Dem eigentlichen Eintragungsverfahren war, wie auch in Sachsen, eine Art Vorprüfung in Form eines Zulassungsverfahrens vorgeschaltet. Es sollte die Behörden davor schützen, sich mit unzulässigen oder von vornherein aussichtslosen Anträgen befassen zu müssen. Im Eintragungsverfahren waren die Unterschriftslisten üblicherweise bei den Behörden der Gemeinden auszulegen, da diese die Identität und das Stimmrecht der Unterzeichner am leichtesten prüfen konnten. Die Frist zur Eintragung in die Listen war teilweise sehr knapp bemessen, so daß sie sich als schwerwiegende Hürde auswirken konnte.[421]

Auffallende Abweichungen gab es in Baden, Hessen, Oldenburg und Württemberg. Oldenburg hatte wie Baden keine relative Größenordnung, sondern eine absolute Unterschriftenzahl von 20.000 Stimmberechtigten für das Volksbegehren festgelegt.[422] Baden legte die absolute Zahl auf 80.000.[423] Diese Zahl entsprach ungefähr einem Fünfzehntel der Stimmberechtigten. Der Regierungsentwurf hatte zunächst nur ein Zustimmungsquorum von 50.000 vorgesehen.

---

418 § 32f. Landesgrundgesetz von Mecklenburg-Strelitz vom 29. Januar 1919, Amtlicher Anzeiger für Mecklenburg-Strelitz 1919, Nr. 20, S. 147ff.

419 § 4 Abs. 5 Verfassung der Freien Hansestadt Bremen vom 18. Mai 1920, GBl. 1920, Nr. 46, S. 183ff.; § 10 Abs. 2 Verfassung des Freistaates Schaumburg-Lippe vom 24. Februar 1922, Schaumburg-Lippische Landesverordnungen 1922, Nr. 8, S. 27ff.; Art. 10 Abs. 3 Verfassung des Landes Lippe vom 21. Dezember 1920, GS. 1920, Nr. 39, S. 341ff.

420 Art. 9 Abs. 2 der Verfassung für Anhalt vom 18. Juli 1919, GS. 1919, Nr. 10, S. 79ff.

421 In Sachsen 14 Tage, in Bayern 3 Wochen, in Mecklenburg-Schwerin und Hamburg 8 Tage, in Bremen 1 Woche, siehe hierzu *Jan*, JöR 1921, 203f.

422 § 65 der Verfassung für den Feistaat Oldenburg vom 17. Juni 1919, GBl. für den Freistaat Oldenburg, Landesteil Oldenburg 1919, Stück 46, S. 391ff.; siehe hierzu auch *Koellreutter*, JöR 1921, 413.

423 § 21 Gesetz, die badische Verfassung betreffend, vom 21. März 1919, GVBl. 1919, Nr. 28, S. 279ff.; zu den Grundzügen der badischen Verfassung siehe *Koellreutter*, JöR 1920, 180ff.

Das von 80.000 war ein Kompromiß zwischen den im Regierungsentwurf vorgeschlagenen und der von anderer Seite geforderten 100.000.[424]

Weiterhin enthielt dieser Entwurf keine Beschränkung der Initiativberechtigung auf ausformulierte Gesetzentwürfe. Darüber hinaus sah er bereits, wie erstmalig durch die Schleswig-Holsteinische Verfassung von 1990 eingeführt und auch innerhalb der Verfassungsdiskussion 1992 in Sachsen teilweise gefordert,[425] die Initiativberechtigung des Volkes auf alle Gegenstände vor, die der Beschlußfassung des Landtages unterlagen. Im Verfassungsausschuß fand dieser Vorschlag jedoch keine Mehrheit, da die Auffassung vorherrschte, daß eine solche Möglichkeit leicht dazu führen könne, daß nur wenig durchdachte Anträge gestellt würden.[426]

Auch in den Beratungen zur Hessischen Verfassung wurde die Initiativberechtigung in der erweiterten Form des badischen Regierungsentwurfes gefordert.[427] Der Verfassungsausschuß entschied sich jedoch für eine Regelung im Sinne des Reichsrechts.

Im Gegensatz zum Reichs- und übrigen Landesrecht und in bewußter Anlehnung an die schweizerische Praxis[428] war es in Baden den Initianten überlassen, die notwendigen Unterschriften für ein Volksbegehren beizubringen.[429] Ein vorheriges amtliches Prüfungs- oder Zulassungsverfahren gab es nicht. Auch in Hessen verzichtete man auf ein solches.[430] Wurde ein Volksbegehren eingereicht, waren die Gemeinden ohne weiteres verpflichtet, vorschriftsmäßige Unterschriftenlisten, die ihnen von den Antragstellern übergeben worden waren, innerhalb der üblichen Öffnungszeiten bereit zu halten. Während in Baden eine Frist von drei Monaten für die private Unterschriftensammlung vorgeschrieben war, war sie in Hessen unbefristet möglich.

Einige Besonderheiten beinhaltete auch das württembergische Recht. Während das Volksbegehren nach der Weimarer Reichsverfassung sowie nach sämtlichen Landesverfassungen nur in Form eines ausgearbeiteten Gesetzentwurfes zulässig war, konnte das Begehren gem. § 44 der württembergischen Verfassung

---

424 Hierzu *Glockner*, Badisches Verfassungsrecht mit Erläuterungen, S. 139.

425 Auf diese Forderungen wird im dritten Teil der Arbeit genauer eingegangen.

426 Hierzu *Glockner*, Badisches Verfassungsrecht mit Erläuterungen, S. 139.

427 Hierzu und zum folgenden *Gmelin*, JöR 1921, 304.; zur Verfassungsentwicklung in Hessen siehe ders., JöR 1920, 204ff.

428 Siehe hierzu *Merk*, JöR 1923/24, 33.

429 Vgl. §§ 5-8 des Gesetzes über die Landtagswahlen, das Volksvorschlagsrecht und die Volksabstimmung (LandtagsWahlG.) vom 29. Juli 1920, GVBl. 1920, S. 443ff., in der Fassung vom 23. September 1921, a.a.O. 1921, S. 329ff.

430 Gesetz über Volksbegehren und Volksabstimmung vom 17. März 1921, Hessisches Regierungsblatt 1921, S. 62, zur Regelung des Volksbegehrens siehe Art. 1-14; vgl. hierzu auch *Gmelin*, JöR 1923/24, 114ff.

neben einem solchen auch reine Richtlinien für ein dann von der Regierung auszuarbeitendes und dem Volk zur Abstimmung zu unterbreitendes Gesetz enthalten.[431] Praktisch bedeutete dies, daß ein Volksbegehren auch eine Aufforderung an die Regierung enthalten konnte, sich über ein konkretes Thema nähere Gedanken zu machen, um anschließend diesbezüglich dem Volk einen Gesetzesvorschlag zur Entscheidung zu unterbreiten.

Weiterhin handelte es sich in Württemberg einzigartig um eine direkte Volksinitiative, die unmittelbar an das Volk und nicht an den Landtag gerichtet war. Für den Landtag bestand keine Verpflichtung, über das Begehren einen Entschluß zu fassen.[432] Faßte er jedoch einen solchen, dann kam diesem nur die Bedeutung einer Abstimmungsempfehlung im Sinne von § 44 Abs. 2 der Verfassung zu, die aber den Volksentscheid keinesfalls entbehrlich machte.

Schließlich ordnete die Verfassung weder ein Zulassungs- noch ein Eintragungsverfahren an.

Ebenso wie in Sachsen und auf der Ebene der Reichsverfassung waren in den Ländern Finanzgesetze in unterschiedlichem Umfang vom Volksbegehren und Volksentscheid ausgeschlossen. In Baden und Württemberg waren jedoch Initiativen über Besoldungsordnungen zulässig.[433] Sperrfristen für ein Initiativobjekt gab es nur in Bayern und Bremen.[434]

Im Vergleich zu den Regelungen der vorbenannten Landesverfassungen bewegten sich die sächsischen Regelungen des Volksbegehrens den Vorstellungen der Mehrheit der Mitglieder des Verfassungsausschusses entsprechend tatsächlich auf der sogenannten mittleren Linie.

Für die ursprünglich vergleichsweise weitgehenden Vorschriften der Verfassung Württembergs brachte jedoch das Ausführungsgesetz für das Volksbegehren und den Volksentscheid[435] einschneidende Änderungen von großer Tragweite. Obwohl nur zur Ausführung der Verfassung ergangen, sollte durch dieses Gesetz die vollständige Anpassung an das sonstige Reichs- und Landesrecht bewirkt werden, ohne den Text der Verfassung zu ändern. Art. 2 und 17 des Ausführungsgesetzes schrieben nunmehr einen ausgearbeiteten Gesetzentwurf vor. Bei unveränderter Annahme des Begehrens sollte ein Volksentscheid

431 Hierzu *Satorius*, JöR 1925, 380f.; *von Blume*, JöR 1920, 178.

432 Nach allen anderen Verfassungen war das Volksbegehren an den Landtag zu richten und nur dann, wenn dieser dem Begehren nicht zustimmte oder es nur verändert annahm, sollte es zu einem Volksentscheid kommen.

433 Siehe im einzelnen *Klinghoffer*, AöR N. F. Bd. 14 (1928), S. 11, 14ff.

434 § 77 Abs. 4 Verfassungsurkunde des Freistaates Bayern, § 8 Verfassung der Freien Hansestadt Bremen.

435 Regierungsblatt für Württemberg 1923, S. 345ff. in der Fassung vom 4. April 1924, a.a.O., S. 237ff.

entfallen. Weiterhin wurde ein Zulassungs- und Eintragungsverfahren eingeführt.[436]

5. *Die praktische Anwendung der Volksinitiativregelungen*

a) *Die praktische Anwendung auf Reichsebene*

In den Jahren bis zur Machtergreifung Hitlers wurde eine große Anzahl von Initiativen geplant.[437] Offiziell beantragt wurden hingegen nur acht Volksbegehren, von denen schließlich zwei zum Volksentscheid gelangten. Alle acht Verfahren waren auf eine Gesetzesinitiative gerichtet. Das Verwerfungsbegehren des Art. 73 Abs. 2 WRV blieb ohne praktisches Beispiel. Von den sechs beantragten Volksbegehren, die nicht bis zum Volksentscheid gelangten, scheiterten fünf Initiativen bereits am Zulassungsverfahren.[438] Ein im Jahre 1928 von der

---

436 Die Verfassungsmäßigkeit des Ausführungsgesetzes wurde vielfach bezweifelt, vgl. hierzu *Satorius*, JöR 1925, 380ff.; *Klinghoffer*, AöR N. F. Bd. 14 (1928), S. 40f., Fn. 80, S. 51, Fn. 95; *Fetzer*, Das Referendum im Deutschen Staatsrecht, S. 71; jedoch kam es nie zu einer richterlichen Überprüfung des Gesetzes. In Art. 3 und 40 sah es zwar ein Verfahren vor dem Staatsgerichtshof vor, da aber die Volksrechte in Württemberg nie praktisch wurden, entfiel damit auch dieser Weg zur Kontrolle der Verfassungsmäßigkeit. In Anhalt änderte das Ausführungsgesetz die Verfassung sogar dahingehend, daß dem Volksbegehren nur noch Empfehlungscharakter zukam. Ein Volksentscheid konnte nicht mehr erzwungen werden, da auch bei Ablehnung des Entwurfs durch den Landtag keine Volksabstimmung stattfand.

437 Eine Übersicht der geplanten und beabsichtigten Initiativen befindet sich bei *Schiffers*, Elemente direkter Demokratie im Weimarer Regierungssystem, S. 244.

438 Am Zulassungsverfahren gescheiterte Begehren: 1922: „Reichsbund für Siedlung und Pacht", erweitert um eine geplante Abgabenregelung. Das Verfahren wurde daher wegen Verstoßes gegen Art. 73 Abs. 4 WRV nicht zugelassen.
1923: „Zweite Initiative des Reichsbundes", erweitert um eine geplante Abgabenregelung. Das Verfahren wurde ebenfalls wegen Verstoßes gegen Art. 73 Abs. 4 WRV nicht zugelassen.
1925: „Volksbegehren-Sparerbund-Dr. Best", wurde ebenfalls wegen Verstoßes gegen Art. 73 Abs. 4 nicht zugelassen, da eine Beeinflussung des Reichshaushaltsplanes drohte.
1927: „Volksbegehren der Reichsarbeitsgemeinschaft der Aufwertungsgeschädigten und Mieterorganisation", das begehrte Gesetz wurde als Abgabengesetz i.S.d. Art. 73 Abs. 4 verstanden und somit nicht zugelassen.
1932: „Volksbegehren der SPD gegen den sozialpolitischen Teil der Notverordnungen vom 4. September 1932", während des Zulassungsverfahrens hob die Regierung den betroffenen Teil der Verordnung wieder auf, wodurch sich das Verfahren erledigte. Näheres zu den Begehren bei *Jung*, Direkte Demokratie in der Weimarer Republik, S. 15ff. m.w.N.; ebenso bei *Wolfgang Berger*, Die unmittelbare Teil-

KPD beantragtes und unter dem Schlagwort „Panzerkreuzerverbot" bekannt gewordenes Volksbegehren wurde vom Reichsminister zwar zugelassen, erreichte jedoch während des Eintragungsverfahrens nicht die erforderliche Anzahl von Unterschriften.[439]

Das erste erfolgreiche Volksbegehren der Weimarer Republik „Fürstenenteignung" wurde 1926 zugelassen[440] und erreichte eine Unterstützung von 31,77% der Stimmberechtigten.[441] Durch dieses Volksbegehren sollten die Vermögen der vor 1919 in Deutschland regierenden Fürstenhäuser enteignet werden und zum Wohle der bedürftigen Bevölkerungsschichten verwandt werden. Der Gesetzentwurf wurde gemeinsam von SPD und KPD initiiert. Nachdem der Reichstag die Annahme des Gesetzentwurfes verweigert hatte, wurde das Gesetz zur Volksabstimmung gebracht. An dieser beteiligten sich am 26. Juni 1926 39,27% der stimmberechtigten Bevölkerung. Hiervon stimmten 36,39% für die Annahme des Gesetzes. Trotz dieser Resonanz scheiterte der Volksentscheid an dem durch Art. 75 WRV vorgeschriebenen Mindestbeteiligungsquorum.

Als nächstes kam das Volksbegehren „Freiheitsgesetz" zustande.[442] Mit dem begehrten „Gesetz gegen die Versklavung des deutschen Volkes" war ein Angriff deutschnationaler Interessengruppen gegen den Young-Plan beabsichtigt.[443] Die Initiatoren dieses Volksbegehrens waren im „Reichsausschuß für das deutsche Volksbegehren" zusammengeschlossen, der sich hauptsächlich aus Mitgliedern der DNVP, des Stahlhelm-Bundes und des Bundes der Frontsoldaten zusammensetzte. Später reihte sich auch die NSDAP in die Reihe der rechtsorientierten Gegner des Young-Planes ein.[444] Durch das begehrte Gesetz sollte die Reichsregierung verpflichtet werden, das im Versailler Friedensvertrag niedergelegte Kriegsschuldanerkenntnis öffentlich zu widerrufen. Weiterhin wurden in

---

nahme des Volkes an staatlichen Entscheidungen durch Volksbegehren und Volksentscheid, S. 82ff.

439 Amtliches Ergebnis, festgestellt vom Reichswahlleiter am 28. November 1928, Reichsanzeiger 1928, Nr. 249; näheres dazu bei *Eyck*, Geschichte der Weimarer Republik, Bd. 2, S. 201, 211; *Jung*, Direkte Demokratie in der Weimarer Republik, S. 67ff.

440 Zugelassen durch Verordnung des Reichsministers des Innern vom 15. Februar 1926, Reichsanzeiger 1926, Nr. 39.

441 Bekanntmachung vom 14. April 1926, Reichsanzeiger 1926, Nr. 87; ausführliche Darstellung bei *Jung*, Direkte Demokratie in der Weimarer Republik, S. 49ff.

442 Zugelassen durch Verordnung des Reichsministers des Innern vom 30. September 1929, Reichsanzeiger 1929, Nr. 229; vgl. hierzu die Darstellung bei *Jung*, Direkte Demokratie in der Weimarer Republik, S. 109ff.

443 Der Young-Plan war eine unter dem Vorsitz des Amerikaners Owen D. Young ausgearbeitete Neuregelung der deutschen Reparationszahlungen an die Alliierten.

444 *Schiffers*, Elemente direkter Demokratie im Weimarer Regierungssystem, S. 231.

§§ 2 und 3 des Gesetzentwurfs die Räumung aller besetzten Reichsgebiete und das Verbot der Übernahme neuer Verpflichtungen aus dem Kriegsschuldanerkenntnis verlangt. In § 4 des Entwurfs war eine Anklage des Kanzlers, der Minister und Bevollmächtigten des Reiches als Landesverräter vorgesehen, soweit sie an einem der in § 3 genannten Vertragsabschlüsse beteiligt waren. Nach Zulassung durch den Reichsinnenminister erreichte das Volksbegehren im Eintragungsverfahren eine Unterstützung von 10,02% der Stimmberechtigten und hatte somit die vorgeschriebene Zehn-Prozent-Grenze nur minimal überschritten.[445]

Kein Gesetz ist durch Plebiszit zustande gekommen.[446] Zwei der acht Volksbegehren wurden von politisch extremen Parteien in Gang gebracht, das Volksbegehren „Panzerkreuzerverbot" von der KPD, das Volksbegehren „Freiheitsgesetz" von Stahlhelm, DNVP und NSDAP. Hierbei ist positiv zu werten, daß das Volk, aber auch das Parlament, sich von radikalen Forderungen nicht unter Druck setzen ließ, obwohl angesichts der schwierigen Wirtschaftslage und der damit einhergehenden Empfänglichkeit für Demagogie eher das Gegenteil zu erwarten gewesen wäre.[447] Ausnahmslos haben die Initianten der radikalen, republikfeindlichen Gruppen und Parteien von der Bevölkerungsmehrheit eine Abfuhr erhalten.

Die Initiatoren benutzten die Initiativberechtigung als Gegen-Gesetzgebung. Es ging, wie das Young-Plan-Begehren zeigte, nicht mehr um eine sinnvolle Ergänzung der parlamentarischen Gesetzgebung, sondern ausschließlich um die Verhinderung der Durchsetzung des parlamentarischen Willens durch einen gegenteiligen Gesetzentwurf. Die extremen Parteien, die der Republik deutlich den Kampf angesagt hatten, versuchten, durch das verfassungsmäßig gewährleistete Mittel des Volksbegehrens den Parlamentarismus ad absurdum zu führen. Sie mißbrauchten das außerparlamentarische Oppositionsmittel gegen den Parla-

---

445 Da das „Freiheitsgesetz" vom Reichstag abgelehnt worden war, kam es am 22. Dezember 1929 zum Volksentscheid. Hierbei fand das begehrte Gesetz jedoch nur die Unterstützung von 13,8 Prozent der Stimmberechtigten (amtliche Feststellung vom 14. März 1930, Reichsanzeiger 1930, Nr. 63). Da die Beteiligungsquote nur geringfügig war (14,59 Prozent), war auch dieser Volksentscheid an der Regelung des Art. 75 WRV gescheitert.

446 Zu den spürbaren Restriktionen durch die Auslegung des Art. 75 WRV und die extensive Auslegung des Begriffs „Haushaltsplan", über den gem. Art. 73 Abs. 4 ein Volksbegehren unzulässig war, mit der Folge, daß eine Anwendung der Volksgesetzgebung gerade auf moderne Leistungsgesetze verwehrt war, siehe *Bugiel*, Volkswille und repräsentative Entscheidung, S. 202ff.

447 *Strenge*, ZRP 1994, 274.

mentarismus selbst.[448] Dies mißlang nur, weil das jeweilige Quorum nicht erreicht wurde beziehungsweise das Volk nicht entsprechend stimmte.

Von den zwei erfolgreichen Volksbegehren Fürstenenteignung und Freiheitsgesetz erreichten beim Volksentscheid beide nicht die erforderliche Zustimmung.

Da aber keine produktiven Ergebnisse erzielt wurden, nehmen die Gegner plebiszitärer Entscheidungsrechte dieses Ergebnis zum Anlaß, die unmittelbare Volksgesetzgebung der Weimarer Republik als folgenlos und ineffektiv zu bewerten, die mehr zur Radikalisierung als zur Demokratisierung der Bevölkerung beigetragen habe.[449]

Um jedoch zu einer sachgerechteren Beurteilung des Volksgesetzgebungsverfahrens zu gelangen, müssen auch die indirekten Auswirkungen der plebiszitären Verfahren berücksichtigt werden.[450] So liegt z.B. in den Volksbegehren des Sparerbundes sowie in dem der Reichsarbeitsgemeinschaft der Aufwertungsgeschädigten und Mieterorganisation ein Warnsignal von unterprivilegierten, benachteiligten Gruppen, welches den Staat zu verstärkter Fürsorge und Integration bestimmter Bevölkerungsschichten anhalten sollte.[451] Auch die Initiativen des Reichsbundes für Siedlung und Pachtung[452] sowie das Volksbegehren Fürstenenteignung beruhten letztlich auf dem Versäumnis des Staates, der die Grundbedürfnisse der sozial Schwachen nicht genügend berücksichtigt hatte. Berger spricht von Kontrollversuchen gegenüber Parteien, die nach der Wahl ihre Ver-

448 *Strenge*, ZRP 1994, 274; der Inhalt des Volksbegehrens gegen den Young-Plan griff unter gewollter Kompetenzüberschreitung des legislativen Bereichs in spezifische Regierungsfunktionen ein und durchbrach damit den Grundsatz der Gewaltenteilung. Daß es dennoch zu einer Zulassung der Initiative kam, lag an der damals vorherrschenden formalistisch-positivistischen juristischen Lehre, die einen inhaltlich der Verfassung widersprechenden Gesetzentwurf lediglich als verfassungsändernd, nicht aber als verfassungswidrig und nichtig ansah. Vielmehr sollte eine Verfassungsänderung auch stillschweigend lediglich unter Beachtung der in Art. 76 WRV angeordneten Formen erfolgen können. Das Reichsgericht urteilte: „Für die Wirksamkeit einer Verfassungsänderung ist nicht erforderlich, daß sie vom Gesetzgeber ausdrücklich als eine solche bezeichnet oder gar in die Verfassung aufgenommen wird", JW 1927, 2198 (2199).

449 *Fell*, Plebiszitäre Einrichtungen im gegenwärtigen deutschen Staatsrecht, S. 32; *Abelein*, ZParl 1971, 199; *Schiffers*, Elemente direkter Demokratie im Weimarer Regierungssystem, S. 285ff.

450 *Obst*, Chancen direkter Demokratie in der Bundesrepublik Deutschland, S. 101ff; *Hernekamp*, Formen und Verfahren direkter Demokratie, S. 252ff.

451 *Wolfgang Berger*, Die unmittelbare Teilnahme des Volkes an staatlichen Entscheidungen durch Volksbegehren und Volksentscheid, S. 271ff.

452 Zugelassen durch Verordnung des Reichsministers des Innern vom 28. Dezember 1922, Reichsanzeiger 1923, Nr. 6.

sprechungen vergessen hatten oder sich nicht genügend für ihre Durchsetzung einsetzten. Auch wenn die wirtschaftliche Situation schlecht war und nicht alle Bedürfnisse der Arbeiter, Kleinbauern, Sparer etc. durch die Republik hätten befriedigt werden können, so hätten die Volksbegehren doch den demokratischen Parteien die Möglichkeit eröffnet, deutlich zu sagen, wo die Hauptverantwortlichen für die wirtschaftlichen Schwierigkeiten saßen, daß nicht die Republik, sondern das Kaiserreich und die, die es getragen hatten und nun wiederum gegen die Republik agierten, für die belastende Hypothek verantwortlich waren. Insgesamt seien daher die Erfahrungen mit Volksbegehren und Volksentscheid in der Weimarer Republik keineswegs entmutigend.

Dennoch hat die Praxis der Volksgesetzgebung in Hinblick auf die politische Auseinandersetzung eine radikalisierende Wirkung entfaltet, jedoch war der Effekt nur ein verschärfender. Die zunehmende Schwäche der Republik war fundamental bereits an anderen Stellen vorgegeben.[453] Vor allem das Mißverständnis des parlamentarischen Regierungssystems hat die Weimarer Republik weitaus negativer beeinflußt als die Praxis der Volksabstimmung.

b) Die praktische Anwendung in Sachsen sowie in den übrigen Ländern

In Sachsen dagegen ist die Gesetzesinitiative vom Volk nicht ergriffen worden, obwohl ein Teil des Verfassungsausschusses eine Beunruhigung des staatlichen Lebens durch allzu häufige Anregung durch die Bevölkerung befürchtet hatte. Die anfangs gehegten Befürchtungen, es werde eine Flut von Volksbegehren über den Staat hereinbrechen, haben sich nicht bewahrheitet. Selbst in der ersten politisch unruhigen Zeit unter der neuen Verfassung ist ein solcher Fall nicht praktisch geworden.[454] Die Bedeutung der Volksinitiative war in Sachsen daher gering. Wenn überhaupt, so wäre lediglich eine psychologische Bedeutung in Form eines verstärkten Partizipationsbewußtseins in Betracht gekommen, das allein aufgrund der theoretischen Möglichkeit, jederzeit die Initiative ergreifen zu können, entstanden sein könnte.

Volksbegehren auf Erlaß eines Gesetzes sind überhaupt nur aus zwei deutschen Ländern bekannt. In Hamburg erarbeitete im April 1921 ein Mieterverband einen Gesetzentwurf über die Festsetzung der Mietzinsen und erreichte im Zulassungsverfahren die erforderlichen 1000 Unterschriften. Im Eintragungsver-

---

453 Hierzu *Bugiel*, Volkswille und repräsentative Entscheidung, S. 239, zum Scheitern der Weimarer Republik, S. 210ff.

454 Vgl. für den Zeitraum von 1920 bis 1927 *Reichelt*, Das Staatsleben unter der Sächsischen Verfassung vom 1. November 1920, S. 23; für die Zeit ab März 1927 *J. Woelker*, Das Staatsleben unter der Sächsischen Verfassung vom 1. November 1920, S. 117.

fahren (18.-27.05.1921) haben indes von nahezu 759.000 Stimmberechtigten nur ungefähr 64.000 die Initiative unterstützt, das heißt, weniger als ein Zehntel. Das Volksbegehren war demnach wegen mangelnder Beteiligung nicht zustande gekommen.[455]

In Bayern initiierte 1924 die größte, die Landespolitik beherrschende Bayerische Volkspartei ein Volksbegehren mit dem Ziel der Auflösung und Neuwahl des Landtages, welcher ausnahmsweise ermächtigt sein sollte, Verfassungsänderungen mit einfacher Mehrheit zu beschließen. Verfassungsänderungen konnten in Bayern nur von zwei Dritteln der gesetzlichen Mitgliederzahl des Landtages beschlossen werden. Der Initiativantrag auf Modifikation der Verfassungsurkunde wurde während der Eintragungsfrist (18.01.-17.02.1924) von 1.158.340 Unterschriften unterstützt. Das Volksbegehren war damit wirksam zustande gekommen. Der Gesetzentwurf wurde vom Landtag abgelehnt, so daß es zum Volksentscheid kam. Von rund 4,28 Millionen Stimmberechtigten stimmten nahezu 3 Millionen ab. Lediglich 1,3 Millionen stimmten mit Ja, die Mehrheit stimmte mit Nein.[456]

Bei lediglich zwei Volksbegehren auf Länderebene kann man von einer Praxis kaum sprechen. Das Volk machte einen recht bescheidenen Gebrauch von seinen Gesetzgebungsrechten. Die Verfassunggeber fast sämtlicher Länder hatten die Regelungen der Volksgesetzgebung jedoch auch so angelegt, daß der Wahrscheinlichkeitsgrad für ihre Anwendung recht gering war. Der Reichsverfassung folgend hatte man sich mehr oder weniger stark für ein Übergewicht zugunsten des Parlaments entschieden. Die genannten Länder, welche in entscheidenden Punkten vom sonstigen Reichs- und Landesrecht abwichen, hätten vielleicht eine günstigere Prognose erwarten lassen; dem war jedoch nicht so. Insbesondere hatte Baden gute verfassungsrechtliche Voraussetzungen für ein Funktionieren der Volksgesetzgebung. Es gab sich als erstes deutsches Land eine demokratische Verfassung, in der die Volksgesetzgebung einen breiten Raum einnahm. Schon ab Mitte 1920 ermöglichte ein Ausführungsgesetz die Anwendung der Volksinitiative. Weiterhin läßt sich vermuten, daß der badischen Bevölkerung zumindest in gewissem Maße die Mitwirkung der schweizerischen Bevölkerung bei der Gesetzgebung bekannt sein mußte. Dennoch blieb die in der Verfassung vorgesehene Volksinitiative ohne einen einzigen Anwendungsfall.

Allein das Verhältniswahlrecht, welches sicherlich einen breiten Konsens zwischen den Mehrheitsverhältnissen im Parlament und der Wählerschaft

455 Hierzu siehe *Thoma*, ZöR 1928, 500; offensichtlich lag eine Ursache des Scheiterns an der zu kurzen Fristbemessung für die Beibringung der geforderten Unterschriften.

456 *Thoma*, ZöR 1928, 500f.

brachte, kann hierfür keine Erklärung sein. Vielmehr ist wohl der Schluß zu ziehen, daß die Mehrheit der deutschen Aktivbürger der Volksgesetzgebung gegenüber fremd, vielleicht sogar mißtrauisch gegenüberstand. Es fehlte jede Tradition, jede kontinuierliche Entwicklung vom kleineren zum größeren Raum. Auch war von seiten der Behörden, des Parlaments oder der Regierung keine Förderung zu erwarten. Weiterhin war durch die kurze Dauer der Weimarer Republik der Möglichkeit auf eine ruhige, breite Einführung und Bewährung der unmittelbaren Demokratie ein schnelles Ende gesetzt.

§ 9 Der Ausschluß der Volksinitiative auf Reichs- und Landesebene unter dem NS-System

I. Die Beschränkung der Initiativberechtigung auf Reichsebene durch das Ermächtigungsgesetz vom 24. März 1933

Als erster Schritt in Richtung Ausschluß der Volksinitiative auf Reichsebene wurden die Rechte des Volkes aus der WRV zugunsten der Reichsregierung durch das Gesetz zur Behebung der Not von Volk und Reich vom 24. März 1933 (Ermächtigungsgesetz)[457] erheblich eingeschränkt.[458]

Das Gesetz erteilte der Reichsregierung eine umfassende Vollmacht. Gem. Art. 1 konnten neben dem in der Reichsverfassung vorgesehenen Verfahren Gesetze nun auch allein von der Reichsregierung beschlossen werden. Die von ihr beschlossenen Gesetze durften dabei von der Reichsverfassung abweichen, solange sie nicht die Einrichtung des Reichstages berührten. Gem. Art. 3 des Ermächtigungsgesetzes konnte in Bezug auf die von der Reichsregierung beschlossenen Gesetze die Initiative vom Volk gem. Art. 73 WRV nicht mehr ergriffen werden.

Der nach diesem Gesetz vorgesehene Weg der Gesetzgebung wurde die Regel, so daß bereits hierdurch das Initiativrecht der Bevölkerung faktisch ausgehebelt wurde. Formal jedoch galten die Vorschriften der Weimarer Reichsverfassung weiterhin. Einen ausdrücklichen Akt zur Aufhebung der Verfassung gab es nicht.[459]

---

457 RGBl. I, S. 141.

458 Dazu *Schwarz/ Noack*, Die Gesetzgebung des Dritten Reiches, S. 2f.

459 Eine umfassende Prüfung der formellen und materiellen Verfassungsmäßigkeit des Ermächtigungsgesetzes vor dem Hintergrund der WRV unternimmt *Matthé*, Die Legalität des Ermächtigungsgesetzes vom 24. März 1933 und die Schranken der Verfassungsrevision in der Weimarer Verfassung. Er gelangt zu dem Ergebnis, daß

Nach Auffassung eines zeitgenössischen Beobachters und Befürworters des Dritten Reiches, Ernst Rudolf Huber[460], bildete das Ermächtigungsgesetz ein Kernstück einer neu werdenden Verfassung.[461] Zwar sei es formell als Verfassungsänderung im Wege des Art. 76 WRV zustande gekommen (Reichstagsbeschluß mit Zwei-Drittel-Mehrheit), doch beziehe es seine Legitimität nicht aus der Weimarer Reichsverfassung, sondern allein und ausschließlich aus der nationalsozialistischen Revolution.[462] Huber untermauert seine Beschreibung und Bewertung mit einer Theorie zur Geltung der Verfassung.[463] Danach genügt es nicht, daß eine Verfassung lediglich auf dem Papier stehe und nicht ausdrücklich aufgehoben worden sei. Jede Verfassung könne durch einen revolutionären Umbruch ihrer Geltung beraubt werden. Dazu bedürfe es keiner feierlichen Kundgabe, äußerlicher Proklamation oder dergleichen. Eine Verfassung könne schon durch einfache Nichtanwendung untergehen. Die Weimarer Reichsverfassung habe durch die nationalsozialistische Revolution den Rang einer Grundordnung für das politische Sein des Volkes verloren. Sie habe aufgehört, die geltende Verfassung des Deutschen Reiches zu sein.[464]

Auch unabhängig von Hubers problematischer Argumentation ist jedenfalls in dem weiteren Verlauf der historischen Ereignisse eine vollständige Auflösung der WRV als „Gesetz" zu sehen.[465] Dementsprechend konnten die Volksinitiativregelungen der Weimarer Reichsverfassung in der Gestalt, die sie durch das Gesetz über Volksbegehren und Volksentscheid bekommen haben, keinerlei Wirkung mehr entfalten.[466]

---

das Gesetz sowohl formell als auch materiell verfassungswidrig ist. Vgl. S. 83ff., 92f., 101ff.

460 Zur Problematik, daß sich eine nicht unbeträchtliche Zahl von Juristen aus Wissenschaft und Praxis freiwillig in den Dienst der nationalsozialistischen Rechtsordnung stellten vgl. auch *Wyduckel*, DVBl 1991, 334.

461 *E. R. Huber*, Verfassungsrecht des Großdeutschen Reiches, S. 48.

462 *E. R. Huber*, Verfassungsrecht des Großdeutschen Reiches, S. 49.

463 *E. R. Huber*, Verfassungsrecht des Großdeutschen Reiches, S. 49.

464 *E. R. Huber*, Verfassungsrecht des Großdeutschen Reiches, S. 50.

465 Vgl. nur *Krause*, in: Isensee, Kirchhof (Hrsg.), HdbStR, Bd. 2, S. 319; ebenso *H. Schneider*, in: Isensee, Kirchhof (Hrsg.), HdbStR, Bd. 1, S. 135.

466 *Poetzsch-Heffter* merkt hierzu an, das Volksentscheidsrecht der Weimarer Verfassung sei obsolet geworden, weil die von ihm vorausgesetzten Sachlagen nicht mehr eintreten konnten, in: JöR 1935, 78.

2. *Der Ausschluß der Volksinitiative auf Landesebene durch den Entzug der Hoheitsrechte der Länder durch das „Gesetz über den Neuaufbau des Reiches" vom 30. Januar 1934*

Zur Gleichschaltung der Länder[467] mit dem Reich sollte zunächst entsprechend der Regelung des Ermächtigungsgesetzes auf Reichsebene auch in den Ländern die Gesetzgebungskompetenz zugunsten der Regierung verschoben werden. Durch das „vorläufige Gesetz zur Gleichschaltung der Länder mit dem Reich" vom 31. März 1933[468] wurden daher die Landesregierungen ermächtigt, außer auf dem Weg der in den Landesverfassungen geregelten Verfahren Landesgesetze auch allein erlassen zu können.[469] Dadurch war die Volksinitiative wie auch auf Reichsebene ausgeschlossen. Damit wurde die Initiativberechtigung des Volkes in Sachsen[470] wie auch in den übrigen Ländern ausgehebelt. Denn die Gesetzgebungsbefugnis war praktisch ausnahmslos auf die Landesregierungen übergegangen.

Der entscheidende Stoß gegen die Länder wurde jedoch mit dem „Gesetz über den Neuaufbau des Reiches" vom 30. Januar 1934[471] geführt. Mit seinen ersten beiden Artikeln wurden die Hoheitsrechte der Länder auf das Reich übertragen und deren Volksvertretungen[472] aufgehoben.[473] Damit war auf Landesebene mangels eigener Hoheitsgewalt die Nutzung der Volksinitiativregelungen nun gänzlich ausgeschlossen.

Da nach der Auflösung der Länder der Reichsrat, durch den die Länder im Reich vertreten waren, keine Funktion mehr hatte, wurde er am 14. Februar 1934 aufgelöst.[474]

---

467 Zur sächsischen Justiz während des Nationalsozialismus siehe *Heitmann*, in: Die Revolution in der Spur des Rechts, S. 87ff.

468 RGBl. I S. 153; abgedruckt bei *von Münch*, Gesetze des NS-Staates, S. 41ff.

469 Zur Gleichschaltung Sachsens vgl. *Bramke*, Sächsische Heimatblätter 30 (1984), 156ff.; ders., in: Czok (Hrsg.), Geschichte Sachsens, S. 480ff.; *Kirsch*, Sächsische Heimatblätter 41 (1995), 23ff.

470 Die NSDAP ergriff in Sachsen die Macht, obwohl sie bei der letzten ordentlichen Landtagswahl 1930 nur ganze 14,4% der Stimmen errungen hatte, siehe hierzu *Blaschke*, in: Der Sächsische Landtag. Geschichte und Gegenwart, S. 15.

471 RGBl. I S. 75; abgedruckt bei *von Münch*, Gesetze des NS-Staates, S. 48.

472 Deren Zusammensetzung war bereits durch § 4 des vorläufigen Gesetzes zur Gleichschaltung der Länder vom 31. 03. 1933 zugunsten der Nationalsozialisten verschoben worden.

473 Vgl. hierzu auch *Schwarz/ Noack*, Die Gesetzgebung des Dritten Reiches, S. 9f.

474 RGBl. I, S. 89.

3. Die Beteiligung der Bevölkerung durch das Volksabstimmungsgesetz vom 14. Juli 1933

Durch die vollständige Auflösung der Reichsverfassung „als Gesetz" und den Verlust der Hoheitsrechte der Länder konnten sowohl die Volksinitiativregelungen der WRV als auch die der Sächsischen Verfassung keinerlei Wirkung mehr entfalten. Statt dessen trat zur unmittelbaren Mitwirkung des Volkes bereits am 14. Juli 1933 ein Gesetz über Volksabstimmungen in Kraft.[475]

Gem. § 1 des Gesetzes konnte die Reichsregierung das Volk befragen, ob es einer von der Reichsregierung beabsichtigten Maßnahme zustimmt oder nicht.

Das Volksabstimmungsgesetz sah kein Initiativrecht des Volkes mehr vor. Die Durchführung einer Volksabstimmung stand ausschließlich im Belieben der politischen Führung, die eine Abstimmung anordnen konnte, wenn es ihr opportun erschien. Im politischen Prozeß nicht berücksichtigte Minderheits- oder auch Allgemeininteressen konnten aus der Bevölkerung heraus so nicht mehr zur Geltung gebracht werden. An die Volksinitiativberechtigung nach den Regeln der Weimarer Reichsverfassung sowie an die der Sächsischen Verfassung knüpft dieses Gesetz offensichtlich nicht an.

Vor allem aber stellte die Volksabstimmung im Dritten Reich keine Teilnahme an staatlichen Entscheidungen dar. Die Entscheidungen waren vor allen Abstimmungen bereits getroffen. Es ging nicht, wie der Wortlaut des Gesetzes erwarten läßt, um beabsichtigte Maßnahmen, sondern um eine bereits vollzogene Politik.[476]

Das Volksabstimmungsgesetz kam insgesamt drei Mal zur Anwendung. Zum ersten Mal wurde am 12. November 1933 über den Austritt Deutschlands aus dem Völkerbund abgestimmt, der bereits am 10. Oktober von der Reichsregierung beschlossen worden war. Die zweite Abstimmung vom 19. August 1934 hatte zum Ziel, die Anfang August 1934 erfolgte Ernennung Adolf Hitlers zum Staatsoberhaupt des Deutschen Reiches im nachhinein billigen zu lassen. Die dritte und letzte Volksabstimmung am 10. April 1938 diente dazu, dem einen Monat zuvor am 13. März 1938 vollzogenen Anschluß Österreichs an das Deutsche Reich zu akklamieren.[477]

---

475 RGBl. I, S. 479.

476 Dazu *Hartmann*, Volksinitiativen, S. 53f.; *Hernekamp*, Formen und Verfahren direkter Demokratie, S. 384; *Wolfgang Berger*, Die unmittelbare Teilnahme des Volkes an staatlichen Entscheidungen durch Volksbegehren und Volksentscheid, S. 96ff.

477 Ausführlich zu den einzelnen Abstimmungen, *Beckmann*, Direkte Demokratie und Verfassung, S. 116ff.; *Jung*, Plebiszit und Diktatur: die Volksabstimmungen der Nationalsozialisten, S. 6ff.

Zwar sprach das Gesetz über die Volksabstimmung in § 2 von einer Entscheidung der Mehrheit und bestimmte in § 3, daß ein Gesetz, das vom Volk mehrheitlich angenommen worden sei, auszufertigen und zu verkünden sei. Der Wortlaut des Gesetzes wurde jedoch nicht beachtet und zudem von der Verfassungslehre unterhöhlt, die feststellte, daß der Führer an das Ergebnis der Volksabstimmung nicht gebunden sei.[478] So wurde der eigentliche Willensträger des Volkes der Führer. Auch wenn das abstimmende Volk sich gegen ihn wende, sei er es, der „die objektive Sendung des Volkes verkörpere" und die „letzte politische Entscheidung" treffe. Zu dieser Praxis führt Huber aus, daß der Sinn der Abstimmung gerade nicht sei, daß das Volk von sich aus entscheide und handele, sondern „daß es sich zu Entscheidungen des Führers vertrauend bekennt".[479]

Im Gegensatz zu den das parlamentarische System der Weimarer Republik ergänzenden Instituten Volksbegehren und Volksentscheid, welche die Möglichkeit eröffneten, von unten nach oben Initiativen zur Regelung von Sachfragen durch Gesetz zu ergreifen, stellten die Volksabstimmungen im Dritten Reich ein System pseudoplebiszitärer Akklamationsakte[480] dar, die zur Selbstbestätigung der totalen Herrschaft von oben befohlen wurden.[481]

Zweites Kapitel: Die Instrumentalisierung der Volksinitiative in Sachsen unter der Besatzungsherrschaft und ihre Aufhebung in der DDR

§ 10 Die „Wiedereinführung" der Volksinitiative unter sowjetischer Besatzung

1. Der Beginn der Neuordnung

Bereits durch das „Gesetz über den Neuaufbau des Reiches vom 30. Januar 1934" hatten Sachsen und die übrigen deutschen Länder ihre Hoheitsrechte an das Reich verloren, so daß die sächsischen Volksinitiativregelungen nicht mehr zur Anwendung kommen konnten.

---

478 *E. R. Huber*, Verfassungsrecht des Großdeutschen Reiches, S. 202; vgl. dazu auch *Beckmann*, Direkte Demokratie und Verfassung, S. 115 m.w.N.

479 *E. R. Huber*, Verfassungsrecht des Großdeutschen Reiches, S. 201f.

480 *Bracher*, Die nationalsozialistische Machtergreifung, S. 348, 351; ders., Stufen der Machtergreifung, S. 472f.

481 Weiterhin wurde den Volksabstimmungen der Charakter von Entscheidungen und damit auch der Charakter von echten Elementen direkter Demokratie durch eine Anzahl von Abstimmungsbehinderungen, Abstimmungsfälschungen, Ausübung von Druck und Terror auf Menschen mit vermuteter abweichender Meinung genommen. Vgl. dazu *Bracher*, Die nationalsozialistische Machtergreifung, S. 350ff; ders., Stufen der Machtergreifung, S. 481ff.

Mit der Kapitulation und dem Ende der nationalsozialistischen Diktatur verlor Deutschland seine Souveränität und damit einhergehend seine Verfassungsautonomie.[482] Verfassungen – soweit sie bis zum Ende des Krieges formal noch bestanden hatten – verloren ihre Gültigkeit.

Auch wenn man davon ausgeht, daß das Deutsche Reich nicht untergegangen ist, so bedurfte es doch einer Reorganisation der staatlichen Strukturen. Hierzu wiederum war die Genehmigung der Besatzungsmächte einzuholen.

Im Protokoll zwischen den Vereinigten Staaten, Großbritannien und der Sowjetunion vom 12. September 1944 war bestimmt, daß Deutschland innerhalb der Grenzen vom 31. Dezember 1937 zum Zwecke der Besatzung in drei Zonen einzuteilen sei, wovon jeweils eine den drei Mächten zugewiesen werde.[483] Nach der am 8. Mai 1945 unterzeichneten bedingungslosen Kapitulation der deutschen Wehrmacht wurden in dem von der Roten Armee besetzten Teil Deutschlands alle Machtbefugnisse durch die sowjetischen Militärbefehlshaber ausgeübt.[484] Dies wurde durch das Potsdamer Abkommen vom 6. Juni 1945 bestätigt. Danach wurde die höchste Regierungsgewalt in Deutschland durch die Oberbefehlshaber der Streitkräfte der Vereinigten Staaten von Amerika, des Vereinigten Königreichs, der Union der Sozialistischen Sowjetrepubliken und der Französischen Republik jeweils in ihren Besatzungszonen nach den Weisungen ihrer entsprechenden Regierungen ausgeübt. Bis auf weiteres sollte keine zentrale deutsche Regierung errichtet werden. Am 9. Juni 1945 wurde die Sowjetische Militäradministration in Deutschland (SMAD) errichtet.[485]

Ebenso wie im westlichen Bereich konstituierten sich im Bereich der sowjetischen Besatzungszone Länder, die sich in ihrer räumlichen Abgrenzung nur teilweise an den historischen Vorbildern orientierten, ohne daß ein Gesamtstaat als Rahmen, in den sie eingefügt werden sollten, bereits feststand.[486] Sachsen

---

482 Vgl. hierzu *Mampel*, Herrschaftssystem und Verfassungsstruktur in Mitteldeutschland, S. 103.

483 Dazu *Roggemann*, Die DDR-Verfassungen, Einführung in das Verfassungsrecht der DDR, S. 30, Fn. 23 m.w.N.; ebenso *Autorenkollektiv*, Staatsrecht der DDR, 2. Aufl. 1984, S. 50f.

484 *Mattedi*, Gründung und Entwicklung der Parteien in der sowjetischen Besatzungszone Deutschlands 1945-1949, S. 12.

485 Befehl Nr. 1 des Obersten Chefs der SMAD über die Bildung der Sowjetischen Militärverwaltung, in: Um ein antifaschistisch-demokratisches Deutschland, S. 53; zur Entwicklung des sowjetischen Einparteienstaates siehe *B. Meissner*, in: Festschrift für H. U. Scupin, 1983, S. 53ff.

486 *Braas*, Die Entstehung der Länderverfassungen in der Sowjetischen Besatzungszone Deutschlands 1946/47 S. 17; vgl. dazu auch *Hartung*, Deutsche Verfassungsgeschichte, S. 374 ff.; *Bayer*, DVBl 1991, 1015.

umfaßte nach der Neukonstituierung auch die westlich der Neiße gelegenen Kreise der preußischen Provinzen mit Görlitz.[487]

In den Ländern wurden aus Deutschen bestehende Provinzial- und Landesverwaltungen eingesetzt. Am 4. Juli 1945 nahm die von der Sowjetischen Militäradministration Sachsen (SMAS) eingesetzte Landesverwaltung Sachsen mit einem Präsidenten und fünf Vizepräsidenten die Arbeit auf.[488]

Am 22. Oktober 1945 ermächtigte die SMAD die Provinzial- und Landesverwaltungen zur Normsetzung, soweit sie den Gesetzen und Befehlen des Kontrollrates oder den Befehlen der sowjetischen Militärverwaltung nicht widersprachen.[489] Gleichzeitig wurden die schon früher ohne generelle Ermächtigung durch die Provinzialverwaltungen und die Verwaltungen der Länder erlassenen Verordnungen für gesetzeskräftig erklärt, wenn sie die gleichen Bedingungen erfüllten.

2. *Das Volksbegehren zur Überführung der Betriebe von Kriegs- und Naziverbrechern in das Eigentum des Volkes vom 25. Mai 1946*

Nach Errichtung der Besatzungszonen war in der SBZ die Beschlagnahmung allen Eigentums des deutschen Staates, der NSDAP und ihrer Organisationen, der Verbündeten des nationalsozialistischen Staates und darüber hinaus all jener Personen, die von der SMAD durch besondere Listen oder auf andere Weise bezeichnet wurden, verfügt worden.[490]

Am 21. Mai 1946 wurde das beschlagnahmte Eigentum mit Ausnahme derjenigen Betriebe, die Reparationszwecken dienten, den Landesverwaltungen zur Verfügung gestellt.[491] Nach Auffassung der Kommunisten sollten die Betriebe

---

487 Dazu *Bernet*, LKV 1991, 4.

488 Mitteilung über die Bestätigung der Provinzialverwaltung Brandenburg und der Landesverwaltungen Mecklenburg und Sachsen vom 4. Juli 1945, in: Um ein antifaschistisch-demokratisches Deutschland, S. 82; weitere Dokumente zur sächsischen Landesverwaltung sind abgedruckt in: Sächsische Heimat 1981, Heft 3, S. 110ff.; *Gerlach*, Sachsen. Eine politische Landeskunde, S. 120f.

489 Befehl Nr. 110 des Obersten Chefs der SMAD über das Recht der Landes- und Provinzialverwaltungen, Gesetze und Verordnungen mit Gesetzeskraft zu erlassen, in: Um ein antifaschistisch-demokratisches Deutschland, S. 183.

490 Befehl Nr. 124 des Obersten Chefs der SMAD über die Beschlagnahme und die Übernahme einiger Eigentumskategorien, in: Um ein antifaschistisch-demokratisches Deutschland, S. 189ff.; dazu auch *Kleßmann*, Die doppelte Staatsgründung. Deutsche Geschichte 1945-1955, S. 82; zu Treuhändern beschlagnahmter Betriebe wurden bis zur endgültigen Regelung der Eigentumsverhältnisse – anders als in den Westzonen – häufig Arbeiter ernannt.

491 Befehl Nr. 154/181 des Obersten Chefs der SMAD zur Übergabe des beschlagnahmten und sequestrierten Vermögens in den Besitz und die Nutznießung der

enteignet werden.[492] Mitglieder der sächsischen SPD und KPD[493] schlugen vor, diese Frage durch ein Volksbegehren und einen Volksentscheid entscheiden zu lassen.[494]

Auf Anfrage teilte die sowjetische Besatzungsbehörde mit, daß sie einer solchen „demokratischen deutschen Initiative“ positiv gegenüberstehe. Wenn von einer genügend großen Zahl „demokratischer Kräfte“ der Wunsch nach einem Volksbegehren betreffend die Übereignung der Betriebe von Kriegsinteressenten an die Landesverwaltung geäußert werde, erhebe sie keine Einwände.[495] Das Instrument des Volksbegehrens und der Volksabstimmung in Sachsen sollte dabei nach Interpretation der SMAD als eine „besondere Schule der Massen für die Demokratie“ dienen, wobei das Ergebnis der Abstimmung stellvertretend auch für die anderen Länder der SBZ gelten sollte.[496]

Bereits am 4. April 1946 verabschiedete das Präsidium der Landesverwaltung Sachsen eine Verordnung über Volksbegehren und Volksentscheid.[497] Ausgangspunkt und Grundlage der neuen Volksgesetzgebung im Lande Sachsen sollten die Regelungen der Sächsischen Verfassung vom 1. November 1920 sowie das Gesetz über Volksbegehren und Volksentscheid vom 8. März 1921 sein, da diese Vorschriften sowie die gesetzlichen Bestimmungen der gesamten Weimarer Republik über Volksbegehren und Volksentscheid nach Auffassung der Verordnungsgeber zu den besten Einrichtungen gehörten, die die „kapitalistische“ Weimarer Republik hervorgebracht habe.[498] Jedoch sollten die Regelungen nicht einfach übernommen werden, da sich nach Auffassung der Urheber

---

deutschen Selbstverwaltungsorgane, in: Um ein antifaschistisch-demokratisches Deutschland, S. 272f.

492 Dazu *Neumann*, Sächsische Heimatblätter 28 (1982), 3.

493 In der SBZ ließ die SMAD bald nach Kriegsende die Bildung und Tätigkeit sogenannter antifaschistischer Parteien zu, Befehl Nr. 2 des Obersten Chefs der SMAD vom 10. Juni 1945 in: Um ein antifaschistisch-demokratisches Deutschland, S. 54f.; bereits am folgenden Tag trat die KPD an die Öffentlichkeit, am 15. Juni folgte der Gründungsaufruf der SPD, am 26. Juni die Neukonstituierung der CDU, am 5. Juli die Gründung der LDP, Aufrufe abgedruckt in: Um ein antifaschistisch-demokratisches Deutschland, S. 56ff, 67ff, 78ff, 88ff.

494 Dazu *Neumann*, Sächsische Heimatblätter 28 (1982), 4.

495 *O. Schröder*, in: Beiträge zur Geschichte der Sozialistischen Einheitspartei Deutschlands, S. 249ff.; ders., in: Einheit 1961, S. 858ff.

496 Hierzu *Doernberg*, Die Geburt eines neuen Deutschland 1945-1949, S. 334.

497 Gesetze, Befehle, Verordnungen, Bekanntmachungen, veröffentlicht durch die Landesverwaltung Sachsen, Sonderausgabe vom 31. Mai 1946, S. 1; weitere Quellen zum Volksentscheid auch bei *Schauer*, Archivmitteilungen 1976, 218ff.; *H. Fiedler/ T. Köhler*, ZfG 1986, 523ff.

498 Hierzu und zum folgenden *O. Schröder*, in: Beiträge zur Geschichte der Sozialistischen Einheitspartei Deutschlands, S. 255ff.

des Volksentscheidsgedankens wegen der Herrschaft der Konzern- und Bankherren, die nichts mehr fürchteten als den Willen des Volkes, dieser so nicht durchsetzen konnte. Die neue „antifaschistisch-demokratische Ordnung“ sollte demgegenüber nicht bei der „alten, formalen bürgerlichen Demokratie stehenbleiben“, sondern sich mit neuem „antifaschistischem Inhalt“ füllen. Dieser neue „antifaschistische Inhalt“ der Verordnung vom 4. April 1946 sollte vor allem in folgenden Punkten zur Geltung kommen:

Anders als nach der WRV und der Sächsischen Verfassung vom 1. November 1920 war ein direktes Verfahren, das heißt, ohne Einschaltung einer Volksvertretung vorgesehen. Ein eingeleitetes Volksbegehren sollte damit direkt ohne Zwischenschaltung der Parlamentsebene dem Volk zum Entscheid unterbreitet werden.

Eine weitere Neuerung betraf die Zielsetzung eines Volksbegehrens. Gem. Art. I § 3 der Verordnung waren nur solche Gesetzentwürfe zum Volksbegehren zugelassen, die sich auf den „demokratischen Aufbau“ bezogen. Jedoch wurde der Begriff „demokratischer Aufbau“ nicht näher erläutert. Durch diese Einschränkung sollte eine Lehre aus der jüngsten deutschen Geschichte gezogen werden. Sowohl während der Hitlerzeit als auch während der Weimarer Republik habe es Beispiele gegeben, in denen der Volksentscheid „antinationalen und antidemokratischen“ Zielen gedient hätte und der Volkswille hierzu mißbraucht worden sei.[499] Durch Art. I § 3 der Verordnung sollte daher jedem Mißbrauch des Volksbegehrens und Volksentscheids „für reaktionäre Zwecke“ ein Riegel vorgeschoben werden.

Weiterhin sollte sich der neue, „antifaschistisch-demokratische“ Inhalt der Verordnung in Art. I § 5 Abs. 2 zeigen. Danach galt die Voraussetzung des Art. I § 5 Abs. 1, nach dem die Landesverwaltung ein Volksbegehren herbeiführen mußte, wenn mindestens ein Zehntel der Stimmberechtigten das Begehren unterstützte, ohne Abstimmung als erfüllt, wenn ein Volksbegehren von allen Parteien des antifaschistisch-demokratischen Blocks und dem Freien Deutschen Gewerkschaftsbund gemeinschaftlich eingereicht wurde. Durch diese Bestimmung sollte der „Grundsatz der Einheit der antifaschistischen Volkskräfte“ zur Geltung gebracht werden, die „die kapitalistische Weimarer Republik nicht nur nicht kannte“, sondern nach Auffassung der Verordnungsgeber „aufs schärfste bekämpfte.“[500]

---

499 *O. Schröder*, in: Beiträge zur Geschichte der Sozialistischen Einheitspartei Deutschlands, S. 256.

500 Hierzu und zum folgenden *O. Schröder*, in: Beiträge zur Geschichte der Sozialistischen Einheitspartei Deutschlands, S. 256.

Ebenso wurde es als Fortschritt empfunden, daß die Verordnung vom 4. April im Streitfall über die Zulässigkeit des Volksbegehrens nicht mehr wie in § 2 des Gesetzes vom 8. März 1921 die Entscheidung des Oberverwaltungsgerichts vorsah. Mit der Beseitigung dieser Bestimmung sollte von vornherein jeder „mit formaljuristischen Spitzfindigkeiten begründete volksfeindliche Plan" vereitelt werden, einen Volksentscheid gegen die Kriegsverbrecher unter Berufung darauf zu „hintertreiben", daß dieser angeblich nicht im Bereich der Zuständigkeit des Landes Sachsen und seiner staatlichen Organe liege. Gem. Art. III § 2 der Verordnung war ein solcher Streitfall daher von der Landesverwaltung zu entscheiden. Diese Festlegung ergebe sich, wie man meinte, notwendig aus der im Aufbau befindlichen „antifaschistisch-demokratischen Staatsmacht". Gesetzliche Bestimmungen des „alten, imperialistischen Deutschlands", wie die Befugnisse des Oberverwaltungsgerichts nach dem Gesetz vom 8. März 1921, resultierten aus dem Prinzip der Gewaltenteilung, das der „Erhaltung der kapitalistischen Klassenherrschaft" diene. Dieses Prinzip aber stand nach Auffassung der Verordnungsgeber der Verwirklichung der echten Volkssouveränität „schroff entgegen".[501] Die Beseitigung der Entscheidungszuständigkeit des Oberverwaltungsgerichts wurde als Beleg dafür angesehen, daß die neue Verordnung ein wirksames Instrument zur Entwicklung der Volksinitiative und einer wahren Volksherrschaft sei.

Weiterhin sollte sich der „antifaschistische Grundcharakter" der Verordnung vom 4. April 1946 im Ausschluß der Kriegsverbrecher und aktiven Nazis vom Stimmrecht zeigen. Vom Stimmrecht ausgeschlossen waren Kriegsverbrecher, das heißt, Personen, die aufgrund des Gesetzes Nr. 10 des Alliierten Kontrollrates wegen Verbrechen gegen die Menschlichkeit unter Anklage standen oder in Haft waren, ehemalige leitende Angehörige der SS und anderer nationalsozialistischer Vereinigungen. Ebenso vom Stimmrecht ausgeschlossen waren „sonstige Aktivisten des Faschismus" und Kriegsinteressenten, die der Gemeindebehörde auf Vorschlag der antifaschistisch-demokratischen Parteien der Gemeinde sowie durch den Block der antifaschistisch-demokratischen Parteien des Kreises als solche benannt wurden.[502] Der Block der antifaschistisch-demokratischen Parteien, welcher selbst Initiator eines Volksbegehrens sein konnte (Art. I § 5 Abs. 2), hatte somit gleichzeitig die Machtposition, diejenigen zu bestimmen, die von der Abstimmung ausgeschlossen werden sollten.

---

501 *O. Schröder*, in: Beiträge zur Geschichte der Sozialistischen Einheitspartei Deutschlands, S. 257.

502 Gesetze, Befehle, Verordnungen, Bekanntmachungen, veröffentlicht durch die Landesverwaltung Sachsen, Sonderausgabe vom 31. Mai 1946, S. 1.

Auf der Grundlage von Art. I § 5 Abs. 2 der Verordnung initiierten die SED[503] und der Freie Deutsche Gewerkschaftsbund am 25. Mai 1946 einen Volksentscheid über die Überführung der Betriebe von Kriegs- und Naziverbrechern in das Eigentum des Volkes. Gem. Art. I des Gesetzentwurfs sollte das ganze Vermögen der NSDAP und ihrer Gliederungen sowie Betriebe und Unternehmen von Kriegsverbrechern, Führern und aktiven Verfechtern der NSDAP und des nationalsozialistischen Staates wie auch Betriebe und Unternehmen derer, die aktiv den Kriegsverbrechern „gedient" haben, soweit sie der Landesverwaltung Sachsen übergeben worden waren, als enteignet erklärt und in das Eigentum des Volkes überführt werden.[504]

Die Landesverwaltung Sachsen war der Auffassung, daß der Gesetzentwurf dem demokratischen Aufbau diene und daher gem. Art. I § 3 der Verordnung zulässig sei. Weiterhin bestätigte sie, daß Art. I § 5 Abs. 2 erfüllt war,[505] ein Volksbegehren daher nicht stattfinden mußte.[506]

Die Landesverwaltung setzte für den 30. Juni 1946 einen Volksentscheid fest. Damit sollte das Volk über eine für den Wiederaufbau der Wirtschaft maßgebliche Frage entscheiden.[507]

Gegen die Rechtmäßigkeit des Gesetzentwurfs wurde kritisch vorgebracht, daß die Landesverwaltung keine Befugnis zur Verkündung von Verordnungen habe, da ihr nicht mehr Rechte in der Leitung des Landes zustehen könne als ih-

---

503 Am 7. April 1946 hatten sich die SPD und die KPD des Landes Sachsen auf dem Landesvereinigungsparteitag in Dresden zur Sozialistischen Einheitspartei Deutschlands zusammengeschlossen, vgl. dazu *Peter*, in: Beiträge zur Geschichte der Sozialistischen Einheitspartei Deutschlands, S. 79ff.; *Malek*, Archivmitteilungen 1975, 56f.; zur Entwicklung der Blockpolitik und zur führenden Rolle der Arbeiterklasse nach Gründung der SED vgl. *Sacher*, wissenschaftliche Zeitschrift der Karl-Marx-Universität Leipzig 1965, 659ff.

504 Gesetze, Befehle, Verordnungen, Bekanntmachungen, veröffentlicht durch die Landesverwaltung Sachsen, Sonderausgabe vom 31. Mai 1946, S. 3; zu den Richtlinien darüber, wer zu den Naziverbrechern und Kriegsinteressenten gehörte, vgl. *O. Schröder*, in: Beiträge zur Geschichte der Sozialistischen Einheitspartei Deutschlands, S. 267ff.

505 Nach Art. I § 5 Abs. 2 der Verordnung kann die Initiative von allen Parteien des antifaschistisch-demokratischen Blocks und dem Freien Gewerkschaftsbund ergriffen werden.

506 Gesetze, Befehle, Verordnungen, Bekanntmachungen, veröffentlicht durch die Landesverwaltung Sachsen, Sonderausgabe vom 31. Mai 1946, S. 3.

507 Vgl. *Kleßmann*, Die doppelte Staatsgründung. Deutsche Geschichte 1945-1955, S. 82.

rem Vorgänger, dem Reichsstatthalter Mutschmann, so daß die Verordnung über Volksbegehren und Volksentscheid vom 4. April 1946 ungültig sei.[508]

Die Landesverwaltung Sachsen leitete ihr Verordnungsrecht aus der Verleihung der Befugnis zur Rechtsetzung durch die SMAD vom 22. Oktober 1945 her. Der Gedanke des Fortbestandes der verfassungsrechtlichen Struktur des Dritten Reiches über den 8. Mai 1945 hinaus galt als völlig abwegig, so daß ein Vergleich mit den Befugnissen des ehemaligen Reichsstatthalters abgelehnt wurde.[509] Dies wurde damit begründet, daß der 8. Mai 1945 einen völligen Bruch mit der Vergangenheit bedeute. Bei der Verordnung über Volksbegehren und Volksentscheid handele es sich auch nicht um eine Restauration der Verfassung der Weimarer Republik, obgleich die Durchführung von Volksbegehren und Volksentscheid unter sinngemäßer Anwendung der ehemaligen sächsischen Gesetze zu erfolgen habe. Es sei unbestritten, daß die verfassungsgebende Gewalt des Volkes, wie sie in Art. 1 der WRV proklamiert war, dem deutschen Volk von Hitler genommen worden sei, und daß sie nur auf der Grundlage eines Aktes der Siegermächte wiedererlangt werden könne. Gerade auch hierin läge die Bedeutung des begehrten Volksentscheids, durch den das sächsische Volk zum ersten Mal wieder aufgerufen werde, „seinem Willen Ausdruck zu verleihen und ihn zum Recht zu erheben". Sein Recht zur Initiative werde erneut anerkannt und seiner „Mehrheit Wille" solle die Entscheidung fällen.[510]

Die Kritik wiederum verwies darauf, daß sich der Gesetzentwurf nicht im Rahmen der sächsischen Zuständigkeit bewege, weil er einen Eingriff in das Recht des Eigentums bedeute, das als ein wohlerworbenes Recht in einem Rechtsstaat nicht angetastet werden dürfe. Nach Auffassung der CDU und der LDPD dürfe die Maßnahme lediglich Strafcharakter haben und nicht als generelle Infragestellung des Privateigentums an Produktionsmitteln verstanden werden. Die Gewährleistung des Privateigentums sei Grundlage eines jeden Rechts-

---

508 Vgl. dazu *Schroeder* (damaliger Generalstaatsanwalt in Sachsen), in: Landesnachrichtendienst, Ausgabe 76 vom 25. Juni 1946, S. 4; zur Kritik vgl. auch die Erklärung von Unternehmern und Betriebsleitern, in: 30 Jahre volkseigene Betriebe, Dokumente und Materialien zum 30. Jahrestag des Volksentscheids in Sachsen, S. 123; *Neumann*, Sächsische Heimatblätter 28 (1982), 7; bedeutende Widerständler gegen den Volksentscheid waren die Mitglieder der sogenannten Kaiser-Hickmann-Gruppe. Hugo Hickmann – protestantischer Theologieprofessor – war vor 1933 Mitglied der DVP, nach 1945 gehörte er zu den Mitbegründern des Landesverbandes der CDU in Sachsen; zu den weiteren Mitgliedern siehe *O. Schröder*, in: Beiträge zur Geschichte der Sozialistischen Einheitspartei Deutschlands, S. 271.

509 Dazu und zum folgenden *Schroeder*, in: Landesnachrichtendienst, Ausgabe 76 vom 25. Juni 1946, S. 5.

510 *Schroeder*, in: Landesnachrichtendienst, Ausgabe 76 vom 25. Juni 1946, S. 5.

staates, eine entschädigungslose Enteignung enthalte „einen Gewaltakt, der in einer Demokratie nie und nimmer hingenommen werden könne.“[511]

Nach Ansicht der SED war jedoch die Aufhebung der Unverletzlichkeit des Privateigentums an Produktionsmitteln und die Begründung eines neuen „höheren Typs“ vergesellschafteten Eigentums – des Volkseigentums – von kardinaler Bedeutung.[512] Nach Auffassung der Landesverwaltung enthielt der Gesetzentwurf keine mit dem Wesen der Demokratie unvereinbare Enteignung. Die Besatzungsbehörde habe die von ihr beschlagnahmten Betriebe dem Volk zur Verfügung gestellt. Die „strafwürdigen Verbrecher“, die mitverantwortlich für die Geschehnisse während des Nazi-Regimes gewesen seien, hätten die Rechte an ihren Betrieben „verwirkt“ und diese als „Sühne für ihre Kollektivschuld und zur Verhütung künftigen Unheils“ zur Verfügung zu stellen. Die Entscheidung hierüber enthalte kein Unrecht, sondern stelle die „Verwirklichung wahrer Gerechtigkeit“ dar.[513]

Bei dem Volksentscheid am 30. Juni 1946 stimmten nach amtlichem Ergebnis 77% bei gut 93% Stimmbeteiligung für die Enteignung und Überführung der Betriebe in das Eigentum des Volkes.[514]

Dem sächsischen Beispiel folgend verabschiedeten dann alle übrigen Länder der SBZ ähnliche Gesetze zur Enteignung, jedoch nicht auf dem Wege des Volksbegehrens und des Volksentscheides, da man meinte, das Ergebnis in Sachsen insoweit als repräsentativ für alle Länder der SBZ ansehen zu können.[515]

---

511 Vgl. hierzu die Erklärung von Unternehmern und Betriebsleitern, in: 30 Jahre volkseigene Betriebe, Dokumente und Materialien zum 30. Jahrestag des Volksentscheids in Sachsen, S. 123.

512 *Autorenkollektiv*, Staatsrecht der DDR, 2. Aufl. 1984, S. 55; der Volksentscheid sollte erst der Anfang weiterer revolutionärer Umgestaltungen der Eigentumsverhältnisse sein, vgl. 30 Jahre volkseigene Betriebe, Dokumente und Materialien zum 30. Jahrestag des Volksentscheids in Sachsen, Vorwort, S. 5.

513 *Schroeder*, in: Landesnachrichtendienst, Ausgabe 76 vom 25. Juni 1946, S. 5.

514 Bekanntmachung über das Abstimmungsergebnis des Volksentscheids in: Gesetze, Befehle, Verordnungen vom 27. Juli 1946, S. 305; zum Volksentscheid siehe auch *M. Unger*, in: Czok (Hrsg.), Geschichte Sachsens, S. 547ff.; *K. Unger*, Der Kampf um die Enteignung der Kriegsverbrecher und aktiven Nazis im Landkreis Schwarzenberg und Stadtkreis Aue. Eine Dokumentation aus den Jahren nach 1945; *Heidenreich*, in: Deutschlands Junge Garde 1959, S. 39ff.; *Fechner*, in: Landesnachrichtendienst, Ausgabe 76 vom 25. Juni 1946, S. 6f.

515 Hierzu *Kleßmann*, Die doppelte Staatsgründung. Deutsche Geschichte 1945-1955, S. 82f; 1947 wurde 56% der industriellen Bruttoproduktion der SBZ von den Volkseigenen Betrieben (VEB), wie sie von nun an hießen, und von den in russische Hand übergegangenen Sowjetischen Aktiengesellschaften (SAG) erbracht. Von der Verstaatlichung ausdrücklich ausgenommen waren dagegen die beschlag-

Auffällig und ungewöhnlich erscheint bei diesem Verfahren, daß es ohne eine verfassungsmäßige Grundlage durchgeführt wurde. Die Antragsteller des Volksgesetzgebungsverfahrens sowie die als Regierung fungierende Landesverwaltung agierten somit in einem unverfaßten System. Sie waren zwar besatzungsrechtlich ermächtigt, jedoch noch nicht demokratisch legitimiert. Die Stimmbürgerschaft Sachsens sollte sich demnach als pouvoir constitué entscheiden, bevor sich das Volk als pouvoir constituant betätigt hatte.

Zweifelhaft ist auch, ob der Sinn der Volksgesetzgebung in diesem Fall erreicht wurde. In den Erläuterungen zum Erfurter Programm, auf das sich auch die Sozialisten in einigen Punkten beziehen,[516] wird die direkte Gesetzgebung als Mittel der Aufsicht, der Prüfung und der Berichtigung bezeichnet.[517] Auch die sächsischen Regelungen der Volksgesetzgebung von 1920, auf welche sich die Verordnungsgeber beziehen, sollten als „Gegenstoß gegen den Absolutismus des Parlamentarismus" sowie als „Sicherung gegen die Eigenmächtigkeiten in der Regierung" fungieren.[518] Ein sächsisches Parlament existierte jedoch am 4. April 1946 zum Zeitpunkt der Initiative durch die SED und den Freien Gewerkschaftsbund noch gar nicht. Landtagswahlen fanden erst am 20. Oktober 1946 statt. Mangels eines verfaßten Widerparts entfiel damit die klassische Räson des Protestes und der Parlamentskorrektur. Nicht das Volk ergriff die Initiative, um seine differierende Meinung durchzusetzen – wie im klassischen Modell der Volksgesetzgebung –, sondern ein gleichgeschalteter politischer Komplex von Parteien, gesellschaftlichen Organisationen und alliierter Besatzungsmacht trat auf die Bürger zu und forderte nach dem Überspringen der Verfahrensstufe des Volksbegehrens ohne Umschweife ein Ja oder Nein zu seinem Projekt[519] und

---

nahmten kleingewerblichen Betriebe, deren Eigentümer nur nominelle Nazis waren. Ihnen wurde der Besitz bereits vor der Abstimmung demonstrativ zurückgegeben.

516 So wird z.B. in dem Referat „Historische Lehren und Erfahrungen zum Volksentscheid in Sachsen am 30. Juni 1946", welches anläßlich des 35. Jahrestages des Volksentscheides vor einer wissenschaftlichen Konferenz an der Bezirksparteischule der SED in Dresden gehalten wurde, in Hinblick auf die „Beseitigung der Ausbeutung des Menschen durch den Menschen" sowie „für eine ausbeutungsfreie Gesellschaft in Frieden" auf das Eisenacher Programm der Sozialdemokratischen Arbeiterpartei von 1869 und auch auf das Erfurter Programm der Sozialdemokratischen Partei Deutschlands von 1891 verwiesen. Das Referat wurde gehalten von *Neumann*, auszugsweise abgedruckt in: Sächsische Heimatblätter 28 (1982), 1ff.

517 *Kautsky/ Schoenlank*, Grundsätze und Forderungen der Sozialdemokratie. Erläuterungen zum Erfurter Programm, S. 34.

518 Vgl. Niederschrift über die 3. Sitzung des Verfassungsausschusses vom 30. Juni 1920, S. 2.

519 Volksentscheid in Sachsen (1946). Aufruf der antifaschistischen Parteien und des FDGB des Landes Sachsen anläßlich des Volksentscheids, in: Dokumente zur Ge-

setzte dabei alle Mittel zur Beeinflussung ein, um möglichst viele Ja-Stimmen zu bekommen.[520] Als traditionelle Anknüpfung an die Volksinitiativregelungen der sächsischen Verfassung von 1920 kann dieses Volksbegehren daher nicht gesehen werden. Enteignungsreferendum, Initiative von oben oder Befragung zu beabsichtigten Maßnahmen scheinen dafür sachlich angemessenere Bezeichnungen zu sein als der Begriff Volksinitiative, so daß es wohl eher an das Volksabstimmungsgesetz der Nationalsozialisten erinnert.

In dieselbe Richtung wies auch die Strategie der SED bei einem Volksbegehren über die Einheit Deutschlands[521] vom 23. Mai bis zum 13. Juni 1948.[522] Dieses Volksbegehren war vom Zweiten Deutschen Volkskongreß[523] initiiert worden, der zu drei Vierteln aus der sowjetischen Besatzungszone und aus Berlin beschickt wurde. Das Begehren sollte nach Auffassung der SED auch in den Westzonen durchgeführt werden, doch wurde es dort nicht ernsthaft verfolgt.[524] Dem Volksbegehren folgte kein Volksentscheid, das Verfahren blieb gewissermaßen stecken. Es gehört wie das Volksbegehren zur Überführung der Betriebe von Kriegs- und Naziverbrechern in das Eigentum des Volkes zum Kapitel Stalinisierung der SBZ und nicht zur Geschichte der direkten Demokratie in Deutschland. Die Sowjetunion und die SED standen 1947/48 vor einem deutschlandpolitischen Dilemma. Beide wollten das ganze Deutschland. Politisch wollten sie es wegen der sozialistischen Zukunft, welche sich beide erhofften, und ökonomisch im Hinblick auf die Reparationen. Das Interesse der Sowjetunion als Reparationsgläubigerin an der westdeutschen Wirtschaft traf sich mit einem entsprechendem Schuldner-Interesse der SBZ-Parteien an westdeutscher Mithaftung. Diese Pläne sind jedoch offensichtlich fehlgeschlagen.

---

schichte der Freien Deutschen Jugend 1960, S 46ff.; vgl. auch Beschluß des Vereinigungsparteitages der KPD und der SPD des Landes Sachsen in Dresden vom 7. April 1946, zitiert nach *Neumann*, Sächsische Heimatblätter 28 (1982), 4, dort heißt es: „Zur restlosen Verwirklichung" der Entmachtung aller Kriegsschuldigen „werden wir das Volk zur politischen Entscheidung aufrufen"; hierzu auch *H. Fiedler*, in: Beiträge zur Geschichte der Arbeiterbewegung 1976, 463ff.

520 Vgl. den organisatorischen Kampagneplan des Blocks der demokratischen Parteien und des FDGB zum Volksentscheid bei *H. Fiedler/ T. Köhler*, ZfG 1986, 530ff.

521 § 1 des Begehrens lautete: Deutschland ist eine unteilbare demokratische Republik, in der den Ländern ähnliche Rechte zustehen sollen, wie sie die Verfassung des Deutschen Reiches vom 11. August 1919 enthielt. Gem. § 2 sollte das Gesetz mit seiner Verkündung in Kraft treten.

522 Siehe hierzu *Jung*, Grundgesetz und Volksentscheid, S. 173ff.

523 Zur Berufung eines Deutschen Volkskongresses durch die SED ohne hierzu mandatiert zu sein, siehe *Mampel*, Das Recht in Mitteldeutschland, S. 137f.

524 Zum Propagandaaufwand und zum offen angewandten Zwang in der SBZ siehe *Jung*, Grundgesetz und Volksentscheid, S. 176ff.

§ 11 Die Regelung des Volksbegehrens nach der Sächsischen Verfassung vom 28. Februar 1947 und nach der Verfassung der DDR vom 7. Oktober 1949

1. Die Regelung des Volksbegehrens nach der Sächsischen Verfassung vom 28. Februar 1947

Am 20. Oktober 1946 fanden in Sachsen Landtagswahlen statt.[525] Durch SMAD-Befehl vom 27. November 1946 wurde das Gesetzgebungsrecht auf die neugewählten Volksvertretungen übertragen und damit den Landtagen die Arbeitsgrundlage für die Verfassungsgebung gegeben.[526]

Nach Auffassung der Sozialisten, welche die stärkste Fraktion bildeten, sollte der Landtag eine demokratische, antifaschistische und antiimperialistische Vertretungskörperschaft werden, die die „Errungenschaften der antiimperialistischen Revolution" anerkennt und sie durch ihre gesetzgeberische Tätigkeit konsolidiert, den Weg für die weitere gesellschaftliche Entwicklung öffnet und „gleichzeitig rechten und reaktionären Kräften den Weg" versperrt.[527]

a) Die Einflüsse der SMA (Sowjetische Militäradministration) auf die Verfassungsgebung der Länder

Befehle zur Gestaltung der Länderverfassungen sind nicht veröffentlicht worden,[528] doch bedurften die Landesverfassungen wie alle anderen in den Landta-

525 Zum Verlauf der „demokratischen und freien" Wahlen vgl. *Schütze*, „Volksdemokratie" in Mitteldeutschland, S. 35ff.

526 Befehl Nr. 332 des Obersten Chefs der SMAD zur Übergabe der Vollmachten der Präsidenten der Länder und Provinzen an die gewählten Landtage und neu gebildeten Regierungen, in: Um ein antifaschistisch-demokratisches Deutschland, S. 347.

527 *Sacher*, Wissenschaftliche Zeitschrift der Karl-Marx-Universität Leipzig 1965, 659ff., die Aufgabe des Landtages habe in der Ausübung der revolutionär-demokratischen Diktatur der Arbeiter, Bauern und anderer Schichten des Volkes bestanden. Schließlich sei der Landtag schon keine bürgerlich-parlamentarische Einrichtung mehr gewesen. Mit der Überwindung und Beseitigung der Trennung der Gewalten sei „der Parlamentarismus an der Wurzel gepackt worden".

528 Daß der Anstoß dazu von der SMAD gegeben wurde, liegt nahe, wird aber nach dem Ergebnis der Untersuchungen von Braas nur in einem Kommentar der Westberliner SPD-Zeitung *Der Sozialdemokrat* angesprochen, die am 16. November 1946 berichtete, nicht nur die westdeutschen, sondern auch die Provinzen und Länder der Sowjetzone hätten nunmehr den Auftrag erhalten, eine Verfassung für ihre Gebiete auszuarbeiten, wobei sich der Kommentar nach Braas jedoch primär auf den Republikentwurf der SED bezogen hat, *Braas*, Die Entstehung der Länderverfassungen in der Sowjetischen Besatzungszone 1946/47, S. 90.

gen beschlossenen Gesetze der Zustimmung der jeweiligen SMA ihres Landes.[529]

Formelle Einsprüche der sowjetischen Behörden gegen beschlossene Verfassungen sind nicht bekannt geworden. Diese waren möglicherweise gar nicht notwendig, da die SMA schon im Vorfeld ihren Einfluß geltend machten. Sie wurden über Diskussionen des Plenums und der Ausschüsse regelmäßig unterrichtet. Zudem waren Besatzungsoffiziere in der Regel bei den Verhandlungen aller Landtagsgremien anwesend.[530] Gelegentlich signalisierten sie, daß ein Antrag oder eine Initiative nicht ihre Zustimmung finden würde oder ergriffen das Wort zu offiziellen Erklärungen vor den Abgeordneten und verhinderten so deren Plenarberatung.

Weiterhin wurden sowjetische Rechtsvorstellungen in den Presseorganen der SMAD veröffentlicht, in den Führungsgremien der SED diskutiert und von ihren Verfassungsexperten zur Information der Bevölkerung veröffentlicht.[531]

b) Die Initiativberechtigung des Volkes nach den Entwürfen und nach der endgültigen Version der Verfassung

Nachdem Walter Ulbricht in einer kritischen Stellungnahme zur bayerischen Verfassungspolitik Mitte August 1946 vergeblich gefordert hatte, die Verfassungsdiskussion zurückzustellen, bis sich alle Parteien innerhalb Deutschlands

---

529 Dies veranschaulicht ein Schreiben des Landtagspräsidenten *Otto Buchwitz* an die Landesregierung Sachsen, in dem es unter anderem heißt: „Hiermit überreiche ich die von mir vollzogene Ausfertigung der vom Landtag am 28. Februar 1947 beschlossenen Verfassung des Landes Sachsen mit dem Ersuchen, die Bestätigung der SMA zu dieser Verfassung herbeizuführen und die Verfassung unverzüglich in der Gesetzessammlung zum Ausdruck zu bringen". Die DDR-Historiker Gräfe und Wehner verweisen auf eine sowjetische Bestätigung der Sächsischen Landesverfassung, allerdings ohne entsprechenden Quellennachweis, *Gräfe/ Wehner*, ZfG 1975, 904; ein Zustimmungsvorbehalt war jedoch weder in den Verhandlungen des Landtages thematisiert noch verfassungsrechtlich definiert worden.

530 Siehe z.B. Landtagsprotokoll, 1. Wahlperiode, 13. Sitzung, 28. Februar 1947, S. 239, dort wird, bevor mit der Beratung über die Verfassung begonnen wird, die SMA durch den Landtagspräsidenten offiziell begrüßt.

531 Dieses paßt in das Bild, das besonders die DDR-Historiographie von der generell engen Kooperation zwischen der SED und der Besatzungsmacht gezeichnet hat, vgl. nur *Wehner*, Proletarischer Internationalismus und sozialistische Besatzungspolitik. Ein Beitrag zur Darstellung der antifaschistisch-demokratischen Entwicklung im ehemaligen Land Sachsen unter besonderer Berücksichtigung der sozialistischen Besatzungsmacht; *Malek*, Archivmitteilungen 1975, 56ff.; *Gräfe/ Wehner*, ZfG 1975, 897ff.

gemeinsam über eine kommende Staatsverfassung unterhalten könnten,[532] begannen die Führungsgremien der SED kurz darauf ihrerseits, sich mit Fragen der Länderverfassungen zu beschäftigen.

Zunächst sollten lediglich Länderordnungen als bloße Länderrahmengesetze geschaffen werden, denn nach dem Konzept der Partei sollte eine Lösung der Verfassungsfrage vordringlich im gesamtnationalen Maßstab angestrebt werden.[533] Ein vollständiger Entwurf einer Länderordnung liegt zwar nicht vor, jedoch können deren Kernaussagen nach Presseberichten wiedergegeben werden.[534]

Im Hinblick auf die Volksinitiative enthielt der Entwurf keine Regelung. Eine unmittelbare Beteiligung des Volkes an der Gesetzgebung war lediglich auf der Verabschiedungsebene vorgesehen. Gesetze sollten vom Landtag mit einfacher Mehrheit oder durch Volksentscheid beschlossen werden. Plebiszite über Haushaltspläne, Abgabengesetze und Besoldungsordnungen waren ausdrücklich ausgeschlossen.

Im Laufe der weiteren Entwicklung, insbesondere in Hinblick auf die Verhandlungen in Moskau, wurde es jedoch für notwendig erachtet, nicht nur eine Ordnung als Rahmengesetz, sondern vollständige Landesverfassungen zu schaffen.[535] In der Woche vom 21. bis zum 29. November 1946 entwickelte die SED ihren zentralen Landesordnungsentwurf zu einem zentralen Landesverfassungsentwurf weiter und unterbreitete ihn Ende November/Anfang Dezember 1946 den fünf Landtagen. Mitte Dezember 1946 war ein zweiter Landesverfassungsentwurf fertiggestellt,[536] der ebenfalls als einheitliche Mustervorlage allen Ländern zugeleitet wurde.

---

532 Politischer Reisebericht der SEP, *Fechner* und *Ulbricht* über Süddeutschland bei *Braas*, Die Entstehung der Länderverfassungen in der Sowjetischen Besatzungszone Deutschlands 1946/47, S. 58.

533 Durch die Meidung des Begriffs Verfassung sollte der provisorische Charakter der Länder unterstrichen werden. Zu entsprechenden Vorstellungen der KPD für die Länder der Westzonen vgl. *W. Müller*, Die KPD und die Einheit der Arbeiterklasse, S. 294ff.

534 Vgl. die sächsische Zeitung *Die Union* vom 27. November 1946, S. 1.

535 Dazu Abgeordneter *Koenen* (SED) als Berichterstatter, in: Landtagsprotokoll, 1. Wahlperiode, 13. Sitzung vom 28. Februar 1947, S. 241; die Gründe für diese Kurskorrektur erscheinen vornehmlich als Reaktion auf die Landesverfassunggebung in Süd- und Westdeutschland und somit deutschlandpolitisch motiviert gewesen zu sein.

536 Beide Entwürfe sind abgedruckt bei *Braas*, Die Entstehung der Länderverfassungen in der Sowjetischen Besatzungszone Deutschlands 1946/47, S. 427ff., S. 436ff. Die SED sah sich zur Formulierung eines zweiten Landesverfassungsentwurfs veranlaßt, da der erste eng am ursprünglichen Landesordnungskonzept orientierte Verfassungsentwurf vor allem bei der CDU auf massiven Widerstand gestoßen war, die –

Die Verfasser der SED-Entwürfe waren der Ansicht, daß der realen Lage entsprechend die Zeit für eine sozialistische Verfassung noch nicht gekommen sei. Es werde also, obwohl es sich ausschließlich um einen Entwurf der SED handele, nicht über eine sozialistische Verfassung, sondern über eine demokratische diskutiert.[537] Sobald die Zeit dafür reif sei, sollte sie jedoch durch ein „fortschrittlicheres" System abgelöst werden.

Die Sozialisten sahen sich wie bereits Ende des 19. und Anfang des 20. Jahrhunderts als die Vollstrecker der bürgerlich-demokratischen Umwälzung, die mit der Einführung des Sozialismus vollendet werden sollte,[538] wobei der Übergangsprozeß zur Diktatur des Proletariats bereits in der Gesetzmäßigkeit der revolutionären Umwälzung selbst begründet liege.[539] Der Sozialismus sollte jedoch nicht Gegenpol zur Demokratie, sondern „ihr Gipfelpunkt, ja die Krönung der Demokratie" werden.[540]

In drei Landtagen, darunter auch der Sächsische Landtag, unterbreitete ebenfalls die CDU zu Beginn der Verfassungsberatungen einen eigenen Entwurf. Dabei wurde auch von der sächsischen CDU-Fraktion kein eigener Vorschlag erarbeitet, sondern ein zentraler Entwurf der Parteiführung vom 6. Dezember 1946 vollständig übernommen,[541] als Drucksache in den Landtag eingebracht und dem SED-Vorschlag gegenübergestellt.

Allerdings bestand Einigkeit darüber, den zweiten Entwurf der SED als Diskussionsgrundlage zu nehmen. In diesem wird die Volksinitiativberechtigung

---

auf die sowjetische Auffassung hinweisend, anstelle der zunächst geplanten Landesordnung nunmehr Landesverfassungen zu schaffen – die SED zu einer Änderung ihrer Position bewegte. Kritikpunkt war vor allem das Fehlen eines von der CDU geforderten Grundrechtsteils.

537 Abgeordneter *Koenen* (SED) als Berichterstatter, in: Landtagsprotokoll, 1. Wahlperiode, 13. Sitzung, 28. Februar 1947, S. 240; dazu auch *Schaller*, Sächsische Heimatblätter 37 (1991), 302ff.

538 Dazu *Neumann* in einem Beitrag anläßlich des 35. Jahrestages des Volksentscheids in Sachsen: „Wir wußten, daß die sozialistische Ordnung nicht in einem großen Sprung zu erreichen ist. Deshalb haben wir in einem einheitlichen revolutionären Prozeß die antifaschistisch-demokratische Umwälzung durchgeführt und den Übergang zur sozialistischen Revolution vollzogen." *Neumann*, Sächsische Heimatblätter 28 (1982), 1.

539 So ein *Autorenkollektiv*, in: Einführung in die marxistisch-leninistische Staats- und Rechtslehre, S. 39.

540 Abgeordneter *Koenen* (SED) als Berichterstatter, in: Landtagsprotokoll, 1. Wahlperiode, 13. Sitzung, 28. Februar 1947, S. 240.

541 Der Entwurf trug die Überschrift: Christlich-Demokratische Union Deutschlands, Endgültige Fassung, Verfassung des Landes [...], abgedruckt bei *Braas*, Die Entstehung der Länderverfassungen in der Sowjetischen Besatzungszone Deutschlands 1946/47, S. 457ff., Nachtrag zum zentralen Musterentwurf, S. 474ff.

gleich im ersten Abschnitt unter Punkt A: „Demokratischer Aufbau des Landes" in Art. 2 erwähnt. Danach geht alle Staatsgewalt vom Volke aus und wird außer durch Wahlen der Volksvertretungen, der Mitwirkung an Verwaltung und Rechtsprechung sowie der Kontrolle der öffentlichen Verwaltungsorgane auch durch Volksbegehren und Volksentscheid ausgeübt.

Konkretisiert wird die Initiativberechtigung zunächst in Art. 59 des Entwurfs. Danach ist die Verkündung eines Gesetzes um einen Monat auszusetzen, wenn ein Drittel der Mitglieder des Landtages es verlangt. Das Gesetz ist nach Ablauf dieser Frist zu verkünden, falls nicht ein Volksbegehren auf Volksentscheid gegen den Erlaß des Gesetzes durchgeführt worden ist.[542] Ein Volksbegehren gilt gem. Art. 60 des Entwurfs als durchgeführt, wenn ein Zehntel der Stimmberechtigten oder Parteien und Organisationen, die glaubhaft machen, daß sie ein Fünftel aller Stimmberechtigten vertreten, einen Volksentscheid beantragten. Das Gesetz sollte nicht erlassen werden, wenn im Volksentscheid die Mehrheit der Abstimmenden gegen den Erlaß stimme.[543]

Der Zentralentwurf der CDU enthält die Möglichkeit eines solchen Verwerfungsbegehrens nicht.

Die Regelung, durch die das Inkrafttreten eines vom Landtag verabschiedeten Gesetzes zunächst verzögert und nachträglich durch Volksbegehren und Volksentscheid zu Fall gebracht werden konnte, wurde in Art. 58 der Sächsischen Verfassung[544] aufgenommen. Jedoch wurde gegenüber dem SED-Entwurf das Aussetzen der Verkündigung eines Gesetzes erleichtert. Art. 58 der Sächsischen Verfassung bestimmte in diesem Sinne, daß ein Volksbegehren auf Volksentscheid gegen den Erlaß eines Gesetzes nicht bereits durchgeführt, sondern lediglich erst eingeleitet sein mußte.[545]

In Art. 60 des SED-Entwurfs war das Recht des Volkes, Volksbegehren auf Erlaß eines Gesetzes herbeizuführen, konkretisiert. Danach kommt, wie dargelegt ein Volksbegehren zustande, wenn ein Zehntel der Stimmberechtigten oder Parteien und Organisationen, die glaubhaft machen, daß sie wenigstens ein Fünftel aller Stimmberechtigten vertreten, dies beantragten. Dem Volksbegehren

---

542 Vgl. die Vorbildfunktion des Art. 73 Abs. 2 WRV.

543 Umkehrschluß aus Art. 60 Abs. 3 des Entwurfs, wonach das dem Volksentscheid unterbreitete Gesetz angenommen ist, wenn die Mehrheit der Abstimmenden zugestimmt hat.

544 Gesetze, Befehle, Verordnungen, Bekanntmachungen, veröffentlicht durch die Landesregierung Sachsen vom 15. März 1947, S. 103ff.; zur Verfassung vgl. auch *M. Unger/ K. Gläß,* Die Verfassung des Landes Sachsen vom 28. Februar 1947, S. 1ff.

545 Offensichtlich herrschte im Landtagsausschuß die Auffassung, daß es praktisch unmöglich sei, ein Volksbegehren innerhalb eines Monats durchzuführen.

war ein ausgearbeiteter Entwurf zugrunde zu legen. Er war von der Regierung unter Darlegung ihrer Stellungnahme binnen zwei Wochen dem Landtag zu unterbreiten. Ein Volksentscheid sollte nicht stattfinden, wenn der begehrte Entwurf im Landtag in einer Fassung, mit der die Antragsteller oder ihre Vertretungen einverstanden waren, angenommen wurde. Ausgenommen blieben Volksbegehren über den Haushaltsplan, über Abgabengesetze und Besoldungsordnungen. Sollte es zu einem Volksentscheid kommen, war das unterbreitete Gesetz angenommen, wenn die Mehrheit der Abstimmenden zustimmte.

Diese Regelung war nach Überzeugung der SED eine notwendige Verbesserung gegenüber der Sächsischen Verfassung von 1920, nach der gem. Art. 38 Abs. 2 zunächst die Beteiligung der Mehrheit der Stimmberechtigten vorausgesetzt wurde und dann die Mehrheit der Abstimmenden zugestimmt haben mußte. Nach dieser Regelung hätte es einfach genügt, nicht zur Abstimmung zu gehen um die Demokratie zu „sabotieren“. Natürlich müsse sich, wie man meinte diese Methode des Volksbegehrens und Volksentscheides erst einspielen. Durch „Erziehung zur Demokratie“ sollte die Gefahr, daß ein Volksentscheid mit nur geringer Beteiligung durchgeführt würde, vermieden werden. Jedoch wurde bei der Größe der Parteien und Massenorganisationen eine solche Gefahr schon von vornherein als „null und nichtig“ angesehen.[546]

Auch die Verfassung sollte auf dem Weg des Volksbegehrens und des Volksentscheides geändert werden können. Für einen erfolgreichen Volksentscheid war dabei gem. Art. 62 des Entwurfs die Zustimmung der Mehrheit der Stimmberechtigten erforderlich.

Gem. Art. 11 des zentralen Landesentwurfes der CDU konnte das Volk durch Wahlen, Volksbegehren und Volksentscheid sowie durch die verfassungsmäßig bestellten Organe tätig werden.

In Art. 13 wurde das Volksbegehren konkretisiert. Es konnte auf einfache und verfassungsändernde Gesetze sowie auf die Auflösung des Landtages gerichtet sein. Ein Volksbegehren war an das Landespräsidium zu richten und mußte von diesem unter Darlegung seiner Stellungnahme unverzüglich dem Landtag unterbreitet werden. Dem Begehren mußte ein ausgearbeiteter Gesetzentwurf zugrunde liegen. Es war nur rechtswirksam, wenn es bei einfachen Gesetzen von einem Zehntel, bei verfassungsändernden Gesetzen von einem Fünftel der Stimmberechtigten unterstützt wurde. Über Finanzfragen, Abgabengesetze und Besoldungsordnungen war ein Volksbegehren unzulässig. Entsprach der Landtag dem Begehren, sollte ein Volksentscheid nicht stattfinden. An einem Volksentscheid mußte die Mehrheit der Stimmberechtigten teilgenommen ha-

546 Abgeordneter *Koenen* (SED) als Berichterstatter, in: Landtagsprotokoll, 1. Wahlperiode, 13. Sitzung, 28. Februar 1947, S. 246.

ben. Anträge, die Verfassung zu ändern, bedurften zu ihrer Annahme der Zustimmung der Mehrheit der Stimmberechtigten. Bei einfachen Gesetzen entschied die einfache Mehrheit der abgegebenen Stimmen.

Im Unterschied zum SED-Entwurf sah der Zentralentwurf der CDU keine Initiativberechtigung von Parteien und Organisationen vor. Es sollten ausdrücklich nur stimmberechtigte Bürger ermächtigt werden, Volksbegehren herbeizuführen, um zu verhindern, daß die Durchführung propagandistischer Volksbegehren zu sehr erleichtert werde.[547] Ebenfalls liegt ein wesentlicher Unterschied der Entwürfe in den Quoren. Während der SED-Entwurf für ein Volksbegehren auf einfache sowie auf verfassungsändernde Gesetze die Beteiligung eines Zehntels der Stimmberechtigten verlangt, fordert der Zentralentwurf der CDU bei einem Begehren auf verfassungsändernde Gesetze schon auf der Ebene des Volksbegehrens durch ein Quorum von einem Fünftel der Stimmberechtigten eine höhere Beteiligung. Damit stellt der CDU-Entwurf ebenfalls höhere Anforderungen als die Sächsische Verfassung von 1920. Diese differenzierte ebenso wie der SED-Entwurf nicht zwischen einem Begehren auf Erlaß eines einfachen und eines verfassungsändernden Gesetzes. In beiden Fällen war die Unterstützung des Begehrens durch ein Zehntel der Stimmberechtigten erforderlich.

Ein weiterer Unterschied zum SED-Entwurf liegt darin, daß der CDU-Entwurf die Regelung des Art. 38 Abs. 2 der Sächsischen Verfassung von 1920 übernahm, während die SED seine Abschaffung vorsah und als notwendige Verbesserung betrachtete.

In Art. 59 der Verfassung Sachsens wurden jedoch ohne Abstriche die Vorstellungen der SED aufgenommen, die wie in Thüringen und Mecklenburg mit ihren Verbündeten über eine parlamentarische Mehrheit verfügte.[548] Der Entwurf der CDU blieb gänzlich außer Betracht.[549]

---

547 Hierzu *Braas*, Die Entstehung der Länderverfassungen in der Sowjetischen Besatzungszone Deutschlands 1946/47 S. 178.

548 Dazu *Sacher*, Wissenschaftliche Zeitschrift der Karl-Marx-Universität Leipzig 1965, 660.

549 In Brandenburg und Sachsen-Anhalt dagegen nahmen die bürgerlichen Parteien dank ihrer Mehrheit (in Brandenburg hatten CDU und LDP 51 von 100 Sitzen, in Sachsen-Anhalt 56 von 109) eine empfindliche Korrektur vor, indem sie die Massenorganisationen als Aktivlegitimierte bei der Substitution des Eintragungsverfahrens zum Volksbegehren strichen. In Brandenburg erreichte die CDU ferner gemäß ihrem Konzept die Aufnahme eines Beteiligungsquorums von mindestens 50 % der Stimmberechtigten bei einfachgesetzlichen Vorlagen, vgl. Art. 57 Abs. 1 Satz 1 Verfassung Sachsen-Anhalt vom 10. Januar 1947 sowie Art. 36 Abs. 1 Satz 1, Abs. 2 Satz 2 Verfassung Brandenburg vom 5. Februar 1947.

Zur Entscheidung über die Zulässigkeit von Volksbegehren war im Gegensatz zur sächsischen Regelung von 1920 als einzige Instanz der Landtag zuständig. Gem. Art. 59 Abs. 2 der Verfassung mußte der Gesetzentwurf von der Regierung unter Darlegung ihrer Stellungnahme binnen zwei Wochen dem Landtag unterbreitet werden. Sofern Zweifel an der Verfassungsmäßigkeit des Volksbegehrens bestanden, hatte darüber ausschließlich der Landtag zu entscheiden. Eine weitere, vor allem eine gerichtliche Instanz gab es nicht.[550] Der Landtag sollte vielmehr das oberste demokratische Organ sein. Daher wurde die Nachprüfung der Entscheidung des Landtags durch Richter eines Staatsgerichtshofs abgelehnt. Eine richterliche „Einmischung" in die Verfassungsmäßigkeit der Gesetze sollte es nicht mehr geben.

2. *Die Regelung des Volksbegehrens nach der Verfassung der DDR vom 7. Oktober 1949*

a) *Die Stellung der Länder gem. Art. 1, 109 der Verfassung*

Durch die Verfassung vom 7. Oktober 1949 wurde schließlich auch ein Rahmen für die Länder geschaffen.[551] Gem. Art. 1 der Verfassung war Deutschland eine unteilbare demokratische Republik, die sich auf den deutschen Ländern aufbaut.[552] Dieser letzte Halbsatz spricht dafür, daß die Länder nicht nur als territoriale Einheiten galten, sondern auch die Funktion als konstituierende Elemente des Staates hatten.[553]

Gem. Art. 109 mußte jedes Land eine Verfassung haben, die mit den Grundsätzen der Verfassung der Republik übereinstimmte. Es wurde damit eine Verfassungshomogenität zwischen Republik und Ländern vorgeschrieben, die die Kohärenz zwischen Republik und Ländern sichern sollte. Obwohl Uniformität damit nicht vorordnet war, wurden mit der Gründung der DDR die Länder de facto fast aller Gesetzgebungskompetenzen beraubt und erfüllten hauptsächlich

550 Hierzu und zum folgenden Abgeordneter *Koenen* (SED) als Berichterstatter, in: Landtagsprotokoll, 1. Wahlperiode, 13. Sitzung, 28. Februar 1947, S. 247.

551 GBl. I, S. 4ff.; zur Entstehung vgl. *Autorenkollektiv*, Staatsrecht der DDR, S. 64ff.; *M. Unger*, Sächsische Heimatblätter (30) 1984, 183ff.; *Roggemann*, Die DDR-Verfassungen. Einführung in das Verfassungsrecht der DDR, S. 23ff.

552 Da die Verfassung nur in einem Teilgebiet Deutschlands in Kraft gesetzt wurde, widersprach Art. 1 Satz 1, 1. Halbsatz offensichtlich der Verfassungswirklichkeit.

553 Zur Frage, ob die Zonenrepublik schon bei ihrer Entstehung als dezentralisierter Einheitsstaat konstruiert war, oder ob die föderalistischen Züge der Verfassung noch ausreichten, um den Aufbau der Republik auf den Ländern als die Verfassung tragendes Element anzusehen vgl. *Mampel*, Die Verfassung der sowjetischen Besatzungszone Deutschlands, Art. 1, Anm. 2 m.w.N.

nur noch Verwaltungsaufgaben. Der Katalog der ausschließlichen Gesetzgebungskompetenz der Republik (Art. 112) war wesentlich umfangreicher als der entsprechende Katalog in der WRV (Art. 6). Für die konkurrierende Gesetzgebung enthielt Art. 111 eine Generalklausel zugunsten der Republik, die den Ländern praktisch kaum noch die Möglichkeit ließ, eigene Gesetze zu erlassen. Trotzdem bestand grundsätzlich die Gesetzgebungskompetenz auf schmalstem Raume fort.

b) Die Regelung des Volksbegehrens nach Art. 3, 87 der Verfassung

Auch die Verfassung der DDR sah das Volksbegehren vor. Gem. Art. 3 ging alle Staatsgewalt vom Volke aus. Dem Wortlaut nach hatte jeder Bürger das Recht und die Pflicht zur Mitgestaltung in seiner Gemeinde, seinem Kreis, seinem Land und in der Deutschen Demokratischen Republik. Das Mitbestimmungsrecht der Bürger sollte unter anderem durch die Teilnahme an Volksbegehren und Volksentscheiden ausgeübt werden können.

Damit hatten die Bürger dem Wortlaut nach ein Gesetzesinitiativrecht. Ausgestaltet wurde dies in Art. 87 der Verfassung. Danach war ein Gesetz, dessen Verkündung auf Antrag von mindestens einem Drittel der Abgeordneten der Volkskammer ausgesetzt worden war, dem Volksentscheid zu unterbreiten, wenn ein Zwanzigstel der Stimmberechtigten diesen beantragte.[554]

Ein Volksentscheid war ferner herbeizuführen, wenn ein Zehntel der Stimmberechtigten oder anerkannte Parteien oder Massenorganisationen, die glaubhaft machten, daß sie ein Fünftel der Stimmberechtigten vertraten, einen solchen im Wege des Volksbegehrens beantragten.

Dem Volksbegehren war ein Gesetzentwurf zugrundezulegen, der von der Regierung unter Darlegung ihrer Stellungnahme der Volkskammer zu unterbreiten war.

Der Volksentscheid fand nur statt, wenn das begehrte Gesetz in der Volkskammer nicht in einer Fassung angenommen worden war, mit der die Antragsteller oder ihre Vertretungen einverstanden waren. Über den Haushaltsplan, über Abgabengesetze und Besoldungsordnungen durfte kein Volksentscheid stattfinden.

Das dem Volksentscheid unterbreitete Gesetz war angenommen, wenn die Mehrheit der Abstimmenden zugestimmt hatte. Das Verfahren für Volksbegehren und Volksentscheid sollte durch ein besonderes Gesetz geregelt werden.

554 Vgl. auch Art. 58 der Sächsischen Verfassung vom 28. Februar 1947, dort ist für das sogenannte Verwerfungsbegehren die Unterstützung eines Zehntels der Stimmberechtigten erforderlich.

Art. 87 Abs. 2 bis 6 waren Art. 73 Abs. 1 bis 6 WRV nachgebildet mit dem Unterschied, daß auch anerkannte Parteien im Sinne des Art. 13 der Verfassung oder Massenorganisationen ein Volksbegehren einleiten konnten. Im Unterschied zur WRV, nach der ein Volksentscheid nur dann nicht stattfand, wenn der Gesetzentwurf im Reichstag unverändert angenommen worden war, sollte er nach der Verfassung der DDR auch dann nicht stattfinden, wenn die Antragssteller oder ihre Vertretungen mit den von der Volkskammer vorgenommenen Änderungen einverstanden waren. Eine Änderung durch die Volkskammer machte somit ein nochmaliges Befragen der Antragssteller notwendig.

Ein Gesetz über das Verfahren beim Volksbegehren und Volksentscheid ist entgegen der Ankündigung nicht erlassen worden.

Damit hatten nach dem Wortlaut des Verfassungstextes sowohl die Verfassung Sachsens als auch die der DDR das bereits in der WRV und in der Sächsischen Verfassung von 1920 verankerte Volksinitiativrecht wieder aufgegriffen. Jedoch ist für das Urteil über eine Verfassung nicht nur der Wortlaut ihrer Normen ausschlaggebend, sondern auch der weitere Kontext. Entscheidend sollten nach der Staatsrechtslehre der DDR vor allem die „wirklichen Klassen-, Eigentums- und Machtverhältnisse“ sein, auf denen sie beruhe.[555] Die Staatsrechtslehre unterschied so zwischen „Verfassung im juristischen Sinne“ und „Verfassung im tatsächlichen Sinne“.[556] Verfassung im juristischen Sinne sind danach die in der Verfassungsurkunde zusammengefaßten Grundregeln eines Staates. Als Verfassung im tatsächlichen Sinne wurde der wirkliche Zustand des Gesellschaftssystems, die realen Machtverhältnisse und die Verteilung der politischen Macht zwischen den verschiedenen politischen Klassen und Schichten bezeichnet. Die normierte juristische Aussage darf so mit der wirklichen gesellschaftlichen Situation nicht gleichgesetzt werden. Nach der Selbsteinschätzung der Staatsrechtslehre stünde eine statische Übereinstimmung von Verfassungstext und Verfassungswirklichkeit zur Dynamik der Arbeiterklasse im Widerspruch, die den gesellschaftlichen Fortschritt zum Verfassungsprinzip erhoben habe.[557]

Vom Standpunkt der Verfassung im juristischen Sinne handelte es sich bei der Regelung des Volksbegehrens formal um Regelungen, wie sie bereits in der Weimarer Reichsverfassung und in der Sächsischen Verfassung von 1920 verankert waren. Die Verfassungswirklichkeit wurde jedoch von der Existenz des

---

555 *Autorenkollektiv*, Staatsrecht der DDR, S. 32; zur Definition des Begriffs Verfassung aus sozialistischer Sicht vgl. auch Meyers neues Lexikon, Bd. 14, S. 458f.

556 Zur Unterscheidung von praktischer und rechtstheoretischer Jurisprudenz siehe *Krawietz*, in: Festschrift für H. U. Scupin, 1983, S. 348ff.; zur Problematik der Verwirklichung von Recht siehe ders., Recht als Regelsystem, Vorwort S. XIff.; ders., in: Gedächtnisschrift für Ilmar Tammelo, 1984, S. 724ff.

557 *Autorenkollektiv*, Staatsrecht der DDR, S. 36.

antifaschistisch-demokratischen Blocks mit seinen Ausschüssen, in denen die SED den Ton angab, beherrscht.[558]

Ausgehend von den Lehren von Marx, Engels und Lenin konnte sich die SED durchsetzen[559] und als Partei der Besatzungsmacht die führende Rolle im Land erlangen. Ihre führenden Mitglieder hielten es jedoch nicht für richtig, den Willen des Volkes aufgrund von Stimmenmehrheiten und unter Beachtung der Willensäußerungen einzelner Staatsbürger zu ermitteln. Geäußert wurde dies zwar nicht im konkreten Hinblick auf die Volksinitiative, wohl aber in Bezug auf Wahlen. Es liege im Interesse der revolutionären Umgestaltung, daß Wahlen nicht zum Ausgangspunkt genommen, sondern als Mittel zur Weiterführung und Sicherung der Umwälzung eingesetzt würden.[560] Die grundlegenden gesellschaftlichen Veränderungen sollten bereits vorher, ohne vom Volk durch Wahlen dazu legitimiert worden zu sein, vorgenommen werden.[561] In diese Richtung weist auch die Bemerkung Walter Ulbrichts auf der 1. Parteikonferenz der KPD im März 1946. Demokratie bedeute nicht, daß allen Kräften die Möglichkeit gewährt werden müsse, sich zu organisieren. Auf die Frage: „Werdet Ihr in der sowjetischen Besatzungszone Wahlen durchführen?" werden wir antworten: „Jawohl, wir werden sie so durchführen, daß unter Garantie in allen Städten und Orten eine Arbeitermehrheit zustandekommt."[562]

---

558 So schreibt auch der kommunistische Historiker *Doernberg*, in: Die Geburt eines neuen Deutschland 1945-1949. Die antifaschistisch-demokratische Umwälzung und die Entstehung der DDR, S. 106, „Die Grundlage der gesamten Arbeit der Landtage war der Block der antifaschistisch-demokratischen Parteien. Seine Existenz – bei gleichzeitiger Ausschaltung jeglicher offenen reaktionären Gruppierung – drückte der Tätigkeit aller Vertretungskörperschaften den Stempel auf"; zur führenden Rolle der SED vgl. auch *Matern*, in: Beiträge zur Geschichte der Sozialistischen Einheitspartei Deutschlands, S. 1ff.

559 30 Jahre volkseigene Betriebe, Dokumente und Materialien zum 30. Jahrestag des Volksentscheids in Sachsen, Vorwort, S. 8; zur „Kampfkraft" der Kommunisten bis zur Vereinigung zur SED vgl. *Gräfe/ Wehner*, in: Geschichtsunterricht und Staatsbürgerkunde 1971, S. 307ff.

560 Vgl. dazu *Autorenkollektiv*, in: Einführung in die marxistisch-leninistische Staats- und Rechtslehre, S. 37; Staatsrecht der DDR, 2. Aufl., 1984. S. 57.

561 Dazu zählte unter anderem der Beschluß der sächsischen Landesverwaltung vom 17. September 1945, den gesamten Kohlebergbau der Landesverwaltung zu unterstellen, der Volksentscheid zur Enteignung von Nazi- und Kriegsverbrechern vom 30. Juni 1946 sowie die von der Landesverwaltung auf Initiative der KPD am 10. September 1945 beschlossene Bodenreform, vgl. dazu *Autorenkollektiv*, in: Einführung in die marxistisch-leninistische Staats- und Rechtslehre, S. 37f.; *Malek*, Archivmitteilungen, 1975, 58ff.; *M. Unger*, Sächsische Heimatblätter 30 (1984), 169ff.

562 Abgedruckt in: Argumente und Zitate aus sowjetischen und sowjetzonalen Quellen, Quelle 109, S. 62.

Politische Entscheidungen, so die damalige Auffassung, sollten stets dem wahren Interesse des Volkes entsprechen. Das wahre Interesse könnten aber nur diejenigen zum Ausdruck bringen, die die Gesetzmäßigkeit der Geschichte und deren Ursache erkannt hätten, daß heißt, die Führer der kommunistischen Partei. Sie seien deshalb zur Führung des Volkes berufen. Soweit das Volk noch nicht erkannt habe, daß die SED nur das beste wolle, weil nur sie wisse, was das beste sei, habe die Partei nicht die Verpflichtung, auf das zu hören, was die Bürger denken und wollen. Statt dessen müsse sie diese mit allen zur Verfügung stehenden Mitteln von der Richtigkeit ihres Handelns überzeugen. Es geht demnach nicht um den empirischen Willen und die empirische Praxis, an die das bürgerliche Recht und der bürgerliche Staat und seine Institutionen anknüpfen, sondern um den geschichtlich notwendigen, aus der Erkenntnis der Gesetzmäßigkeit der gesellschaftlichen Entwicklung gewonnenen Willen und um die aus dieser Erkenntnis sich entwickelnde Praxis.[563]

Der kommunistischen Ideologie liegt damit ein ganz anderes Demokratie- und Volkssouveränitätsverständnis zugrunde als den westlichen Ländern. Die Frage nach der Demokratie wird so zur Frage danach, welche Klasse die ökonomische, politische und geistig kulturelle Macht ausübt, welchen Klassen und Schichten die politische Macht dient und wessen Interessen sie wahrnimmt. Es geht mit anderen Worten immer um die Frage: „Demokratie für wen, für welche Klasse und zu welchem Zweck?“[564] Sozialistische Demokratie stellt sich mithin als die Ausübung aller Macht durch die Arbeiterklasse im Bündnis mit den anderen Klassen und Schichten der Werktätigen unter Führung der marxistisch-leninistischen Partei dar, anders ausgedrückt als Diktatur des Proletariats.

Zur Volkssouveränität heißt es im Einheitslehrbuch des Staatsrechts der DDR, reale Volkssouveränität gewährleiste erst der sozialistische Staat, indem die politische Macht von den von der Arbeiterklasse und ihrer marxistisch-leninistischen Partei geführten Werktätigen ausgeübt werde.[565]

Die marxistisch-leninistische Lehre verstand damit unter dem Begriff Volk ausschließlich die von der kommunistischen Partei organisierte Gesellschaft. Man kann auch von einem ideologisierten Volksbegriff sprechen, da die Berufung auf das Volk vornehmlich dem Zweck diente, auch jede totalitäre Maß-

---

563 Hierzu *Mampel*, Die Verfassung der sowjetischen Besatzungszone Deutschlands, Art. 3, Anm. 1.

564 Dazu *Autorenkollektiv*, in: Einführung in die marxistisch-leninistische Staats- und Rechtslehre, S. 92f.

565 *Autorenkollektiv*, Staatsrecht der DDR, S. 200 und 329; ebenso Rechtslexikon S. 398; vgl. auch *Schüßler*, in: Aktuelle Beiträge der Staats- und Rechtswissenschaft, Heft 206, 14f.

nahme zu heiligen und jedwede Individualität, die dem Regime gefährlich werden konnte, zu unterdrücken.[566]

Als Ergebnis ist somit festzuhalten, daß die Regelungen des Art. 87 der Verfassung der DDR und Art. 59 der Sächsischen Verfassung nur dem von der kommunistischen Partei organisierten Teil des Volkes die Möglichkeit zur Artikulation im Volksbegehren eröffnen konnte. Der organisierte Teil des Volkes war aber identisch mit den Parteien und Massenorganisationen, denen ebenfalls ausdrücklich das Initiativrecht durch Art. 59 der Sächsischen Verfassung und Art. 87 der Verfassung der DDR eingeräumt wurde. Das Initiativrecht beschränkte sich faktisch auf diese. Staat und Recht wurden so zu Instrumenten der Partei und ihrer Funktionäre zur Durchsetzung der objektiven Entwicklungsgesetzmäßigkeiten des Sozialismus.[567] Falls man unter diesen Umständen die Regelungen überhaupt in die Tradition sächsischer Volksgesetzgebung einordnen kann, beschränkt diese sich auf die Verfassung im juristischen Sinne, das heißt, lediglich auf den formalen Wortlaut der Verfassung, der in der politisch-sozialen Wirklichkeit einen völlig andern Sinn erhielt.

Was geschehen wäre, wenn tatsächlich ein hinreichend großer Anteil der Bevölkerung versucht hätte, ein gegen die „wahren Erkenntnisse" der Partei gerichtetes Volksbegehren einzuleiten, kann nur vermutet werden, da nie ein solches in Gang gebracht wurde. Wahrscheinlich wäre es bereits im Anfangsstadium verhindert worden. Mangels eines Verfahrensgesetzes wäre ein solches Begehren wohl auch schon aus formalen Gründen schwerlich möglich gewesen.

§ 12 Die Aufhebung der sächsischen Volksinitiativregelung und ihr Ende auf der Ebene der DDR

I. Die Aufhebung der sächsischen Volksinitiativregelung

Daß nach dem 7. Oktober 1949 neben der DDR-Verfassung noch fünf weitere Verfassungen und neben der Volkskammer noch fünf gesetzgebende Länderparlamente bestanden, konnte beim Übergang zur sozialistischen Staatlichkeit kein Dauerzustand sein.[568] Zunächst sollten die noch bestehenden Länder in die einheitsstaatliche Struktur der Republik eingeordnet werden.[569]

566 Dazu *Heitmann*, SächsVBl. 1993, 5.

567 *Wagner*, Wissenschaftliche Zeitschrift der Karl-Marx-Universität Leipzig 1965, 635, vgl. auch *Matern*, in: Beiträge zur Geschichte der Sozialistischen Einheitspartei Deutschlands, S. 21ff.

568 Vgl. nur *M. Unger*, Sächsische Heimatblätter 30 (1984), 186.

569 *Autorenkollektiv*, Staatsrecht der DDR, 2. Aufl. 1984, S. 67.

Am 23. Juli 1952 wurden die Länder durch § 1 des Gesetzes über die weitere Demokratisierung des Aufbaus und der Arbeitsweise der staatlichen Organe in den Ländern der DDR[570] angewiesen, eine Gliederung ihrer Gebiete in Kreise vorzunehmen. Maßstab sollten die wirtschaftlichen Erfordernisse sowie die ideale Durchführung aller staatlichen Aufgaben sein, wobei insbesondere eine wirksame Beaufsichtigung der staatlichen Organe in den Gemeinden intendiert war.[571]

Mehrere Kreise sollten in Bezirke zusammengefaßt werden, wobei die Abgrenzung der Bezirke nach den gleichen Kriterien erfolgen sollte wie die Abgrenzung der Kreise.

Zur Notwendigkeit dieser Neugliederung sagte die Präambel des Gesetzes, daß die alte administrative Gliederung zu einer Fessel der neuen Entwicklung geworden sei.[572] Die örtlichen Organe der Staatsgewalt müßten aus diesem Grund so strukturiert werden, daß der Staatsapparat die Möglichkeit erhalte, den Willen der Werktätigen, der in den Gesetzen der DDR zum Ausdruck gebracht sei, unverbrüchlich zu erfüllen und, gestützt auf die Initiativen der Massen, eine Politik des werktätigen Volkes durchzuführen.[573]

Der sächsische Landtag erließ am 25. Juli 1952 in einer außerordentlichen Sitzung ein entsprechendes Gesetz.[574] Danach bestanden die Bezirke Dresden,

---

570 GBl. S. 613.

571 Dazu *Blaschke*, in: Der Sächsische Landtag. Geschichte und Gegenwart, S. 16. Hinter dieser Begründung, so Blaschke, verbarg sich nichts anderes, als das stalinistische Prinzip der Herrschaft des Partei- und Staatsapparates über das Volk, das mit Hilfe kleinerer Verwaltungseinheiten besser überwacht und angetrieben werden konnte; vgl. auch ders., Blätter für deutsche Landesgeschichte 1954, 74ff.

572 Dem Landtag wurde vorgehalten, er habe sich nicht zu einer Volksvertretung neueren Typs weiterentwickelt. Scheinbar hatte die SED feststellen müssen, daß in den Ländern noch zu viele Kräfte des Widerstandes gegen ihre Sozialisierungspolitik vorhanden waren, die deshalb auf radikale Weise mit der Auflösung der Länder ausgeschaltet werden mußten, vgl. *Blaschke*, in: Der Sächsische Landtag. Geschichte und Gegenwart, S. 16.

573 *Albrecht*, Dokumente zur Staatsordnung der Deutschen Demokratischen Republik, Bd. 2, S. 282 ff.

574 GVBl. Sachsen I, S. 325; der Landtag wurde dazu mitten in der Ferienzeit zusammengerufen. Sein Präsident Otto Buchwitz hielt es nicht für notwendig, seinen Urlaub in der Sowjetunion zu unterbrechen. Nach einer Rede des Ministerpräsidenten Max Seydewitz wurde die erste Lesung vorgenommen, in der sich niemand zu Wort meldete, so daß sie geschlossen wurde. Die zweite Lesung bestand in einer Rede des FDGB-Vertreters Danke, worauf ebenfalls keine Wortmeldung folgte, so daß auch sie geschlossen wurde. Die folgende Abstimmung ergab hundertprozentige Zustimmung, die mit minutenlangem Beifall bedacht wurde, siehe Landtagsprotokoll, 2. Wahlperiode, 28. (außerordentliche) Sitzung, 25. Juli 1952, S. 955ff.

Leipzig und Chemnitz. Gem. § 4 des Gesetzes gingen die bisher von der Landesregierung wahrgenommenen Aufgaben auf die Organe der Bezirke über.

Der damalige Ministerpräsident Grotewohl hatte auf der 2. SED-Parteikonferenz gefordert, die Arbeit der Landtage und Regierungen innerhalb der fünf Landesterritorien unter grundsätzlicher Aufrechterhaltung der Länder auf 14 kleinere Bezirke zu verteilen.[575] Indem die Organe der Bezirke hinter ihrer Bezeichnung in Klammern die Bezeichnung des Landes fortführten, auf dessen Territorium sie gebildet worden waren, sollte dokumentiert werden, daß trotz der Neugliederung die Länder rechtlich weiter bestünden.[576]

Als Organe der Staatsgewalt wurden in den Bezirken der Bezirkstag und der Rat des Bezirkes eingesetzt.[577] Anders als die Länder, welche Gebietskörperschaften waren, stellten die Bezirke lediglich Gebiete eines Einheitsstaates dar. Die Organe der Bezirke besaßen keine Selbständigkeit, sondern waren von Beginn an Bestandteile eines einheitlichen Staatsapparates.[578] Gesetze wurden nur noch auf der Ebene der Verfassung der DDR von 1949 erlassen. Die sächsischen Volksinitiativregelungen konnten somit nicht mehr zur Anwendung gelangen.

Obwohl die Länder und die Landesverfassungen damit 1952 de facto abgeschafft wurden, bestand zunächst ihre gem. Art. 71 der Verfassung der DDR gewährleistete Vertretung in der Form einer Länderkammer fort. In dieser hatte jedes Land für je 500.000 Einwohner einen Abgeordneten. Durch das Gesetz über die Auflösung der Länderkammer der DDR[579] wurde diese erst am 8. Dezember 1958 abgeschafft. Mit diesem Schritt wurde nach westdeutscher Auffassung eine „verfassungsrechtliche Tragikomödie" beendet.[580]

Die Antwort auf die Frage, ob das Land Sachsen, die Sächsische Verfassung vom 28. Februar 1947 und damit auch die Volksinitiativregelung nicht nur faktisch, sondern auch de jure untergegangen sind, könnte zweifelhaft sein, da Art. 1 und Art. 71ff. der Verfassung der DDR durch das Gesetz über die weitere Demokratisierung des Aufbaus und der Arbeitsweise der staatlichen Organisa-

575 Dazu *Röper*, ZG 1991, 158.

576 Vgl. Bekanntmachung über die einheitliche Bezeichnung der örtlichen Organe der Staatsgewalt vom 16. August 1952 (GBL. S. 750); die in Klammern gesetzte Länderbezeichnung verschwand allerdings in der Praxis schon einige Monate nach der Neugliederung.

577 Ordnung für den Aufbau und die Arbeitsweise der staatlichen Organe der Bezirke vom 24. Juli 1952 (GBl. S. 621).

578 Die Veränderungen aus ostdeutscher Perspektive betrachtet vgl. *M. Unger*, Sächsische Heimatblätter 30 (1984), 186; *Autorenkollektiv*, Staatsrecht der DDR, 2. Aufl. 1984, S. 73ff.; aus westdeutscher Sicht vgl. *Mampel*, Die Verfassung der sowjetischen Besatzungszone Deutschlands, Art. 109, Anm. 4a.

579 GBl. I, S. 867.

580 *Mampel*, in: Deutsche Fragen 1959, 21.

tion in den Ländern der DDR vom 23. Juli 1952 nicht formell geändert worden sind. So wird in der Literatur teilweise angenommen, daß die Länder durch die Schaffung der Bezirke lediglich überlagert, aber nicht aufgehoben worden seien.[581] Sie hätten als desorganisierte, organlose und handlungsunfähige Staaten fortbestanden. Ebenso seien die Landesverfassungen nie aufgehoben worden. Sie seien lediglich wie die Länder, die durch den Wegfall aller Organe handlungsunfähig geworden seien, funktionslos geworden.[582] Konsequenz dieser Auffassung wäre, daß die Volksinitiativregelung der Sächsischen Verfassung vom 28. Februar 1946 auch nach 1952 noch fortbestand.

Die überwiegende Meinung lehnt diese Position mit Grund ab.[583] Danach wurden mit der Ersetzung der Länder durch Bezirke auch die Landesverfassungen aufgehoben, auch wenn es an einem entsprechenden formalen Akt fehlte.

Spätestens seit der Verfassung der Deutschen Demokratischen Republik vom 6. April 1968[584] kann von einer Existenz der Landesverfassungen, Länderorgane und Ländervertretungen nicht mehr die Rede sein, da sie nun auch im Verfassungstext ebenso wie die Länderkammer keine Berücksichtigung mehr finden. Ein latentes Fortbestehen der Landesverfassungen über den 6. April 1968 hinaus bis zum 3. Oktober 1990 kann somit nicht angenommen werden.[585] Davon geht auch das als Verfassungsgesetz verabschiedete Ländereinführungsgesetz von 1990[586] aus, welches in § 1 Abs. 1 bestimmt, daß in der DDR Länder gebildet – nicht lediglich wiederhergestellt – werden, und daß gem. § 23 Abs. 2 dem erstgewählten Landtag zugleich die Aufgabe einer verfassungsgebenden – nicht le-

581 *Röper*, ZG 1991, 151.

582 *Röper*, ZG 1991, 161.

583 Vgl. dazu *Magiera*, in: Deutsche Wiedervereinigung, Bd. 3, S. 144f.; *Bernet*, LKV 1991, 4; *Klein*, NJW 1990, 1069, Fn. 49; *Sommer*, ArbuR 1993, 381; als zweifelhaft bezeichnet von *Wuermeling*, NJW 1990, 1069, Fn. 10.

584 GBl. I, S. 199ff.

585 *H. von Mangoldt*, 4. K. T. des Verfassungs- und Rechtsausschusses zur Erarbeitung der Sächsischen Verfassung vom 6. Juni 1992, S. 17; ders., Die Verfassungen der neuen Bundesländer. Einführung und synoptische Darstellung, S. 18f., insbesondere Fn. 38; *Bayer*, DVBl 1991, 1015; *P. C. Fischer*, Staatszielbestimmungen in den Verfassungen und Verfassungsentwürfen der neuen Bundesländer, S. 30, Fn. 14; *Heitmann*, in: Rechtsstaat in der Bewährung, Bd. 27 (1992), S. 12, Fn. 7; *Berlit*, in: Simon, Franke, Sachs (Hrsg.), Handbuch der Verfassung des Landes Brandenburg, § 1, Rdnr. 20; *Kilian*, in: Isensee, Kirchhof (Hrsg.), HdbStR, Bd. 8, § 186, Rdnr. 8ff.; *Starck*, Die Verfassungen der neuen deutschen Länder. Eine vergleichende Untersuchung, S. 19, Fn. 38; anders nur *Röper*, ZG 1991, 161, danach habe die DDR seit der Verfassung von 1968 lediglich keine Notiz mehr von den Ländern genommen, ohne daß sie jedoch aufgelöst worden seien.

586 GBl. DDR I, S. 955.

diglich verfassungsändernden – Landesversammlung obliegt.[587] Die sächsische Volksinitiativregelung ist somit spätestens am 6. April 1968 auch de jure untergegangen.

2. *Die Aufhebung der Volksinitiativregelung der Verfassung vom 7. Oktober 1949 durch die Verfassung vom 6. April 1968*

Die Rechte und Pflichten der Bürger, die in der Verfassung vom 7. Oktober 1949 in Art. 3 aufgeführt waren, wurden in der neuen Verfassung[588] in Art. 21 geregelt. Danach hatte jeder Bürger der Deutschen Demokratischen Republik das Recht, das politische, wirtschaftliche und kulturelle Leben der sozialistischen Gemeinschaft und des sozialistischen Staates umfassend mitzugestalten. Art. 21 Abs. 1 Satz 2 besagte: „Arbeite mit, plane mit, regiere mit!"

Gem. Abs. 2 sollte das Recht auf Mitbestimmung und Mitgestaltung unter anderem dadurch gewährleistet werden, daß die Bürger alle Machtorgane demokratisch wählen, an ihrer Tätigkeit und an der Planung, Leitung und Gestaltung des gesellschaftlichen Lebens teilnehmen und in Volksabstimmungen ihren Willen bekunden.

Die Möglichkeit, durch ein Volksbegehren ein Gesetz zu initiieren, sah die Verfassung nicht vor. Damit wurde ein Riegel vor Bestrebungen gelegt, daß das Volk ohne oder sogar gegen den Willen der SED über ein Gesetz oder eine politische Frage entscheide.

Volksabstimmungen konnten gem. Art. 53 nur von der Volkskammer initiiert werden. Das Recht zur Gesetzesinitiative hatten gem. Art. 65 der Verfassung die Abgeordneten der in der Volkskammer vertretenen Parteien und Massenorganisationen, die Ausschüsse der Volkskammer, der Staatsrat,[589] der Ministerrat[590] und der Freie Deutsche Gewerkschaftsbund.[591] Doch auch hier sollte die SED bei der Frage des Inhalts der initiierten Gesetze die führende Rolle spielen. Es war ein Grundsatz der Gesetzgebung, daß die Volkskammer ihr Gesetzgebungsrecht auf der Grundlage und in Verwirklichung der Beschlüsse der SED wahrnehme, in denen die gesellschaftlich notwendigen Aufgaben entsprechend den objektiven Bedingungen zur Verwirklichung des Sozialismus in der DDR her-

587 Dazu auch *Starck*, ZG 1992, 3.
588 GBl. I, S. 192ff.
589 Zur Funktion des Staatsrates vgl. Art. 66 der Verfassung.
590 Zur Funktion des Ministerrates vgl. Art. 78 der Verfassung.
591 Zur Stellung und Funktion des Freien Deutschen Gewerkschaftsbundes vgl. Art. 44 der Verfassung.

ausgearbeitet und begründet seien. Die Beschlüsse der Partei galten demnach als das feste Fundament, auf dem das sozialistische Recht aufbauen sollte.[592]

Weiterhin sollte der Führungsanspruch der SED durch die Anleitung und Kontrolle des Staatsapparates, durch die bei den staatlichen Organen bestehenden Grundorganisationen der Partei und durch die Parteigruppen in den Volksvertretungen gesichert werden.[593] Schon aus diesen Gründen paßt die Gesetzesinitiativberechtigung des Volkes, die auch nicht parteikonformen Minderheiten die Möglichkeit hätte eröffnen können, das Gesetzgebungsverfahren einzuleiten, nicht in das Konzept der politischen Führung der DDR. Die Nichtwiederaufnahme in die Verfassung erscheint daher nicht sonderlich überraschend.

§ 13 Die unterschiedliche Bewertung der Volksinitiative in Westdeutschland nach dem zweiten Weltkrieg

In den meisten Landesverfassungen Westdeutschlands wurde nach dem zweiten Weltkrieg die Volksinitiative in der Form des Volksbegehrens aus den Verfassungen der Weimarer Republik wieder aufgenommen. Die Gestaltung dieser Regelungen ist jedoch maßgeblich durch den Zeitpunkt ihrer Verabschiedung beeinflußt.

Bereits in den Jahren 1946 und 1947 gestatteten die Amerikaner und Franzosen die Verfassungsgesetzgebung in den Ländern ihrer Besatzungszonen.[594] Unbeeinflußt von den späteren Auseinandersetzungen um die direkte Demokratie im Parlamentarischen Rat erinnerte man sich bei der Ausarbeitung dieser ersten Nachkriegsverfassungen an die plebiszitären Vorgaben der Verfassungen der Weimarer Republik und ihrer Länder. Die Beibehaltung der Volksinitiativrege-

---

592 *Autorenkollektiv*, Staatsrecht der DDR, 2. Aufl. 1984, S. 291, vgl. dazu auch das Aufbauschema auf S. 292, „wie in der DDR ein Gesetz entsteht“. Über dem Feld „Recht zur Einbringung von Gesetzesvorlagen“ steht übergeordnet das Feld „Grundlagen für Gesetze = von der Partei der Arbeiterklasse erkannte objektive Gesetzmäßigkeiten und festgelegte Aufgaben in Beschlüssen“.

593 *Jahn*, Mitarbeiter des ZK der SED in einem Referat am 12. Februar 1956 mit dem Thema: Erläuterungen der Hauptformen zur Durchsetzung des Führungsanspruches der SED im Staatsapparat, abgedruckt in: Argumente und Zitate aus sowjetischen und sowjetzonalen Quellen, Quelle 125, S. 69.

594 Zur Genese der Volksgesetzgebungsregeln in den westlichen Landesverfassungen 1946/47 ausführlich *Jung*, Grundgesetz und Volksentscheid, S. 35ff.

lungen war weitgehend unumstritten, ohne daß es hierüber zu größeren politischen Auseinandersetzungen kam.[595]

In der britischen Besatzungszone kamen die Landesverfassungen erst nach Beendigung der Arbeiten des Parlamentarischen Rates zustande. Hier ist in Hinblick auf die Volksgesetzgebung der Einfluß der Beratungen zum Grundgesetz deutlich erkennbar.[596] Die Verfassungsgeber der Länder Hamburg, Niedersachsen und Schleswig-Holstein gestalteten ihre Verfassungen dementsprechend aus und verzichteten zunächst auf die Übernahme direkter Volksgesetzgebungselemente.

Eine Ausnahme bildete Nordrhein-Westfalen, dessen Landesverfassung erst 1950 in Kraft trat und trotzdem die Volksinitiative vorsieht. Die Ursache hierfür liegt darin, daß das Gesetz über die Regelung von Volksbegehren und Volksentscheid[597] bereits im Juli 1948, also vor dem Grundgesetz verabschiedet worden ist. Aus diesem Grund wollte man auch bei der Verabschiedung der Landesverfassung 1950 nicht mehr auf diese Einrichtungen verzichten. Von der Zurückhaltung des Parlamentarischen Rates unbeirrt, nahmen die Verfassungsgeber die schon in der preußischen Verfassung garantierte Möglichkeit der Volksinitiative[598] auch in die neue Verfassung des Landes Nordrhein-Westfalen auf.

Die verfassungsrechtliche Ausgestaltung der Volksinitiative in den alten Bundesländern war damit aber noch nicht abgeschlossen. In Baden-Württemberg enthielt die Verfassung[599] zunächst nur die Möglichkeit einer Volksabstimmung, deren Durchführung ausschließlich von der Landesregierung bestimmt wird. Ein eigenes Gesetzesinitiativrecht im Wege des Volksbegehrens steht der Bevölkerung erst seit der Verfassungsänderung von 1974 zu.[600] Diese Erweiterung sollte die direkte Einbeziehung der Bürger in die Landesgesetzgebung ermöglichen

595 Die einzelnen politischen Parteien vertraten zwar teilweise unterschiedliche und gegensätzliche Positionen, es fanden sich aber ausreichende Mehrheiten in den verfassungsgebenden Landesversammlungen, zum Verhalten der politischen Parteien vgl. *Wolfgang Berger*, Die unmittelbare Teilnahme des Volkes an staatlichen Entscheidungen durch Volksbegehren und Volksentscheid, S. 103f.

596 Hierzu *Troitzsch*, Volksbegehren und Volksentscheid, S. 21.

597 Gesetz über die Regelung von Volksbegehren und Volksentscheid vom 27. Juli 1948, GVBl. NW 1948, S. 241.

598 Art. 6 der preußischen Verfassung vom 30. November 1920, GS. 1920, Nr. 54, S. 543ff.

599 Verfassung Baden-Württembergs vom 11. November 1953, GBl. S. 173.

600 Gesetz zur Änderung der Verfassung des Landes Baden-Württemberg vom 16. Mai 1974, GBl. S. 186., vgl. Art. 59 Abs. 1 und 2, Art. 60 und 64 der Verfassung.

und eine verstärkte Teilnahme der Bevölkerung an staatlichen Entscheidungsprozessen fördern.[601]

Umgekehrt war die Entwicklung in Berlin. 1974 entschloß sich das Abgeordnetenhaus, die Anwendungsmöglichkeit für Volksbegehren und Volksentscheid aus der Verfassung von 1950[602] stark einzuschränken,[603] da bis zu diesem Zeitpunkt von der direkten Volksgesetzgebung noch kein Gebrauch gemacht worden war. Das Institut der direkten Gesetzgebung wurde zunächst ersatzlos gestrichen.[604]

In der Landesverfassung des Saarlandes von 1947,[605] die nach einer Überarbeitung im Dezember 1956 in den wesentlichen Teilen ihre Geltung behielt, war zunächst lediglich ein Volksentscheid über Landesgesetze vorgesehen, dessen Durchführung jedoch von den Landtagsabgeordneten abhängig war.[606] Inspiriert durch die Erweiterung der Volksgesetzgebung in der Verfassung Baden-Württembergs war man auch im Saarland entschlossen, das Volksbegehren einzuführen. Im Juli 1979 wurde dieses Vorhaben im Rahmen einer breit angelegten Revision der saarländischen Landesverfassung verwirklicht.[607] Damit wurde auch in diesem Bundesland das Volksgesetzgebungsverfahren durch die Aufnahme des Initiativrechts in Form des Volksbegehrens erweitert.[608]

Wie im weiteren Verlauf der Untersuchung noch zu präzisieren sein wird, ist die Entwicklung in den neuen Bundesländern nicht ohne Einfluß auf die Ausgestaltung der Volksinitiative in einigen Verfassungen der älteren Länder geblieben.[609]

---

601 *Braun*, Kommentar zur Verfassung des Landes Baden-Württemberg, Art. 59, Rdnr. 26.

602 Verfassung von Berlin vom 1. September 1950, VBl. Teil I, S. 433.

603 Bis zu diesem Zeitpunkt war das Initiativrecht der Bevölkerung in Art. 2 Abs. 2 und Art. 3 Abs. 1 Satz 1 der Verfassung Berlins garantiert.

604 Siebzehntes Gesetz zur Änderung der Verfassung von Berlin vom 22. November 1974, GVBl. 1974, S. 2741.

605 Verfassung des Saarlandes vom 15. Dezember 1947, Amtsblatt S. 1077.

606 Art. 101 der Verfassung des Saarlandes in der Fassung vom 1. Januar 1957, Amtsblatt S. 1657.

607 Gesetz zur Änderung der Verfassung des Saarlandes vom 4. Juli 1979, Amtsblatt S. 650.

608 Art. 99 und Art. 100 der Verfassung des Saarlandes i.d.F. vom 4. Juli 1979.

609 Siehe hierzu dritter Teil, erstes Kapitel, § 18, 2.

Dritter Teil: Die Volksinitiative nach der Sächsischen Verfassung von 1992 – Verfassungsgeschichtliche Grundlagen, praktische Umsetzung und grundgesetzlicher Rahmen –

Erstes Kapitel: Die Genese der Vorschriften über die Volksinitiative

§ 14 Die Wiederentstehung Sachsens als Freistaat und die Entwürfe einer Verfassung

I. Die „stille" Revolution in der DDR im Herbst 1989

Der Umbruch in der DDR[610] im Herbst 1989 wird gemeinhin als „Revolution" bezeichnet, wobei die Besonderheit darin besteht, daß sie friedlich herbeigeführt wurde,[611] was zum gängigen Revolutionsbegriff wiederum im Widerspruch steht.

Bewirkt wurde die Revolution von zahlreichen Faktoren, wobei diese ihrerseits in einem vielschichtigen Zusammenhang miteinander stehen, so daß wegen des Zusammenwirkens von Ursachen, Anlaß und Verlauf der Revolution ein exakter zeitlicher Rahmen kaum anzugeben ist.[612] Denn was im Sinne einer revolutionären Volkserhebung nach außen trat, war in vielem nur letzte Konsequenz von ursächlichen Entwicklungen, die bereits in einem wesentlich früheren Zeitraum angelegt waren[613] und am Ende das Volk dazu brachten, ungeachtet des staatlichen Repressionsapparats sein Schicksal selbst in die Hand zu nehmen.

---

610 Zur Aufarbeitung des Unrechtsregimes siehe *Starck/ Berg/ Pieroth*, VVDStRL 1992, 9ff.

611 *Busse*, ZRP 1991, 332 m.w.N.; *W. Fiedler*, in: Isensee, Kirchhof (Hrsg.), HdbStR, Bd. 8, § 184, Rdnr. 13ff.; *Jestaedt*, in: Stober (Hrsg.), HdbSächsStVerwR, § 1, Rdnr. 15; siehe auch *Heitmann*, in: Die Revolution in der Spur des Rechts, S. 16f.

612 Zur tragenden Rolle der Leipziger Montagsdemonstrationen siehe *Zwahr*, in: Revolution in Deutschland? 1789-1989, S. 127; vgl. auch *Grabner/ Heinze/ Pollack* (Hrsg.), Leipzig im Oktober. Kirchen und alternative Gruppen im Umbruch der DDR. Analysen zur Wende; zu den Bemühungen der örtlichen Kirchenvertreter, die zu der gemäßigten Haltung der Demonstranten wesentlich beitrugen vgl. die Dokumentation von *Sievers*, Stundenbuch einer deutschen Revolution. Die Leipziger Kirchen im Oktober 1989, S. 13ff.; zur besonderen Rolle der evangelischen Kirche, ohne deren Beteiligung der Umbruch so nicht möglich gewesen wäre vgl. *Henkys*, in: Die protestantische Revolution 1987-1990, S. 11.

613 *W. Fiedler*, in: Isensee, Kirchhof (Hrsg.), HdbStR, Bd. 8, § 184, Rdnr. 12; über den historischen Ablauf der Revolution liegen zahlreiche, zum Teil abweichende chronologische Darstellungen vor, vgl. *H. Weber*, DDR. Grundriß der Geschichte

Die Volksbewegung in Sachsen wurde in erster Linie von der Bevölkerung in den großen Städten der Bezirke, vor allem in Leipzig, getragen.[614]

Das Landesbewußtsein hatte zwei totalitäre zentralstaatliche Systeme „überwintert". Als das politische „Tauwetter" einsetzte,[615] erstarkte neben den Forderungen nach Reisefreiheit, Demokratie, Rechtsstaatlichkeit, Rücktritt des Politbüros und ZKs der SED auch der durch die negativen Erfahrungen mit der Machtkonzentration im zentralistischen SED-Staat und durch die mangelnde Identifikation mit diesem frühzeitig nach der Wende im November 1989 geprägte Wunsch nach Wiedereinführung der Länder.[616]

Nach der Volkskammerwahl am 18. März 1990 wurden die ehemaligen Bezirkstage zum 31. Mai 1990 aufgelöst. Es bestand weitgehende Einigkeit darüber, noch unter dem Dach der DDR Länder zu bilden.[617] Festgehalten wurde der Wille zur Länderbildung bereits in Art. 1 Abs. 1 Satz 1 der Verfassungsgrundsätze sowie in der Präambel und in Art. 1 des Staatsvertrages über die Schaffung einer Währungs-, Wirtschafts- und Sozialunion.[618] Art. 1 Abs. 1 Satz 2 der Verfassungsgrundsätze bestimmte, daß das Föderativprinzip nach Maßgabe einer besonderen Ergänzung der Verfassung und noch zu erlassender gesetzlicher Vorschriften gelten sollte.

(1945-1990), S. 342ff.; *Links/ Bahrmann*, Wir sind das Volk. Die DDR im Aufbruch, S. 211ff.; *Menge*, „Ohne uns läuft nichts mehr". Die Revolution in der DDR, S. 246ff.; *Diemer/ Kuhot*, Kurze Chronik der Deutschen Frage. Mit den drei Verträgen zur Einigung Deutschlands; zu den oppositionellen Strömungen in der DDR siehe *Knabe*, Aufbruch in eine andere DDR; vgl. auch *Rein* (Hrsg.), Die Opposition in der DDR.

614 *Bernet*, LKV 1991, 5.

615 *Isensee*, SächsVBl. 1994, 33.

616 *Boehl*, Der Staat 1991, 573; *Kunzmann*, in: Kunzmann/ Haas/ Baumann-Hasske/ Bartlitz, Die Verfassung des Freistaates Sachsen, Einleitung, S. 22f.; hierzu und zum folgenden auch *Kilian*, in: Isensee, Kirchhof (Hrsg.), HdbStR, Bd. 8, § 186, Rdnr. 12ff.

617 *Bayer*, DVBl 1991, 1016; *Dietlein*, NWVBl. 1993, 401.

618 Durch das Gesetz zur Änderung der Verfassung der DDR (Verfassungsgrundsätze-Gesetz) vom 17. Juni 1990, GBl. DDR I, S. 299, wurden der Verfassung eine Reihe von „GrundsatzArtikel" vorangestellt und zugleich übergeordnet. Mit diesen Grundsätzen konstituierte sich die DDR als freiheitlicher, demokratischer, föderativer, sozialer und ökologisch orientierter Rechtsstaat. Nach Erlaß der Verfassungsgrundsätze wurde durch Vertrag vom 18. Mai 1990 (BGBl. II, S. 518ff.) zwischen der Bundesrepublik und der DDR eine Wirtschafts- Währungs- und Sozialunion geschlossen. Diese schuf mit Wirkung vom 1. Juli 1990 ein einheitliches Währungsgebiet. Sie war ein erster entscheidender Schritt zur Rechtsvereinheitlichung und legte Grundlagen für den wirtschaftlichen Neubeginn in der damaligen DDR.

Am 22. Juli 1990 beschloß die Volkskammer das dieser Maßgabe entsprechende Ländereinführungsgesetz (LEG).[619] Aufgrund der ursprünglichen Fassung des § 1 LEG sollten die Länder mit Wirkung vom 14. Oktober 1990 gebildet werden. Zu diesem Zeitpunkt sollte das Ländereinführungsgesetz gem. § 25 Abs. 1 LEG in Kraft treten. §§ 1 Abs. 1, 25 Abs. 1 LEG wurden jedoch durch Art. 1 Abs. 1 des Einigungsvertrages[620] dahingehend geändert, daß der Termin der Länderbildung auf den 3. Oktober 1990 vorverlegt wurde.[621] Bereits zu diesem Termin sollten die in § 1 Abs. 1 LEG genannten Länder ein Bestandteil der Bundesrepublik Deutschland werden.[622]

Die Länderbildung in der DDR erfolgte 1990 nicht unter Anknüpfung an die Weimarer Republik, sondern unter Anknüpfung an die Anfänge der DDR. Die Länder entstanden deshalb nicht in den Grenzen von 1951, sondern in den Kreisgrenzen, wie sie 1952 durch die DDR eingeführt worden waren.[623] Das Land Sachsen wurde gem. § 1 Abs. 1 LEG durch Zusammenlegung der Bezirksterritorien Dresden, Karl-Marx-Stadt/Chemnitz und Leipzig ohne die Kreise Schmölln zuzüglich der Kreise Hoyerswerda und Weißwasser gebildet.

Durch die Bildung des Landes hat Sachsen seine Verfassungsautonomie zurückerlangt. Diese wird in § 4 LEG vorausgesetzt mit der Maßgabe, daß die verfassungsmäßige Ordnung den Grundsätzen des republikanischen, freiheitlichen, demokratischen, sozialen und ökologisch orientierten Rechtsstaates entspricht.[624]

Im Entstehungszeitpunkt gab es in den neuen Ländern nur eine Landesbehörde: den vom Ministerpräsidenten der DDR berufenen Landesbeauftragten.

---

619 GBl. DDR I, S. 955ff.

620 BGBl. II, S. 885ff.; GBl. DDR I, S. 1627ff.; die Volkskammer sicherte die Beitrittserklärung und die Ratifizierung des Einigungsvertrages durch einen mit Zwei-Drittel-Mehrheit gefaßten Beschluß verfassungsrechtlich ab. Die Rechtsgrundlage dazu bot letztlich Art. 8 VerfassungsgrundsätzeG i.V.m Art. 106 der Verfassung der DDR.

621 §§ 1 Abs. 1, 25 Abs. 1 LEG, geändert durch Anlage II, Kapitel II, Sachgebiet A, Abschnitt II des Einigungsvertrages; die Anlagen haben ebenso wie der Einigungsvertrag selbst durch die Gesetzesbeschlüsse der Volkskammer vom 20. September 1990 und des Bundestages vom 23. September 1990 unmittelbar normative Wirkung, dazu *Boehl*, Der Staat 1991, 573f.

622 Die DDR hat mit dem staatsrechtlichen Beitritt ihrer Länder zur Bundesrepublik Deutschland und mit der damit verbundenen völkerrechtlichen Eingliederung ihr Ende als Staatsperson und Völkerrechtssubjekt gefunden, dazu *Bartlsperger*, DVBl 1990, 1285.

623 Vgl. dazu *Kunzmann*, in: Kunzmann/ Haas/ Baumann-Hasske/ Bartlitz, Die Verfassung des Freistaates Sachsen, Einleitung, S. 24.

624 Dazu *Starck*, ZG 1992, 1f.; vgl. auch *Dahnke*, in: Deutsche Wiedervereinigung, Bd. 3, S. 141.

Am 14. Oktober 1990 wurde der Landtag des Freistaates Sachsen[625] gewählt. Am 27. Oktober trat er zu seiner konstituierenden Sitzung zusammen.

3. Die verschiedenen Entwürfe einer Verfassung des Freistaates

Die kurze Leine zentralstaatlicher Unterwerfung nach dem Konzept des „demokratischen Zentralismus“ zu kappen, welche mit dem „Gesetz über die weitere Demokratisierung des Aufbaus und der Arbeitsweise der staatlichen Organe in den Ländern der Deutschen Demokratischen Republik“ 1952 den unteren Gebietskörperschaften unter de facto-Auflösung der Länder angelegt worden war, gehörte zu den frühesten Zielen der Bürgerbewegung und hat in Verbindung mit dem verbreiteten Wunsch nach Wiederherstellung der ursprünglichen Ländergliederung ein starkes Interesse an der Ausarbeitung von Verfassungsvorschlägen für ein künftiges Land Sachsen hervorgebracht.[626] Die Arbeiten an einer sächsischen Landesverfassung begannen bereits im Herbst 1989 auf privater Ebene[627] innerhalb der noch bestehenden DDR und vor Verabschiedung des LEG.[628] Dabei schlossen sich verschiedene Gruppierungen zu umfangreichen Verfassungsarbeiten zusammen.

Die alten Machthaber hatten frühzeitig erkannt, daß ihre politische Machtposition auf der Ebene der Republik unwiederbringlich verlorengegangen war. Der deutliche Sieg der nichtsozialistischen Kräfte bei der ersten Wahl zur Volkskammer am 18. März 1990 nahm der SED/PDS jede Hoffnung, mit dem Reformkommunisten Modrow auch weiterhin den Ministerpräsidenten der DDR stellen zu können. Da sich diese Entwicklung bereits Wochen vorher abzeichnete, versuchte man, das in den Ländern und Kommunen noch bestehende Machtvakuum zu nutzen, um wenigstens auf diesen Ebenen Einfluß zu gewinnen.

---

625 Zum Freistaatsbegriff siehe *Isensee*, SächsVBl. 1994, 34; *Pernthaler*, Allgemeine Staatslehre und Verfassungslehre, 2. Aufl. 1996, S. 167; *Wyduckel*, SächsVBl. 1997, 290; *Degenhart*, in: Stober (Hrsg.), HdbSächsStVerwR, § 2, Rdnr. 2.

626 *H. von Mangoldt*, SächsVBl. 1993, 28.

627 *H. von Mangoldt* stellt in seinem Beitrag „Die Verfassungen der neuen Bundesländer. Einführung und synoptische Darstellung“ auf S. 21 fest, daß nur in Sachsen eine Brücke von den Ausgangsarbeiten von unten hin zu dem institutionellen Prozeß der Verfassunggebung durch den Landtag geschlagen worden sei. Nur in Sachsen habe die geltende Verfassung das Gesicht des Entwurfs „von unten“ behalten; siehe hierzu auch *Würtenberger*, in: Kodifikation gestern und heute, S. 118.

628 Dazu *Malinka*, in: Verfassungsreform und Grundgesetz, S. 76; *Feddersen*, DÖV 1992, 994f.; *Häberle*, JöR N. F.1993, 70ff.; *Tautz*, in: Deutsche Wiedervereinigung, Bd. 3, S. 25ff.; *Heitmann*, in: Rechtsstaat in der Bewährung, Bd. 27 (1992), S. 11ff.; *Dambeck*, RuP 1994, 208ff.

Deshalb gab es im Dresdner Rat ein sehr intensives Bemühen, die in den eigenen Kreisen erarbeiteten Rechtsvorschriften auf den Weg zu bringen.[629] Vor diesem Hintergrund nahm bereits am 02. März 1990 eine fünfköpfige, vom damaligen Bezirkstag Dresden gebildete Arbeitsgruppe ihre Tätigkeit auf und legte bereits am 19. März 1990, einen Tag nach der Volkskammerwahl, einen Verfassungsentwurf vor.[630] Dieser Entwurf ging – entsprechend der Diskussion über das Fortbestehen zweier deutscher Staaten – von einem Land Sachsen als Glied der Deutschen Demokratischen Republik aus und knüpfte dabei an die Verfassung Sachsens vom 28. Februar 1947 an. Er führte das Prinzip der Gewaltenteilung als Grundlage der staatlichen Ordnung nicht konsequent durch, auch wenn er die oberste Kontrolle des Landtages über die Rechtsprechung aus Art. 26 Abs. 1 Satz 2 der Verfassung von 1947 nicht übernahm.[631] Der Entwurf sollte anläßlich der vorwiegend von den Räten der Bezirke geplanten „Konstituierung des Kuratoriums Land Sachsen" am 18. April 1990 unter weitestgehender Ausschaltung der neuen politischen Kräfte auf der Albrechtsburg zu Meißen der Öffentlichkeit übergeben werden. Dies wurde jedoch von den neuen Kräften verhindert.[632]

Diesen war durch diese Entwicklung klar geworden, daß das Thema der Länderbildung und der Verfassunggebung von ihnen rasch besetzt werden mußte.[633] Als Gegenentwurf veröffentlichte daher die Tageszeitung *Die Union* am 29. März 1990 einen Verfassungsentwurf der Gruppe der Zwanzig.[634] Diese in wechselnder personeller Zusammensetzung arbeitende Gruppe war eine unmittelbar aus den Oktoberereignissen 1989 in Dresden entstandene Vereinigung von Bürgervertretern. Sie stand unter der Leitung des Kirchenvertreters Steffen Heitmann[635] und des Bürgerrechtlers Arnold Vaatz, der den Verfassungsentwurf konzipiert hatte. Als Arbeitsgrundlage dienten dabei die Verfassungen Baden-Württembergs und Nordrhein-Westfalens.[636]

---

629 *Jestaedt*, in: Stober (Hrsg.), HdbSächsStVerwR, § 1, Rdnr. 15; *Heitmann*, in: Die Revolution in der Spur des Rechts, S. 43f.

630 Text in: JöR N. F. 1990, 417ff.

631 Zu den Anlehnungspunkten siehe *Bönninger*, LKV 1990, 10.

632 Hierzu *Iltgen*, in: Der Sächsische Landtag. Geschichte und Gegenwart, S. 5; *Heitmann*, in: Rechtsstaat in der Bewährung, Bd. 27, (1992), S. 13; ders., in: Die Revolution in der Spur des Rechts, S. 43f.; ders., in: Degenhart, C. Meissner (Hrsg.), HdbSächsVerf, § 1, Rdnr. 21; *H. von Mangoldt*, Die Verfassungen der neuen Bundesländer. Einführung und synoptische Darstellung, S. 20f.

633 *Heitmann*, in: Die Revolution in der Spur des Rechts, S. 44.

634 Text abgedruckt in JöR N. F. 1990, 427ff.

635 Zu dessen Werdegang siehe *Fromme*, in: Die Revolution in der Spur des Rechts, S. 3ff.

636 Hierzu *Heitmann*, in: Die Revolution in der Spur des Rechts, S. 44.

Damit hatten die neuen Kräfte die Themen Länderbildung und Verfassunggebung besetzt und die Diskussion hierüber im Lande initiiert und belebt.[637]

Auch andernorts in Sachsen setzten solche Entwurfsarbeiten ein. Im Vogtland erarbeitete eine kleine Arbeitsgruppe des Vereins für vogtländische Geschichte, Volks- und Landeskunde zu Plauen e. V. im Herbst 1990 ebenfalls einen Verfassungsentwurf. Desgleichen bildete sich im April 1990 am Runden Tisch im Bezirk Karl-Marx-Stadt eine Arbeitsgruppe Verfassung. In Leipzig formierte sich eine Arbeitsgruppe der CDU, die bis zum Juni 1990 einen Verfassungsentwurf erstellte, der bei den Beratungen zum späteren Gohrischer Entwurf berücksichtigt wurde.

Nachdem der Entwurf der Gruppe der Zwanzig veröffentlicht war, mußte das Thema Verfassung baldmöglichst qualifiziert besetzt werden, um einen möglichst hochwertigen Verfassungsentwurf zu erarbeiten.[638] Aus diesem Grund konstituierte sich am 4. April 1990 die Arbeitsgruppe Verfassung. Diese stellte einen Teil der bereits im Januar 1990 gebildeten Fachgruppe 11 der Gemischten Kommission Baden-Württemberg/Sachsen dar.[639] Im Rahmen ihrer Besetzung wurde auf größtmögliche Pluralität und gleichwertige Beteiligung der sächsischen Bezirke geachtet.

Der institutionelle Rahmen der Verfassungsberatung gründete sich zum einen darauf, daß die Arbeitsgruppe in das Verfahren der Gemischten Kommission als Untergruppe eingebettet war, zum anderen führte sie ihre Beratungen mit der Billigung der Runden Tische der drei Bezirke durch. Gleichzeitig war die Arbeitsgruppe Verfassung im Auftrag des Dresdner Koordinierungsausschusses für die Bildung des Landes Sachsen tätig.

Die Erarbeitung eines Verfassungsentwurfs sollte den zukünftigen Landtag beim zweckmäßigen und geordneten Wiederaufbau des Landes nach dem zwei-

---

637 *Bönninger*, LKV 1991, 9.

638 Dazu *Malinka*, in: Verfassungsreform und Grundgesetz, S. 77; *Heitmann*, in: Die Revolution in der Spur des Rechts, S. 44; ders., in: Rechtsstaat in der Bewährung, Bd. 27 (1992), S. 13f.; ders., in: Degenhart, C. Meissner (Hrsg.), HdbSächsVerf, § 1, Rdnr. 22ff.

639 Die Gemischte Kommission Baden-Württemberg/Sachsen vom Januar 1990 diente der regionalen Zusammenarbeit zwischen dem Land Baden-Württemberg und dem wieder zu gründenden Land Sachsen. Der erste Kontakt kam mit dem damaligen Ministerpräsidenten Baden-Württembergs Lothar Späth im Dezember 1990 in Dresden zustande, als dieser einen Besuch von Bundeskanzler Helmut Kohl vorbereiten sollte. Während dieses Besuches war eine Einladung an die Gruppe der Zwanzig nach Baden-Württemberg ergangen. Dieser Kontakt wurde nun zu Vorbereitungen der Verfassungsarbeiten genutzt. Insbesondere lernte man in Tübingen den Staatsrechtler H. von Mangoldt kennen, siehe hierzu *Heitmann*, in: Die Revolution in der Spur des Rechts, S. 40ff.

ten Weltkrieg und mehr als vierzigjähriger totalitärer Herrschaft einer Partei unterstützen. Diese Aufgabe, so die Autoren, erfordere qualifizierte Vorarbeiten. Eine solche Vorarbeit sollte der Entwurf einer Verfassung sein, den der Landtag, wenn und soweit er dies wolle, aufgreifen könne.[640]

Ausgehend von den Vorarbeiten der Gruppe der Zwanzig, erstellte die Arbeitsgruppe den ersten Gohrischer Entwurf einer Landesverfassung, der Anfang August 1990 der Öffentlichkeit unterbreitet wurde.[641] Die Bezeichnung geht auf den Kurort Gohrisch in der Sächsischen Schweiz zurück, wo die drei wesentlichen Klausurtagungen dieser ersten Arbeitsgruppe stattfanden.

Der Entwurf sollte einen Kompromiß darstellen, in der Einsicht, daß eine Verfassung den Boden bildet, auf dem sich möglichst viele Bürgerinnen und Bürger und möglichst alle politischen Kräfte wiederfinden sollten.[642] Geist und Inhalt des Verfassungsentwurfes spiegelen sich in drei Voraussetzungen wider, die von der Arbeitsgruppe als Basis ihres Vorgehens bezeichnet wurden.

(1) Die Landesverfassung müsse paßfähig und maßstabgerecht zum Grundgesetz der Bundesrepublik Deutschland sein, wobei der weite Rahmen, den das Grundgesetz den Ländern lasse, zu nutzen sei.[643]

(2) Die Verfassung des Landes Sachsen solle eine Vollverfassung sein mit klar definierten Staatszielen und einem eigenen Grundrechtskatalog, damit die Bürgerinnen und Bürger des neu entstehenden Landes sich mit ihrer Verfassung besser identifizieren könnten und die Staatsqualität Sachsens deutlich werde.

(3) Forderungen (z.B. nach unmittelbaren Beteiligungsrechten des Volkes) und Tendenzen, wie sie in der revolutionären Bewegung des Jahres 1989 sichtbar wurden, sollten Eingang in die Landesverfassung finden.[644]

Dieser erste Gohrischer Entwurf wurde im August 1990 der Öffentlichkeit in Form einer Broschüre vorgelegt und in der Presse mit der Aufforderung zu Stellungnahmen veröffentlicht. Die vielfältigen Rückmeldungen aus der Bevölkerung führten zu einer weiteren Überarbeitung des Entwurfs durch die Arbeitsgruppe. Die überarbeitete Fassung wurde am 23. Oktober 1990 in Dresden veröffentlicht.

Als Gegenkonzeption wurde am 28. August 1990 der Entwurf sächsischer Hochschullehrer,[645] zu denen Juristen, Finanzwissenschaftler, Theologen und

640 Vgl. die Zeitung *Die Union* vom 10. August 1990, S. 4.

641 Text in: JöR N. F. 1991/92, 439ff.; dazu auch *Hinds*, ZRP 1993, 149.

642 Vgl. die Zeitung *Die Union* vom 10. August 1990, S. 4.

643 Unter diesen Punkt fällt, wie noch zu zeigen sein wird, auch die Problematik der Einführung und der Ausgestaltung von Elementen unmittelbarer Demokratie.

644 Hierzu *Bönninger*, LKV 1990, 10.

645 Sämtliche Verfassungsentwürfe sind abgedruckt bei *Stober*, Quellen zur Entstehungsgeschichte der Sächsischen Verfassung, S. 105ff.

Historiker gehörten, die zum Teil anfangs Mitglieder der Gohrischer Arbeitsgruppe waren,[646] der Öffentlichkeit vorgestellt.[647] Damit war die Basis für eine auch die Öffentlichkeit einbeziehende Diskussion gegeben.

§ 15 Die Regelung der Initiativberechtigung des Volkes nach den Verfassungsentwürfen

Unabhängig von ihrer tatsächlichen Durchsetzung verdienen auch und gerade Verfassungsentwürfe wissenschaftliches Interesse. Selbst wenn sie politisch scheitern, sollten sie Beachtung finden, da sich in ihren Texten Inhalte und Verfahren, Hoffnungen und Wünsche, Ideen und Wirklichkeit und verarbeitete Vergangenheit objektivieren, die den Hintergrund für die verabschiedete Verfassung bilden.[648]

In allen Verfassungsentwürfen wurde, wenn teilweise auch in sehr unterschiedlicher Ausgestaltung, die Volksinitiativberechtigung aufgenommen. Sie wurde fast ausnahmslos als notwendig erachtet und sollte der Geschichte der Wende Rechnung tragen.[649] Als Vorbild dienten neben den Sächsischen Verfassungen von 1920 und 1947 auch die Verfassungen der westlichen Bundesländer, wobei im Hinblick auf den Volksantrag insbesondere auf die Verfassung Schleswig-Holsteins zurückgegriffen wurde.[650]

---

646 Zu diesem Entwurf siehe *Bönninger*, LKV 1991, 11f.; ders., Bemerkungen zum Verfassungsentwurf der Leipziger Hochschullehrer, Leipzig, 28. August 1990. *Bönninger* war in der Anfangsphase Mitglied der Gohrischer Gruppe, später wirkte er an der Ausarbeitung des Entwurfs sächsischer Hochschullehrer mit. In der Gohrischer Gruppe konnte er seine an einem sozialistischen Weltbild ausgerichteten Vorstellungen nicht realisieren. Es war für ihn unverständlich, daß die damals im Entwurf der Gruppe der Zwanzig formulierten Ideen, insbesondere hinsichtlich des starken Ausbaus plebiszitärer Elemente, nicht in den Gohrischer Entwurf übernommen wurden. Nach seiner Einschätzung zeigte dies den Einfluß der konservativen Beratung aus Baden-Württemberg, die die Beratungen zu sehr dominiert hätten. Bönninger hatte zu dieser Zeit einen Lehrstuhl für Verwaltungsrecht an der Karl-Marx-Universität zu Leipzig.

647 *H. von Mangoldt*, SächsVBl. 1993, 28 sieht in ihm ein „Anti-Grundgesetz", weil der Entwurf eine deutliche Nähe zur Landesverfassung von 1947 aufweise und dem demokratischen Sozialismus verhaftet sei.

648 Hierzu *Häberle*, JöR N. F. 1990, 320.

649 Dazu *Hinds*, ZRP 1993, 149; *Dahnke*, in: Deutsche Wiedervereinigung, Bd. 3, S. 124.

650 Hierzu *Degenhart*, LKV 1993, 38; *Hinds*, ZRP 1993, 151; *Dambeck*, RuP 1994, 208; siehe hierzu auch Protokoll der 3. K. T. des Verfassungs- und Rechtsausschusses, S. 3, 8, 10f.; Protokoll der 4. K. T. des Verfassungs- und Rechtsausschusses, S. 16, 28.

1. Die Initiativberechtigung nach dem Entwurf der Räte der Bezirke

Die Volksinitiative ist im 5. Abschnitt des Entwurfs in Art. 50ff. geregelt.

Danach werden Gesetzesvorlagen von der Landesregierung, von Fraktionen und Ausschüssen, von Abgeordneten oder vom Volk durch Volksbegehren eingebracht. Eine dem Volksbegehren vorgeschaltete Stufe sieht der Entwurf nicht vor.

Ein Volksentscheid ist herbeizuführen, wenn ein Zehntel der Stimmberechtigten oder wenn Parteien, politische Vereinigungen oder Bürgerbewegungen, die glaubhaft machen, daß sie wenigstens ein Fünftel aller Stimmberechtigten vertreten, es beantragen. Die Gesetzesvorlage sollte von der Landesregierung unter Darlegung ihrer Stellungnahme binnen zwei Wochen dem Landtag unterbreitet werden. Ein Volksentscheid findet dem Entwurf zufolge nicht statt, wenn das begehrte Gesetz im Landtag in einer Fassung angenommen wird, mit der die Antragsteller oder ihre Vertretungen einverstanden sind.

Das dem Volksentscheid unterbreitete Gesetz galt als angenommen, wenn die Mehrheit der Abstimmenden zustimmte. Sollte durch Volksentscheid eine Verfassungsänderung beschlossen werden, so war die Zustimmung der Mehrheit der Stimmberechtigten erforderlich.

Diese Regelungen sind identisch mit denen des Zentralentwurfs der SED von 1946 und mit denen der Sächsischen Verfassung von 1947, an denen sich die Mitglieder der Räte der Bezirke orientierten.

Besonders bemerkenswert ist, daß der Entwurf gem. Art. 87 Abs. 2 die Möglichkeit vorsieht, die „staatliche Zugehörigkeit des Landes Sachsen" durch Volksgesetzgebung zu ändern. Dadurch wollte man offensichtlich die Möglichkeit erhalten, den Beitritt zum Grundgesetz rückgängig zu machen.

In der knapp gefaßten Präambel bleiben die vergangenen Zeiten unter der SED unerwähnt. Offensichtlich wollte sich die Arbeitsgruppe nicht der Einigungseuphorie jener Zeit anschließen, sondern mit Blick in die Vergangenheit einen eigenständigen Weg für das Land aufzeigen. Zu dessen Verwirklichung beabsichtigte sie, die Verfassung aus dem Jahre 1947 in leicht geänderter Form wieder in Kraft zu setzen.

Dieser Rückgriff sowie die fehlende Mißbilligung der Herrschaft der SED stießen jedoch auf heftige Kritik.[651]

---

651 Vgl. hierzu *Kunzmann*, Sächsischer Landtag, Plenarprotokoll 1/46, S. 3019; *Bönninger*, LKV 1991, 10 kritisiert die fehlende Einhaltung des Gewaltenteilungsprinzips und verweist dabei auf Art. 26 Abs. 1 des Entwurfs; *Heitmann*, in: Rechtsstaat in der Bewährung, Bd. 27 (1992), S. 12; *H. von Mangoldt*, Die Verfassungen der neuen Bundesländer. Einführung und synoptische Darstellung, S. 21.

2. *Die Initiativberechtigung nach dem Entwurf der Dresdner Gruppe der Zwanzig*

Der Entwurf verstand sich als Diskussionsgrundlage, die vielfältige Vorstellungen sowohl basisdemokratischer als auch „etablierter" Kreise berücksichtigte und in die Gesamtarchitektur des Entwurfes aufnahm. Dabei bestand Einigkeit darüber, daß, wie auch in der Sächsischen Verfassung von 1947, die Gesetzgebung Sache des Parlaments und der direkten Demokratie sei. Das Initiativverfahren war jedoch nicht wie dort einstufig, sondern wie von der „Demokratie-Initiative 90" vorgeschlagen, zweistufig ausgestaltet.[652] Diese begründet ihre Forderung damit, daß das Erbe der ostdeutschen Revolution nur dann richtig verstanden worden sei, wenn für die Bürgerbewegungen ein praktizierbarer Weg geschaffen werde, ihre Interessen von der Gesamtbürgerschaft direkt entscheiden zu lassen.[653]

Geregelt ist die Volksinitiative im 6. Abschnitt des Entwurfes in Art. 68ff.. Danach hat auch die Bevölkerung neben der Regierung und dem Landtag das Recht, Gesetzesvorlagen durch Volksinitiativen einzubringen. Die erste Stufe des Verfahrens sollte einen Beschluß des Landtages über die Annahme oder Ablehnung eines vom Volk eingebrachten Gesetzestextes in unveränderter Fassung erzwingen, wenn sich der Initiative mindestens 50.000 wahlberechtigte Bürger unterschriftlich anschlossen.

Lehnte der Landtag den Gesetzentwurf ab, sollte er durch ein Volksbegehren als zweite Stufe zur Volksabstimmung gebracht werden können. Ein Volksbegehren erzwang eine Volksabstimmung, wenn sich ein Sechstel der Wahlberechtigten angeschlossen hatte. Bei einer Volksabstimmung sollte der Landtag eine eigene Gesetzesvorlage zur Entscheidung vorlegen können (bayerisches Modell). Es entschied dann die Mehrheit der abgegebenen Stimmen, wobei ein Gesetz jedoch nur dann beschlossen war, wenn mindestens ein Drittel der Stimmberechtigten zugestimmt hatte.

Die gleiche Gesetzesvorlage konnte kein zweites Mal innerhalb von zwei Jahren Gegenstand eines Volksbegehrens oder Volksentscheides sein. Über Abgaben-, Besoldungs- und Haushaltsgesetze sollten Volksinitiative und Volksentscheid nicht stattfinden.

---

652 *Vaatz*, Eine neue Verfassung. Zum vorläufigen Textentwurf der Gruppe der 20, in: die Zeitung *Die Union* vom 29. März 1990, S. 3.

653 *Donner* (Demokratie-Initiative-90), masch. Empfehlungsschreiben der Demokratie-Initiative 90 an die Gemischte Kommission Baden-Württemberg/Sachsen, Fachgruppe 11 „Verfassungs- und Verwaltungsreform" vom 20. April 1990, Anlage: Vorschlag der Demokratie-Initiative 90, S. 2.

Bedeutsam ist der Entwurf im vorstehenden Zusammenhang deshalb, weil auch ein Volksantrag vorgesehen war.

3. Die Initiativberechtigung nach dem Gohrischer Entwurf

Bei der Erarbeitung ihres Entwurfs hatten die Autoren sowohl die Sächsischen Verfassungen von 1920 und 1947, die elf Verfassungen der westlichen Bundesländer, die Entwürfe der Räte der Bezirke und der Dresdner Gruppe der Zwanzig als auch den Entwurf des zentralen Runden Tisches für eine DDR-Verfassung im Blick.[654] Neben Fragen zum Verhältnis Bundesverfassung und Landesverfassung, zu Staatszielbestimmungen sowie zu dem Verhältnis politischer und sozialer Grundrechte standen am Anfang der Beratungen Stellenwert und Ausmaß plebiszitärer Elemente im Mittelpunkt der Erörterungen.

Die Volksinitiative ist im 5. Abschnitt des Entwurfs in Art. 70ff. geregelt. Auch hier ist das Initiativverfahren zweistufig ausgestaltet. Außer von der Landesregierung und aus der Mitte des Landtages können Gesetzesvorlagen unmittelbar vom Volk durch Volksantrag eingebracht werden. Alle im Land Stimmberechtigten sollten das Recht haben, einen Volksantrag in Gang zu setzen. Er mußte von mindestens 40.000 Stimmberechtigten durch ihre Unterschrift unterstützt werden.

Diese Regelung ist fast identisch mit der des Entwurfs der Dresdner Gruppe die Zwanzig. Zwischen dem Erfordernis der Unterstützung von 40.000 und 50.000 Stimmberechtigten liegt kein gravierender Unterschied. Da die Mitglieder der Verfassungskommission den Entwurf der Gruppe der Zwanzig als Einstiegsgrundlage ihrer Ausarbeitungen verwendeten, liegt der Schluß nahe, daß dieses Modell übernommen wurde.

Der Volksantrag war bei der Landesregierung einzureichen. Ihr kam die – unverzüglich zu erfolgende – Entscheidung über die Zulässigkeit zu. Jedoch konnte gegen die Entscheidung das Landesverfassungsgericht angerufen werden.

Anders als der Entwurf der Gruppe der Zwanzig sieht der Gohrischer Entwurf damit die Möglichkeit eines Rechtsbehelfs vor, falls der Volksantrag als unzulässig abgelehnt wird.[655]

---

654 Hierzu *Heitmann/ Vaatz*, Zum Verfassungsentwurf, in: die Zeitung *Die Union* vom 10. August 1990, S. 4; auf die Verfassungen der älteren Bundesländer und auf den Entwurf des Runden Tisches wird im weiteren Verlauf der Untersuchung näher eingegangen.

655 Diese Möglichkeit sahen auch die sächsischen Verfahrensvorschriften über das Volksbegehren und den Volksentscheid aus dem Jahr 1921 vor. Gegenüber den Regeln der Weimarer Reichsverfassung und den Vorschriften über das Verfahren der

Der Landesregierung kam zu, den zulässigen Volksantrag mit ihrer Stellungnahme versehen unverzüglich dem Landtag zuzuleiten und zu veröffentlichen. Dem Landtag waren sechs Monate Zeit eingeräumt, um über die Annahme oder Ablehnung des Volksantrages zu beschließen. Für den Fall, daß der Landtag dem unveränderten Volksantrag nicht zustimmte, sollten die Antragssteller ein Volksbegehren mit dem Ziel in Gang setzen können, einen Volksentscheid über den Antrag herbeizuführen. Ein Volksentscheid fand dann statt, wenn mindestens 200.000 Stimmberechtigte das Volksbegehren durch ihre Unterschrift unterstützten.

Anders als nach dem Entwurf der Gruppe der Zwanzig konnte der Landtag bei einer Volksabstimmung keine eigene Vorlage zur Entscheidung vorlegen.

Zwischen einem erfolgreich abgeschlossenen Volksbegehren und dem Volksentscheid sollte eine Frist von mindestens drei und höchstens sechs Monaten liegen, um der öffentlichen Information und Diskussion über den Gegenstand des Volksentscheids Raum zu geben. Das dem Volksentscheid zugrunde liegende Gesetz war beschlossen, wenn die Mehrheit der abgegebenen Stimmen, jedoch mindestens ein Drittel der Stimmberechtigen zustimmte.

Ferner konnte die Verfassung durch Volksinitiative geändert werden. Für die verfassungsändernde Volksgesetzgebung sah der Entwurf jedoch beim Volksentscheid ein höheres Zustimmungsquorum vor. Das verfassungsändernde Gesetz war beschlossen, wenn die Mehrheit der Stimmberechtigten zustimmte.

Ein durch Volksentscheid abgelehnter Volksantrag konnte frühestens nach Ablauf der Wahlperiode des Landtags erneut in Gang gesetzt werden. Über Abgaben-, Besoldungs- und Haushaltsgesetze sollten Volksantrag, Volksbegehren und Volksentscheid nicht stattfinden.

4. Die Initiativberechtigung nach dem Entwurf der sächsischen Hochschullehrer

Der Entschluß, die repräsentative mit der unmittelbaren Demokratie zu verbinden, wird in diesem Entwurf bereits in der Präambel festgehalten. Konkretisiert wird er im 1. Abschnitt, der die Überschrift „Staatsgrundsätze, Land und Volk" trägt. Gem. Art. 2 Abs. 2 des Entwurfes ist Träger der Staatsgewalt das Volk. Diese wird im Auftrag der Bürger und durch sie selbst ausgeübt. Seine Souveränität verwirklicht das Volk gem. Abs. 2 unter anderem durch Wahlen, Volksbegehren und Volksentscheid.

Eine Schlußbestimmung sollte die Landesregierung verpflichten, im Bundesrat darauf hinzuwirken, daß bei der Anwendung des Art. 146 GG unter anderem

---

Volksgesetzgebung auf Reichsebene stellte diese sächsische Regelung eine Besonderheit dar.

auch plebiszitäre Formen der Demokratie in eine neue gesamtdeutsche Verfassung aufgenommen werden.

Ausgestaltet ist die Volksinitiative im 10. Abschnitt des Entwurfs in Art. 101ff. Dabei orientierte man sich am Schleswig-Holsteiner Modell,[656] ging aber in der Umsetzung wesentlich darüber hinaus. Vorlagen zu Gesetzen und anderen Maßnahmen der politischen Willensbildung sollten von der Regierung, den Fraktionen, den Parlamentsgruppen, den Ausschüssen, von Abgeordneten, vom Landesforum oder durch Volksantrag im Landtag eingebracht werden können.

Das Initiativrecht der Bevölkerung ist auch nach diesem Entwurf zweistufig geregelt. Jedoch bleibt es im Unterschied zu den obigen Entwürfen und anders als in der Sächsischen Verfassung von 1920 nicht auf eine Gesetzesvorlage beschränkt.

Zunächst sollte jeder im Land Wahlberechtigte das Recht haben, mittels eines Volksantrags den Landtag mit begründeten Gesetzentwürfen oder anderen Gegenständen der politischen Willensbildung zu befassen. In der Vorlage waren neun Vertreter zu benennen, denen das Recht auf Anhörung im Landtag und in seinen Ausschüssen zustehen sollte. Der Volksantrag mußte von mindestens 10.000 Wahlberechtigten unterzeichnet sein.

Im Vergleich zu den Quoren der obigen Entwürfe bedeutet dies eine wesentliche Vereinfachung.

Die Entschließungszeit des Landtages sollte nur vier Monate betragen. Stimmte der Landtag der Vorlage nicht unverändert zu, sollten die Vertreter des Volksantrages ein Volksbegehren einleiten können. Ein Volksbegehren war zustande gekommen, wenn mindestens 100.000 Wahlberechtigte dem Begehren zugestimmt hatten. Die Frist für das Zustandekommen des Begehrens war sehr großzügig ausgestaltet. Erst innerhalb eines Jahres brauchten die 100.000 Eintragungen vorgelegt zu werden.[657]

Sollte der Landtag Zweifel an der Verfassungsmäßigkeit des Begehrens anmelden, so konnte er, wie nach den Regeln des Gohrischer Entwurfs und nach den Verfahrensvorschriften von 1921, innerhalb eines Monats eine Entscheidung des Landesverfassungsgerichts beantragen. Am Verfahren waren die Vertreter des Volksantrages zu beteiligen.

---

656 Siehe oben, erster Teil, erstes Kapitel, § 2, 1.

657 Diese Regelung stellt eine wesentliche Verbesserung gegenüber den Verfahrensvorschriften von 1921 dar. Nach deren § 2 Abs. 4 Satz 2 betrug die Frist für das Zustandekommen eines Volksbegehrens nach dessen Zulassung lediglich 14 Tage. Diese Frist erscheint auch unter Berücksichtigung der heutigen modernen Kommunikationssysteme unrealistisch kurz.

Die Regierung hatte das Begehren ohne eigene Stellungnahme zu veröffentlichen. Ebenso sollten die öffentlichen Medien verpflichtet werden, das Für und Wider in gleichem Maße darzustellen.

Im Rahmen des Volksentscheids war für einfachgesetzliche Vorlagen kein Zustimmungsquorum vorgesehen. Die Mehrheit der abgegebenen Stimmen entschied.

Auch die Verfassung konnte im Wege der Volksinitiative geändert werden. Jedoch wurde beim Volksentscheid ein höheres Zustimmungsquorum verlangt. Ein volksinitiiertes verfassungsänderndes Gesetz bedurfte der Zustimmung von zwei Dritteln der Abstimmenden, mindestens jedoch der Hälfte der Wahlberechtigten. Damit stellt dieser Entwurf höhere Anforderungen an einen Volksentscheid über verfassungsändernde Gesetze, als das im Gohrischer Entwurf vorgesehen war.

War ein Volksbegehren zustandegekommen, war innerhalb von sechs Monaten über die Vorlage ein Volksentscheid herbeizuführen.

Volksantrag, Volksbegehren und Volksentscheid über Abgaben-, Besoldungs- und Haushaltsgesetze waren nach diesem Entwurf, anders als nach den vorhergehenden Entwürfen und auch anders als nach der Verfassung von 1920, nicht ausgeschlossen.

Diesem Entwurf folgte eine Begründung seitens des Staatsrechtlers Lieberam in einem von der Leipziger Volkszeitung veröffentlichten Interview. Die spezielle Bezugnahme auf die schleswig-holsteinische und nicht auf andere westdeutsche Landesverfassungen, so Lieberam, liege darin begründet, daß diese Verfassung als einzige westdeutsche Landesverfassung aus dem Jahr 1990 stamme und damit „brandneu" sei. Ihr sei bei der Ausarbeitung des Hochschullehrer-Entwurfs deshalb besondere Aufmerksamkeit geschenkt worden, da sie als Reaktion auf „massiven Machtmißbrauch" modernisiert worden sei.[658]

Obwohl dies nicht von der Hand zu weisen ist, so war der Vergleich mit dem DDR-System doch überzogen und im ganzen nicht sehr glücklich.

5. Die Initiativberechtigung nach dem Leipziger CDU-Entwurf

Die Volksinitiative in Form des Volksbegehrens ist im 6. Abschnitt des Entwurfs in Art. 33f. geregelt.[659] Danach werden Gesetzesvorlagen von der Staatsregierung, aus der Mitte des Landtages oder vom Volk eingebracht.

658 *Leipziger Volkszeitung* vom 13. September 1990, S. 5. Gemeint ist die Affäre Barschel, siehe auch oben, erster Teil, erstes Kapitel, § 2, 1.

659 Sächsische Verfassung, Leipziger CDU-Entwurf, Diskussionsstand *Schimpff, Bekker, Georgi, Goliasch* vom 24. 06. 1990, private Aktensammlung Volker Schimpff.

Ein Gesetzentwurf soll zur vom Volk eingebrachten Gesetzesvorlage werden, wenn sich ihm mindestens ein Zehntel der wahlberechtigten Bürger unterschriftlich anschließt. Das gesamte Verfahren ist einstufig ausgestaltet. Inhalt des Volksbegehrens konnte auch ein verfassungsänderndes Gesetz sein. Doch mußte dieses Gesetz den Wortlaut der Verfassung ausdrücklich ändern oder ergänzen.

Beschlossen werden sollten die Gesetze jedoch vom Landtag. Einen Volksentscheid sah der Entwurf nicht vor.[660]

6. Die Initiativberechtigung nach den Entwürfen der Fraktion Bündnis 90/ Die Grünen und der Fraktion Linke Liste/PDS

In beiden Entwürfen ist die Volksinitiative im 10. Abschnitt in Art. 105ff. geregelt. Sie ist identisch mit der Regelung der Volksinitiative im Entwurf der sächsischen Hochschullehrer.

7. Die Initiativberechtigung in der Verfassungsdiskussion – erste Würdigung

Die Verfassungsdiskussion in den neuen Bundesländern und damit auch in Sachsen wurde von einer besonderen verfassungspolitischen Bewußtseinslage nachhaltig beeinflußt.[661] Unter dem Deckmantel der sogenannten sozialistischen Demokratie hatte der Staat über 40 Jahre lang die Menschen psychisch vergewaltigt, entmündigt, degradiert und in einem Maße unterdrückt, das kaum mehr zu ertragen war.[662] Nach fast sechzigjähriger zentralstaatlicher Fremdbestimmung wurde ein neues Staatswesen begründet. Dabei blieb nicht aus, daß die Diskussion in weiten Kreisen auch von der Spur der marxistisch-leninistischen Ideologie getragen wurde, die vierzig Jahre Propaganda in den Köpfen hinterlassen hat. Insofern wurde mit Grund gefordert, daß die Verfassungsdiskussion auch auf die Abwehr marxistischen Gedankenguts zu zielen habe.[663] Westdeutsche Landesverfassungen einfach kopieren wollte man jedoch nicht, da dieses nur um den Preis der Verleugnung eigener Geschichte und Erfahrungen möglich schien.

---

660 Insgesamt schränkt dieser Entwurf die Mitwirkung des Volkes bei der Gesetzgebung mehr ein als die Weimarer Reichsverfassung und die Sächsische Verfassung von 1920. Beide Verfassungen sahen die Möglichkeit vor, daß das Volksbegehren auch zu einem Volksentscheid führen konnte, falls der Landtag das Begehren nicht unverändert beziehungsweise nicht in einer Form annahm, mit denen die Initianten einverstanden waren.

661 Vgl. hierzu Justizminister *Heitmann*, Sächsischer Landtag, Plenarprotokoll 1/46, S. 3020; ders., Sächs.VBl. 1993, 5.

662 Vgl. Abgeordneter *Richter* (FDP), Sächsischer Landtag, Plenarprotokoll 1/46, S. 3044.

663 Vgl. hierzu *Heitmann*, Sächsischer Landtag, Plenarprotokoll 1/46, S. 3019.

Die Erfahrungen der ostdeutschen Bürger mit staatlichen Autoritäten waren über Jahrzehnte hinweg durch Machtmißbrauch in vielen Bereichen des Lebens so stark geprägt, daß neben der Festschreibung einklagbarer Grundrechte die Verwirklichung unmittelbarer Mitwirkungsmöglichkeiten des Volkes an staatlichen Entscheidungen anders als 1919/20 verständlicherweise zu den zentralen Anliegen der Verfassungsdiskussion zählte.[664]

Die mit dem Ruf „Wir sind das Volk" eingeleitete friedliche Revolution im Herbst 1989 gab der Diskussion über die Aufnahme basisdemokratischer Elemente ein besonderes Gewicht.[665] Das Modell des zweistufigen Initiativverfahrens nach schleswig-holsteinischem Vorbild erhält damit besonderes Gewicht, doch unterscheiden sich die Auffassungen im Rahmen der Beteiligungsquoren teilweise erheblich. Die geringste Hürde für das Zustandekommen einer Volksinitiative enthält der Entwurf der sächsischen Hochschullehrer und die mit diesem identischen Regelungen der Entwürfe der Linken Liste/PDS und der Fraktion Bündnis 90/Die Grünen mit einem Zustimmungserfordernis von nur 10.000 Stimmberechtigten. Zwischen dieser Regelung und der der Gruppe der Zwanzig, die ein Zustimmungsquorum von 50.000 Stimmen verlangte, besteht damit ein Unterschied in Höhe von 40.000 Stimmen oder 500%. Das niedrige Quorum wurde von den Befürwortern damit begründet, eine abschreckende und blockierende Wirkung zu vermeiden.[666]

Problematisch erscheint, wenn vorgeschlagen wurde, das Initiativrecht nicht auf Gesetzesvorlagen zu beschränken, sondern auf alle Gegenstände der politischen Willensbildung zu erweitern. Dafür wurde angeführt, daß ausgehend vom Prinzip der Volkssouveränität kein Organ von vornherein und ohne triftige Gründe von einem Rückholrecht des Volkssouveräns ausgenommen werden sollte.[667] Diesem Vorschlag liegt eine strukturelle Affinität zum Petitionsrecht

---

664 *Degenhart*, Der Staat 1992, 77; *Riege*, in: Jenaer Reden und Schriften N. F., Bd. 3, S. 171.

665 *Iltgen*, in: Der Sächsische Landtag. Geschichte und Gegenwart, S. 5; *Malinka*, in: Verfassungsreform und Grundgesetz, S. 76; *Würtenberger*, in: Kodifikation gestern und heute, S. 125.

666 *Donner* (Demokratie-Initiative 90), masch. Empfehlungsschreiben der Demokratie-Initiative 90 an die Gemischte Kommission Baden-Württemberg/Sachsen, Fachgruppe 11 „Verfassungs- und Verwaltungsreform" vom 20. April 1990, Anlage: Kritische Analyse zur Regelung der Volksgesetzgebung im Verfassungsentwurf des zentralen Runden Tisches vom 4. April 1990, Anmerkungen zum Kapitel Volksgesetzgebung, Art. 90, Abs. 1, S. 1.

667 *Donner* (Demokratie-Initiative 90), masch. Empfehlungsschreiben der Demokratie-Initiative 90 an die Gemischte Kommission Baden-Württemberg/Sachsen, Fachgruppe 11 „Verfassungs- und Verwaltungsreform" vom 20. April 1990, Anlage: Kritische Analyse zur Regelung der Volksgesetzgebung im Verfassungsentwurf des

zugrunde, allerdings mit dem Unterschied, daß statt eines Ausschusses das Plenum unmittelbar mit dem Petitum befaßt werden soll. Der Vorschlag ist schon wegen dieser Überschneidung problematisch, aber auch deshalb, weil der Bereich der schlichten Parlamentsbeschlüsse berührt und der Gedanke der parlamentarischen Kontrolle zugunsten einer plebiszitären Exekutivkontrolle aufgeweicht wird.[668]

Andere Entwürfe wie der Leipziger CDU-Entwurf und auch der der Räte der Bezirke dagegen bleiben beim klassischen einstufigen Volksbegehren, beschränkt auf die Vorlage von Gesetzesentwürfen, mit dem schon in der WRV sowie in den Sächsischen Verfassungen von 1920 und 1947 verankerten zehnprozentigen Beteiligungserfordernis. Allerdings endet beim CDU-Entwurf die Volksgesetzgebung mit dem Volksgehren, da ein Volksentscheid nicht vorgesehen war.

Beteiligungsquoren im Rahmen unmittelbarer Demokratie haben insbesondere zwei Gefahren Rechnung zu tragen. Quoren können als Beteiligungs- oder Zustimmungserfordernisse so hoch angesetzt sein, daß realistischerweise nicht mit ihrer Erreichbarkeit gerechnet werden kann. Dann bliebe die Volksgesetzgebung eine leere Floskel. Mit einer solchen Gefahr ist bei den vorliegenden Entwürfen wohl nicht zu rechnen. Andererseits können die Quoren so niedrig angesetzt sein, daß die Volksgesetzgebung unter Mißachtung des demokratischen Mehrheitsprinzips zur Minderheitenherrschaft kleinster, hochengagierter Interessengruppen ausarten kann.[669] Ein solches Risiko tragen die Quoren des Entwurfs der sächsischen Hochschullehrer und die damit gleichlautenden Regelungen des Bündnisses 90/Die Grünen und der Fraktion Linke Liste/PDS in sich. Sie beinhalten auch die Gefahr der Verdrängung des Parlaments als des mehrheitlich legitimierten Gesetzgebers durch einen vergleichsweise geringen Teil der Bevölkerung. Wenn lediglich 100.000 Stimmberechtigte durch ein Volksbegehren einen Volksentscheid herbeiführen können, bei dem im Rahmen einfacher Gesetze kein Zustimmungsquorum vorgesehen ist, kann vom einem demokratischen Mehrheitsprinzip kaum noch gesprochen werden.

Eine solche Regelung entspräche auch nicht der mit der Verfassung von 1920 begonnenen sächsischen Tradition der Volksinitiative. 1920 – und, wie noch zu zeigen sein wird – auch 1992 sollte eine Verdrängung des Parlamentes gerade

---

zentralen Runden Tisches vom 4. April 1990, Anmerkungen zum Kapitel Volksgesetzgebung, Art. 90, Abs. 1, S. 1.

668 Eine Übersicht über die unterschiedlichen Begriffsdefinitionen und Arten schlichter Parlamentsbeschlüsse siehe bei *Achterberg*, Parlamentsrecht, S. 738ff. m.w.N.

669 Siehe hierzu *H. von Mangoldt*, SächsVBl. 1993, 33.

nicht erfolgen. Die Volksinitiative sollte vielmehr als Ergänzung der parlamentarischen Gesetzgebung fungieren.[670]

Auch würden diese Regelungen auf Probleme im Hinblick auf das Homogenitätsgebot[671] des Grundgesetzes stoßen. Grundsätzlich ist die Verfassunggebung Akt einer autonomen, im Selbstbestimmungsrecht des Volkes wurzelnden Entscheidung. In den neuen Bundesländern war dieses Selbstbestimmungsrecht jedoch, wie bereits eingangs angedeutet[672], aufgrund des Beitritts zum Grundgesetz nicht uneingeschränkt disponibel.[673] Es ging nämlich nicht um eine Verfassunggebung gem. Art. 146 GG, in der gänzlich neue politische Grundentscheidungen hätten getroffen und grundsätzliche Alternativen politischer Ordnung geregelt werden können. Überspitzt formuliert: Die Möglichkeit zu einer revolutionären Verfassunggebung hat sich mit dem Beitritt der neuen Bundesländer zum Geltungsbereich des Grundgesetzes erübrigt. Die „Revolution“ erfolgte, um mit Steffen Heitmann zu sprechen, „in der Spur des Rechts“.[674] Die verfassungsrechtliche Bindung der verfassunggebenden Gewalt aller Bundesländer an die Grundsätze des Verfassungsstaates ist in Art. 28 Abs. 1 GG niedergelegt, welcher als Grundsatz auch das demokratische Mehrheitsprinzip schützt. Nach dieser Vorschrift muß die verfassungsmäßige Ordnung in den Bundesländern den Grundsätzen des republikanischen, demokratischen und sozialen Rechtsstaates im Sinne des Grundgesetzes entsprechen.

Eine verfassungsrechtliche Würdigung des Volksinitiativrechts auch unter diesem Aspekt wird im Einzelnen noch erfolgen.[675] Dabei wird auch zu berücksichtigen sein, daß die entscheidende Hürde weniger beim Volksantrag als beim folgenden Volksbegehren liegt, dessen Quorum weit höher angesetzt ist.

---

670 Zur grundsätzlichen Bedeutung des Sächsischen Landtages als Verfassungsorgan siehe *Degenhart*, in: Stober (Hrsg.), HdbSächsStVerwR, § 2, Rdnr. 60, zur parlamentarischen Gesetzgebung § 2, Rdnr. 85, zur Volksgesetzgebung § 2, Rdnr. 86.

671 Zum Homogenitätsgebot siehe *Niedobitek*, Neuere Entwicklungen im Verfassungsrecht der Deutschen Länder, S. 48ff.; *Sachs*, DVBl 1987, 864; *Pestalozza*, NVwZ 1987, 747; *H. von Mangoldt*, in: Degenhart, C. Meissner (Hrsg.), HdbSächsVerf, § 2, Rdnr. 20.

672 Einleitung, III Gang der Untersuchung.

673 Hierzu *Würtenberger*, in: Kodifikation gestern und heute, S. 116; *Malinka*, in: Verfassungsreform und Grundgesetz, S. 75.

674 Hierzu *Heitmann*, in: Die Revolution in der Spur des Rechts, S. 16f.

675 Siehe unten drittes Kapitel.

§ 16 *Vom Gohrischer Entwurf (GE) zur endgültigen Fassung*

1. *Die Überweisung der Entwürfe in den Verfassungs- und Rechtsausschuß nach der ersten Lesung im Landtag*

Die verfassungsgebende Gewalt in den fünf neuen Bundesländern[676] war gem. § 23 Abs. 2 LEG den Landesparlamenten übertragen worden. Inwieweit sich die dargestellten Entwürfe in den bald folgenden parlamentarischen Verfassungsberatungen durchsetzen würden, hing in erster Linie vom Ausgang der anstehenden Landtagswahl am 14. Oktober 1990 ab. Bei dieser erlangte die CDU mit 53,8% der Stimmen die absolute Mehrheit.[677] Die Opposition bildeten SPD (19,1%), PDS (10,2%) Bündnis 90/Die Grünen (5,6%) und die FDP (5,3%). Dieses Wahlergebnis legt bereits die Vermutung nahe, daß der von der CDU unterstützte Gohrischer Entwurf gute Aussichten hatte, sich in den anstehenden parlamentarischen Verfassungsberatungen durchzusetzen.

Auf seiner konstituierenden Sitzung am 27. Oktober 1990 trat der Sächsische Landtag die ihm obliegende Aufgabe an.[678] Die bisher geleisteten Vorarbeiten zu einer Verfassung fanden nun in einem parlamentarisch legitimierten und institutionalisierten Verfahren ihren Fortgang.

In einem gemeinsamen Antrag brachten auf der dritten Sitzung am 15. November 1990 die Fraktionen der CDU und der FDP den Gohrischer Entwurf in der überarbeiteten Fassung vom Oktober 1990 als Verfassungsentwurf[679] in den Landtag ein.[680] In der Begründung machten beide Fraktionen deutlich, daß dieser Entwurf nicht uneingeschränkt ihren politischen Vorstellungen entspreche und behielten sich deshalb vor, in den Beratungen Zusatz- und Änderungsanträge zu stellen. Die Fraktion der SPD akzeptierte diesen Entwurf als Verhandlungsgrundlage, in der zwischenzeitliche Entwicklungen und andere Entwürfe noch eingearbeitet werden könnten, und verzichtete auf einen eigenen Vorschlag. Die Fraktionen der Linken Liste/ PDS und des Bündnisses 90/Die Grü-

---

676 Zur Herkunft, Entstehung und Entwicklung des Bundesstaates siehe *Bauer*, in: Grundgesetzkommentar, hrsg. von Horst *Dreier*, Bd. 2, Art. 20 (Bundesstaat), Rdnr. 1ff.; zum Bundesstaatsbegriff, zur Bundesstaatstheorie und zur Bundesstaatsrechtslehre a.a.O., Rdnr. 19ff.

677 Zu dem Ergebnis siehe *Kanther*, Die neuen Verfassungen im Lichte der Bundesverfassung, S. 95.

678 Dazu *Hinds*, ZRP 1993, 149f.; *Degenhart*, LKV 1993, 33f.; *Vogelsang*, DÖV 1991, 1047; *H. von Mangoldt*, SächsVBl. 1993, 28; *Franke*, in: Deutsche Wiedervereinigung, Bd. 3, S. 57ff.

679 Sächsischer Landtag, Drucksache 1/25.

680 Abgeordneter *Schimpff* (CDU), Sächsischer Landtag, Plenarprotokoll 1/3, S. 105; Abgeordneter *Richter* (FDP), Sächsischer Landtag, Plenarprotokoll 1/3, S. 106.

nen dagegen legten den Entwurf sächsischer Hochschullehrer in jeweils modifizierter Form als eigene Verfassungsentwürfe dem Plenum vor.[681] Die Fraktion Linke Liste/PDS sah dabei ihren Entwurf nicht als Gegenentwurf zum Gohrischer Verfassungstext, sondern als eine notwendige Diskussionsgrundlage insbesondere in Hinblick auf die plebiszitären Elemente.

Die Entwürfe wurden nach der ersten Lesung dem Verfassungs- und Rechtsausschuß überwiesen. Dieser beriet die eingereichten Entwürfe teils in Gohrisch/Sächsische Schweiz, teils in Dresden. Zum Verfahren einigte man sich darauf, unter Beiziehung von Vorstellungen aus den anderen Entwürfen den Gohrischer Entwurf als Grundlage zu nehmen und es jeder Fraktion anheimzustellen, diesen Text beziehungsweise dessen Veränderungen durch den Ausschuß gegebenenfalls nicht mitzutragen, sondern an diesen Stellen die Ersetzung durch eigene Alternativvorschläge vorzuschlagen.[682]

Der Ausschuß benannte Prof. Dr. Hans von Mangoldt, Universität Tübingen, und Prof. Dr. Hans-Peter Schneider, Universität Hannover, als seine Berater.[683] Ihr Amt war es, die Landesverfassungsgeber über die konstitutionellen Möglichkeiten und Gestaltungsspielräume im Bundesstaat des Grundgesetzes zu informieren. Sie hatten dabei das gleiche Rederecht wie die Mitglieder des Ausschusses und der Justizminister.

2. Der Ausschußentwurf in der Fassung vom Mai 1991

In der ersten Arbeitsetappe des Verfassungs- und Rechtsausschusses, die von Dezember 1990 bis Mai 1991 fünf Klausurtagungen umfaßte, wurden die Entwürfe diskutiert und das Ergebnis in einem Konsens-Dissens-Katalog zusammengestellt, der im Juni 1991 veröffentlicht wurde. Dieser Katalog stellte dem Gohrischer Entwurf (linke Spalte) den von der Mehrheit der Ausschußmitglieder durch Abstimmung modifizierten Zwischenentwurf (mittlere Spalte) gegenüber. Die von den Fraktionen aufrecht erhaltenen Dissensstandpunkte (rechte Spalte) wurden gleichfalls publiziert.

681 Sächsischer Landtag, Drucksache 1/26 (Linke Liste/PDS), Drucksache 1/29 (Bündnis 90/Die Grünen).

682 Dazu *Schimpff*, Vorsitzender des Verfassungs- und Rechtsausschusses, in: Verfassung des Freistaates Sachsen, Entwurf Juni 1991, Konsens-Dissens-Katalog, Vorwort, S. 2.

683 Bericht des Verfassungs- und Rechtsausschusses zum Ausschußentwurf der Verfassung des Freistaates Sachsen, Drucksache 1/1800, S. 8.

a) Art. 70 GE (Gesetzesinitiative)

Grundsätzlich bestand im Ausschuß hinsichtlich der Frage, ob dem sächsischen Volk die Gesetzesinitiative ermöglicht werden soll, anders als 1920 allgemeine Übereinstimmung.[684] Geregelt ist diese in Art. 70 Abs. 1 GE. Danach kann die Gesetzesinitiative von der Staatsregierung, vom Landtag sowie unmittelbar vom Volk ausgehen. Die Formulierung wurde vom Ausschuß für gut befunden und in den Zwischenentwurf übernommen.

b) Art. 71 GE (Volksantrag)

Als erste Stufe sieht der GE in Art. 71 den Volksantrag vor. Da sich nach dieser Vorschrift der Volksantrag ausschließlich auf Gesetzesvorlagen beziehen kann, wurde seitens der SPD, des Bündnisses 90/Die Grünen und der Linke Liste/PDS ein ergänzender Art. 53 c zum Thema Initiativen aus dem Volk vorgeschlagen.[685]

Gem. Abs. 1 des von der SPD vorgesehenen Artikels haben die Bürger das Recht, den Landtag mit bestimmten Gegenständen der politischen Willensbildung zu befassen. Die Initiative dazu mußte von mindestens 40.000 Stimmberechtigten unterzeichnet sein. Gem. Abs. 1 des vom Bündnis 90/ Die Grünen und der Linken Liste/PDS geforderten Artikels sollten die Bürgerinnen und Bürger den Landtag außer mit bestimmten Gegenständen der politischen Willensbildung darüber hinaus auch mit weiteren Gegenständen befassen können, die über die Einsetzung einer Enquête-Kommission[686] erfolgen sollte.

---

684 Vgl. Protokoll der 3. K. T. des Verfassungs- und Rechtsausschusses, S. 2.

685 Verfassung des Freistaates Sachsen, Entwurf Juni 1991, Konsens-Dissens-Katalog, S. 34f., rechte Spalte; vgl. auch Abgeordneter *Donner* (Bündnis 90/Die Grünen), in: Protokoll der 4. K. T. des Verfassungs- und Rechtsausschusses, S. 27.

686 Nach Auffassung der Mitglieder des Bündnisses 90/Die Grünen und der Linken Liste/ PDS sollte der Landtag gem. eines von ihnen geforderten Art. 50 a das Recht haben, zur Vorbereitung von Entscheidungen grundlegender Fragen der gesellschaftlichen und staatlichen Entwicklung eine Enquête-Kommission einzusetzen. Auf Antrag von einem Fünftel seiner Mitglieder oder einer Volksinitiative sollte er zur Einsetzung verpflichtet sein, vgl. Verfassung des Freistaates Sachsen, Entwurf Juni 1991, Konsens-Dissens-Katalog, S. 29f., rechte Spalte. Die Aufnahme dieser Regelung in den Ausschußentwurf wurde abgelehnt, da nach Auffassung der Mitglieder der Landtag die Frage der Bildung von Ausschüssen sowie von Enquête-Kommissionen in seiner Geschäftsordnung regeln und gegebenenfalls auf deren Grundlage durch Beschluß verwirklichen sollte, vgl. Bericht des Verfassungs- und Rechtsausschusses zum Ausschußentwurf der Verfassung des Freistaates Sachsen, Drucksache 1/1800, S. 25.

Abgeordneter Kunzmann (SPD) schlug dagegen eine Verbindung der Initiativberechtigung des Volkes auf Erlaß eines Gesetzes und des Rechts, den Landtag zu verpflichten, sich mit Gegenständen der politischen Willensbildung zu befassen in der Form des Art. 41 der Verfassung Schleswig-Holsteins vor. In diesem ist, wie auch in Art. 101f. des Entwurfes der sächsischen Hochschullehrer, die Initiativberechtigung der Bevölkerung nicht auf Gesetzesvorlagen beschränkt. Die Initiative muß den vollständigen Wortlaut des Gegenstandes der politischen Willensbildung, mit dem sich der Landtag befassen soll, beziehungsweise einen ausgearbeiteten und mit Gründen versehenen Gesetzentwurf enthalten.[687]

Der Vorschlag, diese Regelung zu übernehmen, fand im Ausschuß jedoch keine Mehrheit,[688] da man die Abnutzung des Verfahrens durch zu häufigen Gebrauch befürchtete.[689]

Die Initiativberechtigung blieb somit auch im Zwischenentwurf auf Gesetzesvorlagen beschränkt. SPD, Bündnis 90/Die Grünen sowie die Linke Liste/PDS hielten ihre Dissensstandpunkte jedoch aufrecht.

Gem. Art. 71 Abs. 1 Satz 2 GE sollte der Volksantrag von mindestens 40.000 Stimmberechtigten durch ihre Unterschrift unterstützt werden müssen.

Um einen sinnvollen Einbau dieses Elements der direkten Demokratie in die repräsentative Demokratie zu gewährleisten, wurde seitens der CDU von den Abgeordneten Lehner und Schimpff ein weitaus höheres Quorum von 200.000 Stimmberechtigten gefordert.[690] 40.000 abgegebene Unterschriften, so Justizminister Heitmann, stellten nur 1% der stimmberechtigten Bevölkerung Sachsens dar, welchen ein Verfahren ermöglicht werde, das den Landtag zum Handeln zwinge.[691] Die größte Gefahr bestehe darin, daß ein zu niedriges Quorum die Möglichkeit eröffne, daß eine Minderheit den Landtag zu einer Handlung zwingen könnte, die ein „vernünftiger Landtag" von sich aus nie vollzogen hätte.[692] Im Ergebnis kam man jedoch überein, daß diese Gefahr durch ein Quorum von 40.000 Stimmen ausgeschlossen sei, so daß schließlich die Regelung des Art. 71 Abs. 1 Satz 2 GE beibehalten wurde.

---

687 Vgl. § 6 des Gesetzentwurfes der Landesregierung Schleswig-Holstein über Initiativen aus dem Volk, Volksbegehren und Volksentscheid.

688 Vgl. Protokoll der 4. K. T. des Verfassungs- und Rechtsausschusses, S. 28.

689 Hierzu *H. von Mangoldt*, Bemerkungen zum Entwurf der Räte der Bezirke vom 30. April 1990. Siehe im übrigen oben erstes Kapitel, § 15, 7. Ein Blick auf Schleswig- Holstein zeigt jedoch, daß diese Befürchtung nicht begründet war.

690 Protokoll der 3. K. T. des Verfassungs- und Rechtsausschusses, S. 10.

691 Vgl. Protokoll der 3. K. T. des Verfassungs- und Rechtsausschusses, S 11.

692 Abgeordneter *Lehner* (CDU), in: Protokoll der 3. K. T. des Verfassungs- und Rechtsausschusses, S. 11.

Die von den Abgeordneten der CDU vorgebrachten Bedenken erscheinen zu Recht als unbegründet. Allein durch einen Volksantrag mit einem Beteiligungsquorum von 40.000 Stimmberechtigten kann der Landtag nicht zu Handlungen gezwungen werden, die ein „vernünftiger Landtag“ von sich aus nie vollzogen hätte. Für den Fall, daß der Gesetzentwurf eines Volksantrags dem Parlament offensichtlich mißfällt, kann er dort ohne weiteres abgelehnt werden. Zur Durchsetzung ihres Gesetzentwurfs sind die Initianten des Volksantrages dann gezwungen, ein Volksbegehren einzuleiten, welches ein wesentlich höheres Beteiligungsquorum erfordert. 40.000 Stimmberechtigte können somit in Sachsen offensichtlich dem Parlament keinen bemerkenswerten Schaden zufügen. Sie können im Gegenteil dem Landtag wichtige Anregungen vermitteln, die dieser ohne das Volksgesetzgebungsverfahren nicht bekommen hätte, da oftmals die Nähe des Parlaments zum Volk und zum Volkswillen nach den Wahlen verloren geht.[693] Nimmt der Landtag hingegen solche Anregungen an, erübrigt sich der weitere Ablauf des Volksgesetzgebungsverfahrens verständlicherweise.

Weiterhin wurde die Regelung des Art. 71 Abs. 1 Satz 3 GE beibehalten, nach dem dem Volksantrag ein mit Begründung versehener Gesetzentwurf zugrunde liegen muß. Durch die Begründungspflicht soll offensichtlich gesichert werden, daß der Inhalt eines Volksantrags gut durchdacht ist und sich nicht bloß auf allgemeine Fragen der politischen Willensbildung bezieht. Anders als in einem Parlament, in dem die Abgeordneten häufig von Fachausschüssen beraten werden, wird es sich bei den Initianten eines Volksantrages häufig um Laien handeln. Durch die Begründungspflicht werden diese gezwungen, den Entwurf sorgfältig zu begründen und, falls notwendig, auch fachspezifische Hilfe in Anspruch zu nehmen. Weiterhin dient die Begründungspflicht eines Gesetzentwurfs dem Landtag und den Stimmberechtigten, sich den Sinn und Zweck sowie eventuelle Auswirkungen des Entwurfes auf bereits bestehende Regelungen vor Augen zu führen. Anders als die zuvor geforderte Erhöhung des Beteiligungsquorums bei einem Volksantrag scheint diese Regelung eher die Gefahr zu bannen, die Volksvertretung mit Fragen zu befassen, mit denen sich ein „vernünftiger Landtag“ von sich aus nie beschäftigt hätte.

Art. 71 Abs. 2 Satz 1 GE, nach dem der Volksantrag bei der Landesregierung einzureichen ist, wurde im Ausschußentwurf lediglich dahingehend geändert, daß das Wort Landesregierung durch den Begriff Staatsregierung ersetzt wurde. Im übrigen blieb der Absatz unverändert. Jedoch wurde seitens des Bündnisses

693 *Häffner* beschreibt diesen Umstand folgendermaßen: „Alle Staatsgewalt geht vom Volke aus und kehrt nie mehr zurück.“ Synopse, zweiter Hauptteil, Gutachten und Anhörung zum Verfassungsentwurf, S. 15.

90/Die Grünen in Bezug auf Satz 2 ein Dissensstandpunkt aufrechterhalten.[694] Gem. Satz 2 des Ausschußentwurfes kann gegen die Entscheidung der Staatsregierung über die Zulässigkeit des Volksantrages die Entscheidung des Verfassungsgerichtshofs angerufen werden. Hier sollte zusätzlich aufgenommen werden, daß für den Fall, in dem die Staatsregierung die Verfassungswidrigkeit des Volksantrages geltend macht, dieser bis zu einer gegenteiligen einstweiligen Anordnung des Verfassungsgerichtshofs als zulässig zu behandeln sei.

Dieser Dissensstandpunkt will offensichtlich vermeiden, daß es durch die Unzulässigkeitserklärung des Volksantrags durch die Staatsregierung zu einer Verzögerung der Initiative durch die Gerichtsbarkeit kommt. Im Hinblick auf die teilweise langwierigen Verfahren der Gerichte erscheint diese Befürchtung nicht ganz unberechtigt. Inhalt eines Volksantrages wird sicherlich häufig ein politisch brisantes Thema sein. Sollte die Bearbeitung der Angelegenheit vor dem Verfassungsgerichtshof längere Zeit in Anspruch nehmen, könnte das Thema an tagespolitischer Aktualität verlieren, so daß es schwierig werden könnte, das Volksgesetzgebungsverfahren erfolgreich fortzuführen.

Art. 71 Abs. 3 Satz 1 GE wurde schließlich bis auf die Begriffsänderung Landesregierung/Staatsregierung im Ausschußentwurf übernommen. Danach hat die Staatregierung den zulässigen Volksantrag mit ihrer Stellungnahme versehen unverzüglich dem Landtag zuzuleiten. Ob eine Stellungnahme der Staatsregierung an dieser Stelle bereits sinnvoll ist, wird noch zu erörtern sein.

Gem. Art. 71 Abs. 3 S. 2 GE ist der Volksantrag zu veröffentlichen. Hier wurde der Zusatz „mit Begründung“ hinzugefügt, um den Abstimmungsberechtigten Sinn und Zweck des Volksantrages zu verdeutlichen. Die Stellungnahme des Landtagspräsidenten und die der Staatsregierung werden jedoch, wie auch im Entwurf der sächsischen Hochschullehrer vorgesehen, nicht mit veröffentlicht, da andernfalls den staatlichen Organen Gelegenheit gegeben werde, die Volksinitiative „schlecht zu machen“.[695]

Diese Regelung erscheint sinnvoll, da die Stimmberechtigten sich danach zunächst ohne weitere Beeinflussung mit der Initiative auseinandersetzen können. In der im weiteren Verlauf sich anschließenden politischen Diskussion verbleiben dem Landtagspräsidenten und der Staatsregierung immer noch ausreichend Gelegenheit, zum Volksantrag Stellung zu nehmen und Überzeugungsarbeit zu leisten.

---

694 Verfassung des Freistaates Sachsen, Entwurf Juni 1991, Konsens-Dissens-Katalog, S. 45, rechte Spalte.

695 Vgl. Protokoll der 3. K. T. des Verfassungs- und Rechtsausschusses, S. 4f.

Gem. Art. 71 Abs. 4 GE soll der Landtag Vertreter der Antragsteller anhören. Dieser Absatz wurde im Ausschußentwurf dahingehend geändert, daß der Landtag den Antragstellern lediglich Gelegenheit zur Anhörung geben muß.

Auch diese Regelung ist sachgerecht, da ansonsten die Initiatoren durch eine Verzögerung des Anhörungsverfahrens das gesamte Volksgesetzgebungsverfahren verzögern könnten, wenn es ihnen opportun erscheint.

Weiterhin bestand allgemeiner Konsens darüber, daß sowohl eine Anhörung in den Ausschüssen genüge als auch schriftliche Äußerungen zuzulassen seien.[696]

c) Art. 72 (Volksbegehren und Volksentscheid)

Art. 72 Abs. 1 GE wurde unverändert im Ausschußentwurf übernommen. Danach können die Antragsteller ein Volksbegehren in Gang setzen, wenn der Landtag dem unveränderten Volksantrag nicht binnen sechs Monaten zustimmt.

Auch Abs. 2 Satz 1 GE wurde übernommen. Für das Zustandekommen eines Volksbegehrens wird danach die Unterstützung von 200.000 stimmberechtigten Bürgern verlangt.

Zur Sammlung der notwendigen Unterschriften sah der GE, anders als der Entwurf der sächsischen Hochschullehrer, keine Frist vor. Hier wurde im Verlauf der Verhandlungen die Verankerung einer Minimalfrist in der Verfassung gefordert, um die Errichtung von unüberwindbaren Hürden durch den Gesetzgeber aufgrund zu knapper Fristbemessung zu verhindern.[697]

Diese Problematik hatte sich in Sachsen bereits 1920/21 gestellt, doch war eine diesbezügliche Regelung in die Verfassung von 1920 nicht aufgenommen worden. Durch § 2 Abs. 4 Satz 2 des Verfahrensgesetzes für das Volksbegehren und den Volksentscheid wurde die Frist 1921 auf nur vierzehn Tage festgesetzt.[698]

Art. 72 Abs. 2 des Ausschußentwurfes wurde auf diesem Hintergrund um einen Satz 2 ergänzt. Danach müssen für die Unterstützung des Volksbegehrens

---

696 Protokoll der 3. K. T. des Verfassungs- und Rechtsausschusses, S. 5.

697 Abgeordneter *Donner* (Bündnis 90/Die Grünen), in: Protokoll der 3. K. T. des Verfassungs- und Rechtsausschusses, S. 5f.

698 Siehe oben zweiter Teil, erstes Kapitel, § 8, 2, e. Daß diese knapp bemessene Frist in der praktischen Ausführung der Regelungen zu Schwierigkeiten geführt hätte, kann nur vermutet werden, da während der Weimarer Republik in Sachsen, wie bereits im zweiten Teil, erstes Kapitel, § 8, 5, b ausgeführt, kein Volksbegehren auf Erlaß eines Gesetzes initiiert worden ist. Zu Schwierigkeiten, welche die ebenfalls nur vierzehn Tage betragende Frist damals in Hamburg mit sich brachte vgl. *Thoma*, ZöR 1928, 500.

mindestens sechs Monate zur Verfügung stehen. Im Vergleich zur Regelung von 1921 stellt Art. 72 Abs. 2 Satz 2 des Ausschußentwurfes damit eine erhebliche Verbesserung dar.

Die Regelung bezüglich der Fristen zwischen Volksbegehren und Volksentscheid aus Abs. 3 GE wurde im Ausschußentwurf übernommen mit der Folge, daß zur öffentlichen Information und Diskussion über den Gegenstand zwischen einem erfolgreich abgeschlossenen Volksbegehren und einem Volksentscheid eine Frist von mindestens drei und höchstens sechs Monaten liegen sollte.

Weiterhin wurde vorgeschlagen, in Art. 72 aufgrund der zu gewährenden Chancengleichheit eine Regelung über die Kosten aufzunehmen. Die Initiative der Bevölkerung sollte danach durch eine Kostenregelung unterstützt werden, da die Gegner in der Regel sehr finanzkräftig seien.[699] Hier komme dasselbe Anliegen zum Ausdruck wie bei einer Wahl. Es wurde dabei eine Regelung wie in der Verfassung Schleswig-Holsteins in Erwägung gezogen. Gem. Art. 42 Abs. 3 Satz 2 der Verfassung Schleswig-Holsteins haben Vertreterinnen und Vertreter einer Initiative aus dem Volk, wenn das Volksbegehren zustandegekommen ist, Anspruch auf Erstattung der notwendigen Kosten einer angemessenen Werbung für den Volksentscheid. Dagegen wurde eingewandt, daß die Wahlkampfkostenerstattung keine Frage der Verfassung sei. Wenn Parallelen zur Wahlkampfkostenerstattung angestrebt würden, dann solle auch hier der einfache Gesetzgeber genügen.[700]

Auch 1921 wurde dieser Punkt auf einfachgesetzlichem Weg durch § 11 des Verfahrensgesetzes für das Volksbegehren und den Volksentscheid geregelt. Mangels praktischer Erfahrungen lassen sich hieraus jedoch keine bestimmten Resultate gewinnen.

Man einigte sich schließlich, daß in der Verfassung eine „Ernsthaftigkeitsschwelle" zu berücksichtigen sei. Geregelt werden sollte diese jedoch nicht in Art. 72, sondern in Art. 74 (dazu sogleich).

d) Art. 74 GE (Unzulässigkeit des Volksentscheids/Ausführungsgesetz)

Art. 74 Abs. 1 GE, nach dem über Abgaben-, Besoldungs- und Haushaltsgesetze kein Volksentscheid herbeigeführt werden darf, wurde im Sinne des Entwurfs der Dresdner Gruppe der Zwanzig dahingehend erweitert, daß hinsichtlich der

699 Abgeordneter *Donner* (Bündnis 90/Die Grünen), in: Protokoll der 3. K. T. des Verfassungs- und Rechtsausschusses, S. 6.

700 *H. von Mangoldt*, in: Protokoll der 3. K. T. des Verfassungs- und Rechtsausschusses, S. 6.

genannten Materie ebenfalls Volksanträge sowie Volksbegehren unzulässig sein sollten.

In Bezug auf diese Materien war das Volksbegehren auch schon nach den Sächsischen Verfassungen von 1920 und 1947 unzulässig. Offensichtlich zweifelte man in diesen Bereichen schon immer an der Kompetenz des Volkes. Eine Antwort auf die Frage, woher die Zweifel rühren, könnte unter anderem im Bereich der Emotionen zu suchen sein. Gerade in Zeiten leerer Kassen bewegen finanzielle Fragen häufig die Gemüter der Stimmberechtigten und dieses nicht nur, wenn es um eine Erhöhung der Diäten für die Abgeordneten der Parlamente geht. Die Entscheidung, für welche Dinge Geld ausgegeben werden und in welchen Bereichen gespart werden soll, scheint häufig mit persönlichen und gefühlsmäßigen Auffassungen zusammenzuhängen, so daß dem Ausschluß dieser Materie sicherlich auch die Befürchtung zugrunde liegt, daß das Volk geneigt sein könnte, in eigener Sache seine Lasten (z.B. Steuern und Abgaben) zu senken und seine Vorteile (z.B. staatliche Geldleistungen oder Dienstbezüge) zu erhöhen und damit das Gesamtgefüge des Staatshaushalts zu beeinträchtigen.[701] Die Verfassungsgeber von 1920, 1947 und auch von 1992 schienen daher davon auszugehen, daß es im Rahmen dieser Angelegenheiten leicht zu unsachgemäßen Anträgen und Entscheidungen aus dem Volk kommen könne. Offizielle Erklärungen zur Ausgrenzung dieser Punkte aus der Volksgesetzgebung liegen jedoch nicht vor. Jedoch dürfte auch eine Rolle gespielt haben, daß diese Fragen eine Sachkunde erfordern, die im Rahmen der Volksgesetzgebung nicht ohne weiteres gegeben ist.

Die Regelung des Absatzes 2, wonach ein durch Volksentscheid abgelehnter Volksantrag frühestens nach Ablauf der Wahlperiode des Landtages erneut in Gang gesetzt werden kann, wurde im Ausschußentwurf übernommen. Diese Regelung kannten die Sächsischen Verfassungen von 1920 und von 1947 nicht. Wahrscheinlich wird sie keine große Bedeutung erlangen, da es unrealistisch erscheint, daß ein solch aufwendiges Verfahren für einen Gesetzentwurf innerhalb einer Wahlperiode zweimal in Gang gesetzt werden kann. Hierzu müßte schon eine Materie vorliegen, welche die Bevölkerung in höchstem Maße motiviert. In einem solchen Fall bedürfte es jedoch schon bei der erstmaligen Ablehnung durch den Landtag einer besonderen Rechtfertigung.

In Absatz 3 werden schließlich die Kosten des Verfahrens angesprochen. Danach ist das Nähere über Volksantrag, Volksbegehren und Volksentscheid in einem Gesetz zu bestimmen, in dem auch der Anspruch auf Erstattung der notwendigen Kosten für die Organisation des Volksbegehrens und eines angemessenen Abstimmungskampfes geregelt wird. Kostenerstattung ist danach

701 Hierzu *Birk/ Wernsmann*, DVBl 2000, 671.

auch für die Gegner der Initiative zu gewähren, wenn diese als Gruppe hinreichend bestimmbar ist.[702]

e) Art. 75 GE (Verfassungsänderung)

Im Rahmen der Diskussion um den Art. 75 GE wurde von einigen Fraktionen zum Schutz der Volksgesetzgebung die Möglichkeit einer Verfassungsänderung nur mittels eines Referendums gefordert. Mindestens aber sollte eine Änderung der Artikel, die das Volksgesetzgebungsverfahren regeln, nur durch ein Referendum möglich sein.[703] Zwar seien gem. Art. 75 Abs. 1 S. 2 GE i.V.m. Art. 3 Abs. 2 GE die Grundsätze der Volksgesetzgebung unantastbar, doch bestünde die Möglichkeit, die Quoren des Volksgesetzgebungsverfahrens ohne Referendum so zu ändern, daß dessen Praktikabilität gefährdet werden könnte. Aus diesem Grund wurden seitens der SPD und des Bündnisses 90/Die Grünen zwei Dissensstandpunkte aufrechterhalten.[704] Nach Auffassung der SPD sollte der Ausschußentwurf in Art. 75 Abs. 3 bestimmen, daß die Art. 71 bis 74 und 75 Abs. 3 nicht vom Landtag, sondern nur vom Volk durch Volksentscheid geändert werden können. Der Vorschlag des Bündnisses 90/Die Grünen ging noch weiter. Danach sollen nicht nur Art. 71 bis 74, 75 Abs. 3 sondern auch Art. 5 (Wahl- und Abstimmungsgrundsätze), Art. 38 Abs. 1 (Wahlsystem/Wählbarkeit), Art. 41 (Wahlperiode/Zusammentritt/Einberufung) ausschließlich durch Volksentscheid geändert werden können.

Diese Dissensvorschläge zeigen ein deutliches Mißtrauen gegenüber dem Parlament, welches offensichtlich aus der Vergangenheit der letzten vierzig Jahre herrührt.

f) Weitere Initiativen aus dem Volk

Art. 54 Abs. 2 GE sah die Initiativberechtigung des Volkes zur Auflösung des Landtages vor. Danach ist der Landtag vor Ablauf der Wahlperiode aufgelöst, wenn es in einem Volksbegehren verlangt wird und bei einem binnen sechs Wochen vorzunehmenden Volksentscheid die Mehrheit der abgegebenen Stimmen, jedoch mindestens zwei Fünftel der Stimmberechtigten diesem Verlangen beitritt. Im Ausschuß wurde diese Initiativberechtigung jedoch abgelehnt und in den Zwischenentwurf nicht mit aufgenommen. Man müsse entweder die sonstigen

---

702 Vgl. Protokoll der 3. K. T. des Verfassungs- und Rechtsausschusses, S. 6.

703 Abgeordneter *Donner* (Bündnis 90/Die Grünen), in: Protokoll der 3. K. T. des Verfassungs- und Rechtsausschusses, S. 12f.

704 Verfassung des Freistaates Sachsen, Entwurf Juni 1991, Konsens-Dissens-Katalog, S. 47f., rechte Spalte.

plebiszitären Elemente oder die Auflösung des Landtages durch Volksinitiative ermöglichen. Anders als 1920 hielt man beides zusammen für unangemessen.

SPD und die Linke Liste/PDS, die die Regelung des GE befürworteten, hielten sie als Dissensstandpunkt aufrecht.[705]

3. Die öffentliche Diskussion des Verfassungsentwurfs

Der Ausschuß wandte sich mit der Veröffentlichung des Konsens-Dissens-Kataloges an die Bürger in Sachsen mit der Bitte, zu dem publizierten Entwurf einschließlich der Dissensstandpunkte Stellung zu nehmen.

Bis Ende August 1991 gingen beim Ausschußsekretariat daraufhin ca. 1.300 Zuschriften ein. Davon waren 531 Einzelzuschriften, die teils Unterstützung für publizierte Vorschläge ausdrückten oder eigene Vorschläge unterbreiteten sowie eigene Kommentierungen einsandten. Daneben gingen sogenannte Massenzuschriften ein sowie 777 Postkarten und Formblätter mit vorgedrucktem Text, auf denen der Absender durch Ankreuzen von Varianten Stellung bezog. Die eingegangenen Zuschriften wurden vom Juristischen Dienst der Landtagsverwaltung gesichtet, ausgewertet und in Form einer Synopse für die Ausschußmitglieder zusammengestellt.

Die Einzelzuschriften, in denen Stellung zur Regelung der Volksinitiative bezogen wird, sind im dritten Teil des ersten Hauptteils der Synopse aufgeführt. Für den Volksantrag im Sinne von Art. 70 des Ausschußentwurfes gingen insgesamt 23 befürwortende Zuschriften ein.[706] Neue Vorschläge wurden nicht gemacht. Lediglich in einer Zuschrift wurde die Volksinitiativberechtigung generell abgelehnt, da ein Volksantrag die Gefahr der Meinungsmanipulation durch radikale Minderheiten mit sich bringe. Die Bürger sollten sich statt dessen an die Abgeordneten wenden.

Das Zustimmungserfordernis von 40.000 Unterschriften stimmberechtigter Bürger gem. Art. 71 Abs. 1 des Entwurfes wurde durch elf Einzelzuschriften befürwortet. Dagegen empfanden lediglich sieben Bürger das Quorum als zu hoch. Als Unterstützung für einen erfolgreichen Volksantrag schlugen sie daher ein Quorum von 1% der Stimmberechtigten des Landes vor. Weitere Vorschläge bewegten sich zwischen konkreten Zahlen von 10.-und 30.000 Unterschriften. Als Begründung wurde angeführt, daß höhere Quoren eine unnötige Einengung der begrüßenswerten direkten Volksgesetzgebung darstellten. Die Chancen für

705 Verfassung des Freistaates Sachsen, Entwurf Juni 1991, Konsens-Dissens-Katalog, S. 35, rechte Spalte.

706 Hierzu und zum folgenden Synopse, erster Hauptteil, Teil 3, S. 18ff., zweite und dritte Spalte.

eine erfolgreiche Volksgesetzgebung wären bei höheren Anforderungen zu gering.

Nur in einer Zuschrift wurde auf den Dissensstandpunkt der SPD, des Bündnisses 90/Die Grünen und der Linken Liste/PDS Bezug genommen, Volksanträge nicht nur zur Gesetzgebung, sondern generell zu allen Belangen, die die Einwohner betreffen und die in die Kompetenz des Landtages fallen, zu ermöglichen.

Die meisten Zuschriften zu Art. 71 bezogen sich auf den Dissensstandpunkt des Bündnisses 90/Die Grünen in Abs. 2. Danach sollte für den Fall, daß von der Staatsregierung die Verfassungswidrigkeit des Volksantrages geltend gemacht wurde, der Antrag bis zu einer gegenteiligen einstweiligen Anordnung des Verfassungsgerichtshofs als zulässig gelten. Diese Forderung wurde durch 33 Einzelzuschriften unterstützt.

Zum Volksbegehren gem. Art. 72 Abs. 1 und 2 des Entwurfes gingen insgesamt zwanzig Einzelzuschriften ein.[707] Von diesen lehnten zehn Abs. 1 des Entwurfes ohne Begründung ab. Weiterhin wurde in einer Zuschrift das Zustimmungsquorum von 200.000 Stimmberechtigten in Abs. 2 ohne Begründung abgelehnt. Andere hielten es für zu hoch. Die Unterstützung von 2,5% beziehungsweise 5% der stimmberechtigten Bürger reiche aus. Mit Blick auf Plebiszite in anderen Ländern (USA, Italien, Schweiz) sei das Erfordernis von 200.000 Unterschriften zu hoch. Lediglich in einer Zuschrift wurden 200.000 Unterschriften als zu wenig erachtet und die Zustimmung von einem Viertel der Stimmberechtigten vorgeschlagen.

Zur Unzulässigkeit von Volksinitiativen auf Abgaben, Besoldungs- und Haushaltsgesetze gem. Art. 74 Abs. 1 des Entwurfes wurde in einer Zuschrift die Streichung dieser Einschränkung gefordert. In einer weiteren wurde im Sinne des Entwurfes der sächsischen Hochschullehrer vorgeschlagen, Volksantrag, Volksbegehren und Volksentscheid auch über diese Materien zu ermöglichen. Dagegen stimmten vier Bürger ohne Begründung der Regelung des Abs. 1 des Ausschußentwurfes zu.[708]

Im Rahmen des Art. 75 Abs. 3 des Ausschußentwurfes unterstützten elf Zuschriften die Dissensstandpunkte der SPD, des Bündnisses 90/Die Grünen und der Linken Liste/PDS, Verfassungsänderungen immer, zumindest aber auf grundlegenden Gebieten wie der Volksgesetzgebung, obligatorisch einem Volksentscheid zu unterbreiten.[709]

---

707 Synopse, erster Hauptteil, Teil 3, S. 22f., mittlere und rechte Spalte.
708 Synopse, erster Hauptteil, Teil 3, S. 26, rechte Spalte.
709 Synopse, erster Hauptteil, Teil 3, S. 27f., mittlere und rechte Spalte.

Auch die Massenzuschriften enthielten teilweise Vorschläge für eine Volksgesetzgebung. 284 Unterschriften unterstützten die Forderung für die Festschreibung realisierbarer Formen direkter Demokratie.[710] 33 Zuschriften forderten zur Durchsetzung einer anwendbaren Volksgesetzgebung Volksanträge und Volksbegehren nicht auf Gesetzentwürfe zu beschränken, sondern zu allen Fragen der politischen Willensbildung zuzulassen. Die Zustimmungsquoren müßten erreichbar sein und sollten daher für den Volksantrag 20.000 und für das Volksbegehren 100.000 betragen.[711]

Nach dieser Auswertung erscheint zunächst das Interesse der sächsischen Bevölkerung an der Volksinitiative nicht allzu groß gewesen zu sein. Zur Regelung der Gesetzesinitiativberechtigung des Volkes gem. Art. 70 des Ausschußentwurfes nahmen insgesamt lediglich 24 Einzelzuschriften Stellung. Zum Quorum für einen Volksantrag gem. Art. 71 Abs. 1 in Höhe von 40.000 Stimmberechtigten gingen lediglich achtzehn Einzelstellungnahmen ein, und das Volksbegehren gem. Art. 72 Abs. 1 und 2 des Entwurfes fand auch in nicht mehr als zwanzig Einzelzuschriften Erwähnung.

Falls dieses Ergebnis tatsächlich als fehlendes Interesse der sächsischen Bevölkerung zu bewerten sein sollte, müßte die These, nach der die Aufnahme der Volksgesetzgebung in die neue Verfassung aufgrund der vergangenen politischen Erfahrungen der letzten vierzig Jahre und aufgrund der friedlichen Revolution von 1989 unter dem Motto „Wir sind das Volk“ für die meisten Sachsen selbstverständlich gewesen sein soll, relativiert werden. In diesem Fall wäre das Interesse an der Volksgesetzgebung hauptsächlich bei den Bürgerbewegungen und den einzelnen Oppositionsgruppen zu finden, welche sich seit dem Herbst 1989 gebildet und die Verfassungsentwicklung initiiert und belebt haben, und nicht beim Volk selbst.

Die Veröffentlichung der bisher geleisteten Tätigkeit des Ausschusses in Form des Konsens-Dissens-Kataloges läßt jedoch auch den Schluß zu, daß der größte Teil der Bevölkerung mit den Regelungen der Volksinitiative in der Fassung, in der der Ausschuß einen Konsens gefunden hatte, einverstanden war. Es kann aufgrund von Erfahrungen in der jüngeren und in der weiter zurückliegenden Geschichte Sachsens vielleicht sogar davon ausgegangen werden, daß die Reaktion der Bevölkerung anders ausgefallen wäre, wenn die Regelungen des Ausschußentwurfes größeren Unmut erregt hätten. Bereits während der konstitutionellen Bewegungen 1831 und 1848 hat die sächsische Bevölkerung ihren Unmut offen und mit lautstarkem Protest kundgetan. Auch bei den Montagsdemonstrationen während des revolutionären Umbruchs in den Jahren 1989/90

710 Synopse, Anhang II des ersten Hauptteils, S. 18.
711 Synopse, Anhang II des ersten Hauptteils, S. 27.

zogen jede Woche Hunderttausende auf die Straße, um zu protestieren und den Regierenden ihre Forderungen deutlich zu machen. Vielleicht bedarf es aber auch erst weiterer Erfahrungen mit der Volksgesetzgebung, um zu einer gesicherten Einschätzung zu kommen.

4. Die Anhörung von Sachverständigen und Verbänden

Parallel zur öffentlichen Diskussion führte der Ausschuß am 15. Juli 1991 eine Anhörung von Sachverständigen zum Thema plebiszitäre Elemente, repräsentative Demokratie, Gestaltung direkter Demokratie an der Universität Leipzig durch. Von den einzelnen Fraktionen wurden hierzu Prof. Dr. Badura aus München, Uta Philipp von der Bürgerinitiative „Das bessere Müllkonzept" aus Bayern, Prof. Dr. Schneider aus Heidelberg, Prof. Dr. H. Oberreuter von der TU Dresden, Dr. Uwe Berlit aus Hannover[712] und Gerald Häffner, Bundestagsabgeordneter der Fraktion Bündnis 90/Die Grünen, als Sachverständige benannt.

Trotz einiger Vorbehalte sprachen sich im Ergebnis alle Sachverständigen für die Aufnahme plebiszitärer Elemente als Ergänzung und zur Stabilisierung des als Regelentscheidungsmodell betrachteten repräsentativen Systems in die Verfassung aus.[713] Teilweise wurde das Thema Zusammenspiel von unmittelbarer und mittelbarer repräsentativer Demokratie für eine der wichtigsten Fragen der zu beschließenden Verfassung gehalten.[714] Der positive Effekt der Volksgesetzgebung liege darin, daß durch sie die Verkrustung des politischen Systems aufgebrochen und die institutionelle Wahrnehmungsschranke durchbrochen werde.[715] Es sei wichtig, dem Volk die direkte Gesetzgebung zu ermöglichen, da Wahlkämpfe immer nur die Möglichkeit einräumten, Hunderte von Entscheidungen mehr oder weniger „in einem Paket" zu entscheiden.[716] Der Wähler habe in der Regel nicht die Möglichkeit zu differenzieren. Dieses sei jedoch notwendig, da es wohl keinen Menschen gebe, der das Programm einer Partei von A-Z unterschreiben könne.

---

712 Als Sachverständiger für die Fraktion der SPD.

713 Vgl. Synopse, zweiter Hauptteil, Gutachten und Anhörung zum Verfassungsentwurf, S. 8ff.

714 *Häffner*, Synopse, zweiter Hauptteil, Gutachten und Anhörung zum Verfassungsentwurf, S. 14.

715 *Berlit*, Synopse, zweiter Hauptteil, Gutachten und Anhörung zum Verfassungsentwurf, S. 13.

716 *Häffner*, Synopse, zweiter Hauptteil, Gutachten und Anhörung zum Verfassungsentwurf, S. 17.

Andererseits bestand Einigkeit darüber, nicht jede aktuelle Volksstimme sofort zum richtungsweisenden Kompaß für die Tätigkeit des Staates zu machen.[717] Demokratie dürfe nicht mit Demoskopie verwechselt werden.

Teilweise wurde die Auffassung vertreten, der Hauptvorteil der Volksgesetzgebung liege in der „antizipatorischen Reaktion". Das Parlament wisse, es gebe eine Volksgesetzgebung und werde sich daher möglichst so verhalten, daß diese gar nicht erst in Gang gesetzt werde.[718]

Im Ganzen bewegte sich die Argumentation pro und contra Volksgesetzgebung in die gleiche Richtung wie schon 1920. Als neues Argument gegen die Volksgesetzgebung, das damals noch nicht angeführt worden war, kam jedoch die kritische Bewertung der Rolle der politischen Parteien hinzu. Das Volk, dem im Falle plebiszitärer Verfahren eine Entscheidung anvertraut werde, sei in Wahrheit häufig eben nicht wirklich das Volk, sondern werde durch politische Parteien und sonstige Gruppen nur formal in Anspruch genommen. Diese formulierten den abstimmungsfähigen Vorschlag, das zur Abstimmung berufene Volk dann könne nur mit Ja oder Nein antworten. Die Zurückhaltung gegenüber dem Plebiszit sei daher nicht aus dem Mißtrauen gegenüber den Aktivbürgern, sondern aus dem Mißtrauen gegenüber den politischen Gruppen, die ihre Vorteile im plebiszitären Verfahren suchten, zu erklären.[719]

Diese Argumentation geht offensichtlich auf die Erfahrungen aus der Weimarer Zeit zurück, in der die Volksbegehren fast ausschließlich von Parteien und größeren politisch organisierten Gruppen eingeleitet worden waren.

Auf Landesebene könne daraus jedoch kein durchschlagender Einwand gegen diese Einrichtungen abgeleitet werden. Außerdem könne, da die Kompetenzlage auf Landesebene ziemlich gering sei, dort mit plebiszitären Elementen relativ wenig Schaden angerichtet werden.[720]

Dieses Argument spielt, wie noch zu zeigen sein wird, auch bei der Diskussion über plebiszitäre Elemente im Rahmen des Grundgesetzes eine Rolle. Auf Landesebene können so durch die Gesetzgebung nicht zuletzt im Hinblick auf Art. 28 GG keine größeren, den Grundsätzen des Grundgesetzes widerspre-

717 *Schneider*, Synopse, zweiter Hauptteil, Gutachten und Anhörung zum Verfassungsentwurf, S 42; *Badura*, ebd. S. 58; *Häffner*, ebd. S. 62.

718 Abgeordneter *Beyer* (CDU), Synopse, zweiter Hauptteil, Gutachten und Anhörung zum Verfassungsentwurf, S. 53; ebenso *Badura*, ebd. S. 57.

719 *Badura*, Synopse, zweiter Hauptteil, Gutachten und Anhörung zum Verfassungsentwurf, S. 9; so auch *Oberreuter*, der die plebiszitären Elemente als verkapptes Oppositionsinstrument bezeichnet, ebd. S. 69.

720 Nach *Schneiders* Auffassung könne man, da die Möglichkeit von Volksgesetzen thematisch nur einen verhältnismäßig bescheidenen Teil betreffe, bei der Ausgestaltung der Regelungen eine gewisse Großzügigkeit walten lassen, Synopse, zweiter Hauptteil, Gutachten und Anhörung zum Verfassungsentwurf, S. 38.

chende Änderungen bewirkt werden. Jedoch fielen die auf Landesebene noch in Betracht kommenden Materien häufig in das unmittelbare Lebens- und Beobachtungsumfeld der Bürger. Gerade in diesem Bereich seien plebiszitäre Entscheidungen am sinnvollsten.[721] Auf Bundesebene dagegen sei das etwas ganz anderes. Dort gebe es viele Gegenstände, die sich dem politischen Urteil der Wähler nicht gleich eröffneten.

Nach dieser Argumentation erscheint die Volksinitiative auf Landesebene lediglich als eine Art Zugeständnis beziehungsweise ein „Trostpflaster". Darauf wird noch näher einzugehen sein.[722]

In der konkreten Diskussion zum Ausschußentwurf fand die zweistufig ausgestaltete Initiativmöglichkeit in der Form des Volksantrages und des Volksbegehrens fast generell einhellige Zustimmung. Lediglich Prof. Badura äußerte Bedenken gegen die Erweiterung des herkömmlich einstufigen Verfahrens. Der Volksantrag als erleichterte Initialzündung mit dem Erfordernis von nur 40.000 Unterschriften könne unter Umständen die Landespolitik stark in Anspruch nehmen.[723]

Von anderer Seite wurden die Dissensstandpunkte der SPD, des Bündnisses 90/Die Grünen und der Linken Liste/PDS zur Einführung eines ergänzenden Art. 53c aufgegriffen. Die Möglichkeit zu einem Volksantrag soll danach nicht auf Gesetzesvorlagen beschränkt werden, sondern auch auf andere Gegenstände der politischen Willensbildung gerichtet werden können. Im Unterschied zur Auffassung der oben genannten Fraktionen solle jedoch nur die Regelung des Volksantrags in Hinblick auf solche Gegenstände erweitert werden und das Parlament zum Handeln angeregt werden können. Das Volksbegehren bliebe demnach auf Gesetzesvorlagen beschränkt.[724] Die gegen den bisherigen als Dissensstandpunkt aufrechterhaltenen Art. 53c vorgebrachte Kritik wird durch diesen Unterschied jedoch nicht entkräftet.

Massive Einwände wurden gegen Art. 71 Abs. 2 Satz 1 des Ausschußentwurfes vorgebracht, wonach der Volksantrag bei der Staatsregierung einzureichen ist.[725] Es handele sich um ein Gesetzgebungsverfahren, das heißt, es gehe um die Legislative, und natürlich müsse der Antrag an den Landtag und

721 *Oberreuter*, Synopse, zweiter Hauptteil, Gutachten und Anhörung zum Verfassungsentwurf, S. 68f.

722 Siehe unten drittes Kapitel, § 28, 1.

723 *Badura*, Synopse, zweiter Hauptteil, Gutachten und Anhörung zum Verfassungsentwurf, S. 10.

724 *Häffner*, Synopse, zweiter Hauptteil, Gutachten und Anhörung zum Verfassungsentwurf, S. 19f.

725 *Häffner*, Synopse, zweiter Hauptteil, Gutachten und Anhörung zum Verfassungsentwurf, S. 20f.; *Philipp*, ebd. S. 31, 49.

hier an den Präsidenten des Landtages gerichtet werden und nicht an die Regierung, die mit dem Gesetzgebungsverfahren nach dem Grundsatz der Gewaltenteilung nichts zu tun habe.[726] Außerdem sei die Landesregierung in diesem Verfahren sozusagen in der Oppositionsstellung, denn wenn sie derselben Meinung wäre wie die Initiative, dann hätte sie den entsprechenden Gesetzentwurf ihrerseits bereits eingebracht.

Dagegen wurde vorgebracht, daß es bei der Prüfung doch um Tatsachen und Rechtsfragen gehe, welche in der Regel nicht vom Landtag in einer Mehrheitsentscheidung entschieden würden. Schwerpunkt der Prüfung sei stets, ob der Volksantrag in die Kompetenz der Landesgesetzgebung falle. Diese Fragen könnten nicht die Abgeordneten des Landtags, sondern eben nur rechtskundige Leute entscheiden, die sich nun einmal in der Rechtsabteilung des Innenministeriums befänden.[727]

Damit wurde erneut ein Streit aufgegriffen, der bereits 1921 den sächsischen Gesetzgeber im Rahmen der Volksinitiative intensiv beschäftigt hatte. 1921 wurde dieser Punkt jedoch nicht im Rahmen der Verfassunggebung erörtert und geregelt, sondern im Rahmen der einfachgesetzlichen Verfahrensvorschriften über das Volksbegehren und den Volksentscheid. Der Streit zeigt, daß die Aufnahme und die Regelung des Volksgesetzgebungsverfahrens auch heute in engem Zusammenhang mit der Machtverteilung zwischen Parlament und Regierung steht. Die gesetzgebende Gewalt und damit einhergehend das Gesetzesinitiativrecht mit dem Volk zu teilen, erscheint 1992 anders als 1920 selbstverständlich. Wenn es jedoch darum geht, ob dies zu Lasten der Staatsregierung oder des Landtags geschieht, brechen auch 1992 die Kontroversen wieder auf. Dieser Punkt hat daher, wie noch zu zeigen sein wird, den Ausschuß auch in der zweiten Arbeitsetappe noch ausführlicher beschäftigt.[728]

Aber auch bezüglich des Beteiligungsquorums beim Volksbegehren nach Art. 72 Abs. 2 Satz 1 des Ausschußentwurfes bestanden unterschiedliche Auffassungen. Nach einer Ansicht wurde das Quorum für zu niedrig gehalten, jedoch werde es durch Art. 72 Abs. 5 des Entwurfes aufgefangen, nach dem das dem Volksentscheid zugrundeliegende Gesetz beschlossen sei, wenn die Mehrheit der abgegebenen Stimmen, jedoch mindestens die Hälfte der Stimmberechtigten zugestimmt habe.[729] Nach anderer Ansicht erschien das Quorum als zu hoch und

726 Zu dieser Problematik vgl. bereits die Diskussionen im sächsischen Landtag 1921, § 8, 2, e.

727 *Schneider*, Synopse, zweiter Hauptteil, Gutachten und Anhörung zum Verfassungsentwurf, S. 37f.

728 Siehe unten Punkt 5, b.

729 *Badura*, Synopse, zweiter Hauptteil, Gutachten und Anhörung zum Verfassungsentwurf, S. 10.

wurde nur dann als akzeptabel betrachtet, wenn das Zustimmungsquorum in Art. 72 Abs. 5 entfiele. Ein höheres Einstiegsquorum sei vernünftig, da es die Relevanz der Sache testen solle, damit nicht alles Mögliche „auf den Tisch komme“. Ansonsten gäbe es eine Inflation von Abstimmungen in Fragen, die überhaupt keine entsprechende Unterstützung in der Bevölkerung hätten. Wenn diese Relevanzprobe erreicht sei, sei aber ein Zustimmungsquorum entbehrlich, da dieses in der Form des Art. 72 Abs. 5 im Ergebnis sogar dazu führen würde, daß eventuell niemals ein Volksentscheid zustande komme.[730]

Auf die Weimarer Regelungen des Volksbegehrens und auf die Folgen in der NS-Zeit wurde während der öffentlichen Diskussion nicht mehr eingegangen. Jedoch wurde bei der Regelung des Zustimmungsquorums auf Volksentscheidsebene auf damalige Erfahrungen zurückgegriffen.[731] Schlechte Erfahrungen seien nicht mit der Volksgesetzgebung an sich gemacht worden, sondern mit ihrer Ausgestaltung auf der Ebene des Volksentscheids, nach der zu dessen Gültigkeit in der Regel die Hälfte der Stimmberechtigten teilgenommen haben mußte. Allein durch die Nichtteilnahme an der Abstimmung, also durch reine Passivität, sei so das Ergebnis beeinflußt worden. Nicht teilzunehmen habe dabei die gleiche Konsequenz gehabt wie die Teilnahme mit einer Nein-Stimme. In diesem Zusammenhang wurde auf den Volksentscheid über die Fürstenenteignung verwiesen. Mit der bisherigen Ausgestaltung bestehe die gleiche Gefahr auch in Sachsen.

Die Stellungnahmen der Sachverständigen wurden als dann dem Verfassungs- und Rechtsausschuß übergeben.

5. Vom Zwischenentwurf zur endgültigen Ausschußfassung

In einer zweiten Etappe, die von Januar bis April 1992 vier Klausurtagungen umfaßte, nahm der Ausschuß die Auswertungen der Stellungnahmen und der eingegangenen Zuschriften aus der Öffentlichkeit vor und verhandelte die Beilegung verbliebener Meinungsverschiedenheiten.

---

730 *Häffner*, Synopse, zweiter Hauptteil, Gutachten und Anhörung zum Verfassungsentwurf, S. 64; auch *Oberreuter* hält das Volksbegehren für die entscheidende Relevanzprobe, spricht sich jedoch nicht für die Streichung des Zustimmungsquorums in Art. 72 Abs. 5 des Entwurfes aus, sondern hält es für zu hoch mit der Begründung: „Sie wissen, wie wenig wir heutzutage für die Politik noch kriegen“, ebd. S. 70f.

731 *Häffner*, Synopse, zweiter Hauptteil, Gutachten und Anhörung zum Verfassungsentwurf, S. 23ff.

a) Art. 70 des Zwischenentwurfs (Gesetzesinitiative)

Die Volksinitiativregelung des Art. 70 Abs. 1 des Ausschußentwurfes, die sowohl in der Öffentlichkeit, als auch unter den Sachverständigen überwiegend Zustimmung gefunden hat, wurde auch in der 2. Ausschußetappe nicht mehr in Frage gestellt, so daß sie in der endgültigen Fassung unverändert blieb.

b) Art. 71 des Zwischenentwurfs (Volksantrag)

Auch Art. 71 Abs. 1 des Zwischenentwurfs wurde nicht mehr problematisiert und wortgleich in die endgültige Ausschußfassung übernommen.

Im Hinblick auf die Regelung des Abs. 2 Satz 1, nach der der Volksantrag bei der Staatsregierung einzureichen ist, wurden die Einwände aus der Sachverständigenanhörung aufgegriffen. Der Volksantrag, so wurde gefordert, solle beim Landtagspräsidenten eingereicht werden, damit diesem die Prüfung der Zulässigkeit gem. Satz 2 obliege.[732]

Bereits in der ersten Arbeitsetappe des Verfassungs- und Rechtsausschusses waren hierzu verschiedene Ansichten geäußert worden, wobei die Argumente in dieselbe Richtung zielten wie die der Sachverständigen. Die Regierung sei potentieller Gegner eines Volksantrages, so daß sich der Landtagspräsident als zuständige Stelle von der Systematik her anbiete.[733] Die Gegenansicht bestritt dies. Der Landtagspräsident sei nicht unbedingt neutraler als die Regierung.[734] Außerdem dürfe die Staatsregierung nicht die politische Zweckmäßigkeit des Volksantrages prüfen, sondern nur seine verfassungsrechtliche Zulässigkeit. Auch habe die Regierung die besseren technischen Mittel zur Prüfung der Zulässigkeit. Da Volksanträge meistens nicht von Juristen, sondern von politisch Engagierten formuliert würden, bedürfe es im Hinblick auf die rechtliche Beurteilung, z.B. bezüglich der Landeszuständigkeit der Fachkompetenz. Angesichts dessen habe es sich in der Praxis bewährt, daß die außerhalb des politischen Kräftefeldes stehenden Berufsbeamten der Regierung die Volksanträge geschützt durch ihre Rechtsstellung als Beamte auf Lebenszeit unabhängig prüften. Geeignet seien dafür der Bereich des Innen- oder Justizministeriums.[735]

Die Befürworter des Landtagspräsidenten als zuständiger Stelle hielten in der ersten Arbeitsetappe des Ausschusses ihre Auffassung jedoch nicht als Dis-

---

732 Vgl. Protokoll der 7. K. T. des Verfassungs- und Rechtsausschusses, S. 82ff.

733 Abgeordneter *Donner* (Bündnis 90/Die Grünen), in: Protokoll der 3. K. T. des Verfassungs- und Rechtsausschusses, S. 3.

734 *H. von Mangoldt*, in: Protokoll der 3. K. T. des Verfassungs- und Rechtsausschusses, S. 3.

735 *Schneider*, in: Protokoll der 3. K. T. des Verfassungs- und Rechtsausschusses, S. 3.

sensstandpunkt aufrecht, da allgemeine Übereinstimmung darüber herrschte, daß wenigstens eine Informationspflicht an den Landtagspräsidenten in einem noch zu erlassenden Gesetz verankert werden sollte.[736] Im Anschluß an die Sachverständigenanhörung wurde dieser Punkt jedoch erneut aufgegriffen.

Gegen die Zuständigkeit des Landtagspräsidenten wurde erneut angeführt, daß die Landtagsverwaltung zu nahe an den politischen Entscheidungsgremien stehe. Für den Landtagspräsidenten sei es besser, wenn er sich nicht durch die Entscheidung über die Zulässigkeit des Antrages in einem politisch frühen Stadium exponieren müsse.[737] Die Volksgesetzgebung enthalte für das Parlament das Risiko, mit der Initiative nicht einverstanden zu sein, worauf dann eventuell ein Volksbegehren und ein Volksentscheid folgten. Bei frühzeitiger Einschaltung des Landtagspräsidenten und dessen etwa negativer Entscheidung riskiere man, den Landtag schon früh in den „Geruch anschließender Befangenheit" – politische Ablehnung um jeden Preis – zu bringen.[738]

Tatsächlich erscheint es naheliegend, den Landtagspräsidenten als Mitglied des Parlaments ebenso als potentiellen Gegner der Volksinitiative zu betrachten wie die Staatsregierung. Es ist davon auszugehen, daß das Volksgesetzgebungsverfahren erst dann zur Anwendung kommt, wenn der Landtag eine vom Volk gewünschte Regelung nicht aufgreift. Wäre der Landtag der Volksinitiative gegenüber positiv eingestellt, würde er dieses spätestens zu Beginn des Verfahrens signalisieren und die geforderte Materie auf parlamentarischem Gesetzgebungswege regeln, so daß das aufwendige Volksgesetzgebungsverfahren nicht weiter verfolgt werden müßte. Ist er der Volksinitiative gegenüber jedoch negativ eingestellt, wird er die Materie nicht aufgreifen, so daß auch der Landtagspräsident ebenso als Gegner in Betracht kommt wie gegebenenfalls die Staatsregierung.

Als Alternative wurde erwogen, die verfassungsrechtliche Vorprüfung sogleich der Gerichtsbarkeit zu überantworten.[739] Beamte der Regierung seien bei dem Auftrag einer solchen Vorprüfung im Hinblick auf ihren obersten Dienstherrn nicht frei und unbefangen. Dies wurde jedoch abgelehnt, um die Richter nicht in ihrer Unabhängigkeit zu beeinträchtigen und ihre künftige Unbefangenheit zu gefährden, indem man noch schwebende Angelegenheiten mit ihnen erörtere. Von der Sache her kam auch nur die Verfassungsgerichtsbarkeit in Betracht, gerade diese sei aber später für eine etwaige Anfechtung einer negativen

---

736 Protokoll der 3. K. T. des Verfassungs- und Rechtsausschusses, S. 4.

737 *Eckardt* (Berater aus Baden-Württemberg), in: Protokoll der 7. K. T. des Verfassungs- und Rechtsausschusses, S. 82.

738 *H. von Mangoldt*, in: Protokoll der 7. K. T. des Verfassungs- und Rechtsausschusses, S. 83f.

739 Abgeordneter *Marcus* (SPD), in: Protokoll der 7. K. T. des Verfassungs- und Rechtsausschusses, S. 82f.

Entscheidung der Staatsregierung beziehungsweise des Landtagspräsidenten zuständig.[740]

Schließlich wurde nach der endgültigen Ausschußfassung dennoch der Landtagspräsident als zuständiges Organ zur Entgegennahme und Prüfung des Volksantrages bestimmt. Dies ergab sich als Konsequenz aus der Änderung des Art. 77 des Ausschußentwurfes (Ausfertigung und Verkündung).[741] Die Vorschrift wurde dahingehend geändert, daß verfassungsmäßig beschlossene Gesetze nicht vom Ministerpräsidenten, sondern vom Landtagspräsidenten ausgefertigt und nach Gegenzeichnung durch den zuständigen Staatsminister vom Ministerpräsidenten binnen Monatsfrist im Gesetz- und Verordnungsblatt des Freistaates Sachsen verkündet werden. Wenn der Landtagspräsident für die Prüfung des verfassungsmäßigen Zustandekommens beschlossener Gesetze zuständig sei, sei es konsequent, ihm auch die Prüfung der Verfassungsmäßigkeit von Volksanträgen zu übertragen.[742] Demnach sind gem. Art. 71 Abs. 2 Satz 1 der endgültigen Ausschußfassung Volksanträge beim Landtagspräsidenten einzureichen.

Damit war eine pragmatische Lösung des Streites gefunden. Wer tatsächlich zur Entgegennahme der Volksinitiative besser geeignet gewesen wäre, der Landtagspräsident oder die Staatsregierung, mag somit dahinstehen.

1921 hatte man sich statt dessen für die Zuständigkeit des Gesamtministeriums als Prüfstelle für die Zulässigkeit des Volksbegehrens entschieden. Diese Regelung entsprach der Regelung auf Reichsebene. Als Kompromiß wurde jedoch in Sachsen, anders als auf der Ebene der Reichsverfassung und auf der Ebene der meisten Landesverfassungen, mit dem Oberverwaltungsgericht eine zweite Instanz zur Überprüfung eines Ablehnungsbeschlusses eingeführt.[743]

Gem. Art. 71 Abs. 2 Satz 2 GE holt der Landtagspräsident eine Stellungnahme der Staatsregierung ein und entscheidet unverzüglich über die Zulässigkeit. An diesem Punkt war zunächst unklar, ob sich die Staatsregierung nur bezüglich der Zulässigkeit oder auch zur politischen Seite des Volksantrages äußern darf.[744] Nach dem Zwischenentwurf des Ausschusses sollte die Staatsregierung gem. Art. 71 Abs. 3 Satz 1 das Recht zur politischen Stellungnahme haben. Dieses beizubehalten sei auch konsequent, da die Gesetzesinitiative der Staatsregierung den Fraktionen und dem Volk zustehe. Würde das Recht zur politischen Stellungnahme der Staatsregierung zum Volksantrag verneint, müsse man auch

740 Dazu *Eckardt*, in: Protokoll der 7. K. T. des Verfassungs- und Rechtsausschusses, S. 83.

741 Vgl. Protokoll der 7. K. T. des Verfassungs- und Rechtsausschusses, S. 95ff.

742 Vgl. Protokoll der 7. K. T. des Verfassungs- und Rechtsausschusses, S. 98.

743 Siehe oben zweiter Teil, erstes Kapitel, § 8, 2, e.

744 Vgl. Protokoll der 9. K. T. des Verfassungs- und Rechtsausschusses, S. 58ff.

schon Bedenken gegen die Gesetzesinitiativberechtigung der Staatsregierung haben.[745]

Jedoch setzte sich die wohl überzeugendere Ansicht durch, daß eine politische Stellungnahme der Staatsregierung in diesem Stadium nicht angebracht sei.[746] Die Stellungnahme diene der Erleichterung der Entscheidung des Landtagspräsidenten und auch der Wahrung der Stellung der Staatsregierung. Sie solle daher nur die Frage der Zulässigkeit umfassen.[747] Die Staatsregierung habe im Laufe des Gesetzgebungsverfahrens noch genügend Möglichkeit zur politischen Stellungnahme. Eine politische Bewertung des Volksantrages durch die Staatsregierung, bevor das Plenum dazu Gelegenheit habe, sei schon deshalb abzulehnen, weil damit der Staatsregierung ein Vorteil gegenüber dem Parlament eingeräumt werde. Zudem gefährde der Vorgang die Stellung des Landtagspräsidenten, wenn dieser dann aus rechtlichen Gründen die Zulässigkeit des Volksantrages verneine, nachdem die Staatsregierung den Entwurf ihm gegenüber politisch mißbilligt habe. In einer solchen Situation könne der Landtagspräsident dem Verdacht einer politischen, nicht rechtlichen Entscheidung ausgesetzt sein.

Mit der endgültigen Formulierung des Art. 71 Abs. 2 Satz 2 nach der der Landtagspräsident nach Einholen der Stellungnahme der Staatsregierung unverzüglich über die Zulässigkeit des Volksantrages entscheidet, war klargestellt, daß sich die Stellungnahme der Staatsregierung nur auf die Zulässigkeit des Antrags und nicht auf seine politische Bedeutung bezieht.

Weiterhin war nach der Regelung des Art. 71 Abs. 2 S. 3, nach der gegen die Entscheidung über die Zulässigkeit des Volksantrages das Landesverfassungsgericht angerufen werden kann, bereits in der ersten Arbeitsetappe des Verfassungs- und Rechtsausschusses unklar, wer antragsbefugt sein solle.[748] Falls die Antragsteller nicht verfassungsgerichtlich gegen die Entscheidung der Unzulässigkeit vorgingen, stellte sich die Frage, ob auch jemandem aus dem Volk die Antragsbefugnis zustehen solle.

Fraglich war außerdem, ob auch die Mehrheit des Landtages befugt sein solle, etwa die Verfassungswidrigkeit eines Antrages gerichtlich feststellen zu las-

745 *H. von Mangoldt*, in: Protokoll der 9. K. T. des Verfassungs- und Rechtsausschusses, S. 59.

746 Protokoll der 9. K. T. des Verfassungs- und Rechtsausschusses, S. 60.

747 Vgl. dazu auch Protokoll der 9. K. T. des Verfassungs- und Rechtsausschusses, S. 59f.

748 Vgl. Protokoll der 3. K. T. des Verfassungs- und Rechtsausschusses, S. 4.

sen, wenn die Landesregierung zum Ergebnis der Verfassungsmäßigkeit gelange.[749]

Diese Problemfälle wurden durch die endgültige Regelung des Art. 71 Abs. 2 S. 3 ausgeräumt. Danach entscheidet der Verfassungsgerichtshof über die Zulässigkeit des Volksantrages, wenn der Landtagspräsident ihn für unzulässig hält und die Entscheidung beantragt. Dies ist im SächsVerfGHG näher ausgeführt. Gem. § 7 Nr. 6 ist der Verfassungsgerichtshof für Entscheidungen über die Zulässigkeit von Volksanträgen zuständig. Gem. § 33 entscheidet der Verfassungsgerichtshof auf Antrag des Landtagspräsidenten, wobei das Gericht den Antragstellern und der Staatsregierung Gelegenheit zur Äußerung gibt.

Weiterhin wurde der Dissensstandpunkt des Bündnisses 90/Die Grünen zum Abs. 2, der auch aus der Öffentlichkeit von 33 Zuschriften unterstützt worden war, in die Regelung aufgenommen. Art. 71 Abs. 2 wurde um einen Satz 4 ergänzt, nachdem der Volksantrag bis zu einer gegenteiligen Entscheidung des Verfassungsgerichtshofs nicht als unzulässig behandelt werden darf.

Da der Volksantrag nun beim Landtagspräsidenten einzureichen ist, wurde Art. 71 Abs. 3 Satz 1 GE, nach dem die Landesregierung den zulässigen Volksantrag mit ihrer Stellungnahme versehen unverzüglich dem Landtag zuzuleiten hat, ersatzlos gestrichen. Gem. Abs. 3 der endgültigen Ausschußfassung hat der Landtagspräsident den zulässigen Volksantrag mit Begründung zu veröffentlichen.

Abs. 4, nach dem der Landtag den Antragstellern Gelegenheit zur Anhörung gibt, war unumstritten und wurde in die endgültige Fassung übernommen.

c) Art. 72 des Zwischenentwurfs (Volksbegehren und Volksentscheid)

Die Möglichkeit, nach abgelehntem Volksantrag gem. Art. 72 Abs. 1 des Ausschußentwurfes ein Volksbegehren in Gang setzen zu können, war unumstritten und wurde in die endgültige Ausschußfassung übernommen. Jedoch wurden dem Entwurf die Sätze 2 und 3 hinzugefügt. Gem. Abs. 1 Satz 2 kann dem Volksbegehren von den Antragstellern ein gegenüber dem Volksantrag veränderter Entwurf zugrundegelegt werden. Nach Satz 3 findet in diesem Fall Art. 71 Abs. 2 entsprechende Anwendung.

Gravierende Änderungen wurden beim Beteiligungsquorum in Art. 72 Abs. 2 Satz 1 des Ausschußentwurfes vorgenommen. Hier wurde das Beteiligungserfordernis von 200.000 auf 450.000 Stimmen erhöht. Bei Absolutzahlen war man geblieben, weil sie klar sind und das Quorum keiner gesonderten Feststellung

749 Zu dieser Problematik vgl. auch *Häffner*, Synopse, zweiter Hauptteil, Gutachten und Anhörung zum Verfassungsentwurf, S. 22.

bedarf. Da sich aber ein Problem im Falle demographisch unstabiler Verhältnisse ergeben kann, falls die Zahl der Wahlberechtigten deutlich sinkt, wurde als Auffangbestimmung „jedoch nicht mehr als 15 vom Hundert der Stimmberechtigten“ hinzugefügt.[750]

Die auffällige Erhöhung des Quorums steht in engem Zusammenhang mit dem in der endgültigen Fassung des Art. 72 Abs. 2 ergänzten Satz 3, nach dem, wie im Entwurf der Gruppe der Zwanzig vorgesehen und auch in der Sachverständigenanhörung vorgeschlagen,[751] der Landtag dem Volksentscheid einen eigenen Gesetzentwurf beifügen kann sowie mit der Streichung des Zustimmungserfordernisses von mindestens der Hälfte der Stimmberechtigten in Art. 72 Abs. 5 des Ausschußzwischenentwurfes auf Volksentscheidsebene.

Dieses Mindestquorum ist bereits in der ersten Arbeitsetappe des Verfassungs- und Rechtsausschusses Gegenstand umfangreicher Kontroversen gewesen. Auf der einen Seite wurde die ersatzlose Streichung gefordert.[752] Bei einem Volksentscheid solle eine Meinungsbildung im Volk erfolgen. Mit einem Zustimmungsquorum würde jedoch die öffentliche Pro- und Contra-Diskussion verhindert werden, da die Gegner der konkreten Sachfrage sicher sein könnten, daß die erforderliche Mehrheit sowieso nicht erreicht werde.

Nach anderer Auffassung wurde, da die Volksgesetzgebung nur ergänzend zur repräsentativen Demokratie eingeführt werden soll, ein starkes Engagement des Volkes, ausgedrückt in einer hohen Zustimmung, gefordert.[753] Ohne ein Quorum bestünde die Gefahr, daß im Wege eines Volksentscheids ein Gesetz verabschiedet wird, welches nicht von einer großen Mehrheit der stimmberechtigten Bevölkerung getragen werde. Wichtig sei aber, daß das Volksgesetzgebungs-

---

750 Vgl. Protokoll der 9. K. T. des Verfassungs- und Rechtsausschusses, S. 48; diese Formulierung ist unklar. Sie wird jedoch in den Ausführungsbestimmungen des VVVG verdeutlicht.

751 *Oberreuter*, Synopse, zweiter Hauptteil, Gutachten und Anhörung zum Verfassungsentwurf, S. 71.

752 Abgeordneter *Donner* (Bündnis 90/Die Grünen), Abgeordneter *Bartl* (Linke Liste/PDS), in: Protokoll der 3. K. T. des Verfassungs- und Rechtsausschusses, S. 7; diese Forderung wurde als Dissensstandpunkt aufrechterhalten, vgl. Verfassung des Freistaates Sachsen, Entwurf Juni 1991, Konsens-Dissens-Katalog, S. 46, rechte Spalte. Ebenso wurde in der Sachverständigenanhörung die Streichung dieses Quorums verlangt, *Häffner*, Synopse, zweiter Hauptteil, Gutachten und Anhörung zum Verfassungsentwurf, S. 23f, 64; ebenso *Philipp*, ebd. S. 30, 33; auch aus der Öffentlichkeit gingen Proteste ein. 37 Einzelzuschriften sprachen sich für die Streichung des Quorums aus, Synopse, erster Hauptteil, Teil 3, S. 22ff., mittlere und rechte Spalte; bei den Massenzuschriften wurde durch 34 Unterschriften die Streichung gefordert, Synopse, Anhang II zum ersten Hauptteil, S. 27.

753 Justizminister *Heitmann*, Abgeordneter *Bayer* (CDU), *H. von Mangoldt*, in: Protokoll der 3. K. T. des Verfassungs- und Rechtsausschusses, S. 7f.

verfahren ein Korrektiv zur Gesetzgebung des Landtages darstelle. Vorrangiges Kriterium sei nicht, daß ein Volksentscheid zum Erfolg führen müsse, sondern daß auf diesem Weg ein Gesetz entstehen könne. Je niedriger das Quorum sei, desto mehr entferne man sich vom demokratischen Mehrheitsprinzip. Ein niedriges Zustimmungsquorum könne weiterhin dazu führen, daß der mehrheitlich legitimierte Gesetzgeber möglicherweise durch einen geringen Teil der Bevölkerung verdrängt werde.

Letztlich wurde auf das Erfordernis der Zustimmung der Hälfte der Stimmberechtigten verzichtet, dafür aber im Gegenzug das Beteiligungserfordernis für ein Volksbegehren auf 450.000 Stimmen erhöht. Diese Verlagerung der Quoren hat wiederum seine Ursache in der Ergänzung des Art. 72 Abs. 2 des Ausschußentwurfes um den Satz 3, nach dem der Landtag zum Volksentscheid einen eigenen Alternativentwurf beifügen kann.[754]

Die Verschiebung der Quoren wurde vor allem deshalb vorgenommen, weil der Alternativentwurf des Landtags mit dem Gesetzentwurf des Volksbegehrens konkurriert, obwohl er keinerlei Unterstützung durch die Bevölkerung bedarf.[755] Darin wurde die Gefahr gesehen, daß der Landtag im Alternativentwurf etwas anderes sagen werde, als wenn er von vornherein selbst die Initiative ergriffen hätte. Er wird also eventuell zur Regelung einer Materie zu einem Alternativentwurf als „kleinerem Übel“ gedrängt. Sowohl das Volksbegehren, als auch der Alternativentwurf des Landtages stehen dann zur Abstimmung durch das Volk. Bei dieser Konstellation erscheint ein Zustimmungsquorum in der Tat nicht stimmig. So liegt es nahe, die Relevanzprobe schon beim Volksbegehren vorzunehmen und dort die Meßlatte durch ein höheres Quorum anzuheben, wie dies bereits in der Sachverständigenanhörung vorgeschlagen worden ist.[756] Wenn diese Hürde genommen ist, erscheint eine freie Konkurrenz beider Entwürfe im Volksentscheid sachgerecht. Durch die Beigabe eines Alternativentwurfs des Landtages in der Volksentscheidung wird für das Volk und den Landtag eine völlig andere Entscheidungssituation geschaffen. Der Landtag ist dann interessiert daran, daß das Volk gerade für seinen Entwurf stimmt. In diesem Fall aber benötigt man kein Zustimmungsquorum mehr, da die Gefahr der Beteiligung nur krasser Minderheiten an der Volksentscheidung nicht besteht. Im Rahmen des Volksentscheids entscheidet nunmehr gem. Art. 72 Abs. 4 der endgültigen Fassung die Mehrheit der abgegebenen Stimmen. Abs. 5 wurde ersatzlos gestrichen, Abs. 3 wortgleich in die endgültige Fassung übernommen.

---

754 Vgl. Protokoll der 7. K. T. des Verfassungs- und Rechtsausschusses, S. 85ff.
755 Vgl. Protokoll der 7. K. T. des Verfassungs- und Rechtsausschusses, S. 88f.
756 Protokoll der 7. K. T des Verfassungs- und Rechtsausschusses, S. 88f.

d) Art. 75 des Ausschußentwurfes (Verfassungsänderung)

Art. 75 des Entwurfes wurde zu Art. 74 der endgültigen Fassung.

Die Möglichkeit, durch Volksinitiative eine Verfassungsänderung herbeizuführen, wurde unverändert übernommen. Der Dissensstandpunkt der SPD, des Bündnisses 90/Die Grünen und der Linken Liste/PDS dahingehend, daß die Vorschriften über die Volksgesetzgebung nicht vom Parlament, sondern nur durch Volksentscheid geändert werden können, wurde nicht aufgegriffen.

Auf der neunten Klausurtagung des Verfassungs- und Rechtsausschusses am 5. April 1992 wurde abschließend über den Entwurf abgestimmt. Neun Mitglieder stimmten dafür, ein Mitglied dagegen und zwei enthielten sich der Stimme,[757] so daß der Entwurf als Ausschußempfehlung in den Landtag eingebracht wurde.

§ 17 Die Verabschiedung der Volksinitiativregelungen durch den Landtag

Das Verfahren zur Inkraftsetzung der Sächsischen Verfassung[758] war teilweise durch das Gesetz über die Herstellung der Arbeitsfähigkeit des Sächsischen Landtages und der Sächsischen Staatsregierung[759] bereits geregelt worden. Gem. § 10 Abs. 2 Satz 2 des Vorschaltgesetzes sollte die Sächsische Verfassung durch Volksentscheid oder mit den Stimmen von zwei Dritteln der Mitglieder des Landtages angenommen werden.

Mit der Annahme von Art. 120 des Ausschußentwurfes präzisierte der Landtag § 10 Abs. 2 Vorschaltgesetz dahingehend, daß die Verfassung der Zustimmung von zwei Dritteln der Mitglieder des Landtages bedürfe.[760] Ein verbindliches Mitspracherecht wurde der Bevölkerung somit nicht eingeräumt.

Gegen die Annahme durch einen Volksentscheid hatte man sich entschieden, weil man befürchtete, daß bei einer geringen Beteiligung eine Verfassung angenommen werden könnte, die weniger als die Hälfte der Stimmen auf sich vereinigt. Dieser „Geburtsfehler“ hätte die Verfassung dauerhaft belasten und die gesellschaftliche Akzeptanz negativ beeinflussen können.[761]

---

757 Bericht des Verfassungs- und Rechtsausschusses zum Ausschußentwurf der Verfassung des Freistaates Sachsen, Drucksache 1/1800, Anm. 4.7., S. 13.

758 Zur Erläuterung der Präambel siehe *Heitmann*, SächsVBl. 1993, 2ff.

759 Vorschaltgesetz vom 27. Oktober 1990, GVBl., S. 1.

760 *Kunzmann*, in: Kunzmann/ Haas/ Baumann-Hasske/ Bartlitz, Die Verfassung des Freistaates Sachsen, Einleitung S. 35f.; vgl. dazu auch *Sommer*, ArbuR 1993, 382.

761 Vgl. dazu *Hinds*, ZRP 1993, 150; zur gleichen Problematik auf Bundesebene als Folge der Wiedervereinigung und der Grundrechtsrevision siehe *Ossenbühl*, DVBl

1. Die Initiative "Wir sind das Volk – keine Verfassung ohne uns"

Die Entscheidung des Landtages stieß begreiflicherweise auf Kritik. Allein im Rahmen der Massenzuschriften unterstützten 5.287 Unterschriften die Initiative „Wir sind das Volk – keine Verfassung ohne uns“.[762] Der Bevölkerung sollte sowohl die Möglichkeit zur Initiative als auch zum Volksentscheid eingeräumt werden.

a) Gesetzentwurf des Bündnisses 90/Die Grünen über die Erarbeitung einer Verfassung

Bereits am 12. November 1990 hatte die Fraktion Bündnis 90/Die Grünen einen Gesetzentwurf zur Ausarbeitung und Annahme der Sächsischen Verfassung vorgelegt.[763] Danach sollen Vorschläge aus der Bevölkerung, die von mindestens 5.000 Stimmberechtigten unterstützt werden, vom Landtag öffentlich behandelt werden. Weiterhin sollte jeder Bürger Sachsens das Recht haben, ein Volksbegehren mit dem Ziel eines Volksentscheids über einen von ihm vorgelegten Verfassungsentwurf oder den Entwurf einzelner Bestimmungen in Gang zu setzen. Das Begehren mußte von mindestens 50.000 Stimmberechtigten unterzeichnet werden. Schließlich sollte die sächsische Landesverfassung durch einen Volksentscheid in Kraft gesetzt werden. Im Zusammenhang damit sollte auch über die durch Begehren eingebrachten Entwürfe einzelner Bestimmungen entschieden werden.

Wenn staatliche Herrschaft als vom Volk anvertrautes Amt und nicht als Eigenrecht der Herrschenden verstanden werde, so die Initiatoren des Entwurfs, dann müßten dem obersten Souverän, den Bürgern Sachsens, verbindliche Rechte bei der Gestaltung der Verfassung eingeräumt werden. Die Bürger müßten insbesondere selbst darüber befinden, wieviel und unter welchen Bedingungen staatliche Macht an Vertreter abgegeben werden solle und unter welchen Bedingungen der Bürger sich diese Macht zurückholen könne. Der vorgeschlagene Weg zur Verfassung räume den Menschen Gelegenheit ein, die Bedeutung der Landesverfassung zu verstehen und schätzen zu lernen.

Dieser Gesetzentwurf fand in zweiter Lesung im Landtag keine Mehrheit.[764]

1992, 468ff.; *Bartlsperger*, DVBl 1990, 1285ff.; *Blumenwitz*, Aus Politik und Zeitgeschichte, 49ff.

762 Synopse, Anhang II des ersten Hauptteils, S. 21.

763 Sächsischer Landtag, Drucksache 1/30.

764 Bericht des Verfassungs- und Rechtsausschusses zum Ausschußentwurf der Verfassung des Freistaates Sachsen, Drucksache 1/1800, Anm. 4.2. S. 8.

b) Volksantrag auf Volksentscheid über die Annahme der Verfassung

Auch die „Initiative für ein demokratisch verfaßtes Sachsen“ übergab am 25. Mai 1992 dem Präsidenten des Sächsischen Landtages einen Volksantrag, unterzeichnet von 47.037 Stimmberechtigten, mit dem förmlichen Gesetzentwurf „Gesetz über den Volksentscheid zur Verfassung des Freistaates Sachsen“.[765]

Nach dem Gesetzentwurf sollte der Landtag die Verfassung des Freistaates Sachsen mit Zwei-Drittel-Mehrheit als vorläufige Verfassung annehmen. Vier Wochen nach der Verabschiedung der vorläufigen Verfassung durch den Landtag sollte ein Volksentscheid zur endgültigen Annahme der Verfassung stattfinden. Begründet wurde der Antrag damit, daß die vom Landtag beschlossene Verabschiedung der Verfassung allein durch die 160 Abgeordneten des Landtages einen Vertrauensbruch gegenüber den Wählern darstelle.

Da die Verabschiedung der Verfassung durch Parlamentsbeschluß jedoch bereits beschlossen war, wurde der Antrag nicht mehr weiter verfolgt.

2. Die zweite Lesung des Verfassungsentwurfs im Landtag

Am 25. und 26. Mai 1992 fand die zweite Lesung des Entwurfs der Verfassung des Freistaates Sachsen statt. Am Schluß der Lesung erfolgte die Abstimmung. Überwiegend fanden die Volksinitiativregelungen des Ausschußentwurfes Zustimmung. Gerade die Erfahrungen der Geschichte, so ein Abgeordneter der CDU, habe deutlich gezeigt, daß eine weitgehende Mitwirkung des Volkes an der Gesetzgebung und an der Kontrolle der Regierung ein stabiles Element der Demokratie sei. Gefahr drohe, wenn das Volk von der Mitwirkung ausgeschlossen werde.[766] Die Sachsen sollten nicht enttäuscht werden.[767] Plebiszitäre Elemente seien, so ein anderer Abgeordneter, nicht staatsfeindlich.[768] Für die Parlamentsarbeit könne eine nützliche antizipatorische Reaktion erwartet werden.

Jedoch wurden in der CDU auch gegenteilige Auffassungen vertreten. Der Vorsitzende des Verfassungs- und Rechtsausschusses Schimpff (CDU) kritisierte, daß die Ausübung der Staatsgewalt durch Abstimmungen gegenüber dem Grundgesetz extrem[769] zu einem zweiten Weg der Legislative neben dem Parlament ausgeweitet worden sei. Der plebiszitären Legislative fehle das für parlamentarische Gesetzgebung charakteristische Moment der Beratung und Verän-

765 Sächsischer Landtag, Drucksache 1/1920.

766 Abgeordneter *Goliasch* (CDU), Sächsischer Landtag, Plenarprotokoll 1/46 S. 3026.

767 Abgeordneter *Goliasch* (CDU), Sächsischer Landtag, Plenarprotokoll 1/46, S. 3027.

768 Abgeordneter *Bayer* (CDU), Sächsischer Landtag, Plenarprotokoll 1/46, S. 3065.

769 Sächsischer Landtag, Plenarprotokoll 1/46, S. 3056.

derbarkeit der Gesetzesvorlage. Am Ende des Verfahrens könne man nur mit Ja oder Nein stimmen. Schimpff sah in dieser Ausweitung eine Aushöhlung und damit eine Gefährdung der parlamentarischen Demokratie sowie eine Gefährdung der Demokratie überhaupt.[770]

Seitens der SPD stellte der Abgeordnete Kunzmann, Obmann der SPD-Fraktion im Verfassungs- und Rechtsausschuß fest, daß die konzipierte dreistufige Volksgesetzgebung Maßstäbe in der deutschen Verfassungsgebung setze. „Nennen Sie mir eine Verfassung, nennen Sie mir ein Bundesland, wo die Volksgesetzgebung besser ausgestaltet ist."[771]

Seitens des Bündnisses 90/Die Grünen bezeichnete der Abgeordnete Donner, stellvertretender Vorsitzender des Verfassungs- und Rechtsausschusses, die Regelungen als das ausgereifteste Volksgesetzgebungsverfahren aller deutschen Länder.[772] Offen bleibe jedoch, ob mit 450.000 Unterschriften für ein Volksbegehren der Relevanztest noch zu schaffen sei. Da jedoch mit der vorliegenden Ausgestaltung keinerlei Erfahrungen vorlägen, werde die Zukunft zeigen müssen, ob der Souverän mit dieser Hürde „in seine Rechte eintreten kann".[773]

Der Fraktionsvorsitzende der Linken Liste/PDS Bartl[774] sowie sein Fraktionskollege Porsch[775] blieben bezüglich der Quoren bei der im Ausschuß geäußerten Kritik. In seiner jetzigen überarbeiteten Fassung bleibe der Verfassungstext ein „knappes Menschenalter" hinter der Brandenburgischen Verfassung zurück. Das geforderte Quorum stelle eine Hürde dar, die praktisch das Volksbegehren illusorisch mache.[776]

Dagegen wandte sich der Abgeordnete Schiemann (CDU), der Brandenburgs Verfassung als „Märchenbuch" bezeichnete.[777]

Gegen einen Vergleich mit der Verfassung Brandenburgs verwahrte sich auch der Abgeordnete Kunzmann (SPD). In diesem Zusammenhang stellte er klar, daß Brandenburg ein Zustimmungsquorum von 25% vorsehe, während es in Sachsen ein solches überhaupt nicht gebe. Ein Vergleich mit Bayern könne nicht gezogen werden, da dort lediglich ein zweistufiges Verfahren der Volksgesetzgebung zugrunde gelegt sei.

---

770 Sächsischer Landtag, Plenarprotokoll 1/46, S. 3056.
771 Sächsischer Landtag, Plenarprotokoll 1/46, S. 3064.
772 Sächsischer Landtag, Plenarprotokoll 1/46, S. 3061.
773 Abgeordneter *Donner* (Bündnis 90/Die Grünen), Plenarprotokoll 1/46, S. 3061.
774 Sächsischer Landtag, Plenarprotokoll 1/46, S. 3031, 3101.
775 Sächsischer Landtag, Plenarprotokoll 1/46, S. 3042.
776 Abgeordneter *Elsner* (Linke Liste/PDS), Sächsischer Landtag, Plenarprotokoll 1/46, S. 3102.
777 Sächsischer Landtag, Plenarprotokoll, 1/46, S. 3048, 3080.

Für die FDP überließ der Abgeordnete Kröber das Urteil über die Modernität der Verfassung dem Volk und fügte hinzu, nicht der Text sei das Entscheidende, sondern dessen Umsetzung.[778]

Im Anschluß an die Erklärungen erfolgte die Abstimmung artikelweise beziehungsweise nach Gruppen von Artikeln. Hierbei konnten Änderungsanträge einzelner Fraktionen mit zur Abstimmung vorgelegt werden.

Über Art. 70 (Gesetzesinitiativrecht) und Art. 71 (Volksantrag) des Ausschußentwurfes wurde gemeinsam abgestimmt. Es gab keine Gegenstimmen, lediglich eine Stimmenthaltung. Damit waren die Regelungen mehrheitlich angenommen.

Bei der Abstimmung zu Art. 72 (Volksbegehren) legte die Linke Liste/ PDS einen Änderungsantrag vor.[779] Darin wurde eine Änderung des Beteiligungsquorums dahingehend beantragt, daß ein Volksentscheid stattfinde, wenn mindestens 200.000 Stimmberechtigte das Volksbegehren durch ihre Unterschrift unterstützten. Es genüge nicht, die dreistufige Volksgesetzgebung nur in die Verfassung aufzunehmen, ohne eine reale Chance ihrer Umsetzung zu garantieren.

Für den Änderungsantrag stimmten 16 Abgeordnete, vier enthielten sich der Stimme. Damit war der Antrag mehrheitlich abgelehnt.

Gegen Art. 72 in der Form des Ausschußentwurfes stimmten 13, zwei Abgeordnete enthielten sich der Stimme. Bei der Schlußabstimmung über die Verfassung beteiligten sich 151 Abgeordnete. Mit Ja stimmten 132, mit Nein 15 Abgeordnete. 4 Abgeordnete enthielten sich der Stimme.[780]

Der Landtag handelte bei dieser Abstimmung als verfassunggebende Landesversammlung in Ausübung des pouvoir constituant.[781] Diese Funktion oblag ihm gem. § 23 Abs. 2 LEG der DDR. Legitimiert worden war er hierzu durch die Landtagswahlen vom 14. Oktober 1990. Mit der Beschlußfassung im Landtag nach Art. 122 der Verfassung entfiel der noch im Vorschaltgesetz vorgesehene alternative Weg eines Volksentscheids. Ein Mangel an demokratischer Legitimation kann hieraus jedoch nicht hergeleitet werden,[782] unabhängig davon, ob man diesen Weg bedauert[783] oder aber aus der Beschlußfassung mit einer qualifizierten parlamentarischen Mehrheit gerade wegen des dadurch erzielten Ver-

778 Sächsischer Landtag, Plenarprotokoll 1/46, S. 3028, 3037.
779 Sächsischer Landtag, Drucksache 1/1906.
780 Sächsischer Landtag, Plenarprotokoll 1/46, S. 3110.
781 Zu dieser Funktion der Landtage siehe *Starck*, ZG 1992, 1ff.
782 So auch *Degenhart*, LKV 1993, 33; ders., in: Stober (Hrsg.), HdbSächsStVerwR, § 2, Rdnr. 1.
783 Zur Kontroverse hierüber siehe *Hinds*, ZRP 1993, 150.

fassungskonsenses eine erhöhte Integrationskraft ableitet.[784] Vor dem Demokratieprinzip ist der vom Sächsischen Landtag gewählte Weg des Verfahrens dem eines Volksentscheids gleichzuordnen. Beide Systeme der Gesetzgebung – und damit auch der Verfassunggebung – die parlamentarische als auch die des Volkes sollen ja, wie sich auch im Lauf der Verfassungsgenese gezeigt hat, gleichwertig nebeneinander stehen.

Vor dem Hintergrund der positiven Erfahrungen im Herbst 1989, auf die während der Verfassungsberatungen immer wieder hingewiesen wurde, und im Hinblick auf den weitreichenden Einfluß von Bürgerbewegungen auf die Politik in der Wendezeit der DDR und darüber hinaus, erschien in den Verfassungsberatungen die Aufnahme der Volksinitiative parteiübergreifend fast selbstverständlich. Die Diskussion um das grundsätzliche Für und Wider der direkten Demokratie hatte sich daher bald auf die Frage nach der Höhe der Quoren verschoben.

Auch jene Kräfte, die bisher plebiszitären Handlungsformen kritisch gegenüberstanden, räumten ein, daß ihre Bedenken durch die friedliche Revolution in der DDR „vom Tisch gewischt" seien.[785]

Da die Regelungen der Volksinitiative nicht als Gegenmodell, sondern als Ergänzung der mittelbaren repräsentativen Demokratie gemeint sind, sollen sie helfen, mögliche Blockierungen im etablierten politischen System zu überwinden und der Entfremdung zwischen nichtorganisierter Bürgerschaft und der organisierten Staatlichkeit entgegenzuwirken. Sie sollen des weiteren dafür Sorge tragen, daß im Parlament die Überzeugung und Verantwortung wächst, daß seine Tätigkeit unter der Kontrolle der Öffentlichkeit steht und diese notfalls in der Lage ist, sich neben dem Parlament in gesetzlicher Form zu artikulieren. Es kann damit ein indirekter Einfluß der Wählerschaft auf das Parlament auch während der Wahlperiode entstehen.

Die Parteien sind hierbei nicht ausgeschlossen. Sie haben im Gegenteil gute Chancen, ihrerseits von den Regelungen Gebrauch zu machen und ihre Mobilisierungskapazität zum Ausdruck zu bringen. Für sie wird freilich die Versuchung bestehen, Niederlagen im Parlament durch Anrufung des Volkes wettzumachen. Doch werden, wie noch zu zeigen sein wird, solche Versuche riskant sein, da die Reaktion des Volkes nicht ohne weiteres vorhersehbar ist. Auf jeden Fall sind die Parteien gefordert, sich an den Auseinandersetzungen inhaltlich zu beteiligen, die durch Volksanträge und Volksbegehren aus dem Volk ausgelöst

784 So insbesondere *H. von Mangoldt*, Die Verfassungen der neuen Bundesländer. Einführung und synoptische Darstellung, S. 25; ders., SächsVBl. 1993, 28.

785 Siehe hierzu auch *Vogelsang*, DÖV 1991, 1052.

werden, auch wenn sie in der Sächsischen Verfassung nicht wie im Grundgesetz eigens angesprochen sind.[786]

Allzu hohe Erwartungen, was ihr Veränderungspotential betrifft, dürfen an die Regelungen jedoch nicht gestellt werden. Nach dem Ergebnis der Untersuchung der geschichtlichen Grundlagen der Volksinitiative können diese zwar, wie sich auf Reichsebene der Weimarer Republik gezeigt hat, den Charakter des politischen Kampfes verschärfen, werden ihn aber kaum vollständig verändern. Schon die eingebauten Sicherungen auf der Ebene des Volksbegehrens können verhindern, daß kleine radikale Minderheiten sich des Gesetzgebungsprozesses bemächtigen. Auch hat das Parlament genügend Möglichkeiten, eventuell entstehende Konflikte zu entschärfen. Vor allem durch die Möglichkeit des Landtages, nach schleswig-holsteinischem Muster einen eigenen Gesetzentwurf mit zur Abstimmung stellen zu können, sind die institutionalisierten politischen Instanzen auch während des Verfahrens der Volksgesetzgebung in der Lage, ihren Sachverstand und ihre Vorstellungen mit einzubringen.

Ohne Vorbild in den älteren Landesverfassungen, wohl aber wiederum mit Vorbild in der neuen Verfassung von Schleswig-Holstein, ist der in Art. 73 Abs. 3 der zu verabschiedenden Verfassung begründete, gesetzlicher Ausgestaltung bedürftige Anspruch auf Kostenerstattung für die Organisation des Volksbegehrens und eines „angemessenen Abstimmungskampfes". Im Interesse der Chancengleichheit politischer Kräfte außerhalb etablierter Parteien und organisierter Interessengruppen ist diese Regelung, welche die Sächsische Verfassung von 1920 nicht vorsah, begrüßenswert.

Die Befürchtung, daß sehr hohe, in einer pluralistischen Gesellschaft nur schwer erreichbare Beteiligungs- beziehungsweise Zustimmungsquoren die direkte Demokratie leerlaufen lassen oder aber die Gefahr der Emotionalisierung und des Populismus mit sich bringen, ist wohl übertrieben, wie auch die bisherigen Erfahrungen zeigen.[787]

§ 18 Die sächsischen Volksinitiativregelungen im deutschen Ländervergleich

Die sächsische Volksinitiative stellt im Rahmen der deutschen Länder, wie bereits deutlich geworden ist, keinen Einzelfall dar.

---

786 Siehe Art. 21 GG.

787 Dazu näher unten im zweiten Kapitel.

1. *Die sächsischen Volksinitiativregelungen im Vergleich mit den Regelungen der neuen Bundesländer sowie mit denen der neuen Verfassungen Schleswig-Holsteins und Niedersachsens*

Da auch in den Beratungen auf andere Länderverfassungen verschiedentlich Bezug genommen worden ist, liegt es nahe, diese, vor allem im Hinblick auf die Quoren, miteinander zu vergleichen. Denn bei der systematischen Erschließung einer Verfassung kann der Vergleich mit anderen Verfassungen, zumal des gleichen bundesstaatlichen Systems, Erkenntnisgewinn mit sich bringen.[788]

Die Brandenburgische Verfassung[789] sieht wie die Sächsische Verfassung ein zweistufiges Verfahren der Volksinitiative vor. Anders als in Sachsen können in Brandenburg dem Landtag in der ersten Verfahrensstufe außer Gesetzentwürfen jedoch auch bestimmte Gegenstände der politischen Willensbildung unterbreitet werden, die in die Zuständigkeit des Landtages fallen. Die Initiative muß von mindestens 20.000 Antragstellern unterzeichnet sein. Alle Einwohner und damit auch Nichtstaatsangehörige[790] haben das Recht, sich daran zu beteiligen (Art. 76 Abs. 1). Gem. Art. 77 Abs. 3 der Verfassung Brandenburgs ist ein Volksbegehren auf Verlangen der Vertreter der Initiative zustandegekommen, wenn mindestens 80.000 Stimmberechtigte innerhalb von vier Monaten dem Volksbegehren zugestimmt haben.[791] Gem. Art. 78 Abs. 2 muß die Mehrheit der Teilnehmer, mindestens jedoch ein Viertel der Stimmberechtigten einem Volksentscheid zustimmen. Volksentscheide über Verfassungsänderungen bedürfen der Unterstützung von zwei Dritteln der Abstimmenden und von mindestens der Hälfte der Stimmberechtigten, um erfolgreich zu sein.

Gem. Art. 115 Abs. 2 haben die Bürgerinnen und Bürger weiterhin das Recht, die Wahl einer verfassunggebenden Versammlung zu verlangen, die eine neue Landesverfassung zu erarbeiten hat, wenn 10% der Stimmberechtigten eine entsprechende Initiative unterstützt haben.

In Mecklenburg-Vorpommern liegt das Quorum für die erste Stufe des Initiativverfahrens gem. Art. 59 Abs. 2 der Verfassung[792] bei 15.000 Unterschriften der wahlberechtigten Stimmbürger. Zugelassen sind Gesetzesinitiativen

---

788 *H. von Mangoldt*, Die Verfassungen der neuen Bundesländer. Einführung und synoptische Darstellung, Vorwort.

789 GVBl. 1992, S. 298.

790 Die Unterscheidung zwischen Bürgern und Einwohner trifft die Brandenburger Landesverfassung in Art. 3. Danach sind Einwohner unabhängig von der Staatsangehörigkeit alle Personen mit ständigem Wohnsitz im Land Brandenburg.

791 Anders als bei der ersten Stufe des Verfahrens ist zur Teilnahme am Volksbegehren die Stimmberechtigung Voraussetzung.

792 GVBl. 1993, S. 372.

und Gegenstände der politischen Willensbildung im Rahmen der Kompetenz des Landtages. Ein Volksbegehren ist gem. Art. 60 Abs. 1 zustandegekommen, wenn es von mindestens 140.000 Stimmberechtigten unterstützt wird. Der Gesetzentwurf ist im Wege des Volksentscheids angenommen, wenn die Mehrheit der Abstimmenden, mindestens aber ein Drittel der Stimmberechtigten, zugestimmt hat. Bei einer Verfassungsänderung müssen zwei Drittel der Abstimmenden, mindestens aber die Hälfte der Stimmberechtigten den Entwurf unterstützen (Art. 60 Abs. 3 und 4).

Gem. Art. 80 der Verfassung Sachsen-Anhalts[793] ist die Unterstützung von mindestens 35.000 stimmberechtigten Bürgern in der ersten Stufe des auch dort zweistufig ausgestalteten Initiativverfahrens erforderlich, wobei die Initiative einen Gesetzentwurf oder bestimmte Gegenstände der politischen Willensbildung enthalten kann. Das Volksbegehren, das ist ein mit Gründen versehener Gesetzentwurf, muß gem. Art. 81 Abs. 1 von mindestens 250.000 Stimmberechtigten unterstützt werden. Der Gesetzentwurf ist nach Ablehnung durch den Landtag per Volksentscheid angenommen, wenn gem. Art. 81 Abs. 4 die Mehrheit der abgegebenen Stimmen, mindestens jedoch ein Viertel der Wahlberechtigten zugestimmt hat. Wenn der Landtag einen eigenen Gesetzentwurf mit zur Abstimmung vorlegt, entscheidet gem. Art. 81 Abs. 4 lediglich die Mehrheit der abgegebenen Stimmen.

Die Thüringer Landesverfassung[794] sieht mit Volksbegehren und Volksentscheid nur eine einstufige Initiativberechtigung vor. Im ostdeutschen Vergleich sind die Quoren relativ hoch gewählt. Nach Art. 82 Abs. 3 ist ein Volksbegehren zustandegekommen, wenn ihm innerhalb von vier Monaten mindestens 14% der Stimmberechtigten zugestimmt haben. Ein Volksentscheid ist erfolgreich, wenn die Mehrheit der abgegebenen Stimmen, mindestens jedoch ein Drittel der Stimmberechtigten (Art. 82 Abs. 6), bei Verfassungsänderungen die Mehrheit der Stimmberechtigten ihre Zustimmung erklärt hat. Darüber hinaus sieht Art. 68 der Thüringischen Verfassung die Möglichkeit eines Bürgerantrages vor, der den Landtag veranlassen kann, sich mit bestimmten Sachproblemen oder auch einem Gesetzentwurf zu beschäftigen, wenn er landesweit von mindestens 6% der Stimmberechtigten sowie wenigstens in der Hälfte der Zahl der Landkreise und kreisfreien Städte jeweils von mindestens 5% der Stimmberechtigten unterzeichnet ist.

Die Gesetzgebung kann somit in den vorstehend behandelten Bundesländern unmittelbar durch das Volk erfolgen. Die Länder Brandenburg, Mecklenburg-Vorpommern, Sachsen und Sachsen-Anhalt sehen in ihren Verfassungen die

793 GVBl. 1992, S. 600.
794 GVBl. 1993, S. 635.

zweistufige, Thüringen dagegen nur die einstufige Gesetzesinitiativberechtigung des Volkes vor.

Einzig nach der Sächsischen Verfassung muß bereits dem Volksantrag ein mit Gründen versehener Gesetzentwurf zugrunde liegen. In Sachsen-Anhalt, Mecklenburg-Vorpommern und Thüringen ist erst beim Volksbegehren ein Gesetzentwurf vorgeschrieben. Die erste Initiativstufe kann noch sämtliche Gegenstände der politischen Willensbildung enthalten. In Brandenburg ist auch beim Volksentscheid noch die Abstimmung über allgemeine politische Gegenstände erlaubt.

In Brandenburg und Sachsen ist ein Volksbegehren nur dann möglich, wenn zuvor die Quoren der ersten Initiativstufe erreicht worden sind und der Antrag vom Landtag abgelehnt worden ist. In Mecklenburg-Vorpommern und Sachsen-Anhalt dagegen kann ein Volksbegehren auch unabhängig davon durchgeführt werden.

Das Nähere über die einzelnen Verfahren in den Ländern regeln entsprechende Gesetze, wobei nur in Sachsen gem. Art. 73 Abs. 3 SächsVerf ausdrücklich der Anspruch auf Erstattung der notwendigen Kosten für die Organisation des Volksbegehrens und für einen „angemessenen Abstimmungskampf" zu regeln ist. Dies ist in §§ 47, 48 VVVG geschehen. Nach der Verfassung von Sachsen-Anhalt *kann* nach Art. 81 Abs. 6 dieses Ausführungsgesetz die Erstattung der Kosten vorsehen. Auch dies ist in § 31 VAbstG geschehen.[795] In den anderen ostdeutschen Landesverfassungen findet eine Kostenregelung keine verfassungsrechtliche Erwähnung, ist aber in Ausführungsgesetzen geregelt.[796]

Die Quoren für die erste Stufe des Initiativverfahrens liegen mit etwa 1,08% für Sachsen, 1,02% für Brandenburg, 1,01% für Mecklenburg-Vorpommern und 1,57% für Sachsen-Anhalt relativ niedrig und vergleichsweise eng beieinander.[797] Noch etwas darunter liegt die schleswig-holsteinische Verfassung mit ca. 1%.

795 Gesetz über das Verfahren bei Volksinitiative, Volksbegehren und Volksentscheid (Volksabstimmungsgesetz-VAbstG) vom 9. August 1995, GVBl. S 232.

796 § 31 Thüringer Gesetz über das Verfahren bei Bürgerantrag, Volksbegehren und Volksentscheid (ThürBVVG) vom 19. Juli 1994, GVBl. S. 918; für Brandenburg § 25 und § 68 Gesetz über das Verfahren bei Volksinitiative, Volksbegehren und Volksentscheid (Volksabstimmungsgesetz – VAGBbg) vom 14. April 1993, GVBl. I S. 94; §§ 10, 17 und 25 Gesetz zur Ausführung von Initiativen aus dem Volk, Volksbegehren und Volksentscheid in Mecklenburg-Vorpommern (Volksabstimmungsgesetz VaG M-V) vom 31. Januar 1994, GVOBl. S. 127.

797 Tabellarische Zusammenstellung der Quoren bei *Starck*, Die Verfassungen der neuen deutschen Länder. Eine vergleichende Untersuchung, S. 27.

In Niedersachsen dagegen ist die erste Stufe des Verfahrens gem. Art. 47 der Verfassung lediglich darauf gerichtet, daß der Landtag sich im Rahmen seiner Zuständigkeit mit Gegenständen der politischen Willensbildung befaßt. Gesetzentwürfe können demgegenüber erst mit dem Volksbegehren nach Art. 48 der Verfassung auf den Weg gebracht werden. Damit ist in Niedersachsen wie auch in Thüringen das Volksgesetzgebungsverfahren lediglich einstufig ausgestaltet.

Weitaus größer als bei der ersten Initiativstufe sind die Unterschiede bei den Quoren für das Volksbegehren. Hier liegen Brandenburg mit etwa 4,1% und Schleswig-Holstein mit 5% weit unter den anderen Bundesländern, die mit ca. 9,8% in Mecklenburg-Vorpommern, 10% in Niedersachsen, etwa 11,2% in Sachsen-Anhalt, etwa 12,1% in Sachsen und mit 14% in Thüringen der schleswig-holsteinischen Verfassung in diesem Punkt nicht gefolgt sind. Die Sächsische Verfassung fordert damit ein relativ hohes Quorum, läßt dann aber für den Volksentscheid die einfache Mehrheit ausreichen.

2. *Die sächsischen Volksinitiativregelungen im Vergleich mit denen der älteren westdeutschen Landesverfassungen*

Bis auf die Verfassungen der Bundesländer Hamburg,[798] Berlin[799] und Rheinland-Pfalz sehen die älteren Landesverfassungen durchweg nur ein einstufiges Volksinitiativmodell vor. Es beginnt mit dem Volksbegehren, auf das gegebenenfalls ein Volksentscheid folgt.

Mit Ausnahme der Regelung des Quorums in den Verfassungen Bayerns,[800] Hamburgs und Berlins, die für ein erfolgreiches Volksbegehren die Beteiligung von einem Zehntel der Stimmberechtigten vorsehen, sowie der Regelung in Rheinland-Pfalz[801], die für ein erfolgreiches Volksbegehren die Unterstützung von 300.000 Stimmberechtigten verlangt – Zahlen, die sich im Rahmen der vorerwähnten Quoren aus den neuen Landesverfassungen bewegen – sehen die älteren Verfassungen wesentlich höhere Beteiligungsquoren vor.

Die Verfassung Baden-Württembergs verlangt gem. Art. 59 Abs. 1 und 2 die Beteiligung eines Sechstels der Stimmberechtigten. Die Verfassung Bremens[802] gem. Art. 70, die Verfassung Hessens[803] gem. Art. 124, die Verfassung Nord-

798 Geändert durch Gesetz vom 20. Juni 1996, GVBl. S. 129.
799 Geändert durch Gesetz vom 3. April 1998, GVBl. S. 82.
800 Verfassung Bayerns vom 2. Dezember 1946, GVBl. S. 333.
801 Verfassung von Rheinland-Pfalz vom 18. Mai 1947, VOBl. S. 209, geändert durch Gesetz vom 8. März 2000, GVBl. S. 65.
802 Verfassung Bremens vom 21. Oktober 1947, GBl. S. 251.
803 Verfassung Hessens vom 1. Dezember 1946, GVBl. S. 229.

rhein-Westfalens[804] gem. Art. 68 und die Verfassung des Saarlandes gem. Art. 99[805] fordern jeweils die Beteiligung von einem Fünftel der Stimmberechtigten auf der Ebene des Volksbegehrens.

In die Verfassung Hamburgs war die Volksinitiative 1995 neu und in die Verfassung Berlins 1995 wieder aufgenommen worden. In beiden Ländern sieht die Verfassung nunmehr den aktuellen Tendenzen entsprechend ein zweistufiges Verfahren der Volksinitiative vor. In Berlin können gem. Art. 61 der Verfassung Gegenstände der ersten Verfahrensstufe alle Themen der politischen Willensbildung im Rahmen der Kompetenzen des Abgeordnetenhauses sein. In Hamburg kann sich diese Stufe gem. Art. 50 Abs. 1 wie auch in Sachsen nur auf Gesetzentwürfe beziehen. Ein erfolgreiches Volksbegehren als zweite Stufe des Verfahrens muß in Berlin gem. Art. 62 und in Hamburg gem. Art. 50 Abs. 2 von 10% der Wahlberechtigten unterstützt werden. Anders als in Hamburg wird in Berlin wie in Brandenburg zur Teilnahme an der ersten Stufe des Verfahrens nicht die Wahlberechtigung vorausgesetzt. Teilnehmen können alle Bewohner Berlins. Zur Teilnahme am Volksbegehren ist dann jedoch wie in Brandenburg auch in Berlin die Stimmberechtigung Voraussetzung.

In Rheinland-Pfalz sah Art. 109 der Verfassung ursprünglich nur das einstufige Volksinitiativmodell vor. Durch Änderungsgesetz vom 8. März 2000[806] wurde auch hier der aktuellen Tendenz folgend durch die Einführung des Art. 108a das Initiativrecht zweistufig ausgestaltet. Einer Initiative können in der ersten Stufe des Verfahrens sowohl allgemeine Gegenstände der politischen Willensbildung als auch ein ausgearbeiteter Gesetzentwurf zugrunde liegen. Das Volksbegehren als zweite Stufe kann sich ausschließlich auf Gesetzentwürfe beziehen.

Im Hinblick auf die erste Stufe der Volksinitiative (Volksantrag) sind die Regelungen der Sächsischen Verfassung vergleichbar mit denen der übrigen Landesverfassungen, die die zweistufige Variante gewählt haben.

Im Rahmen des Volksbegehrens bewegt sich Sachsen im gesamtdeutschen Vergleich wie bereits 1920 wieder auf der mittleren Linie. Diesmal erklärt sich

---

804 Verfassung Nordrhein-Westfalens vom 28. Juni 1950, GVBl. S. 127.

805 Anders als nach den übrigen Landesverfassungen findet im Saarland über ein Volksbegehren, das auf Änderung der Verfassung gerichtet ist, ein Volksentscheid nicht statt. Verfassungsänderungen können gem. Art. 101 der Verfassung nur durch den Landtag beschlossen werden. Nicht nur im Vergleich mit der Verfassung Bayerns, die gem. Art. 75 gerade Verfassungsänderungen dem obligatorischen Volksentscheid unterwirft, sondern auch gegenüber den übrigen Landesverfassungen, die eine derartige Einschränkung nicht vorsehen, bedeutet dies eine nicht unerhebliche Beschneidung der Volksgesetzgebung.

806 GVBl. S. 65.

das höhere Einstiegsquorum beim Volksbegehren jedoch nicht aus fehlendem Interesse an der Volksgesetzgebung wie 1920, sondern daraus, daß die Relevanzprobe für die Volksgesetzgebung in Sachsen 1992, anders als in fast allen übrigen Ländern, ausschließlich auf der Ebene des Volksbegehrens und nicht auf der des Volksentscheids stattfinden soll. Auf der Ebene des Volksbegehrens wurde das Beteiligungserfordernis daher höher festgelegt als im Durchschnitt in den übrigen neuen Landesverfassungen. Auf Volksentscheidsebene wurde dafür, anders als in sämtlichen neuen Landesverfassungen, im Bereich der einfachen Gesetzgebung auf ein Zustimmungserfordernis gänzlich verzichtet.[807]

Mit dieser Regelung hat sich der sächsische Verfassunggeber exponiert. In den neu errichteten Landesverfassungen ist diese Regelung einzigartig. Auch nach der Sächsischen Verfassung von 1920 mußte an einem Volksentscheid zu dessen Erfolg noch mindestens die Hälfte der Stimmberechtigten teilnehmen.

Mit dieser im Vergleich zu den anderen neu errichteten Verfassungen einzigartigen Regelung will der sächsische Verfassunggeber auch der zunehmenden Parteiverdrossenheit entgegentreten.[808] Als weitere Verfassungen in Deutschland sehen in Verbindung mit einem relativ geringen Einstiegsquorum auf der Ebene des Volksbegehrens[809] nur Art. 124 Abs. 3 S. 2 der Hessischen und Art. 74 der Bayerischen Verfassung eine solche Regelung beim Volksentscheid vor.[810] Für ein mit absoluter CDU-Mehrheit regiertes Land wie Sachsen erscheint dies erstaunlich basisdemokratisch.[811]

Hätte der sächsische Verfassungsgeber jedoch – wie von einigen nachhaltig gefordert – gleichzeitig das niedrige Beteiligungsquorum für ein erfolgreiches Volksbegehren aus dem Ausschußzwischenentwurf vom Juni 1991 beibehalten, könnte ein gegebenenfalls zustandekommendes Gesetz nur noch bei glücklicher Fügung im Einzelfall – dank zahlreicher Abstimmungsbeteiligung – nicht aber mehr kraft verfassungsrechtlicher Absicherung als Ausdruck des Willens der Mehrheit des sächsischen Volkes angesehen werden. Die verabschiedeten Re-

807 Bei verfassungsändernden Gesetzen entscheidet gem. Art. 74 Abs. 3 die Mehrheit der Stimmberechtigten.

808 *H. von Mangoldt*, Die Verfassungen der neuen Bundesländer. Einführung und synoptische Darstellung, S. 59.

809 Zwar entscheidet auch in Nordrhein-Westfalen und in Rheinland-Pfalz auf Volksentscheidsebene die Mehrheit der abgegebenen Stimmen, jedoch sehen diese Verfassungen als Relevanzprobe im Bereich des Volksbegehrens bereits ein sehr hohes Quorum von einem Fünftel der Wahlberechtigten vor.

810 Der Bayerische Verfassungsgerichtshof hat in Bay.VGHE 2, 181, 216ff. das Fehlen eines Mindestquorums beim Volksentscheid auch angesichts der 10% Hürde beim Volksbegehren ausdrücklich bestätigt.

811 Sie entspricht dem Entwurf der sächsischen Hochschullehrer und den nur leicht abgewandelten Entwürfen des Bündnisses 90/Die Grünen und der Linken Liste/PDS.

geln halten so die Grenzen dessen ein, was erforderlich ist, um dem im Demokratieprinzip verankerten Gedanken, daß die Mehrheit des Staatsvolkes über die Geschicke der Allgemeinheit entscheiden soll, Rechnung zu tragen. Sie dürften die bereits erwähnten Gefahren vermeiden, mit der jede Regelung unmittelbarer Demokratie zu rechnen hat. Bei der Festlegung der Quoren muß einerseits darauf geachtet werden, daß die Hürde nicht zu hoch gesetzt wird. Werden die Quoren so hoch angesetzt, daß sie realistischerweise unerreichbar erscheinen, bleibt das Recht zur Volksgesetzgebung von vornherein „ein toter Buchstabe".[812] Andererseits muß vermieden werden, daß Volksinitiativen nicht zur krassen Minderheitenherrschaft kleinster hochengagierter Interessengruppen ausarten können.[813] Ein ca. 1,08% iges Quorum für eine Volksinitiative und ein etwa 12,1% iges Quorum für ein Volksbegehren in Sachsen lassen jedoch dies nicht erwarten. Auch mit relativ hoch angesetzter Mindestbeteiligungsvoraussetzung hat sich in den alten Bundesländern gezeigt, daß die Volksgesetzgebung durchaus erfolgreich durchgeführt werden kann.[814] Voraussetzung hierfür ist jedoch in der Regel ein Sachthema, das breite Bevölkerungsschichten interessiert und mobilisiert. Dieses entspricht aber gerade dem Sinn, welcher der Volksgesetzgebung von den Verfassungsgebern zugedacht worden ist. Die Volksgesetzgebung soll nicht an die Stelle parlamentarischer Entscheidung, sondern als gelegentliche Ergänzung oder Alternative innerhalb eines im Prinzip nicht bestrittenen repräsentativen Demokratiemodells treten.[815]

Zweites Kapitel: Die Volksinitiativregelung in der Verfassungspraxis

Während die notwendigen Stimmen für einen Volksantrag zusammen mit dem zur Zeit laufenden Volksantrag „Zukunft braucht Schule" bereits acht mal zu-

---

812 *H. von Mangoldt*, Die Verfassungen der neuen Bundesländer. Einführungen und synoptische Darstellung, S. 54.

813 *H. von Mangoldt*, in: Jenaer Reden und Schriften N. F., Bd. 3, S. 208ff.

814 Siehe nur das Volksbegehren Bürgeraktion „Das bessere Müllkonzept" Bayern e. V., Bayerischer Landtag, Drucksache 11/17881 vom 17. August 1990; Volksbegehren für „Mehr Demokratie in Bayern: Bürgerentscheide in Gemeinden und Kreisen", Bayerischer Landtag, Drucksache 13/1252 vom 11. April 1995; Volksbegehren über den Entwurf eines Gesetzes zur Abschaffung des Bayerischen Senats, Bayerischer Landtag, Drucksache 13/8956 vom 19. August 1997, dazu *Lege*, DÖV 2000, 283ff.; das Volksbegehren in Bayern über die Rundfunkfreiheit vom Juni/Juli 1972, hierzu *Troitzsch*, Volksbegehren und Volksentscheid, S. 92; das Volksbegehren gegen die sogenannte Kooperative Schule in Nordrhein-Westfalen vom Februar 1978, hierzu *Paterna*, Volksgesetzgebung, S. 59ff.

815 Vgl. nur Protokoll der 3. K. T. des Verfassungs- und Rechtsausschusses, S. 7.

sammengebracht worden sind, erreichte erst ein Volksbegehren das notwendige Beteiligungsquorum von 450.000 Stimmberechtigten. Zwei weitere scheiterten an dieser Hürde.

§ 19 *Der Volksantrag zur Änderung des Sächsischen Gesetzes zur Kreisgebietsreform*

Der Volksantrag wurde am 30. Juli 1992 eingereicht. Er wurde von mehr als 45.000 Stimmberechtigten unterstützt. Initianten waren der Landrat des Landkreises Hohenstein-Ernstthal und der Landrat des Landkreises Chemnitz.[816] Der Volksantrag erfüllte nicht die Voraussetzung der Art. 70ff. SächsVerf, da er keinen Gesetzentwurf enthielt. Er wurde daher aufgrund der alten Fassung der §§ 10ff. VVVG nicht im Sächsischen Amtsblatt veröffentlicht und nicht in den Geschäftsgang des Landtages gegeben. Nach der alten Fassung der §§ 10ff. VVVG konnte der Landtagspräsident den Volksantrag, falls dieser nach seiner Auffassung den formellen Voraussetzungen der Art. 70ff. SächsVerf und den Vorschriften des VVVG nicht genügte, ohne Zwischenschaltung des Verfassungsgerichtshofs an die Vertrauensleute als unzulässig zurückweisen. Diese hatten dann die Möglichkeit, die Rechtmäßigkeit der Zurückweisung durch den Verfassungsgerichtshof prüfen zu lassen. Diesen Weg sind die Vertrauensleute des Volksantrages nicht gegangen, da der Volksantrag ganz offensichtlich keinen Gesetzentwurf enthielt. Ein weiterer Anlauf mit einem vollständigem Gesetzentwurf wurde nicht unternommen.

§ 20 *Volksantrag und Volksbegehren zur Änderung der Verfassung des Freistaates Sachsen*

Am 16. Juli 1993 reichten der Landesverband der PDS Sachsen, die Initiative für ein demokratisch verfaßtes Sachsen e. V. und die Fraktion Linke Liste/PDS einen Volksantrag zur Änderung der Verfassung des Freistaates Sachsen ein. Nach Angaben der Initianten wurde dieser durch 55.446 Unterschriften unterstützt.[817]

Ziel des Volksantrages war die Erweiterung der Sächsischen Verfassung um vier weitere Grundrechte.

---

816 *Sächsische Zeitung* vom 25. August 1993, S. 6; offizielle Quellen hierzu sind nach Auskunft der Abteilung für Dokumentation des Sächsischen Landtages dort nicht vorhanden.

817 Sächsischer Landtag, Drucksache 1/3918.

Durch die Einführung eines Grundrechts auf Arbeit sollte der Einzelne einen Rechtsanspruch auf unentgeltliche Berufsberatung und Arbeitsvermittlung sowie auf Umschulung, berufliche Weiterbildung und Unterhalt erhalten, wenn ein angemessenes Beschäftigungsverhältnis nicht vermittelt werden kann.

Durch ein Grundrecht auf Bildung sollte das Land verpflichtet werden, öffentliche Bildungseinrichtungen zu schaffen und berufliche Ausbildungssysteme zu fördern.

Durch ein Recht auf angemessenen Wohnraum sollte der Einzelne gegenüber dem Land einen gerichtlich durchsetzbaren Anspruch auf Förderung der Schaffung von Wohneigentum, ausreichende Maßnahmen des sozialen Wohnungsbaus, Mieterschutzgarantien, angemessenes Wohngeld, Räumungsverbot in sozialen Härtefällen, aus Altersgründen sowie zum Schutz vor Obdachlosigkeit haben. Eine Räumung von Wohnraum sollte nur dann erfolgen dürfen, wenn Ersatzwohnraum zur Verfügung stehe.

Weiterhin sollte ein Grundrecht auf soziale Grundsicherung eingeführt werden. Diese Grundrechte sollten am Tag nach der Verkündung oder nach einer Annahme durch Volksentscheid in Kraft treten.

Gem. § 13 VVVG veröffentlichte der Präsident des Sächsischen Landtages den Antrag im Sächsischen Amtsblatt Nr. 51/93 vom 18.11.1993. Wegen verfassungsrechtlicher Bedenken legte der Landtagspräsident, der nach Art. 71 Abs. 2 Satz 2 SächsVerf und §§ 10ff. VVVG die Verfassungsmäßigkeit des Volksantrages zu prüfen hat, diesen gem. Art. 71 Abs. 2, Satz 3 SächsVerf, §§ 7 Nr. 6, 33 Abs. 1 SächsVerfGHG, § 12 Abs. 1 VVVG dem sächsischen Verfassungsgerichtshof zur Entscheidung vor.[818]

Die Bedenken bezogen sich zum einen auf die Regelung „Eine Räumung von Wohnraum darf nur erfolgen, wenn Ersatzwohnraum zur Verfügung steht“ sowie auf den Passus „Dieses Gesetz tritt am Tage nach seiner Verkündung oder seiner Annahme durch Volksentscheid in Kraft“.

Die Materie Räumung von Wohnraum betreffe die Zwangsvollstreckung und damit das Verhältnis eines privaten Gläubigers gegenüber einem privaten Schuldner, bei dessen Durchsetzung sich der Gläubiger der Hilfe des Staates bediene. Die von den Antragstellern gewünschte Regelung entspreche nicht den Vorschriften der ZPO über die Zwangsvollstreckung und sei daher wegen Unvereinbarkeit mit vorgehendem Bundesrecht verfassungswidrig.[819] Zum anderen verstoße eine solche Regelung gegen Art. 72 Abs. 2 GG. Gem. Art. 74 Nr. 1 GG habe der Bund das Recht zur Gesetzgebung auf dem Gebiet des bürgerlichen

---

818 Zur Zuständigkeit des Verfassungsgerichtshofs siehe auch *Rinken*, NVwZ 1994, 35.

819 Antrag des Präsidenten des Sächsischen Landtages auf Entscheidung über die Zulässigkeit des Volksantrages, S. 2ff.

Rechts und des gerichtlichen Verfahrens sowie nach Art. 74 Nr. 18 GG auf dem Gebiet des Wohnungswesens. Hier habe der Bund den Bereich der Räumung von Wohnraum umfassend und abschließend in den Kündigungsschutzvorschriften des BGBs und in den vollstreckungsrechtlichen Vorschriften der ZPO geregelt, so daß auf diesem Gebiet für landesrechtliche Regelungen kein Raum bestehe.[820]

Die Regelung über das Inkrafttreten: „Dieses Gesetz tritt am Tag nach seiner Verkündung oder seiner Annahme durch Volksentscheid in Kraft“ entspreche außerdem nicht den Erfordernissen des Art. 76 SächsVerf. Gem. dieser Vorschrift sollen die Gesetze den Tag bestimmen, an dem sie in Kraft treten. Die Bestimmung muß dabei aus Gründen der Rechtsklarheit und der Rechtssicherheit so gefaßt sein, daß sie den Tag genau und zweifelsfrei bestimmt, beziehungsweise daß sich der Tag des Inkrafttretens genau und zweifelsfrei bestimmen läßt. Die Bestimmung im Volksantrag entspreche diesen Anforderungen nicht, da sie zwei verschiedene, nicht übereinstimmende Regelungen zum Inkrafttreten beinhalte. Zum einen bestimme sie den Tag nach der Verkündung, zum anderen den Tag nach Annahme durch Volksentscheid. Hierdurch sei keine eindeutige und genaue Bestimmung des Tages möglich, an dem das Gesetz in Kraft treten soll.

Des weiteren verstoße die zweite Alternative, das Inkrafttreten bereits mit der Annahme durch Volksentscheid betreffend, gegen Art. 76 Abs. 1 SächsVerf. Danach sind die verfassungsmäßig beschlossenen Gesetze – und damit auch die durch Volksentscheid beschlossenen – auszufertigen und dann zu verkünden. Trete das Gesetz sogleich mit der Annahme durch Volksentscheid in Kraft, dann würde ein Gesetz in Kraft treten, das noch gar nicht ausgefertigt und verkündet wurde.

Die übrigen Bestimmungen des Volksantrages erschienen dem Landtagspräsidenten letztlich als verfassungsgemäß. Dies gelte jedoch überwiegend nur nach Überwindung erheblicher verfassungsrechtlicher Bedenken im Wege verfassungskonformer Auslegung.[821]

Da gem. Art. 71 Abs. 2 Satz 4 SächsVerf der Volksantrag bis zu einer gegenteiligen Entscheidung des Verfassungsgerichtshofes nicht als unzulässig behandelt werden darf, hielt der Landtag am 17. März 1994 in der zweiten und dritten Lesung eine abschließende Beratung ab. Im Parlament wurde der Antrag der Empfehlung des Verfassungs- und Rechtsausschusses[822] folgend, in den er

820 Antrag des Präsidenten des Sächsischen Landtages auf Entscheidung über die Zulässigkeit des Volksantrages, S. 7.

821 Antrag des Präsidenten des Sächsischen Landtages auf Entscheidung über die Zulässigkeit des Volksantrages, S. 8

822 Sächsischer Landtag, Drucksache 1/4489.

im Anschluß an die erste Lesung am 19. November 1993 überwiesen worden war,[823] mit großer Mehrheit abgelehnt.[824] Die Argumente der Redner zielten alle in die gleiche Richtung, von denen hier einige beispielhaft angeführt werden: Es handle sich um „Versprechungen, die nie gehalten" werden könnten, um einen „beispiellosen Verdummungsversuch".[825] Der Staat gerate durch solche Grundrechte an seine Leistungsgrenzen. Wie solle der Staat das bezahlen?, woher die Steuermittel nehmen? Scheinbar wolle man zu einer staatlichen Reglementierung der ehemaligen DDR zurück. Auch wurde der PDS populistische Politik vorgeworfen.[826] Arbeitsplätze gerichtlich einklagen zu lassen sei utopisch.[827]

Am 31. März 1994 erklärten die Vertrauenspersonen der Antragsteller auf der Grundlage von Art. 71 Abs. 1 Satz 1 SächsVerf, §§ 16, Abs. 1, 53 VVVG ein Volksbegehren einzuleiten. Diesem Antrag lag ein veränderter Gesetzentwurf zugrunde, der die vom Landtagspräsidenten für verfassungsrechtlich bedenklich gehaltenen Regelungen nicht mehr enthielt. Nach Angaben der Initianten wurde das Volksbegehren von 140.585 Stimmberechtigten unterstützt. Am 31. März 1995 wurde es für gescheitert erklärt, da das von der Verfassung geforderte Unterschriftsquorum von 450.000 Unterschriften nicht erreicht wurde.

§ 21 Die Volksanträge und das Volksbegehren zur Änderung des Schulgesetzes für den Freistaat Sachsen

Der erste Volksantrag hierzu wurde am 28. Mai 1993 eingereicht. Initianten waren der Kreiselternrat und die Arbeitsgruppe Grundschulen der Stadt Dresden. Der Antrag wurde von 50.379 Stimmberechtigten unterstützt. Jedoch erfüllte er ebenso wie der Volksantrag zur Änderung des Gesetzes zur Kreisgebietsreform nicht die formellen Voraussetzungen eines Volksantrages, da er keinen Gesetzentwurf enthielt, sondern nur allgemeine Forderungen.

Daraufhin wurde am 9. Februar 1994 ein weiterer Volksantrag eingereicht.[828] Initiator war diesmal der Landeselternrat Sachsen. Nach dessen Angaben wurde der Volksantrag von 188.731 Unterschriften unterstützt. Der Landtagspräsident veröffentlichte ihn am 16. Juni 1994 im Amtsblatt Nr. 38/94.

Inhalt des Volksantrages war, § 5 Abs. 2, § 6 Abs. 2 und § 7 Abs. 2 des Schulgesetzes für den Freistaates Sachsen dahingehend zu ändern, daß bei der

823 Sächsischer Landtag, Plenarprotokoll 1/81, S. 5680.
824 Vgl. Sächsischer Landtag, Plenarprotokoll 1/92, S. 6422f.
825 Abgeordneter *Krone* (CDU), Sächsischer Landtag, Plenarprotokoll 1/92, S. 6414f.
826 Abgeordneter *Richter* (SPD), Sächsischer Landtag, Plenarprotokoll 1/92, S. 6417.
827 Abgeordneter *Kröber* (FDP), Sächsischer Landtag, Plenarprotokoll, 1/92, S. 6420.
828 Sächsischer Landtag, Drucksache 1/4829.

Klassenbildung an Grund- und Mittelschulen sowie an Gymnasien die Anzahl der Schüler in einer Klasse die Zahl 25 nicht überschreiten solle.

Im Landtag wurde der Volksantrag in der zweiten und dritten Lesung abgelehnt.[829] Das Ziel des Antrages fand zwar einhellige Zustimmung. Daß man nicht mehr als 25 Kinder pro Klasse wünsche – und selbst das sei schon sehr hoch –, verstehe sich von selbst[830] Von einer gesetzlichen Verankerung sollte jedoch abgesehen werden. Wenn die Klassenstärke bei 25 festgeschrieben werde, verwehre man einem erheblichen Anteil der Kinder den Zutritt zu den Gymnasien, weil es im Augenblick keine größere Kapazität gebe. Die Änderung des Schulgesetzes würde zudem bedeuten, daß allein im Grundschulbereich 1.000 Lehrer zusätzlich eingestellt werden müßten.[831] Dafür fehle das Geld.

Daraufhin wurde am 21. Dezember 1994 ein Volksbegehren eingereicht. Nach Angaben der Initianten wurde es durch 210.803 Stimmberechtigte unterstützt. Veröffentlicht wurde es im Amtsblatt Nr. 15/93 vom 30. März 1995. Auch dieses Volksbegehren wurde mangels Erreichung des erforderlichen Beteiligungsquorums am 19. Januar 1996 für gescheitert erklärt.

Die Ursache für das Nichtzustandekommen des Volksbegehrens zur Änderung des Schulgesetzes liegt offenbar darin, daß der Kreis der Betroffenen zu klein war. Betroffen waren lediglich Eltern mit Kindern im schulpflichtigen Alter. Für andere Personen war diese Thematik offenbar nicht wichtig genug, um am Volksbegehren teilzunehmen.

Dennoch darf seine Wirkung nicht unterschätzt werden. Der Volksantrag und das Volksbegehren haben in der ersten Legislaturperiode des Landtages „viel Wirbel" erzeugt.[832] Da schließlich auch die Mitglieder des Landtages grundsätzlich dem Ziel des Volksantrages und des Volksbegehrens zustimmten, empfahl der Landtag der Regierung, im Rahmen der gegebenen Möglichkeiten im Sinne des Volksantrages zu wirken. Nach Auskunft des Kultusministers Groß ist die Regierung dieser Empfehlung gefolgt.[833]

Volksanträge und Volksbegehren können, wie man sieht, auch dann, wenn die Zustimmungsquoren nicht erreicht werden, auf die Politik einwirken, in dem sie auf Wünsche und Probleme innerhalb der Bevölkerung aufmerksam machen und konkrete Lösungswege vorgeben. Die Politiker werden durch das Engage-

829 Sächsischer Landtag, Plenarprotokoll 1/99, S. 6960ff., Beschluß S. 6963.

830 Abgeordnete *Georgi* (FDP), Sächsischer Landtag, Plenarprotokoll 1/99, S. 6960.

831 Hierzu Abgeordneter *Brückner* (CDU), Sächsischer Landtag, Plenarprotokoll 1/99, S. 6961.

832 Siehe *Sächsische Zeitung* vom 3. November 1994, vom 14. September sowie vom 13./14. November 1993.

833 *Sächsische Zeitung* vom 3. November 1994.

ment innerhalb der Bevölkerung auf Handlungsbedarf aufmerksam gemacht und können entsprechend reagieren.

§ 22 Der Volksantrag „Gesetz über die Änderung der Gemeindeordnung für den Freistaat Sachsen (SächsGemO)"

Als nächster kam der Volksantrag für ein „Gesetz über die Änderung der Gemeindeordnung für den Freistaat Sachsen (SächsGemO) vom 21. April 1993" zustande.[834] Organisiert wurde er von der Bürgerinitiative „Soziales Sachsen". Unterstützt wurde er von ca. 143.000 Stimmberechtigten, also von mehr als dem dreifachen der notwendigen Anzahl von 40.000.

Durch einen unter anderem in die Gemeindeordnung einzufügenden § 11a sollte geregelt werden, daß die Einwohner vor der Errichtung oder Erweiterung von Anlagen, für welche ein Anschluß- und Benutzungszwang besteht beziehungsweise vorgesehen ist, frühzeitig über die Planung, Betreibungsform und die zu erwartende finanzielle Belastung für den Haushalt der Gemeinde und die finanziellen Auswirkungen für die Einwohner öffentlich zu informieren seien. Weiterhin sollten den Einwohnern umfassende Beteiligungsrechte gewährt werden.[835]

Die bisherige Praxis bei der Errichtung oder Erweiterung von Wasser- beziehungsweise Abwasseranlagen etc. habe gezeigt, daß die bestehenden gesetzlichen Bestimmungen nicht genügten, um die davon betroffenen Bürger rechtzeitig und umfassend in die Planungen mit einzubeziehen. Dies sei eine Ursache für überhöhte Beiträge und Gebühren.

Die Intention der Initiatoren ging eigentlich dahin, Abgabenobergrenzen im Kommunalabgabengesetz festzulegen. Da über diese Materie jedoch gem. Art. 73 Abs. 1 SächsVerf Volksanträge unzulässig sind, wurde der Umweg über die Bürgermitsprache in der Gemeindeordnung gewählt.[836]

Die parlamentarische Debatte fand in der 60. und in der 66. Sitzung des Landtages statt.[837] SPD und PDS sprachen sich für den Gesetzentwurf aus, die Mehrheit des Parlamentes entschied sich jedoch dagegen. Begründet wurde die

---

834 Sächsischer Landtag, Drucksache 2/6031.

835 Sächsischer Landtag, Drucksache 2/6031.

836 Vgl. hierzu Sächsischer Landtag, Plenarprotokoll 2/60, S. 4300ff.; nur deshalb, weil keine Möglichkeit bestehe, über den Volksantrag direkt an das Kommunalabgabengesetz heranzukommen, wurde eine Ersatzlösung gewählt, um überhaupt etwas bewirken zu können, Abgeordneter *Gerlach* (SPD), a.a.O. S. 4304.

837 Siehe hierzu Sächsischer Landtag, Plenarprotokoll 2/60, S. 4300ff., Plenarprotokoll 2/66, S. 4766ff.

Ablehnung damit, daß die durch den Volksantrag vorgesehene Informationspflicht bereits jetzt in der Gemeindeordnung eindeutig verankert sei.[838] Worauf es ankomme, sei der jetzt schon bestehenden Rechtslage überall Geltung zu verschaffen und den Bürgern klar zu machen, dieses Informationsrecht, anders als häufig in der Vergangenheit, auch zu nutzen.[839] Den Entscheidungsträgern in den Kommunen sei heute bewußt, daß es letztlich in ihrem ureigenen Interesse liege, die gesetzlich vorgeschriebene Informationspflicht gegenüber den Einwohnern sehr ernst zu nehmen und umzusetzen. Fehler, welche früher einmal gemacht worden seien, ließen sich mit einer Änderung der Gemeindeordnung nicht beseitigen.[840]

Trotz anhaltender Protestrufe von an der Sache Interessierten auf der Zuschauertribüne[841] liegt der nächste Schritt der Volksgesetzgebung, „ein erfolgreiches Volksbegehren", in dieser Angelegenheit bisher nicht vor.

Da bereits der Volksantrag von mehr als dem dreifachen der notwendigen Anzahl von 40.000 Stimmberechtigten unterstützt worden war, scheint die Ursache hierfür nicht in der Höhe des Beteiligungsquorums beim Volksbegehren zu liegen. Vielleicht war das Thema in den sich schnell wandelnden politischen Strömungen der heutigen Zeit nicht lange genug aktuell, so daß vom weiteren Verfahren der Volksgesetzgebung abgesehen wurde. Dieser Schluß erscheint naheliegend, da die Planung sowie die Errichtung solcher Anlagen, für die nach der SächsGemO ein Anschluß- und Benutzungszwang besteht und für die im Gesetzentwurf des Volksantrages mehr Mitspracherechte seitens der Gemeindemitglieder gefordert wurden, in den Jahren nach der Wende größtenteils bereits verwirklicht worden war, so daß sich Sinn und Zweck des Entwurfs – die Mitbestimmung der Gemeindemitglieder – für die Bevölkerung bezogen auf die konkreten Bauvorhaben, die zum Zeitpunkt ihrer Unterstützung des Volksantrages in ihren Gemeinden anstanden, erledigt zu haben scheint.

---

838 Aus diesem Grund hatte auch der Innenausschuß, an den der Volksantrag zuvor übersandt worden war, dem Landtag vorgeschlagen, den Volksantrag abzulehnen, siehe hierzu Sächsischer Landtag, Drucksache 2/7259.

839 Abgeordneter *Bandmann* (CDU), Sächsischer Landtag, Plenarprotokoll 2/60, S. 4301.

840 Staatsminister des Innern *Hardraht*, Sächsischer Landtag, Plenarprotokoll 2/60, S. 4308f.

841 So im Plenarprotokoll 2/66, S. 4772 vermerkt.

§ 23 Der Volksantrag „Gesetz über das Leitbild, die Leitlinien und die Durchführung der Gemeindegebietsreform im Freistaat Sachsen"

Am 18. Dezember 1997 übergaben die Vertrauenspersonen der Initiative des sächsischen Gemeindebundes dem Landtagspräsidenten den Volksantrag mit dem Gesetzentwurf „Gesetz über das Leitbild, die Leitlinien und die Durchführung der Gemeindegebietsreform im Freistaat Sachsen" sowie Unterschriftsbogen mit 58.691 Unterschriften von Unterstützern des Volksantrages.[842]

Thema dieser Volksinitiative war, wie der Titel des Entwurfes bereits erkennen läßt, ein typischer Problembereich der neuen Bundesländer. Die Gesetzesvorlage sah vor, eine nachfolgende, durch Einzelgesetze zu regelnde Gemeindegebietsreform vorzubereiten.[843] Diesen Einzelgesetzen vorgelagert, sollte mit dem begehrten Volksgesetz ein Leitbild geschaffen werden, das für die einzelnen gebietlichen Regelungen verbindlich sein sollte. Das geforderte Gesetz richtete sich also an den Gesetzgeber, um diesen bei der Gebietsreform zu binden. Damit wollte der Volksantrag dem bereits in anderen Bundesländern praktizierten Modell eines Vorschaltgesetzes folgen.[844] Der Gesetzgeber gibt sich und der vorbereitenden Verwaltung damit verbindliche Kriterien für die Durchführung der Reform.

Der in drei Teile gegliederte Gesetzentwurf beschreibt zunächst einen Grundsatz der Reform, wonach leistungsfähige Gemeinden zu erhalten oder zu schaffen sind. Im zweiten Teil werden Richtlinien bestimmt, die verbindliche Vorgaben für die späteren Einzelgesetze liefern. Besonderes Gewicht wird dabei dem Willen der betroffenen Bürger der Gemeinden beigemessen. Eingriffe in den Bestand oder das Gebiet von Umlandgemeinden der großen Städte sollten soweit wie möglich vermieden werden. Im dritten Teil werden konkrete Grundlagen für die Bewertung von Einzelfällen gefaßt, welche maßgebend für die Entscheidung von Staatsregierung und Landtag sein sollten.

Motiv der Initianten war die Angst vieler Gemeinden, ihre rechtliche und praktische Selbständigkeit zu verlieren und zwangsweise durch Gesetz in Gemeindestrukturen von Einheitsgemeinden und Verwaltungsgemeinschaften ein-

---

842 Hierzu Sächsischer Landtag, Drucksache 2/9787, S. 1ff.

843 Siehe hierzu und zum folgenden Volksantrag „Gesetz über das Leitbild, die Leitlinien und die Durchführung der Gemeindegebietsreform im Freistaat Sachsen", Sächsischer Landtag, Drucksache 2/9262.

844 Vgl. etwa das „Gesetz zu den Grundsätzen der Funktionalreform im Land Brandenburg" vom 30. Juni 1994, GVBl. I, S. 320.

gegliedert zu werden.[845] Der Staatsregierung wurde der Vorwurf gemacht, eine „zwanghafte Reform nach Schema West“ vornehmen zu wollen.

1. Das Problem der Zulässigkeit des Volksantrages

Der Landtagspräsident überprüfte pflichtgemäß die Zulässigkeit des Volksantrages und erklärte ihn mit Bescheid vom 17. Februar 1998 für unzulässig. Seine Prüfung habe ergeben, daß der Volksantrag nicht von mindestens 40.000 Stimmberechtigten formell wirksam unterstützt worden sei. Die Unterschriften von mindestens 31.696 der von den Gemeinden als stimmberechtigt bestätigten Unterzeichnern seien ungültig. Der am häufigsten festgestellte Mangel sei die unvollständige Ausfüllung des Unterschriftenbogens, insbesondere das Fehlen des Ortes der Unterschriftsleistung, gewesen. Angaben seien nicht eigenhändig sondern für mehrere Personen von einer Hand vorgenommen worden, einige Angaben seien unleserlich.[846]

An dieser Stelle traten verfassungsrechtliche Probleme auf. Entsprechend den bis dahin geltenden §§ 10 Abs. 2 und 11 VVVG behandelte der Landtagspräsident den Volksantrag auf Grund seiner Entscheidung im Hinblick auf das Fehlen formeller Voraussetzungen als unzulässig. Den Verfassungsgerichtshof rief er nicht an.

§§ 10f. VVVG differenzierten bis 1999, wie bereits oben in § 18 der vorliegenden Arbeit ausgeführt, zwischen formellen Fehlern und materieller Verfassungswidrigkeit des Volksantrages. Nur beim Vorwurf materieller Verfassungswidrigkeit mußte der Volksantrag bis zur Entscheidung des Verfassungsgerichtshofs weiterhin als zulässig behandelt und somit dem Parlament zur Beratung und Beschlußfassung vorgelegt werden. Bei formellen Fehlern war der Volksantrag an die Vertrauensleute zurückzuverweisen. Diese erhielten einen Bescheid des Landtagspräsidenten über die Unzulässigkeit des Antrags. Ob sie dagegen die Entscheidung des Verfassungsgerichtshofs einholten, blieb ihnen überlassen. Diese Regelung verstieß gegen Art. 71 Abs. 2 Satz 3 und 4 SächsVerf, weil gem. Satz 4 ein vom Landtagspräsident für verfassungswidrig gehaltener Volksantrag bis zu einer gegenteiligen Entscheidung durch den Verfassungsgerichtshof nicht als unzulässig behandelt werden darf. Diese Vorschrift bezieht sich nach ihrem Wortlaut und, wie im vorherigen Kapitel dargestellt, auch nach ihrer Entstehungsgeschichte[847] auf alle Fälle der Verfassungswid-

845 Vgl. hierzu Abgeordneter *Richter* (SPD), Sächsischer Landtag, Plenarprotokoll 2/87, S. 6279; Begründung des Volksantrages durch den Sächsischen Gemeindebund e. V., in: Sächsischer Landtag, Drucksache 2/9262, S. 1f.

846 Siehe hierzu Sächsischer Landtag, Plenarprotokoll 2/83, S. 6004.

847 Vgl. auch Protokoll der 9. K. T. des Verfassungs- und Rechtsausschusses, S. 60.

rigkeit eines Volksantrages, umfaßt somit auch einen möglicherweise formell fehlerhaften Volksantrag. Art. 71 Abs. 1 SächsVerf besagt, daß ein Volksantrag von mindestens 40.000 Stimmberechtigten unterstützt werden muß. Wird dieses Quorum nach Auffassung des Landtagspräsidenten nicht erreicht, steht der Volksantrag im Widerspruch zu Art. 71 Abs. 1 SächsVerf und ist damit verfassungswidrig. Gem. Art. 71 Abs. 2 Satz 3 hat nun das Verfassungsgericht auf seinen Antrag hin darüber zu entscheiden. Bis zu dieser Entscheidung darf der Landtagspräsident den Volksantrag nicht als unzulässig behandeln. Diesen Antrag stellte der Landtagspräsident im vorliegenden Verfahren jedoch nicht.

Aber nicht nur der Wortlaut, auch der Zweck des Art. 71 Abs. 2 SächsVerf spricht dagegen, daß der Landtagspräsident den Volksantrag als unzulässig behandeln durfte. Art. 71 Abs. 2 soll, wie aus der Entstehungsgeschichte der Vorschrift hervorgeht, bei einem Konflikt über die Verfassungswidrigkeit eines Volksantrags Verzögerungen bei der parlamentarischen Beratung des Antrags ausschließen, die durch Zeitablauf geeignet sind, das verfassungsrechtlich verbürgte Recht des Volkes als Gesetzgeber zu erschweren. Bis zur Entscheidung des Verfassungsgerichtshofs ist der vom Landtagspräsidenten für verfassungswidrig gehaltene Volksantrag demnach als zulässig zu behandeln.

In diesem Sinne hat auf Antrag der Vertrauensperson des Volksantrages der Sächsische Verfassungsgerichtshof dem Präsidenten des Landtages im Wege der einstweiligen Anordnung aufgegeben, den Volksantrag betreffend den „Entwurf eines Gesetzes über das Leitbild, die Leitlinien und die Durchführung der Gemeindegebietsreform im Freistaat Sachsen" nicht als unzulässig zu behandeln.[848] Der gegen die einstweilige Anordnung eingelegte Widerspruch des Landtagspräsidenten blieb erfolglos.[849]

Der Landtagspräsident machte daraufhin den Volksantrag im Sächsischen Amtsblatt vom 30. Juli 1998 bekannt und gab den Gesetzentwurf als Drucksache 2/9262 in den Geschäftsgang des Landtages.

Entsprechend den Vorgaben des Verfassungsgerichtshofs sind die Vorschriften des VVVG durch den parlamentarischen Gesetzgeber im Anschluß an diesen Vorgang inzwischen geändert worden.[850] Gem. § 11 Abs. 1 VVVG entscheidet nun auf Antrag des Landtagspräsidenten der Verfassungsgerichtshof, falls der Landtagspräsident die formellen Voraussetzungen des Volksantrages

848 SächsVerfGH, Beschluß vom 25. Juni 1998, Vf. 27-X-98, abgedruckt in: SächsVBl. 1998, 215f.

849 SächsVerfGH, Urteil vom 17. Juli 1998, Vf. 27-X-98, abgedruckt in: SächsVBl. 1998, 216; vgl. auch das Urteil vom 17. Dezember 1998, Vf. 12-X-98 und 13-X-98.

850 Änderungsgesetz vom 1.6.1999, GVBl. S. 275.

nicht für erfüllt oder er den Gesetzentwurf aus anderen Gründen für ganz oder teilweise verfassungswidrig hält. Gem. § 11 Abs. 3 VVVG darf der Volksantrag, wie in der Verfassung vorgesehen, bis zu einer gegenteiligen Entscheidung des Verfassungsgerichtshofs nicht als unzulässig behandelt werden.

2. *Das Problem der Gleichrangigkeit parlamentarischer und volksinitiierter Gesetze*

Neben der vorbenannten einstweiligen Anordnung beantragte die Vertrauensperson des Volksantrages beim Verfassungsgerichtshof eine weitere einstweilige Anordnung dahingehend, daß dem Landtag untersagt werde, vor Abschluß des Volksgesetzgebungsverfahrens andere im Gesetzgebungsverfahren befindliche Gesetzentwürfe, die denselben Gegenstand betreffen, zu behandeln.[851] Mit anderen Worten wollten die Befürworter des Volksantrages eine Entscheidung des Gerichts dahingehend erwirken, daß volksinitiierten Gesetzen ein Vorrang einzuräumen sei, so daß sie eine Sperrwirkung entfalten. Falls dies tatsächlich zutrifft, müßte sich ein solcher Vorrang aus der Verfassung selbst ergeben. Der Wortlaut von Art. 70 SächsVerf gibt hierzu keinen Anhalt. Danach werden Gesetzesvorlagen von der Staatsregierung, aus der Mitte des Landtages oder vom Volk eingebracht. Beschlossen werden sie vom Landtag oder vom Volk unmittelbar. Über einen Vorrang besagt die Vorschrift nichts.

Auch aus dem Wortlaut des Art. 71 SächsVerf ergibt sich kein Grund dafür, daß das Parlament Gesetzgebungsvorhaben zurückzustellen hat, weil bezüglich desselben Regelungsbereiches beim Landtagspräsident ein Volksantrag eingereicht worden ist.

Die Systematik der Verfassung und der Regelungszweck sprechen ebenfalls dagegen, daß ein Volksantrag auf ein parlamentarisches Gesetzgebungsverfahren einwirkt. Die in Art. 70 Abs. 2 SächsVerf dem Volk und dem Parlament zugewiesene Gesetzgebungskompetenzen sind materiell gleichrangig und in ihrer verfahrensrechtlichen Ausgestaltung voneinander unabhängig.[852] Auf der einen Seite erfordern Volksanträge keine Rücksichtnahme auf konkurrierende parlamentarische Verfahren. Die im Rahmen der Verfassungsentwicklung 1990 bis 1992 aufgezeigten Argumente, welche teilweise bereits in der Entwicklung in den Jahren 1919/20 ausschlaggebend waren, haben gezeigt, daß die Volksinitiative dem Volk gerade dann die Möglichkeit der Gesetzgebung eröffnen will, wenn der parlamentarische Gesetzgeber eine Materie nicht oder anders regeln

851 Siehe hierzu auch die *Sächsische Zeitung* vom 25. Februar 1998, S. 5.
852 So auch der SächsVerfGH, Beschluß vom 17. Juli 1998, Vf. 32-I-98, abgedruckt in: SächsVBl. 1998, 216ff.

will, als das Volk es wünscht. Gleichzeitig gab es zu keiner Zeit und an keiner Stelle Anhaltspunkte dafür, es dem Landtag zu untersagen, seine Gesetzgebungsziele losgelöst von einem anhängigen Volksantrag oder Volksbegehren zu verwirklichen. Löst der parlamentarische Gesetzgeber eine Materie zwischenzeitlich anders, als es der Volksantrag vorsieht, kann diese im Anschluß vom Volk durch einen – nach erfolgreich durchgeführtem Volksbegehren – Volksentscheid wieder geändert werden. Zu recht wies daher der Verfassungsgerichtshof den Antrag auf Erlaß der einstweiligen Anordnung ab.[853]

Die parlamentarische Behandlung des Volksantrages erfolgte in der 83. und 87. Sitzung des Landtages.[854] Der Gesetzentwurf wurde mehrheitlich abgelehnt. Nach Auffassung der Fraktion der CDU komme der Volksantrag zu spät. Der Inhalt beziehe sich auf einen Zeitpunkt X vor dem Beginn der Gemeindegebietsreform, an welchem man sich aber nicht mehr befinde. Die Gebietsreform stehe kurz vor ihrem Ende. Bei der Durchführung des begehrten Gesetzes könne es zu unhaltbaren Zuständen bei der notwendigen Koordinierung zwischen den kreisfreien Städten und ihrem Umland kommen.[855] Der Gesetzentwurf verwirre die Bevölkerung und führe zu zeitlichen Verzögerungen.[856]

Auch die Fraktion der SPD sprach sich gegen die Volksinitiative aus. Der Volksantrag könne die Konflikte nicht lösen. Man werde seitens der Fraktion einen eigenen Gesetzesvorschlag machen, der das Anliegen des Volksantrages umfassender erfülle und diesen damit überflüssig mache.[857] Die Fraktion der PDS bezeichnete es dagegen als ihre Strategie, den Volksantrag zu unterstützen.[858]

Ein Volksbegehren wurde nicht mehr eingeleitet. Vielleicht schreckten die Initianten vor der Hürde des Beteiligungsquorums zurück, vielleicht wurde die Gebietsreform durch den parlamentarischen Gesetzgeber aber auch so geregelt, daß sie bei den Unterstützern des Volksantrages Akzeptanz gefunden hat.

---

853 SächsVerfGH, Beschluß vom 17. Juli 1998, Vf. 32-I-98, abgedruckt in: SächsVBl. 1998, 216ff.; vgl. hierzu auch Abgeordneter *Rasch* (CDU), Sächsischer Landtag, Plenarprotokoll 2/83, S. 6003; Staatsminister des Innern *Hardraht*, Sächsischer Landtag, Plenarprotokoll 2/83, S. 6010; Abgeordneter *Richter* (SPD), Sächsischer Landtag, Plenarprotokoll 2/83, S. 6011.

854 Siehe hierzu Sächsischer Landtag, Plenarprotokoll 2/83, S. 6003ff., Plenarprotokoll 2/87, S. 6282ff.

855 So beispielsweise Abgeordneter *Bandmann* (CDU), Sächsischer Landtag, Plenarprotokoll 2/87, S. 6277.

856 Staatsminister des Innern *Hardraht*, Sächsischer Landtag, Plenarprotokoll 2/83, S. 6011.

857 Abgeordneter *Richter* (SPD), Sächsischer Landtag, Plenarprotokoll 2/87, S. 6279.

858 Abgeordneter *Friedrichs* (PDS), Sächsischer Landtag, Plenarprotokoll 2/87, S. 6276.

§ 24 Der Volksantrag „Pro Kommunale Sparkasse" und das Volksbegehren „Entwurf eines Gesetzes zur Erhaltung kommunaler Sparkassen in Sachsen"

Als nächstes organisierte die Bürgerinitiative „Pro Kommunale Sparkasse" 1999 einen erfolgreichen Volksantrag. Inhalt der Initiative war ein „Sparkassengesetz des Freistaates Sachsen (SächsSparG)".[859]

Neben der Erhaltung der kommunal verankerten Sparkassen war zentraler Punkt der Gesetzesinitiative, daß im Falle der Gewinnausschüttung die Entscheidung über die Verwendung der erwirtschafteten Mittel in den jeweiligen Regionen fallen müsse. Genau dies sei trotz gegenteiliger Behauptungen der Staatsregierung aufgrund der ungenügenden Beteiligungs- und Mitspracherechte insbesondere kleinerer und mittlerer Kommunen beziehungsweise Gebietskörperschaften im Rahmen des von der Staatsregierung geplanten Holdingkonzeptes nicht gewährleistet. Wichtig sei es, daß die ausgeschütteten Mittel dafür verwandt würden, die Entwicklung in der Region zu fördern. Die Initiatoren wollten deshalb § 27 Abs. 3 des bisherigen Sparkassengesetzes ändern.

Nachdem der Sächsische Landtag den Volksantrag in seiner Sitzung am 24. Juni 1999 abgelehnt hatte,[860] erklärten die Antragsteller mit Schreiben vom 16. Juni 1999 gegenüber dem Präsidenten des Sächsischen Landtages, ein Volksbegehren einleiten zu wollen und diesem wegen der zwischenzeitlich erfolgten Neufassung des Sparkassengesetzes des Freistaates Sachsen[861] einen veränderten Gesetzentwurf zu Grunde zu legen.[862]

Der Landtagspräsident hielt das Volksbegehren in Form des geänderten Gesetzentwurfs für zulässig und veröffentlichte es im Sächsischen Amtsblatt Nr. 39 vom 30. September 1999.

Die Neufassung des Sparkassengesetzes soll nach Auffassung der Initiatoren der Wiederherstellung des Sparkassengesetzes in der ursprünglichen Fassung vom 7. Dezember 1993 vor dem Erlaß des Neuordnungsgesetzes dienen. Darüber hinaus sieht der Gesetzentwurf des Volksbegehrens, wie bereits auch der Entwurf des Volksantrages, die Änderung des § 27 Abs. 3 des Sparkassengeset-

859 Sächsischer Landtag, Drucksache 2/11475.

860 Sächsischer Landtag, Plenarprotokoll 2/105, S. 7750.

861 Vgl. Art. 2 des Gesetzes zur Neuordnung der öffentlich-rechtlichen Kreditinstitute im Freistaat Sachsen einschließlich der Sächsischen Aufbaubank GmbH vom 2. Mai 1999, GVBl. S. 190.

862 Hierzu in der Begründung des Gesetzentwurfs, abgedruckt im Sächsischen Amtsblatt Nr. 20 vom 17. Mai 2001, S. 590.

zes vor, mit der Zielsetzung, die Ausschüttungsmöglichkeiten im Sinne der Initiatoren zu verbessern.[863]

Nach Zählung der eingereichten Unterschriftbogen ermittelte der Landtagspräsident insgesamt 485.982 von sächsischen Gemeinden bestätigte Unterschriften. Von diesen hielt er 36.536 für fälschlich anerkannt, da sie entweder nicht den Anforderungen der §§ 19, 5 VVVG entsprächen oder auf Unterschriftsbogen geleistet seien, die nicht den Vorgaben des § 18 VVVG genügten.

Gem. § 18 VVVG sind die Unterschriften zum Volksbegehren auf Unterschriftsbogen nach amtlichen Muster abzugeben. Dabei muß jeder Unterschriftsbogen den Wortlaut des Volksbegehrens mit dem zugrunde liegenden Gesetzentwurf einschließlich Begründung enthalten.

Gem. § 19 i.V.m. § 5 Abs. 1 und 2 VVVG erfolgt die Unterstützung des Volksbegehrens durch die eigenhändig zu leistende Unterschrift des Stimmberechtigten. Dabei hat er seinen Vor- und Familiennamen, sein Geburtsdatum, seine Hauptwohnung sowie Tag und Ort der Unterzeichnung eigenhändig und leserlich einzutragen.

Diese Voraussetzungen, so der Landtagspräsident, würden nicht von allen Unterschriftsbogen erfüllt. Demzufolge habe er die auf mangelhaften Bogen abgegebenen Unterschriften trotz Bestätigung durch die Gemeinden nicht als gültig bewerten können.

Nach § 21 Nr. 2 VVVG ist der Landtagspräsident verpflichtet, die bereits von den Gemeinden geprüften und bestätigten Unterschriften nochmals zu prüfen. Die Überprüfung aller 485.982 durch die Gemeinden bestätigten Unterschriften, so der Landtagspräsident, habe ergeben, daß 36.536 von diesen Unterschriften zu Unrecht bestätigt worden seien. Mit Bescheid vom 26. Juli 2000 stellte er daher fest, daß lediglich 449.446 von den Gemeinden zu Recht bestätigte Unterschriften vorlägen und damit das Volksbegehren das erforderliche Beteiligungsquorum nicht erreicht habe. Gegen diesen Bescheid riefen die Antragsteller am 25. August 2000 den Verfassungsgerichtshof an.

Das Problem liegt vorliegend in der Beantwortung der Frage, ob die Vorschriften, auf die sich der Landtagspräsident bei der Prüfung der Unterschriften bezieht, gegen verfassungsrechtliche Regelungen der Volksinitiative verstoßen.

Art. 73 Abs. 3 SächsVerf ermächtigt den Gesetzgeber, den organisatorischen Ablauf des Volksbegehrens und die Regelungen des Abstimmungsverfahrens zu erlassen. Nach Art. 72 Abs. 2 Satz 1 SächsVerf hängt der Erfolg eines Volksbegehrens jedoch allein vom objektiven Erreichen des erforderlichen Quorums ab, so daß jede einfach-gesetzliche Bestimmung, die sich nicht auf notwendige und

863 Hierzu in der Begründung des Gesetzentwurfs, abgedruckt im Sächsischen Amtsblatt Nr. 20 vom 17. Mai 2001, S. 590.

verhältnismäßige Regelungen zur konkreten Ausgestaltung des Verfahrens beschränkt, verfassungswidrig ist. Die vom Parlament erlassenen Vorschriften müssen außerdem zur sachgerechten Durchführung eines Volksbegehrens geeignet und erforderlich sein. Sie dürfen vor allem nicht die Volksinitiative durch formale Anforderungen spürbar erschweren oder unverhältnismäßig belasten.

Eine solche unverhältnismäßige Belastung stellt, wie der Sächsische Verfassungsgerichtshof entschieden hat,[864] die Vorschrift des § 21 Nr. 2 VVVG dar, auf die sich der Landtagspräsident bei der Prüfung der Unterschriften bezieht. Die Vorschrift verstößt insoweit gegen Art. 72 Abs. 2 Satz 1 SächsVerf und ist daher verfassungswidrig.

Der Verfassungsgerichtshof setzt dabei an dem Wortlaut des § 21 Nr. 2 VVVG an, nach dem die Unterschriften von zwei Verwaltungsträgern anerkannt werden müssen. Zunächst von der Gemeinde und im Anschluß daran vom Landtagspräsidenten bei dessen Prüfung dahingehend, ob das Stimmrecht von der Gemeinde zu Unrecht bestätigt worden ist. Mit dieser Regelung hat der parlamentarische Gesetzgeber Sachsens den ihm von der Verfassung in Art. 73 Abs. 3 überlassenen Spielraum, in dem das Nähere über Volksantrag, Volksbegehren sowie Volksentscheid und damit auch eine einheitliche Handhabung bei der Bewertung von Unterschriften durch ein Gesetz zu bestimmen ist, aber überschritten.[865] Durch § 21 Nr. 2 wird die Volksinitiativberechtigung über Gebühr beeinträchtigt. Die Vorschrift sieht zur Erhöhung der „Richtigkeitsgewähr“ ein zweistufiges Verfahren vor, bei dem der letztentscheidende Präsident des Sächsischen Landtages an Stimmrechtsversagungen der Gemeinden gebunden ist, von diesen bestätigte Unterschriften jedoch erneut auf ihre Wirksamkeit hin zu überprüfen hat. Mit anderen Worten sollen Unterschriften, denen die Gemeinden die Bestätigung versagt haben, ohne weitere Prüfung durch den Landtagspräsidenten unwirksam sein, während von den Gemeinden anerkannte Unterschriften vom Landtagspräsident erneut kritisch auf ihre Wirksamkeit hin überprüft werden müssen. Dies ist nicht zu rechtfertigen, zumal auch ein sachlicher Grund dafür nicht erkennbar ist. Vielmehr führt diese Gestaltung des Verfahrens tendenziell zu einer Benachteiligung des Volksgesetzgebers, da dieser Gefahr läuft, daß durch die zweistufige Überprüfung – bei einseitiger Bindung an negative Vorentscheidungen – im Ergebnis zu wenig Unterschriften Anerkennung finden.

Eine weitere unverhältnismäßige Belastung stellen die vom Landtagspräsidenten angewandten Vorschriften der §§ 19, 5 Abs. 2 VVVG dar. Sie sind nach der Entscheidung des Verfassungsgerichtshofs insoweit mit Art. 72 Abs. 2 Satz 1 SächsVerf unvereinbar und damit verfassungswidrig, als sie für eine gül-

864 SächsVerfGH, Urteil vom 15. März 2001, Vf. 59-X-00.
865 SächsVerfGH, Urteil vom 15. März 2001, Vf.-X-00, S. 16ff.

tige Unterschrift die Angabe des Ortes der Unterzeichnung sowie die eigenhändige Niederlegung der personenbezogenen Daten fordern. Die Normbefugnis des Landtages beschränkt sich jedoch auf Regelungen, die gewährleisten, daß einerseits die allein maßgebliche Unterschrift von einer tatsächlich stimmberechtigten Person gezeichnet wird und doppelte Stimmabgaben ausscheiden und daß andererseits die Echtheit und Einmaligkeit der Unterschrift mit noch verhältnismäßigem Aufwand überprüft werden kann. Ausgehend von dieser Prämisse war der parlamentarische Gesetzgeber berechtigt, für die Gültigkeit einer Unterschrift die Nennung des Namens, des Geburtsdatums, der Anschrift des Unterzeichners sowie den Tag der Unterschriftsleistung zu verlangen. Die in §§ 19, 5 Abs. 2 VVVG vorgesehene *eigenhändige* Niederlegung *aller* personenbezogenen Daten dagegen verstößt gegen Artikel 72 Abs. 2 Satz 1 SächsVerf, da diese Verfassungsnorm das Erfordernis der Eigenhändigkeit auf die Unterschrift begrenzt und hierdurch den Gesetzgeber hindert, im Rahmen des ihm durch Art. 73 Abs. 3 SächsVerf eröffneten Gestaltungsermessens eine wirksame Unterschrift von weiteren eigenhändigen Angaben abhängig zu machen. Damit wird in der Tat die Schwelle für das Erreichen des notwendigen Quorums durch die in §§ 19, 5 Abs. 2 VVVG verlangte Eigenhändigkeit in verfassungswidriger Weise erhöht.

Auch die Regelung, daß Unterschriften ungültig sein sollen, soweit diese nicht mit einer Mitteilung über den Ort der Unterzeichnung versehen sind, verläßt die dem Sächsischen Landtag durch Art. 73 Abs. 3 SächsVerf vorgegebenen Rahmen. Weder die Verfassung noch das VVVG enthalten Bestimmungen über die äußeren Umstände der Unterschriftsleistung. Diese kann wirksam an jedem Ort vollzogen werden. Da aber rechtliche Wirkungen mit den Begleitumständen, unter denen die Unterschrift geleistet wird, nicht verbunden sind, ist nicht ersichtlich, inwiefern die in §§ 19, 5 Abs. 2 VVVG verlangte Mitteilung des Orts der Unterzeichnung im Regelfall Entscheidendes über die Wirksamkeit der Stimmabgabe beziehungsweise Stimmberechtigung aussagen kann. Die Regelung ist daher auch insoweit unverhältnismäßig.

Der Verfassungsgerichtshof gab somit dem Präsidenten des Sächsischen Landtages auf, sämtliche 449.446 Unterschriften, die im Bescheid des Landtagspräsidenten vom 26. Juli 2000 als gültig erachtet worden waren, auch weiterhin als gültig zu behandeln, sowie den sonstigen Unterschriften die Gültigkeit nicht deshalb zu versagen, weil die Gemeinden die Stimmrechtsbestätigung abgelehnt hätten, die Angabe des Ortes der Unterzeichnung fehle oder unzutreffend sei oder die nach §§ 19, 5 Abs. 2 VVVG erforderlichen sonstigen Angaben nicht eigenhändig niedergelegt seien.[866]

866 SächsVerfGH, Urteil vom 15. März 2001, Vf. 59-X.00, S. 3.

Der Landtagspräsident erklärte daraufhin das Volksbegehren für erfolgreich abgeschlossen, veröffentlichte es im Sächsischen Amtsblatt Nr. 20 vom 17. Mai 2001 und legte den Termin für den nun folgenden Volksentscheid auf den 21. Oktober 2001 fest.

Von 3.573.609 Stimmberechtigten nahmen 925.115 am Volksentscheid teil. 785.136 stimmten für den Gesetzentwurf, 136.291 stimmten dagegen, 3.688 Stimmen waren ungültig.[867]

Da gem. Art. 72 Abs. 4 SächsVerf die Mehrheit der abgegebenen Stimmen entscheidet, ist das Gesetz somit beschlossen.

Damit liegt seit zehnjährigem Bestehen der Volksinitiativregelung in Sachsen erstmalig ein erfolgreich durch das Volk initiiertes Gesetz vor. Dabei hat sich gezeigt, daß das Quorum für ein Volksbegehren durchaus erreichbar ist, wenn man es nicht in unverhältnismäßiger Weise von Formerfordernissen abhängig macht.

Der Sparkassenfall ist jedoch noch nicht abgeschlossen, da geplant ist, im Landtag ein Gesetz durchzubringen, das den im Volksentscheid als Alternativentwurf des Landtags abgelehnten Sparkassenverbund nun doch zustande bringt.[868] Die Bürgerinitiative hat bereits angekündigt, gegen das Gesetz, falls es beschlossen wird, wiederum den sächsischen Verfassungsgerichtshof anzurufen. Dabei wird es erneut um die Frage des Rangverhältnisses zwischen vom Landtag verabschiedeten und volksbeschlossenen Gesetzen gehen, die weder im Grundgesetz noch in der Sächsischen Landesverfassung explizit geregelt ist. Die Frage hatte schon unter der Weimarer Reichsverfassung eine Rolle gespielt.[869] Auch in den sächsischen Verfassungsberatungen war die Frage angesprochen worden, ohne daß jedoch eine Sperrfrist festgelegt worden wäre.[870] Ob und wie der sächsische Verfassungsgerichtshof gegebenenfalls entscheiden wird, bleibt abzuwarten.

§ 25 Der Vorstoß der Fraktion der PDS zur Änderung des Beteiligungsquorums beim Volksbegehren nach Art. 72 Abs. 2 SächsVerf

Im Rahmen der Änderung der durch den sächsischen Verfassungsgerichtshof 1998 als verfassungswidrig erachteten Vorschriften der §§ 11, 12 VVVG machte

867 Statistisches Landesamt des Freistaates Sachsen (Hrsg.), Volksentscheide im Freistaat Sachsen, Sonderheft Nr. 3/2001, S. 5.

868 Vgl. *Sächsische Zeitung* vom 05./06. Januar 2002, S. 6, vom 27./28. April 2002, S. 6.

869 Siehe oben zweiter Teil, erstes Kapitel, § 8, 1, b.

870 Vgl. *Schäuble/ Friedrich/ Grams*, SächsVBl. 2002, 2f.

die PDS ihrerseits einen Vorstoß, neben der Änderung der betroffenen Regelungen des VVVG auch Art. 72 Abs. 2 SächsVerf im Hinblick auf das Beteiligungsquorum beim Volksbegehren zu ändern.[871] Der Gesetzentwurf der PDS sah neben anderen Erwägungen vor, das Quorum für ein erfolgreiches Volksbegehren auf 250.000 Stimmberechtigte zu reduzieren. Die Forderung, das Quorum zur reduzieren, so der Abgeordnete der PDS Porsch, sei die Folge der Erfahrungen, die mit der Anwendung der Volksgesetzgebung in Sachsen gemacht worden seien. Es habe sich zum einen gezeigt, daß in der Gesellschaft eine große Bereitschaft bestehe, diese Elemente zu nutzen, zum anderen, daß das Quorum bei einem Volksantrag in Höhe von 40.000 durchaus in der richtigen Dimension bemessen sei. Was man aber auch hätte feststellen können, sei, daß durch das Quorum beim Volksbegehren „der Gang des Plebiszitären" gehindert werde. Die Zahl 450.000 sei einfach zu hoch und unrealistisch.[872]

Im Anschluß an die erste Lesung am 17. März 1999 wurde der Gesetzentwurf in den Verfassungs- und Rechtsausschuß überwiesen.[873] Dieser empfahl dem Landtag, den Entwurf abzulehnen.[874] Die Ausschußmitglieder aus der SPD-Fraktion befürworteten zwar die Absenkung des Quorums. Diese Novellierung der Sächsischen Verfassung könne aber nur im Einvernehmen einer Mehrheit vollzogen werden. Da diese derzeit nicht erreichbar sei, müsse es bei der derzeitigen Regelung bleiben.[875]

Im Anschluß an die dritte Lesung des Entwurfs im Landtag wurde dieser, wie zu erwarten war, mehrheitlich abgelehnt.[876] Es klinge wohl gut, wenn man Quoren verändere und sie einseitig nach unten trage. Dennoch sei es nicht so, wie Kritiker behaupteten. Das Volk sei nicht aus dem Parlament ausgespart. Es seien vielmehr Vertreter des Volkes durch Wahlen dorthin entsandt worden, um Gesetze zu erarbeiten. Es gehe um die parlamentarische Demokratie, die im Rahmen der Verfassungsdiskussion als die im Prinzip entscheidende für das Land gewählt worden sei. Darin liege auch der Unterschied zum Abstimmungsverfahren der Schweiz.[877]

Die Äußerung entspricht der Auffassung, die in der derzeitigen Besetzung des Sächsischen Landtages vorherrscht. Für die Fraktion der SPD führte der Abgeordnete Richter an, daß man einer Änderung des Quorums in der gewünschten

871 Sächsischer Landtag, Drucksachen 2/11085
872 Sächsischer Landtag, Plenarprotokoll 2/99, S. 7208.
873 Sächsischer Landtag, Plenarprotokoll 2/99, S. 7208.
874 Sächsischer Landtag, Drucksache 2/11351.
875 Sächsischer Landtag, Drucksache 2/11351, S. 6.
876 Sächsischer Landtag, Plenarprotokoll 2/101, S. 7422.
877 Abgeordneter *Schiemann* (CDU), Sächsischer Landtag, Plenarprotokoll 2/101, S. 7420.

Form generell zustimmen könne. Dazu bedürfe es aber eines politischen Meinungsbildungsprozesses im Hause, um diesen Weg auch zum Erfolg zu führen, ohne die Verfassung zu gefährden.[878] Ein dahingehender Vorschlag wurde jedoch nicht gemacht.

§ 26 Abschließende Würdigung

Nach neunjährigem Bestehen der Volksinitiativregelung ist bisher erst ein Gesetz auf diesem Wege zustande gekommen. Wie bereits unter der Sächsischen Verfassung von 1920 haben sich auch unter der Sächsischen Verfassung von 1992 die Befürchtungen einiger Mitglieder des Verfassungs- und Rechtsausschusses, daß das Parlament als mehrheitlich legitimierter Gesetzgeber verdrängt werden könne,[879] nicht bewahrheitet. Die Volksgesetzgebung hat sich bisher nicht, wie ebenfalls befürchtet, in exzessiver Weise[880] zu einem zweiten Weg der Legislative entwickelt. Das Sparkassengesetz ist das erste und bisher einzige Gesetz, das jemals in Sachsen durch Volksgesetzgebung zustande gekommen ist. Die diesem Gesetz zugrunde liegende Initiative aus dem Volk ist die erste in Sachsen, die das erforderliche Beteiligungsquorum eines Volksbegehrens erreicht hat. Es drängt sich daher die Frage auf, welche Schlußfolgerungen im dreizehnten Jahr nach der Wende und nach zehn Jahren der Erprobung der Praktikabilität der in der Verfassung verankerten Regelungen der Volksinitiative aus dieser Praxis gezogen werden können.

Es hat sich zumal gezeigt, daß in der Bevölkerung eine nicht unerhebliche Bereitschaft vorhanden ist, die Regelungen der Volksinitiative zu nutzen. Des weiteren ist deutlich geworden, daß das Quorum von 40.000 Stimmberechtigten beim Volksantrag durchaus in der richtigen Dimension bemessen zu sein scheint. In nahezu allen Fällen, in denen der Versuch eines Volksantrages unternommen wurde, hat sich das in Art. 71 Abs. 1 SächsVerf verlangte Quorum als anspruchsvolle, aber überspringbare Hürde erwiesen. Mehrere Volksanträge haben dieses Quorum erreicht und zum Teil bei weitem übertroffen. Sie alle wurden im Parlament jedoch abgelehnt.

Die große Hürde liegt beim Quorum für ein Volksbegehren. Entweder wurde vor diesem Quorum von vornherein kapituliert oder es wurde mit Ausnahme des Sparkassengesetzes mehr oder weniger verfehlt. Ohne eine Modifizierung des Verfahrens beim Volksentscheid sollte von der geforderten Herabsetzung dieses

878 Sächsischer Landtag, Plenarprotokoll 2/101, S. 7421.

879 Vgl. Protokoll der 3. K. T. des Verfassungs- und Rechtsausschusses, S. 7f.

880 *Schimpff* (CDU), Sächsischer Landtag, Plenarprotokoll 1/46, S. 3065.

Quorums jedoch abgesehen werden. Eine Senkung des Beteiligungsquorums erscheint nur dann sinnvoll, wenn auf der Ebene des Volksentscheids parallel dazu ein Zustimmungsquorum oder das Erfordernis einer Mindestbeteiligung eingeführt wird, die es nach der Sächsischen Verfassung derzeit nicht gibt. Mit dem Verzicht auf ein Zustimmungsquorum beim Volksentscheid hat sich der sächsische Verfassungsgeber exponiert, jedoch in einer Weise, die mangels breiterer Erfahrungen einen sicheren Schluß noch nicht zuläßt. Entscheidend bleibt, daß ein Gesetz durch Volksinitiative entstehen kann, und nicht, daß jede Volksinitiative auch tatsächlich mit einem Gesetz endet.

Die Tatsache, daß erst ein Gesetz aufgrund einer Volksinitiative zustande gekommen ist, läßt nicht den Schluß zu, daß die entsprechenden Verfassungsbestimmungen, so wie sie zur Zeit bestehen, weitgehend wirkungslos sind. Allein die Möglichkeit, solche Verfahren einzuleiten, hat eine präventive Wirkung und wird die Volksvertreter dazu anhalten, „Volkes Stimme" stärker bei ihrem eigenen Tun oder Unterlassen zu beachten, als dies ohne die von der Verfassung eingeräumte Möglichkeit zu Volksanträgen und Volksbegehren der Fall wäre.[881]

Weitere erfolgreiche durch Volksantrag und Volksbegehren initiierte Gesetze bleiben abzuwarten. Sie sind dann zu erwarten, wenn, wie im Fall des Sparkassengesetzes, eine Thematik aktuell wird, die große Teile der Bevölkerung betrifft, und sich die Politiker dieser nicht genügend oder nicht den Vorstellungen des Volkes entsprechend annehmen. Daß diese Erwartung nicht unrealistisch ist, zeigen neben den Erfahrungen in Sachsen unter anderem auch solche in Bayern. Bei ähnlicher Ausgestaltung der Quoren gab es in Bayern seit 1990 bereits drei erfolgreiche Volksbegehren.[882] Voraussetzung hierfür ist ein Sachthema, das breite Bevölkerungsschichten interessiert. Dies entspricht jedoch genau dem Sinn, welcher der Volksgesetzgebung von den Verfassungsgebern zugedacht worden ist. Die Volksgesetzgebung soll nicht an die Stelle parlamentarischer Entscheidung treten, sondern als gelegentliche Ergänzung oder Alternative innerhalb eines im Prinzip nicht bestrittenen repräsentativen Demokratiemodells wirksam werden.[883]

---

881 Zu dieser sogenannten „antizipatorischen Reaktion" vgl. Abgeordneter *Beyer* (CDU), Synopse, zweiter Hauptteil, Gutachten und Anhörung zum Verfassungsentwurf, S. 53; ebenso *Badura*, ebd., S. 57.

882 Volksbegehren Bürgeraktion „Das bessere Müllkonzept" Bayern e. V., Bayerischer Landtag, Drucksache 11/17881 vom 17. August 1990; Volksbegehren für „Mehr Demokratie in Bayern: Bürgerentscheide in Gemeinden und Kreisen", Bayerischer Landtag, Drucksache 13/1252 vom 11. April 1995; Volksbegehren über den Entwurf eines Gesetzes zur Abschaffung des Bayerischen Senats, Bayerischer Landtag, Drucksache 13/8956 vom 19. August 1997, dazu *Lege*, DÖV 2000, 283ff.

883 Vgl. hierzu Protokoll der 3. K. T. des Verfassungs- und Rechtsausschusses, S. 7.

Drittes Kapitel: Die Volksinitiative der Sächsischen Verfassung und ihre Vereinbarkeit mit dem Grundgesetz

Grundsatz der sächsischen Verfassungsdiskussion war, daß die neue Verfassung paßfähig und maßstabsgerecht zum Grundgesetz sein sollte, wobei der Rahmen, den das Grundgesetz den Ländern läßt, zu nutzen sei. Paßfähig und maßstabsgerecht zum Grundgesetz sind die sächsischen Volksinitiativregeln unproblematisch dann, wenn auch das Grundgesetz dem Volk die Gesetzesinitiativberechtigung gestattet. In diesem Fall stünden die landesverfassungsrechtlichen Regelungen mit den grundgesetzlichen im Einklang. Kommt man jedoch zu dem Ergebnis, daß das Grundgesetz dem Bundesvolk diese Möglichkeit nicht gewährt, stellt sich die Frage, ob und wenn ja wie die sächsischen Regelungen in den Rahmen passen, den das Grundgesetz den Ländern zur Regelung ihrer Staatsorganisation überläßt. Hierbei stellt sich das Problem, ob zwei unterschiedlich ausgestaltete Demokratiesysteme in der Weise harmonieren können, daß sie als paßfähig und maßstabsgerecht zu bezeichnen sind oder ob man von einer Spaltung des Demokratieprinzips zwischen Bundes- und Landesebene auszugehen hat.

§ 27 Der Stand der Diskussion um die verfassungsrechtliche Zulässigkeit der Gesetzesinitiativberechtigung des Volkes nach den Regelungen des Grundgesetzes

I. Das Regel-Ausnahme-Prinzip des Art. 20 Abs. 2 Satz 2 GG

Gem. Art. 20 Abs. 2 Satz 2 GG wird die Staatsgewalt, die gem. Abs. 1 Satz 1 vom Volk ausgeht, von diesem in Wahlen und Abstimmungen ausgeübt.

Aus der Gegenüberstellung von Wahlen und Abstimmungen könnte geschlossen werden, daß der Begriff der Abstimmungen ausschließlich der Entscheidung von Sachfragen durch das Volk selbst vorbehalten ist. Sucht man aber nach Konkretisierungen der angekündigten Möglichkeiten direkt-demokratischer Sachentscheidungen, so zeigt sich, daß Abstimmungen auf Bundesebene ausdrücklich nur bei Gebietsänderungen vorgesehen sind.

a) Die Ausnahmeregelung des Art. 29 GG

Art. 29 GG regelt die Neugliederung des Bundesgebietes. Die Aufnahme einer Neugliederungsregelung in das Grundgesetz ist darauf zurückzuführen, daß die meisten Länder Westdeutschlands, so wie sie 1949 gebildet wurden, nicht in der

Geschichte gewachsene Staaten, sondern mehr oder weniger Zufallsprodukte der unmittelbaren Nachkriegs- und Besatzungszeit waren. Auch der Parlamentarische Rat war der Ansicht, daß die weitgehend durch militärische Gesichtspunkte bedingten Landesgrenzen, die nach dem 8. August 1945 entstanden waren, weder den historischen Grenzlinien noch den wirtschaftlich sozialen Gegebenheiten entsprächen und daher grundlegender Berichtigung bedürften.[884] Theodor Heuss hat diese Länder denn auch als „weniger originär als originell" bezeichnet.[885]

Obwohl eine Neugliederung 1949 innenpolitisch möglich war, scheiterte eine Durchführung zunächst an der Suspendierung der Geltung des Art. 29 durch das Genehmigungsschreiben zum Grundgesetz vom 12. Mai 1949 in dessen Ziffer 5. Erst 1955 mit Inkrafttreten des Vertrages über die Beziehungen zwischen den Drei Mächten und der Bundesrepublik Deutschland (Deutschland-Vertrag)[886] wurde die der Neugliederung entgegenstehende Suspendierung aufgehoben. Zweimal wurde die Vorschrift geändert (1969 und 1976).[887] Durch die Änderung im Jahre 1976 wurde die Erschöpfbarkeit der Norm aufgehoben[888] sowie der ursprünglich verpflichtende Neugliederungsauftrag beseitigt und durch eine Kann-Vorschrift ersetzt. Durch diese Umwandlung eines Gebotes in eine Befugnis zur Neugliederung wurden die Bundesorgane von dem Vorwurf verfassungswidrigen Unterlassens befreit.[889] Gem. Art. 29 Abs. 2 GG muß jede Maßnahme zur Neugliederung des Bundesgebietes durch Bundesgesetz ergehen, das der Entscheidung durch Volksentscheid bedarf. Schließlich ist in Art. 29 Abs. 4 und 6 das Verfahren einer Volksbefragung geregelt.

Die Möglichkeiten einer Initiative der an einer Neugliederung interessierten Bevölkerungskreise beschränkten sich vor der Änderung des Art. 29 im Jahr 1976 auf rechtlich unverbindliche Meinungsäußerungen. Der neu eingefügte Abs. 4 sieht nunmehr das Verfahren eines Volksbegehrens auf Betreiben bestimmter Bevölkerungskreise, gerichtet auf die Änderung der Landeszugehörigkeit vor. Initiativberechtigt sind dabei Bewohner von zusammenhängenden, abgegrenzten Siedlungs- und Wirtschaftsräumen, deren Teile in mehreren Ländern liegen und die mindestens eine Millionen Einwohner haben. Diesen Vorgaben entsprechend bezieht sich Abs. 4 ausschließlich auf industrielle Ballungsgebiete.[890] Das Begehren muß sich darauf richten, daß für diesen Raum eine einheitliche Landeszugehörigkeit herbeigeführt wird. Für den Erfolg eines solchen Be-

884 *Kunig*, in: von Münch, GG, Art. 29, Rdnr. 2.
885 Hierzu *Reschke*, DVBl 1973, 728.
886 BGBl. 1955, II, S. 215.
887 Dazu *Kunig*, in: von Münch, GG, Art. 29, Rdnr. 4.
888 Bis 1976 war Art. 29 durch eine „große" Neugliederung erschöpfbar.
889 *Evers*, in: BK, GG, Art. 29, Rdnr. 26.
890 *Herzog*, in: Maunz/ Dürig, GG, Art. 29, Rdnr. 75.

gehrens bedarf es der Unterstützung von einem Zehntel der in diesem Gebiet zum Bundestag Wahlberechtigten. In diesem Fall hat der Gesetzgeber drei Möglichkeiten, die ihm einen weiten Handlungsspielraum eröffnen. Er kann dem Volksbegehren stattgeben, indem er die Landeszugehörigkeit ändert, was dann einen Volksentscheid gem. Abs. 2 zur Folge hat. Er kann sich aber auch über das Volksbegehren hinwegsetzen und die bisherige Landeszugehörigkeit bestehen lassen. Schließlich kann er auch eine nur unter Umständen bindende Volksbefragung[891] über die Änderung anordnen, welche sich dann nach Abs. 5 richtet.

Trotz einiger Anstrengungen ist seit der Gründung der Bundesrepublik keine Neugliederungsmaßnahme auf der Grundlage dieser Norm durchgeführt worden. Verschiedene regionale Volksabstimmungen der Jahre 1956 und 1975, die auf eine territoriale Umgestaltung der Bundesländer zielten, blieben erfolglos oder wurden von der Bundesregierung nicht beachtet, ohne daß es zu größeren Protesten kam.[892] Die Eingliederung des Saarlandes in das Bundesgebiet hatte ihre rechtliche Grundlage nicht in Art. 29, sondern stellt einen Gebietseintritt gem. Art. 23 Satz 2 GG dar.[893] Zur Bildung des Bundeslandes Baden-Württemberg wurde die Sonderregelung des Art. 118 angewandt.[894] Zur Vereinigung Berlins und Brandenburgs fehlte die notwendige Stimmenmehrheit.[895]

b) Die Ausnahmeregelung des Art. 118 GG

Art. 118 GG enthält eine weitere Konkretisierung der in Art. 20 Abs. 2 GG angekündigten Abstimmungen. Die Vorschrift bezieht sich auf die Neugliederung des sogenannten Südwestraumes der die ehemaligen Länder Baden, Württemberg-Baden und Württemberg-Hohenzollern umfaßte. Diese aufgrund der Suspendierung des Art. 29 GG durch die Siegermächte notwendige Sondervorschrift ist seit der Neugründung des Landes Baden-Württemberg in ihrem Regelungsgehalt praktisch obsolet geworden.[896] Auch in Art. 118 GG war eine Volksbefragung vorgesehen, die es der Bevölkerung der betroffenen Länder ermöglichte,

891 Dazu muß im Referendum eine qualifizierte Mehrheit zustande gekommen sein, vgl. Art. 29 Abs. 5 S. 4 GG.

892 Dazu *Evers*, in: BK, GG, Art. 29, Rdnr. 10, 16.

893 BverfGE 4, 157 (174).

894 *Rommelfanger*, Das konsultative Referendum, S. 149f.

895 Siehe GVBl. für Brandenburg, 1996, Nr. 12, I, S. 168.

896 Vgl. *Maunz*, in: Maunz/ Dürig, GG, Art. 118, Rdnr. 5; *Kunig*, in: von Münch, GG, Art. 118, Rdnr. 4.

die durch Bundesgesetz getroffene Neugliederung abzulehnen oder zu akzeptieren.[897]

2. Die Befugnis des Gesetzgebers, weitere Volksabstimmungen zuzulassen

Seit dem Inkrafttreten des Grundgesetzes wird die Frage erörtert, ob der Gesetzgeber befugt ist, über die in der Verfassung vorgesehenen Fälle hinaus weitere Volksabstimmungen durch einfaches Bundesgesetz zuzulassen, oder ob es sich dabei um eine abschließende Regelung handelt, so daß jede weitere Ergänzung von einer Verfassungsänderung abhängig ist.[898]

In der Literatur wird die These vertreten, die plurale Fassung des Begriffs Abstimmungen in Art. 20 Abs. 2 Satz 2 GG lasse sich nicht allein aus den Territorialplebisziten des Grundgesetzes rechtfertigen. Art. 118 GG sei nur auf eine einmalige Anwendung zugeschnitten, und auch von Art. 29 GG könne nicht beliebig oft Gebrauch gemacht werden.[899] Schon aus diesem Grund sei in Art. 20 Abs. 2 Satz 2 2. Alternative GG eine über die Territorialplebiszite des Grundgesetzes hinausreichende Ermächtigungsgrundlage zu sehen.[900] Zwar sei eine solche Regelungsbefugnis explizit nur für das Wahlrecht in Art. 38 Abs. 3 GG vor-

897 Die Volksbefragung fand am 9.12.1951 statt, zum Ergebnis vgl. *Hernekamp*, Formen und Verfahren direkter Demokratie, S. 388.

898 So die überwiegende Ansicht in der Literatur und Lehre, vgl. *Wolfgang Berger*, Die unmittelbare Teilnahme des Volkes an staatlichen Entscheidungen durch Volksbegehren und Volksentscheid, S. 18; *Herzog*, in: Maunz/ Dürig, GG, Art. 20, II, Rdnr. 44; *Schnapp*, in: von Münch, GG, Art. 20, Rdnr. 18; *Fromme*, Von der Weimarer Verfassung zum Bonner Grundgesetz, S. 150; ders., DÖV 1970, 528ff.; *Kirchhof*, in: Isensee, Kirchhof (Hrsg.), HdbStR, Bd. 9, S. 983; *Kriele*, VVDStrL 1971, 60f.; *Fell*, Plebiszitäre Einrichtungen im gegenwärtigen deutschen Staatsrecht, S. 181; *Hermann von Mangoldt/ Friedrich Klein*, GG, Art. 20, Anm. V, 4d-5a; *W. Weber*, Mittelbare und unmittelbare Demokratie, S. 185; *Geitmann*, ZRP 1988, 127; *Krause*, in: Isensee, Kirchhof (Hrsg.), HdbStR, Bd. 2, S. 323ff.; *Scholz*, Krise der parteienstaatlichen Demokratie? „Grüne“ und „Alternative“ im Parlament, S. 6ff.; *Achterberg*, Parlamentsrecht, S. 80.

899 *Obst*, Chancen direkter Demokratie in der Bundesrepublik Deutschland, S. 61; außerdem regele Art. 29, da er auf Bevölkerungskreise einzelner Gebiete beschränkt sei, keinen Einzelfall der Ausübung der Staatsgewalt durch das Volk, sondern bedinge diese erst. Die Vorschrift sei daher ein „Ergänzungsakt der Verfassungsschöpfung“, so *Lerche*, VVDStRL 1964, 96; vgl. hierzu auch *Hofmann*, Verfassungsrechtliche Sicherung der parlamentarischen Demokratie, S. 285; *W. Weber*, Weimarer Verfassung und Bonner Grundgesetz, S. 20.

900 Im Ergebnis auch *Fuß*, AöR Bd. 83 (1958), S. 394f.; *Dennewitz*, DÖV 1949, 342.

gesehen, jedoch stehe das Schweigen des Grundgesetzes einer analogen Vorgehensweise hinsichtlich der Abstimmung nicht entgegen.[901]

Noch weiter geht die Ansicht Pestalozzas, der Art. 20 Abs. 2 Satz 2 eine grundsätzliche Vermutung für die Bürgerkompetenz entnimmt.[902] Angesichts des Art. 20 Abs. 3 GG, welcher die besonderen Organe an die verfassungsmäßige Ordnung beziehungsweise an Recht und Gesetz bindet, ergebe sich, daß dem Volk eine uneingeschränkte Personal- und Sachkompetenz zustehe, den besonderen Organen des Staates hingegen lediglich eine nachrangige Sonderkompetenz. Da eine ähnliche Bindung für die unmittelbare Ausübung der Staatsgewalt durch das Volk nicht vorgesehen sei, könne eine Priorität der direkten Einwirkungsmöglichkeiten des Volkes vor den Kompetenzen der besonderen Organe angenommen werden.[903]

Diese Argumentation verkennt jedoch nach der überwiegend vertretenen Auffassung den Sinn des Art. 20 Abs. 3 GG. Da das Volk nach Art. 20 Abs. 2 Satz 2 GG die Staatsgewalt unmittelbar nur durch Wahlen und die in Art. 29 und 118 GG geregelten Abstimmungen ausüben kann, im übrigen aber Gesetzgebung, Verwaltung und Rechtsprechung durch die besonderen Organe wahrgenommen werden, genügt es auch, nur diese ausdrücklich an die Verfassung und die Gesetze zu binden. Außerdem wäre auch eine unmittelbare Volksgesetzgebung als Gesetzgebung im Sinne des Art. 20 Abs. 3 GG aufzufassen und demgemäß ebenfalls an die verfassungsmäßige Ordnung gebunden. Aus der Regelung des Art. 20 Abs. 3 GG läßt sich somit eher auf eine gleichrangige Stellung der besonderen Organe und des Volkes schließen. Hierfür spricht auch, daß Art. 20 Abs. 2 Satz 2 GG die unmittelbare und mittelbare Ausübung der Staatsgewalt undifferenziert nebeneinander stellt.[904]

Gleichwohl ergeben sich aus dem Text gewisse Indizien dafür, daß das in Art. 20 Abs. 1 niedergelegte Demokratieprinzip durch die in Abs. 2 Satz 2 verwendeten Begriffe „Wahlen“ und „besondere Organe der Gesetzgebung“ eine repräsentative Prägung haben soll.[905] Die Wahl als Mittel der direkt-demokratischen Entscheidungsfindung ist zugleich elementarer Bestandteil des demo-

---

901 *Fuß*, AöR Bd 83 (1958), S. 394; *Schürmann*, Die unmittelbare Demokratie in Bayern und im Bund im Vergleich zur Schweiz, S. 98.

902 *Pestalozza*, Der Popularvorbehalt - direkte Demokratie in Deutschland, S. 12; ders., NJW 1981, 734; ebenso *Obst*, Chancen direkter Demokratie in der Bundesrepublik Deutschland, S. 61.

903 *Pestalozza*, Der Popularvorbehalt – direkte Demokratie in Deutschland, S. 12; *Obst*, Chancen direkter Demokratie in der Bundesrepublik Deutschland, S. 61.

904 So auch *A. Weber*, DÖV 1985, 179.

905 *Ehmke*, DNG 1988, 248; *H. Fischer*, Die plebiszitäre Komponente in den Verfassungen Österreichs, der Schweiz und der Bundesrepublik Deutschland, S. 30.

kratischen Repräsentativsystems.[906] So stellt der Hinweis auf die besonderen Organe, insbesondere auf die der Gesetzgebung, einen Hinweis auf die Absicht der Verfassungsgeber dar, im Grundgesetz ein Repräsentativsystem zu verankern.[907] Im Zusammenhang mit dem Begriff Wahlen wird daher von der herrschenden Auffassung unter dem besonderen Organ der Gesetzgebung nur ein Parlament mit gewählten Mandatsträgern verstanden.[908]

Auch ist das Recht des einzelnen Bürgers auf Teilnahme an den in Art. 20 Abs. 2 Satz 2 GG erwähnten Abstimmungen verfassungsrechtlich nicht ausdrücklich unter Schutz gestellt. Ein durchsetzbares, subjektives Recht wird in Art. 93 Abs. 1 Nr. 4a GG nur im Zusammenhang mit Art. 38 GG, das heißt mit Wahlen erwähnt. Krause sieht darin eine Zurückstufung der Abstimmungen gegenüber den Wahlen, die verdeutliche, daß das Grundgesetz den status activus nicht in der Qualität des Stimmbürgers, sondern in der des Wahlbürgers ausgedrückt sehe, beziehungsweise daß die Wahl die primäre Form der politischen Willensbetätigung des Volkes sei.[909]

Weiterhin wird Art. 76 Abs. 1 GG gegen die Initiativberechtigung des Volkes angeführt. Als initiativberechtigte Organe sind in dieser Vorschrift die Bundesregierung, der Bundestag und der Bundesrat genannt. Um dem föderativen Aufbau der Bundesrepublik Rechnung zu tragen, sieht die Verfassung ein kompliziertes Gesetzgebungsverfahren vor, in dem dem Bundesrat wichtige und nicht stets mit qualifizierter Bundestagsmehrheit zu überstimmende Mitwirkungsrechte zustehen. Das Volk ist in den die Gesetzgebung des Bundes betreffenden Vorschriften nicht genannt. Es besitzt weder ein Initiativrecht noch die Möglichkeit zur Abstimmung über Gesetze. Sollte den Bundesbürgern das Recht der unmittelbaren Abstimmung über Bundesgesetze durch Art. 20 Abs. 2 Satz 2 eingeräumt worden sein, so hätte es nahegelegen, zumindest das Verfahren der Verfassungsänderung und die dabei erforderliche Abstimmungsmehrheit ausdrücklich im Grundgesetz zu erläutern. Die fehlende Regelung zeigt, daß das im Grundgesetz im einzelnen geregelte Gesetzgebungsverfahren unter Berücksichtigung des jeden Verfassungsstaat beherrschenden Grundsatzes, daß kein Ho-

---

906 *Herzog*, in: Maunz/ Dürig, GG, Art. 20, II, Rdnr. 10.

907 *Schnapp*, in: von Münch, GG, Art. 20, Rdnr. 31.

908 *Herzog*, in: Maunz/ Dürig, GG, Art. 20, II, Rdnr. 3; *Ehmke*, DNG 1988, 248; *Hermann von Mangoldt/ Friedrich Klein*, GG, Art. 20, Anm. V, 4d-5a; *Schnapp*, in: von Münch, GG, Art. 20, Rdnr. 18; *H. Fischer*, Die plebiszitäre Komponente in den Verfassungen Österreichs, der Schweiz und der Bundesrepublik Deutschland, S. 30.

909 *Krause*, in: Isensee, Kirchhof (Hrsg.), HdbStR, Bd. 2, S. 323.

heitsorgan die ihm zugewiesenen Kompetenzen freiwillig auf andere Hoheitsträger redelegieren kann, die Gesetzesinitiativberechtigung des Volkes verbietet.[910]

Auch wird Art. 38 Abs. 1 Satz 2 GG als Argument gegen die Gesetzesinitiativberechtigung des Volkes herangezogen. Gem. Art. 38 Abs. 1 Satz 2 sind die Vertreter des ganzen Volkes an Aufträge und Weisungen nicht gebunden und nur ihrem Gewissen unterworfen. Aus diesem Prinzip des freien Mandats[911] wird auf eine weitgehende Freiheit der Abgeordneten geschlossen, so daß eine Volksinitiative quasi als eine Einmischung in innere Angelegenheiten der Abgeordneten betrachtet wird.[912] Mit der den Abgeordneten zugewiesenen Entscheidungsbefugnis korrespondiere eine entsprechende Entscheidungsverantwortung.[913] Als Beispiel hierzu wird das Volksbegehren gegen die Kooperative Schule in Nordrhein-Westfalen aus dem Jahre 1978 angeführt.[914] Sein über Erwarten hoher Erfolg veranlaßte die Abgeordneten der Regierungskoalition, dem Risiko einer Niederlage im Volksentscheid aus dem Wege zu gehen und dem zuvor erbittert bekämpften Verlangen der Volksinitiative stattzugeben. Offensichtlich wird auf diese Weise die Entscheidungsfreiheit des Abgeordneten so erheblich eingeengt, daß die Frage naheliegt, ob er in der konkreten Situation noch nach eigener Überzeugung handelt oder lediglich der öffentlichen Meinung folgt. Trotzdem können solche Auswirkungen des Volksbegehrens nicht unter die Tatbestandsmerkmale Auftrag oder Weisung subsumiert werden, da keine echte Verpflichtung der Abgeordneten begründet wird. Diese stehen zwar unter dem Druck der öffentlichen Meinung, jedoch werden sie dadurch lediglich faktisch beeinflußt.

Bereits die Väter und Mütter des Grundgesetzes sprachen sich gegen die Möglichkeit weiterer Volksinitiativen aus. Einen Versuch zur Aufnahme direktdemokratischer Elemente unternahm die Zentrumsfraktion in der 22. Sitzung des Hauptausschusses am 8. Dezember 1948. Der Antrag lautete: „In das Staatsgrundgesetz ist an geeigneter Stelle folgender Artikel einzufügen: Ein Volks-

---

910 Zur abschließenden Regelung des Art. 76 Abs. 1 GG vgl. *Fell*, Plebiszitäre Einrichtungen im gegenwärtigen deutschen Staatsrecht, S. 171, 176; *Krause*, in: Isensee, Kirchhof (Hrsg.), HdbStR, Bd. 2, S. 324f.; *Bleckmann*, JZ 1978, 219; *Bryde*, in: von Münch, GG, Art. 76, Rdnr. 3; *Obermayer*, NJW 1958, 1175; *Koenig*, DVBl 1993, 145f.

911 Zur Gebräuchlichkeit dieser Terminologie vgl. *Evers*, in: BK, GG, Art. 38, Rdnr. 48.

912 Dazu *Brüggemann*, Die Beschränkung der Rechte des Staatsvolkes und der Staatsbürger durch die repräsentative Demokratie nach dem Bonner Grundgesetz, S. 58; *Greifeld*, Volksentscheid durch Parlamente - Wahlen und Abstimmungen vor dem Grundgesetz der Demokratie, S. 74; *Koenig*, DVBl 1993, 146.

913 Dazu *Kriele*, VVDStRL 1971, 60f.

914 Dazu *Paterna*, Volksgesetzgebung, S. 65f.

entscheid ist herbeizuführen, wenn ein Zehntel der Stimmberechtigten denselben verlangt. Der Volksentscheid ist für Regierung und Volksvertretung bindend."

Begründet wurde der Antrag durch die Abgeordnete Wessels damit, daß es sich um ein demokratisch selbstverständliches Recht handele, wenn man dem Volk den Volksentscheid zubillige.[915]

Im Organisationsausschuß war die Einführung der Volksinitiative bereits abgelehnt worden. „Wir sind der Ansicht gewesen", so der Abgeordnete Dr. Katz (SPD), „daß normalerweise die Gesetzgebung im Wege der repräsentativen Demokratie durch die Parlamente durchgeführt wird". „Wir haben eine repräsentative Demokratie und die Abgeordneten sind dazu gewählt worden, um Entscheidungen zu treffen und durchzukämpfen".[916]

Unterstützt wurde diese Auffassung auch vom Abgeordneten Dr. von Mangoldt, der für die Fraktion der CDU den Ausführungen des Dr. Katz beipflichtete. Ebenso sprach sich Prof. Heuss (FDP) gegen die Aufnahme plebiszitärer Elemente in das Grundgesetz aus. Die Frage, ob man den Volksentscheid und die Volksinitiative wieder in die Verfassung aufnehmen solle oder nicht, habe gleich zu Anfang eine Rolle gespielt. Heuss fand es sehr weise, daß der Parlamentarische Rat dies nicht getan habe. Die Möglichkeit zur Initiative und zum Referendum habe das Volk in den kleinräumigen Demokratien, in denen sie nach seiner Auffassung „wunderbar" funktionieren. Auf der Ebene des Grundgesetzes aber wären sie – dem bekannten Wort folgend – nach den geschichtlichen Erfahrungen nichts anderes „als eine Prämie auf Demagogie".[917]

Auf den Einwand von Frau Wessels, daß jedes demokratische Staatswesen einen Volksentscheid ermöglichen müsse,[918] wies der Abgeordnete Dr. Katz auf den Charakter des demokratischen Systems hin, welches der Parlamentarische Rat geschaffen habe. Der Volksentscheid sei kein unentbehrlicher Bestandteil der Demokratie. Der Wähler gebe sein Mandat dem Abgeordneten, dem er den Sachverstand für die Materie zutraue. Damit sei die Herrschaft des Volkes festgelegt. Es herrsche nicht eine volksferne Gruppe, sondern die gewählten Vertreter des Volkes. Das Plebiszit der Antragsteller passe nicht in das System der repräsentativen Demokratie, welches in den Organisationsbestimmungen niedergelegt worden sei.[919]

Der Antrag der Zentrumsfraktion wurde daraufhin mit 18 gegen 3 Stimmen abgelehnt.[920]

915 Parlamentarischer Rat, Hauptausschuß, 22. Sitzung, 8. Dezember 1948, S. 263.
916 Parlamentarischer Rat, Hauptausschuß, 22. Sitzung, 8. Dezember 1948, S. 263.
917 Parlamentarischer Rat, Hauptausschuß, 22. Sitzung, 8. Dezember 1948, S. 265.
918 Parlamentarischer Rat, Hauptausschuß, 22. Sitzung, 8. Dezember 1948, S. 264.
919 Parlamentarischer Rat, Hauptausschuß, 22. Sitzung, 8. Dezember 1948, S. 264.
920 Parlamentarischer Rat, Hauptausschuß, 22. Sitzung, 8. Dezember 1948, S. 265.

Diese Ausführungen machen deutlich, daß sich die Delegierten bewußt für ein streng repräsentatives System und gegen weitere plebiszitäre Elemente entschieden haben. Nach herrschender Auffassung ist der Gesetzgeber somit nicht befugt, über die in der Verfassung vorgesehenen Fälle hinaus weitere Volksinitiativen durch einfaches Bundesgesetz zuzulassen.

Der Ausgang dieser Verfassungsinterpretation scheint jedoch nicht nur durch objektive und logisch nachvollziehbare Schlüsse, sondern auch durch unausgesprochene Prämissen und Wertungen geprägt zu sein. Entsprechend dem juristischen Handwerk wird aus bestimmten Sätzen des Grundgesetzes mit viel logischem Scharfsinn ein Ergebnis gefolgert, während von anderer Seite nicht weniger scharfsinnig aufgrund des gleichen Textes das genaue Gegenteil behauptet wird. Dies legt die Vermutung nahe, daß tatsächlich das Ergebnis im einen wie im anderen Fall nicht ausschließlich dem angeführten Satz der Verfassung entnommen, sondern bereits in dem vorweggenommenen Ergebnis der Auslegung begründet ist. Diese Vermutung gilt um so mehr, als es sich hier um die Definition des Demokratieprinzips handelt, das zwar besagt, daß alle Staatsgewalt vom Volke ausgeht, jedoch nicht nur eine einzige Lösung gebietet.

Wie bei jedem positiven Recht ist auch auf der Ebene des Verfassungsrechts der Übergang zwischen geltendem Recht (de lege lata) und rechtspolitischen Überlegungen (de lege ferenda) fließend. Dies hat seine Ursache nicht zuletzt darin, daß Verfassungsrecht politisch-soziale Konstellationen nur in einem konkreten Zeitpunkt normativ zu regeln vermag. Diese können sich jedoch im Laufe der Zeit weiterentwickeln und verändern. Dies gilt insbesondere auch für die plebiszitären Elemente, welche innerhalb der Verfassungsdiskussionen in den neuen Bundesländern und darüber hinaus eine erhebliche Rolle gespielt und mittlerweile in allen Landesverfassungen Aufnahme gefunden haben. Damit Verfassungsrecht nicht von den tatsächlichen Gegebenheiten überholt und ausgehöhlt wird, muß es sich kontinuierlich entwickeln. Diese Chance hat der Verfassungsgeber auf Bundesebene, wie noch zu zeigen sein wird, jedoch bis heute nicht genutzt.

§ 28 Die erneute Ablehnung der Aufnahme von Volksinitiativregelungen in das Grundgesetz im Rahmen der Wiedervereinigung Deutschlands

Bereits im Dezember 1976 hatte sich die Enquête-Kommission Verfassungsreform des Deutschen Bundestages in ihrem Schlußbericht[921] gegen die Einführung der Volksgesetzgebung ausgesprochen. Aufgrund wachsender Kritik an

921 Deutscher Bundestag, Drucksache 7/5924.

der Verfassungswirklichkeit[922] hatte der Deutsche Bundestag 1973 die Konstituierung dieser Kommission beschlossen. Ihre Aufgabe bestand darin, zu prüfen, ob und inwieweit es erforderlich ist, das Grundgesetz den gegenwärtigen und voraussehbaren zukünftigen Erfordernissen – unter Wahrung seiner Grundprinzipien – anzupassen.[923] Gegenstand der Untersuchungen waren unter anderem alle Formen einer unmittelbaren Beteiligung des Volkes an politischen Sachentscheidungsrechten. Als Begründung für die Ablehnung wurde angeführt, daß Formen direkter Demokratie keine geeigneten Instrumente seien, die Legitimation und Handlungsfähigkeit der repräsentativ-parlamentarischen Demokratie zu verstärken. Es bestünde vielmehr die Gefahr, daß sie die Bedeutung des Parlaments verringern und die Funktions- und Integrationsfähigkeit der freiheitlich demokratischen Grundordnung der Bundesrepublik insgesamt beeinträchtigten.[924]

Im Vorfeld des Einigungsvertrages hatte es erneut lebhafte politische Diskussionen darüber gegeben, ob im Zusammenhang mit der Herstellung der deutschen Einheit weitergehende Veränderungen des Grundgesetzes oder gar eine neue Verfassung erarbeitet werden sollte.[925]

Mit Art. 5 des Einigungsvertrages wurde ein politischer Kompromiß zwischen den verschiedenen Positionen gefunden.[926] Bei den Überlegungen zu Art. 5 ging man davon aus, daß jedenfalls in der zeitlichen Enge des Einigungsprozesses kein hinreichend breiter Konsens, zumindest keine Zwei-Drittel-Mehrheit für Verfassungsänderungen zustande kommen würde. Gem. Art. 5 des Einigungsvertrages empfahlen daher die Regierungen der beiden Vertragsparteien den gesetzgebenden Körperschaften des vereinten Deutschlands, sich innerhalb von zwei Jahren mit den im Zusammenhang mit der deutschen Einigung aufgeworfenen Fragen zur Änderung oder Ergänzung des Grundgesetzes zu befassen.

---

922 Vgl. hierzu *M. Müller*, ZParl 1974, 143ff.

923 Presse- und Informationszentrum des Deutschen Bundestages 1976, S. 9.

924 Presse- und Informationszentrum des Deutschen Bundestages 1976, S. 14; hierzu ausführlich *Paterna*, Volksgesetzgebung, S. 89f.

925 Vgl. nur *Busse*, DÖV 1991, 352 m.w.N.; ausführlich auch *Blumenwitz*, Aus Politik und Zeitgeschichte, 3ff; *Roellecke*, NJW 1991, 2440ff.

926 Zur Bedeutung des Art. 5 des Einigungsvertrages vgl. auch *Bartlsperger*, DVBl 1990, 1286ff.

1. *Die ablehnende Haltung der Sächsischen Staatsregierung in der Kommission Verfassungsreform des Bundesrates und die anschließende Diskussion*

Mit Beschluß vom 01. März 1991 hatte der Bundesrat eine Kommission Verfassungsreform eingesetzt. Sie hatte den Auftrag, sich entsprechend den in Art. 5 des Einigungsvertrages enthaltenen Empfehlungen mit den im Zusammenhang mit der deutschen Einigung aufgeworfenen Fragen zur Änderung oder Ergänzung des Grundgesetzes zu befassen.[927]

Da die Diskussion um die Einführung von Formen unmittelbarer Demokratie in das Grundgesetz seit der Entscheidung des Parlamentarischen Rates nicht verstummt war und durch die Herstellung der deutschen Einheit insbesondere durch die Verfassungsgebung in den neuen Ländern an Aktualität enorm zugenommen hatte,[928] nahm sich auch die Verfassungskommission dieses Themas an.

Die Kommission beschloß ihren Bericht „Stärkung des Föderalismus in Deutschland und Europa sowie weitere Vorschläge zur Änderung des Grundgesetzes" am 14. Mai 1992.[929] Die Länder Brandenburg, Bremen, Hamburg, Hessen, Niedersachsen, Nordrhein-Westfalen, Rheinland-Pfalz, Saarland und Schleswig-Holstein setzten sich, wenn auch mit unterschiedlichen Vorstellungen hinsichtlich der Ausgestaltung im einzelnen, grundsätzlich für die Volksgesetzgebung ein. Mit den Regierungen der Länder Baden-Württemberg, Bayern, Mecklenburg-Vorpommern, Sachsen-Anhalt und Thüringen lehnte die sächsische Staatsregierung die Einführung ab.

Im Sächsischen Landtag hatte es deswegen eine große Anfrage seitens der SPD-Fraktion gegeben, in der das fehlende Engagement der Regierungsvertreter zum Thema Grundrechte, Staatsziele und plebiszitäre Elemente kritisiert wurde.[930] „Unser Anliegen ist es, den Sächsischen Landtag aufzufordern, sich den Standpunkt zu eigen zu machen, daß diese Grundsätze aus der Sächsischen Verfassung auch in das Grundgesetz aufgenommen werden sollten".[931] Was in Sachsen richtig sei, könne auf Bundesebene nicht falsch sein.

---

927 Deutscher Bundesrat, Drucksache 103/91; Die Kommission bestand aus 32 Mitgliedern. Jedes der 16 Länder wurde durch den Ministerpräsidenten und ein von der Landesregierung benanntes weiteres Regierungsmitglied repräsentiert. Sachsen wurde von Ministerpräsident Biedenkopf und Justizminister Heitmann vertreten.

928 Dazu *von Danwitz*, DÖV 1992, 601; zur Diskussion vgl. auch *Knaup*, Plebiszitäre Verfahren als Ergänzung der Repräsentativen Demokratie, S. 21ff.

929 Deutscher Bundesrat, Drucksache 360/92, zur Volksgesetzgebung Rdnr. 177ff.

930 Sächsischer Landtag, Drucksache 1/1885; vgl. dazu auch den Entschließungsantrag der SPD zum Thema Grundrechte, Staatsziele und plebiszitäre Elemente, Sächsischer Landtag, Drucksache 1/2317, Punkt 6.

931 Abgeordneter *Kunzmann*, Sächsischer Landtag, Plenarprotokoll 1/52, S. 3622.

In der Aussprache im Landtag schlossen sich auch Mitglieder anderer Fraktionen dieser Kritik an. So wurde seitens der FDP-Fraktion festgestellt, daß die bisherige Fassung des Grundgesetzes zwar die beste und freiheitlichste Verfassung sei, die Deutschland bislang hatte und die sich in 40 Jahren in den alten Bundesländern bewährt habe. Mit der Einheit Deutschlands stünden jedoch Fragen und Entscheidungen an, die bei der Schaffung des Grundgesetzes nicht voraussehbar gewesen seien, jetzt aber zu einer Lösung und Beantwortung geführt werden müßten. Dies betrifft aus der Sicht der sächsischen FDP auch die Frage der Bürgerbeteiligung am Staat, das heißt, die der direkten Demokratie. Die FDP bejahte nach allem die Fähigkeit des mündigen Bürgers zur direkten Demokratie, die auch in der Sächsischen Verfassung zum Ausdruck komme, und fand es etwas verwunderlich, daß sich die Staatsregierung zurückhaltend geäußert habe.[932]

Nach Auffassung der Fraktion Bündnis 90/Die Grünen sei der Wille zur Volksgesetzgebung in den Diskussionen im Verfassungs- und Rechtsausschuß nicht auf das Land Sachsen beschränkt gewesen, sondern habe eine darüber hinausgehende Bedeutung.[933]

Der Vertreter der Staatsregierung Staatsminister Heitmann betonte demgegenüber, daß die Regierung nie einen Zweifel daran gelassen habe, daß es sich bei der Landesverfassung nicht um eine „Spielwiese" für Gedanken zur Veränderung des Grundgesetzes handele.[934] Es bestehe ein erheblicher Unterschied zwischen den Ebenen der Landesverfassung und der Bundesverfassung und insbesondere auch in der verfassungspolitischen Bewußtseinslage auf Landesebene und auf Bundesebene. Mit dem Beitritt zum Gebiet des Grundgesetzes „sind wir unter ein in 40 Jahren bewährtes Dach getreten".[935]

Bemerkenswert erscheint indessen, daß auf Bundesebene genau die gegenteiligen Schlüsse gezogen werden. Auf Landesebene herrscht die Auffassung vor, daß dem Verhältnis Volk und Parlament zueinander im Idealfall eine Arbeitsteilung entspreche, in der es einer ständigen Rückkoppelung der Volksvertreter mit dem Volk bedürfe.[936] Wahlen allein reichen z.B. nach Auffassung des schleswig-holsteinischen Verfassungsgebers dazu nicht aus.[937] Für den Fall, daß die von der Parlamentsmehrheit getragene Politik von der Überzeugung der Be-

---

932 Abgeordneter *Kröber*, Sächsischer Landtag, Plenarprotokoll 1/52, S. 3617.
933 Abgeordneter *Böttger*, Sächsischer Landtag, Plenarprotokoll 1/52, S. 3621.
934 Justizminister *Heitmann*, Sächsischer Landtag, Plenarprotokoll 1/52, S. 3620.
935 Justizminister *Heitmann*, Sächsischer Landtag, Plenarprotokoll 1/52, S. 3620.
936 *Karpen*, JA 1993, 110.
937 Vgl. Verfassungs- und Parlamentsreform in Schleswig-Holstein, Bericht und Empfehlung des Sonderausschusses, Schleswig-Holsteinischer Landtag, Drucksache 12/218, S. 56.

völkerung in einzelnen wesentlichen Sachfragen erheblich abweiche, müßten plebiszitäre Elemente in die Verfassung eingeführt werden. Wenn Mehrheiten im Volk in für sie bedeutungsvollen Fragen übergangen würden, wüchsen zwangsläufig Zweifel an der sachgerechten Repräsentanz des Volkswillens. Staatsverdrossenheit, zumindest aber Parteiverdrossenheit könne die Folge sein.[938]

In den Ländern herrscht demnach die Auffassung vor, daß Elemente direkter Demokratie helfen sollten, mögliche Blockierungen im etablierten politischen System zu überwinden und der Entfremdung zwischen der nichtorganisierten Bürgerschaft und der organisierten Staatlichkeit entgegenzuwirken.[939] Die möglichen Gefahren eines Volksentscheids stehen danach in keinem Verhältnis zu dem, was das Fehlen dieses klassischen Instruments des demokratischen Verfassungsstaates bewirke.[940] Die Mitwirkung des Volkes bei der Gesetzgebung erhöhe und fördere vielmehr die Transparenz des staatlichen Entscheidungsvorgangs im konkreten Fall sowie die Integration und den Konsens zwischen Staat und Volk und die Lernfähigkeit oder Kompromißbereitschaft der Parteien.[941]

Degenhart folgend müßten Überlegungen zur Einführung plebiszitärer Elemente auf Bundesebene diese Ausprägungen des Demokratieprinzips auf Länderebene mit einbeziehen.[942] Die Verfassungsstrukturen der Länder könnten im Blick auf den übergeordneten Grundsatz der wechselseitigen Rücksichtnahme im Bundesstaat für den verfassungsändernden Gesetzgeber auf Bundesebene nicht schlechthin unbeachtlich sein. Wenn aber auf Länderebene sich funktionierende Institutionen direkter Demokratie ausgebildet hätten, so bedürfe auch der verfassungsändernde Gesetzgeber auf Bundesebene einer Rechtfertigung, wolle er dem Souverän die in Art. 20 Abs. 2 Satz 2 GG an sich vorgesehenen Abstimmungen vorenthalten.[943]

---

938 Vgl. Verfassungs- und Parlamentsreform in Schleswig-Holstein, Bericht und Empfehlung des Sonderausschusses, Schleswig-Holsteinischer Landtag, Drucksache 12/218, S. 56; hierzu. auch *Schambeck*, Das Volksbegehren, S. 35f; *Rux*, DVBl 2000, 34ff.; zur aktuellen Diskussion siehe auch die Zeitung *DieWoche* vom 20. April 2001, S. 6.

939 Vgl. *Bull*, in: Festschrift für W. Thieme, 1993, S. 311; für Niedersachsen vgl. *Berlit*, NVWZ 1994, 16.

940 Schlußbericht der Enquête-Kommission Verfassungs- und Parlamentsreform Schleswig-Holsteins, Sondervotum 4, S. 161ff.

941 *Braun*, in: Kommentar zur Verfassung des Landes Baden-Württemberg, Art. 59, Rdnr. 34; vgl. auch *Jung*, JöR N. F. 1993, 30ff.

942 *Degenhart*, Der Staat 1992, 79; zum demokratischen Prinzip des Grundgesetzes, ders., Staatsrecht I, 17. Aufl. 2001, S. 3ff., Rdnr. 9ff.

943 *Degenhart*, Der Staat 1992, 79; so auch *Pestalozza*, Jura 1994, 576; *Fliegauf*, LKV 1993, 181.

Nach Auswertung der plebiszitären Verfahren auf Länderebene[944] kommt Degenhart zu dem Ergebnis, daß die gegenüber der direkten Demokratie für die Ebene des Bundes geäußerten Befürchtungen sich in den Ländern nicht bestätigt hätten. Direkte Demokratie könne eine ebenso sinnvolle wie wirksame Ergänzung zur parlamentarischen Staatswillensbildung auch auf Bundesebene ermöglichen.[945] Bei einer etwaigen umfassenderen Revision des Grundgesetzes sei daher auch die verfassungsgestaltende Grundsatzentscheidung des Art. 20 Abs. 2 GG zu bedenken, in dessen Satz 2 plebiszitäre Elemente und repräsentative Staatswillensbildung in prinzipieller Gleichordnung genannt seien. Nicht die Aktualisierung direkter Demokratie bedürfe dann besonderer Rechtfertigung, sondern ihr andauernder und gänzlicher Ausschluß.[946]

2. Die Beratungen der Gemeinsamen Verfassungskommission und die Verfassungsdebatte

Am 28. November 1991 beschloß der Deutsche Bundestag die Einsetzung einer Gemeinsamen Verfassungskommission zur Beratung von Grundgesetzänderungen und -ergänzungen.[947]

Für die Einführung der Volksgesetzgebung gab es nicht nur Vorschläge aus den eigenen Reihen der Parteien, auch die Verfassungsentwürfe der Arbeitsgruppe „Neue Verfassung der DDR" und des „Kuratoriums für einen demokratisch verfaßten Bund deutscher Länder" vom 29. Juni 1991 sollten in die Beratungen eingehen.[948]

Schon der Runde Tisch hatte in der ersten Sitzung am 7. Dezember 1989 die Einsetzung einer Arbeitsgruppe „Neue Verfassung" beschlossen. Diese Arbeitsgruppe war von Vertretern der eher links gerichteten politischen Gruppen und den Bürgerbewegungen dominiert.

---

944 Zu diesen vgl. auch *Jung*, ZParl 1993, 5ff; *Hoof/ Kempf*, ZParl 1993, 14ff.

945 Vgl. auch *Th. Mayer*, ZRP 1993, 330ff. In 14 Thesen faßt der Autor Erfahrungen mit Volksbegehren und Volksentscheiden zusammen und kommt zu dem Ergebnis, daß die direkte Demokratie positive Auswirkungen auf die politische Kultur habe und eine adäquate Antwort auf die zunehmende Parteiverdrossenheit sei.

946 *Degenhart*, Der Staat 1992, 97.

947 Die Kommission bestand aus 64 Mitgliedern und 64 Stellvertretern, die je zur Hälfte von Bundestag und Bundesrat entsandt wurden, vgl. Bericht der gemeinsamen Verfassungskommission, Deutscher Bundestag, Drucksache 12/6000, S. 7.; *Ossenbühl*, DVBl 1993, 468; jeweils 26 Mitglieder gehörten der CDU/CSU an, 28 der SPD, sechs der FDP, einer der Linken Liste/PDS und drei dem Bündnis 90/Die Grünen.

948 Bericht der Gemeinsamen Verfassungskommission, Deutscher Bundestag, Drucksache 12/6000, S. 6.

Der am 4. April 1990 der Volkskammer vorgelegte Entwurf einer Verfassung ging zunächst noch von einer eigenständigen DDR aus und war für eine längere Übergangszeit gedacht. Mit der Aufnahme von Formen direkter Demokratie reagierte die Arbeitsgruppe auf die jüngsten ostdeutschen Entwicklungen vom Herbst 1989, in denen sich das Volk als mündig erwiesen habe. Das Verfahren ist jedoch nur einstufig ausgestaltet. Gem. Art. 98 Abs. 1 mußte ein Volksbegehren von 750.000 Stimmberechtigten unterstützt werden.

Die am 12. März neugewählte Volkskammer hatte nach einer Fragestunde am 19. April die Überweisung in die Ausschüsse abgelehnt, weil sie unter anderem eine Verzögerung des angestrebten Einigungsprozesses befürchtete.[949]

Erste gesamtdeutsche Bürgerinitiative war das „Kuratorium für einen demokratisch verfaßten Bund deutscher Länder". Als wichtigste Quelle für seinen Verfassungsentwurf diente nach eigenen Angaben das Grundgesetz, die überarbeitete Verfassung Schleswig-Holsteins sowie der Verfassungsentwurf der Arbeitsgruppe des Runden Tisches der DDR.[950]

Die Volksinitiative ist in dem Entwurf zweistufig geregelt. Gem. Art. 82a Abs. 1 ist die erste Stufe erreicht, wenn mindestens 100.000 Stimmberechtigte einen entsprechenden Antrag unterzeichnet haben. Entspricht das Parlament der Initiative nicht, kann ein Volksbegehren beantragt werden. Dies ist gem. Art. 82a Abs. 2 dann zustande gekommen, wenn innerhalb eines halben Jahres eine Million Stimmberechtigte dem Begehren zugestimmt haben.

Im Rahmen der Beratungen der Gemeinsamen Verfassungskommission wird aber auch das Ergebnis der Kommission des Bundesrates sowie der die Volksgesetzgebung ablehnende Schlußbericht der Enquête-Kommission Verfassungsreform des Bundestages vom 2. Dezember 1976 berücksichtigt.

Des Weiteren hatten sich mehr als 800.000 Bundesbürger mit Änderungswünschen an die Verfassungskommission gewandt. Dabei wurde mit 266.000

949 Der Entwurf ist abgedruckt bei *Häberle*, JöR N. F. 1990, 350ff.; die Mitglieder namentlich und mit Gruppenzugehörigkeit S. 322, Fn. 11; vgl. auch Bemerkungen zum Entwurf, S. 321f.; vgl. ebenfalls *Steinberg*, in: Festschrift für E. G. Mahrenholz, 1994, S. 424ff; *Schlink*, Der Staat 1991, 165ff.

950 Dem Entwurf sollte nicht der Charakter des „Letztverbindlichen" anhaften. Das Kuratorium wollte zu einer breiten öffentlichen Diskussion anregen und gleichzeitig zu einer Vertiefung und Konkretisierung der Diskussion beitragen, hierzu Kuratorium für einen demokratisch verfaßten Bund deutscher Länder, S. 8. Mehr als in den möglichen Ergebnissen der Volksgesetzgebung sah das Kuratorium den entscheidenden Grund für dessen Einführung in dem Verfahren selbst. Es könne wesentlich dazu beitragen, das politische System für neue Inhalte und Politikformen zu öffnen. Damit wirke es zugleich dem für die Demokratie gefährlichen Gefühl politischer Ohnmacht entgegen, hierzu Kuratorium für einen demokratisch verfaßten Bund deutscher Länder, S. 8.

Zuschriften am häufigsten eine Erweiterung der Volksbeteiligung an der Politik gefordert.[951] Kein anderes Thema hatte eine solche Resonanz. Die Formen direkter Bürgerbeteiligung sollten, so die Begründung, das parlamentarisch-repräsentative System des Grundgesetzes nicht in Frage stellen, sondern sinnvoll ergänzen und zu einer partizipativen Demokratie fortentwickeln.

Trotz des großen öffentlichen Interesses stand dieser Punkt nur in zwei von insgesamt 26 Sitzungen auf der Tagesordnung, für die zuvor Themenschwerpunkte festgesetzt worden waren.

Die Kommission fand aber zu keiner einheitlichen Beurteilung. Nach einer Anhörung von Sachverständigen am 17. Juni 1992 und einem Berichterstattergespräch erreichte in der abschließenden Beratung keiner der Entwürfe die erforderliche Zwei-Drittel-Mehrheit.[952] Zur Begründung der Ablehnung wurden sowohl verfassungssystematische als auch verfassungspolitische Gründe angeführt.[953] Mit der Ablehnung der Aufnahme plebiszitärer Elemente in das Grundgesetz habe der Parlamentarische Rat die entscheidenden Konsequenzen aus dem Scheitern der Weimarer Republik gezogen. Diese Entscheidung des Parlamentarischen Rates sei auch heute noch richtunggebend, denn das bewährte System der parlamentarisch-repräsentativen Demokratie könne durch plebiszitäre Verfahren nachhaltig geschwächt werden. So ermöglichten plebiszitäre Elemente dem Parlament die Flucht aus der Verantwortung. Weiterhin bestehe angesichts der Komplexität politischer Entscheidungen die Gefahr, daß sich die Bürger nicht von objektiven Kriterien, sondern von der subjektiven Betroffenheit oder von mediengeprägten Stimmungen leiten ließen. Damit bestehe die Besorgnis einer Entrationalisierung von Entscheidungen sowie des Populismus. Die Erfahrungen in den Bundesländern ließen sich nicht verallgemeinern und schon gar nicht auf den Bund übertragen. Plebiszite auf Länderebene seien wegen der besseren Überschaubarkeit der Verhältnisse und der geringeren Komplexität der

---

951 Bericht der Gemeinsamen Verfassungskommission, Deutscher Bundestag, Drucksache 12/6000, S. 83.

952 Die Gemeinsame Verfassungskommission entschied gemäß dem Einsetzungsbeschluß über ihre Vorschläge an Bundestag und Bundesrat mit der Zwei-Drittel-Mehrheit ihrer ordentlichen Mitglieder, das heißt, mit jener Mehrheit, die gem. Art. 79 Abs. 2 GG auch für die nachfolgenden Entscheidungsprozesse in Bundestag und Bundesrat notwendig ist. Dieses Mehrheitserfordernis sollte quasi als zusätzlicher Filter vor dem eigentlichen Gesetzgebungsprozeß im Bundestag und Bundesrat eingesetzt werden, vgl. Bericht der Gemeinsamen Verfassungskommission, Deutscher Bundestag, Drucksache 12/6000, S. 9.

953 Hierzu und zum folgenden Bericht der Gemeinsamen Kommission, Deutscher Bundestag, Drucksache 12/6000, S. 85f.

Probleme eher praktikabel als auf Bundesebene.[954] Auf Bundesebene fordere das Entscheidungs- und Gesetzgebungsverfahren ein Höchstmaß an Kompromißfindung und Kompromißsuche, welches nur das parlamentarische Gesetzgebungsverfahren ermögliche.

Weiterhin sei es illusionär zu erwarten, daß die Einführung plebiszitärer Verfahren die sogenannte Parteiverdrossenheit überwinden könne, eher sei das Gegenteil zu befürchten.

In dem Schlußbericht der Kommission vom 5. November 1993 heißt es daher: „Die gemeinsame Verfassungskommission gibt keine Empfehlung zur Einführung von Volksinitiative, Volksbegehren und Volksentscheid oder von anderen Formen unmittelbarer Demokratie ins Grundgesetz ab."[955]

Im Bundestag fand die Verfassungsdebatte am 30.06.1994 im Berliner Reichstag ihren Abschluß. Verglichen mit den Debattenbeiträgen zu den Staatszielbestimmungen hat das Problemfeld Bürgerbeteiligung eine nur geringe Rolle gespielt. Von insgesamt 49 Debattenrednern gingen nur neun auf dieses Thema ein, von denen sechs Redner die verstärkte Bürgerbeteiligung auch nur kurz befürwortend oder ablehnend ohne weitere Begründung erwähnten. Lediglich drei Redner gingen noch einmal auf Argumente ein.

Der Abgeordnete Vogel fragte: „Warum mißtrauen sie unserem Volk eigentlich so sehr, wenn es um Bundesangelegenheiten geht?" Es führe zu ganz absurden Ergebnissen, wenn einerseits in Landesangelegenheiten die unmittelbare Bürgerbeteiligung zulässig sei, andererseits diese Möglichkeit auf gesamtstaatlicher Ebene total verweigert werde.[956]

Der damalige Finanzminister Waigel warnte, die repräsentative Demokratie durch plebiszitäre Elemente umzuformen oder gar auszuhöhlen. „Was wäre denn heute das Ergebnis, wenn Volksabstimmungen für oder gegen die Nato, Volksabstimmungen für oder gegen die Wiederbewaffnung stattfänden? Ich kann nur warnen, dies durch die plebiszitäre Demokratie entscheiden zu lassen."[957] Außerdem verwies auch er auf die Erfahrungen der Weimarer Republik und auf ein kaum lösbares Spannungsverhältnis mit den gesetzgeberischen Mitwirkungsrechten der Länderkammern und den Prinzipien des Föderalismus insgesamt.[958]

Der Abgeordnete Geis stellte fest, plebiszitäre Elemente in die Verfassung aufzunehmen sei „sicherlich eine sehr populäre Forderung, und es sei sehr unpo-

---

954 Vgl. Bericht der Gemeinsamen Verfassungskommission, Deutscher Bundestag, Drucksache 12/6000, S. 86.

955 Bericht der Gemeinsamen Verfassungskommission, Deutscher Bundestag, Drucksache 12/6000, S. 83.

956 Deutscher Bundestag, Plenarprotokoll 12/238, S. 20956.

957 Deutscher Bundestag, Plenarprotokoll 12/238, S. 20970.

958 Deutscher Bundestag, Plenarprotokoll 12/238, S. 20970.

pulär, dies zurückzuweisen". Die CDU habe aber „viel zu gewichtige Gründe, als daß wir diesen Forderungen nachgeben könnten".[959]

Auch in den folgenden Legislaturperioden wurden Initiativen seitens des Bündnisses 90/Die Grünen und der PDS zur Aufnahme der Volksgesetzgebung in das Grundgesetz vor ähnlichem Hintergrund im Bundestag abgelehnt.[960]

Entscheidender Hintergrund der Ablehnung ist die Besorgnis, daß die Einführung plebiszitärer Elemente auf Bundesebene große Brisanz haben könne. Der Kompetenzkatalog des Grundgesetzes eröffnet in der Tat dem Bund ein weitaus breiteres Spektrum als den Ländern.[961] Aufgrund der beschränkten Gesetzgebungskompetenzen können durch mögliche volksinitiierte Gesetze auf Landesebene die Grundzüge der politischen und wirtschaftlichen Struktur des Gesamtgefüges Bundesrepublik Deutschland nicht wirklich gefährdet werden. Volksinitiierte Gesetze auf Länderebene könnten nicht einmal die Grundstrukturen des betreffenden Landes beseitigen, da Art. 28 Abs. 1 Satz 1 GG ihnen Grenzen setze.[962] Sollten volksinitiierte Gesetze auf Landesebene gegen Bundesrecht verstoßen, kämen sie gem. Art. 31 GG nicht zur Anwendung.[963] Der Bund halte damit schützend seine Hand über die grundsätzliche Ausgestaltung der Länderorganisation. Durch die Einführung der Volksgesetzgebung auf Bundesebene dagegen bestünde die Möglichkeit für wesentlich tiefgreifendere Veränderungen. Grenze der Volksgesetzgebung wäre lediglich Art. 79 Abs. 3 GG. Einer solchen Verantwortung scheint das Volk nach Auffassung der Verfassungskommission, der sächsischen Staatsregierung und der Mehrheit der Mitglieder des Bundestages nicht gewachsen zu sein.[964]

Es ist sicher richtig, daß, wie von den Gegnern der Volksinitiative auf Grundgesetzebene angeführt, regionale Probleme der Länder oft bürgernäher und damit eher einer sachkundigen Beurteilung durch die Bürger zugänglich sind. Dies rechtfertigt jedoch nicht von vornherein den Ausschluß direkt-demokratischer Verfahren, sondern höchstens eine strengere Ausgestaltung zur Sicherung ihrer funktionsgerechten Wirkung. Aber auch diese Notwendigkeit wird relativiert, wenn einer direkt-demokratischen (teil)strukturierten Ebene eine rein repräsen-

---

959 Deutscher Bundestag, Plenarprotokoll 12/238, S. 21018.

960 Deutscher Bundestag, Drucksachen 13/10261, 13/11170, 14/1129, 14/2151; Deutscher Bundestag, Plenarprotokoll 13/244, S. 22740, Plenarprotokoll 14/87, S. 8134.

961 Vgl. Art. 70ff. GG.

962 Zu diesem Zusammenhang Abgeordneter *Goliasch* (CDU), Sächsischer Landtag, Plenarprotokoll 1/42, S. 3026f.; *Schneider*, Synopse, zweiter Hauptteil, Gutachten und Anhörung zum Verfassungsentwurf, S. 38; *H. von Mangoldt*, in: Lebensweise und gesellschaftlicher Umbruch in Ostdeutschland, S. 214.

963 *Maunz*, in: Maunz/ Dürig, GG, Art. 31, Rdnr. 5.

964 Hierzu auch *Rux*, DVBl 2000, 36.

tative übergeordnet ist, die aufgrund ihres spezifischen Gewichts und ihrer Ausstrahlung Fehlentwicklungen unterer Ebenen ausgleichen kann. Für die Bundesebene könnte die Europäische Gemeinschaft, welche etwa ein Viertel der Gesetzgebungszuständigkeiten an sich gezogen hat, eine solche ausgleichende Kraft darstellen.[965] Dies gilt allerdings nur unter der Voraussetzung, daß der Demokratisierungsprozeß auf europäischer Ebene Fortschritte macht und nachhaltig vorangebracht wird.[966]

Entgegen den bisher vorherrschenden Stimmen gibt es jedoch für die Zukunft berechtigten Grund zur Hoffnung. Erstmalig hat die FDP beschlossen, die repräsentative Demokratie des Grundgesetzes um Elemente direkter Demokratie bereichern zu wollen.[967] Konkrete Vorschläge zur Regelung des Verfahrens liegen bisher allerdings noch nicht vor.

Weiterhin hat der Parteivorstand der SPD in seinem Beschluß vom 19. März 2001 die Aufnahme der Volksinitiative in der zweistufigen Form in das Grundgesetz vorgeschlagen.[968] Damit hat erstmalig eine Partei, die die Regierung stellt, einen derartigen Vorstoß gemacht. Als schwer zu nehmende Hürde bleibt jedoch, daß zur Änderung der Verfassung die Zustimmung von zwei Dritteln der Mitglieder des Bundestages notwendig ist. CDU und CSU stehen der Einführung der ersten Stufe der Volksinitiative positiv gegenüber. Volksbegehren und Volksentscheid lehnen sie jedoch ab.[969] Damit hätte sich ein durch Volksinitiative in den Bundestag eingebrachter Gesetzentwurf nach dortiger Ablehnung erledigt. Der Akt der Volksgesetzgebung wäre hier beendet, so daß durch die Einschränkung seitens der CDU und CSU die Volksgesetzgebung auf ein Minimum reduziert bliebe.

Die Fraktion der SPD hat, dem Beschluß ihres Parteivorstandes folgend, inzwischen mit der Fraktion des Bündnisses 90/Die Grünen zusammen einen Gesetzentwurf „zur Einführung von Volksinitiative, Volksbegehren und Volksentscheid in das Grundgesetz" in den Bundestag eingebracht.[970] Jedoch erhielt auch dieser Entwurf wiederum nicht die notwendige Zwei-Drittel-Mehrheit. Die Mit-

---

965 Hierzu auch *Heussner*, Volksgesetzgebung in den USA und in Deutschland, S. 71f.

966 Vgl. hierzu auch *Rux*, DVBl 2000, 36.

967 Beschluß des 51. Ordentlichen Bundesparteitages der F.D.P., Nürnberg 16./17. Juni 2000, S. 5.

968 Demokratie braucht Partei, Beschluß des SPD-Parteivorstandes vom 19. März 2001, Ausbau der Beteiligungsrechte der Bürgerinnen und Bürger auf Bundesebene, S. 5ff.

969 Hierzu die Zeitung *Die Woche* vom 20. April 2001, S. 6.

970 Deutscher Bundestag, Drucksache 14/8503 vom 13. März 2002.

glieder der CDU-Fraktion und Teile der FDP lehnten ihn ab.[971] Für die FDP führte hierzu der Abgeordnete Stadler an, daß es einem so schwierigen Thema nicht angemessen sei, es am Ende einer Legislaturperiode noch in aller Eile abzuhandeln.[972] Der Abgeordnete der SPD-Fraktion Bachmaier kündigte der Unionsfraktion trotz des absehbaren Scheiterns des Vorhabens an, daß sie das Thema „nicht mehr los" werde.[973]

Wie sich der verfassungsändernde Gesetzgeber in Zukunft entscheiden wird, steht also offensichtlich in engem Zusammenhang mit der parteipolitischen Zusammensetzung des Bundestages und bleibt daher abzuwarten.

§ 29 Vereinbarkeit der sächsischen Volksinitiativregelung mit dem Grundgesetz

Da nach überwiegender Auffassung die einschlägigen Regelungen des Grundgesetzes auf eine Vorstellung strikt repräsentativer, entschieden antiplebiszitärer Demokratie zurückverweisen, scheint der sächsischen Verfassung ein anderer Begriff von Demokratie zugrunde zu liegen. Mag man das Grundgesetz antiplebiszitär nennen, für die Verfassungsordnung Sachsens wäre eher die gegenteilige Bezeichnung richtig, so daß es naheliegt, von einer bundesstaatlichen Spaltung des Demokratiebegriffs zu sprechen.[974]

Zunächst stellt sich die Frage, ob auch für die Landesverfassungen ein bestimmter Demokratiebegriff vorgeschrieben wird. Das Bundesverfassungsgericht benutzt zwar das Bild der selbständig nebeneinander stehenden Verfassungsräume des Bundes und der Länder,[975] doch darf dies nicht als Beziehungslosigkeit verstanden werden. Das Grundgesetz wirkt nach der Rechtsprechung des Bundesverfassungsgerichts in die Landesverfassungen hinein.[976]

---

971 Hierzu Deutscher Bundestag, Plenarprotokoll 14/240, S. 24017ff.; hierzu auch *Frankfurter Allgemeine Zeitung* vom 8. Juni 2002, S. 4.

972 Deutscher Bundestag, Plenarprotokoll 14/240, S. 24025.

973 Deutscher Bundestag, Plenarprotokoll 14/240, S. 24019.

974 Hierzu *Hofmann*, in: Festschrift für K. G. Neumayer, 1985, S. 283.

975 Vgl. *Kersten*, DÖV 1993, 897.

976 BVerfGE 1, 208 (232); 4, 375 (378); 27, 44 (55); 60, 175 (208); vgl. auch *Isensee*, SächsVBl. 1994, 30; ob Art. 31 GG auch entgegenstehendes Landesverfassungsrecht bricht, ist offen, dafür: *Maunz*, in: Maunz/ Dürig, GG, Art. 31, Rdnr. 5, m.w.N.; *Magiera*, in: Deutsche Wiedervereinigung, Bd. 3, S. 151; *Boehl*, Der Staat 1991, 582; das BVerfG hat sich in BVerfGE 36, 342 (365f) dahin geäußert, „brechen" könne im Einzelfall verschiedenes bedeuten. Der „Respekt vor einer Landesverfassung" könne es auch bei kollidierendem und nicht nur bei mit Bundesrecht übereinstimmenden Landesverfassungsrecht verbieten, anzunehmen, daß die-

Bei der Qualifizierung eines solchen Einwirkungsrechts ist zwischen dem Homogenitätsgebot des Art. 28 Abs. 1 GG und den sogenannten Durchgriffsnormen zu unterscheiden. Da Art. 28 Abs. 1 Satz 1 und 2 GG zwar die zentrale, aber bei weitem nicht die wichtigste Homogenitätsvorschrift des Grundgesetzes ist,[977] muß das Verhältnis des Art. 28 Abs. 1 Satz 1 GG zu diesen Durchgriffsnormen bedacht werden.

1. Das Demokratieprinzip des Art. 20 Abs. 2 GG als Durchgriffsnorm für die Sächsische Verfassung

Durchgriffsnormen sind Regelungen, die ihrem Wortlaut nach alle Staatsgewalt binden und damit nicht allein auf die Bundes-, sondern auch auf die Landesstaatsgewalt Anwendung finden. Durchgriffsnormen binden die Staatsgewalt der Länder unmittelbar ohne besondere Transformation. Sie gehören damit zur verfassungsrechtlichen Konkordanzmasse des Grundgesetzes, die den Staat insgesamt in seiner funktionellen und institutionellen Vielfalt betrifft.[978] Zu diesen Durchgriffsnormen werden teilweise neben Art. 1 Abs. 3 i.V.m. den Grundrechten unter anderem auch Art. 20 Abs. 2 und 3 gezählt.[979] Danach würde das Demokratieprinzip des Art. 20 Abs. 2 GG, wie es für den Bund ausformuliert ist, direkt auf die Sächsische Verfassung durchgreifen. Es wäre nach dieser Auffassung für den Bund und die Länder von derart zentraler Bedeutung, daß es für den Gesamtstaat durch Art. 79 Abs. 3 GG geschützt werden müsse. Der demokratische Bundesstaat setze sich selbst in Widerspruch, wenn der verfassungsändernde Landesgesetzgeber die Möglichkeit hätte, das demokratische Prinzip zu durchbrechen oder auszuhöhlen. Wegen seiner existentiellen Bedeutung erfasse Art. 20 Abs. 2 die Organisation der Willensbildung für den Gesamtstaat, gelte also unmittelbar in den Ländern.[980] Da Art. 20 Abs. 2 GG den Inhalt des demokratischen Homogenitätsgebotes aus Art. 28 Abs. 1 Satz 1 mit umfasse und auf die Landesverfassungen durchgreife, also Landesverfassungsrecht unmittelbar gestalte und festlege, spiele Art. 28 Abs. 1 Satz 1 und 2 GG

---

se „gebrochen wird mit der Folge, daß es nichtig ist"; vgl. dazu auch *Niedobitek*, Neuere Entwicklung im Verfassungsrecht der Deutschen Länder, S. 44ff.

977 Vgl. BVerfGE 36, 342 (361); *von Mutius/ Friedrich*, Staatswissenschaft und Staatspraxis 1991, 249ff.

978 *Grawert*, NJW 1987, 2331.

979 *Stern*, Das Staatsrecht der Bundesrepublik Deutschland, Bd. 1, S. 704; *Vitzthum*, VVDStRL 1988, 11; *März*, Bundesrecht bricht Landesrecht, S. 179.

980 Vgl. *Herzog*, in: Maunz/ Dürig, GG, Art. 20, Abschnitt II, Rdnr. 94ff.

rechtspolitisch keine Rolle mehr, sondern hätte nunmehr deklaratorische Bedeutung.[981]

Nach dieser Auffassung müßten konsequenterweise die sächsischen Volksinitiativregelungen gegen Art. 20 Abs. 2 verstoßen und dürften gem. Art. 31 GG nicht zur Anwendung kommen.[982]

Die mit dem Durchgriffscharakter des Art. 20 Abs. 2 und 3 GG einhergehende Substanzauszehrung [983] des Art. 28 Abs. 1 GG wirft jedoch die Frage auf, ob hierdurch nicht die bundesstaatliche Ordnung, speziell der eigenständige Verfassungsraum der Länder, zu stark eingeschränkt würde.

Auch die Rechtsprechung des Bundesverfassungsgerichts geht nicht von einem Durchgriff des für den Bund durch Art. 20 Abs. 2 GG ausgestalteten Demokratieprinzips aus. Dieses wird aus der Entscheidung über die Vereinbarkeit der Einführung des Wahlrechts für Ausländer zu den Gemeinde- und Kreisvertretungen in Schleswig-Holstein und zu den hamburgischen Bezirksversammlungen mit dem Grundgesetz[984] deutlich. Hier ging es um die Frage, ob nach der Bundesstaatskonzeption des Grundgesetzes die demokratische Legitimationsgrundlage – das Volk – für Bund und Länder unterschiedlich bestimmt werden könne.[985] Hätte das Bundesverfassungsgericht in Art. 20 Abs. 2 GG eine Durchgriffsnorm gesehen, so hätte es die Einführung des kommunalen Ausländerwahlrechts unmittelbar an Art. 20 Abs. 2 GG scheitern lassen müssen, der auf das deutsche Staatsvolk im Sinne des Art. 116 GG abstellt.[986] Statt dessen hat sich das Bundesverfassungsgericht bei seiner Ablehnung des kommunalen Ausländerwahlrechts vor allem auf Art. 28 Abs. 1 und 2 GG gestützt.[987] Es hat den Begriff des Volkes in Art. 28 Abs. 1 Satz 2 GG im grundgesetzlichen Systemzusammenhang ausgelegt[988] und auf die deutschen Staatsangehörigen beschränkt.[989]

Der Verfassungsgesetzgeber hat diese Beschränkung durch die Einführung des Art. 28 Abs. 1 Satz 3 GG[990] aufgehoben. Danach haben Personen, welche die Staatsangehörigkeit eines Mitgliedstaates der Europäischen Union besitzen, das Wahlrecht bei Wahlen in Gemeinden und Kreisen nach Maßgabe des Rechts

---

981 Vgl. *Herzog*, in: Maunz/ Dürig, GG, Art. 20, Abschnitt II, Rdnr. 100.
982 *Sacksofsky*, NVwZ 1993, 236f.
983 *Kersten*, DÖV 1993, 901.
984 BVerfGE 83, 37 ff.; 83, 60ff.
985 Vgl. BVerGE 83, 37 (53ff.); 83, 60 (74, 76ff.).
986 BVerGE 83, 37 (37, 50 ff.) 60, (71).
987 BVerfGE 83, 60 (70, 76); 83, 37 (37, 53ff., 58ff.).
988 Vgl. Präambel, Art. 33 Abs. 1 und 2, 56, 64 Abs. 2, 116; BverfGE 83, 37 (51ff.).
989 BVerfGE 83, 37 (50ff.), 83, 60 (71, 75 f., 81).
990 Eingeführt durch Gesetz vom 21. Dezember 1992, BGBl. I, 2086.

der Europäischen Gemeinschaft. Durch EG-Richtlinie, die bis zum 1. Januar 1996 umzusetzen war, wurden die Länder zur dementsprechenden Änderung ihrer Kommunalwahlgesetze verpflichtet. Formal sind dem alle Länder nachgekommen, Sachsen und Bayern zunächst offenbar mit Defiziten,[991] die in Sachsen durch das „zweite Gesetz zur Änderung des Gesetzes über Kommunalwahlen im Freistaat Sachsen" aus dem Jahr 2000 beseitigt worden sind.[992]

Im Hinblick auf das in Art. 20 Abs. 1 und 2 für den Bund niedergelegte Demokratieprinzip ist Art. 28 Abs. 1 Satz 1 und 2 GG somit lex specialis für die Länder. Für die Sächsische Verfassung gilt daher nicht unmittelbar der Demokratiebegriff des Art. 20 Abs. 2 GG.

2. Das Homogenitätsgebot des Art. 28 Abs. 1 Satz 1 GG

Schon aus dem Wortlaut des Art. 28 Abs. 1 GG ergibt sich eine Doppelfunktion. Einerseits begrenzt das Grundgesetz die verfassungsrechtliche Gestaltungsfreiheit der Länder, indem es sie auf eine bestimmte Ordnung verpflichtet, andererseits erkennt das Grundgesetz dadurch, daß die Länder lediglich an die Grundsätze gebunden sind, eine Gestaltungsfreiheit an und legitimiert somit auch potentiell unterschiedliche Ausformungen gliedstaatlichen Verfassungsrechts.[993]

a) Das Demokratieprinzip des Art. 28 Abs. 1 Satz 1 GG

Gem. Art. 28 Abs. 1 Satz 1 GG muß die verfassungsmäßige Ordnung in den Ländern den Grundsätzen des republikanischen, demokratischen und sozialen Rechtsstaates im Sinne des Grundgesetzes entsprechen.

In Satz 2 und 3 werden die Anforderungen an das demokratische Prinzip dahingehend konkretisiert, daß in den Ländern, Kreisen und Gemeinden das Volk eine Vertretung haben muß, die aus allgemeinen, unmittelbaren, freien, gleichen und geheimen Wahlen hervorgegangen sein muß. In Gemeinden kann an die Stelle einer gewählten Körperschaft die Gemeindeversammlung treten. Jedoch fehlen in der Vorschrift die wesentlichen Konkretisierungen, die das demokratische Prinzip in Art. 20 Abs. 2 GG erfährt. Insoweit wird zur Auslegung des demokratischen Prinzips in Art. 28 Abs. 1 GG wiederum auf Art. 20 Abs. 2 Satz 1

991 Vgl. *Pieroth*, in: Jarass/ Pieroth, GG, Art. 28, Rdnr. 8.

992 GVBl. 2000, Nr. 5, S. 147.

993 Hierzu *Tillmanns*, DÖV 2000, 272; *Sachs*, DVBl. 1987, 864; *Grawert*, NJW 1987, 2331ff.; *Pestalozza*, NVwZ 1987, 747; dazu auch *Niedobitek*, Neuere Entwicklungen im Verfassungsrecht der Deutschen Länder, S. 48ff.

und 2 zurückgegriffen,[994] so daß die Regelung über den Umweg des Art. 28 Abs. 1 für das Demokratieprinzip der Sächsischen Verfassung zur Geltung kommt.

Zum demokratischen Prinzip im Sinne des Grundgesetzes, wie es Art. 28 Abs. 1 Satz 1 für die Bundesländer vorschreibt, gehört auch die Grundsatzentscheidung des Art. 20 Abs. 2 Satz 2 GG für das Prinzip der mittelbaren und repräsentativen Demokratie. Insoweit enthält Art. 28 Abs. 1 GG gewissermaßen eine Verweisung auf Art. 20 Abs. 2 Satz 2. Hier stellt sich wiederum die Frage, wie die plebiszitäre Ausgestaltung der sächsischen Volksinitiative mit diesem Prinzip übereinstimmen kann. Wenn die Vorschrift des Art. 28 Abs. 1 Satz 1 GG das demokratische Prinzip dergestalt verbindlich macht, daß es auf das so gut wie exklusive Prinzip der mittelbaren, repräsentativen Demokratie gem. Art. 20 Abs. 2 Satz 2 verweist und auch alle Ausführungsbestimmungen des Grundgesetzes zum Demokratieprinzip dem Homogenitätsgebot unterstellt, so ergibt sich, wie Herzog einräumt, eine gewisse Diskrepanz zu den Elementen plebiszitärer Demokratie und damit auch zur Volksinitiative, wie sie die Sächsische Verfassung aufgenommen hat. Jedoch werde man nicht annehmen können, daß die Einführung beziehungsweise der Fortbestand solcher Elemente in den Landesverfassungen jeweils einer besonderen Ermächtigung in der Bundesverfassung bedürfe.[995] Hierin ist jedoch, wie Hofmann bemerkt, weniger eine Begründung als vielmehr ein Widerspruch zu sehen.[996]

Von anderen wird lediglich darauf hingewiesen, daß die Länderverfassungen auf dem Gebiet der Volksgesetzgebung über die grundgesetzliche Regelung hinausgehen, oder schlicht festgestellt, daß dies verfassungsrechtlich zulässig sei.[997] Wieder andere betonen, daß es auf Landesebene verfassungspolitisch wie verfassungstheoretisch angezeigt sei, das Für und Wider solcher Regelungen weniger dogmatisch als pragmatisch zu erörtern. Die notwendige Akzeptanz der Verfassungen in den neuen Bundesländern durch die Bürgerinnen und Bürger vor dem Hintergrund der in der DDR erlebten Erfahrungen erfordere jedenfalls eine Anreicherung der demokratischen Willensbildung durch die Volksinitiative und das Volksbegehren.[998]

---

994 *Herzog*, in: Maunz/ Dürig, GG, Art. 20, Abschnitt II, Rdnr. 92; dazu allgemein, *Werner*, Wesensmerkmale des Homogenitätsprinzips und ihre Ausgestaltung im Bonner Grundgesetz, S. 36ff.

995 *Herzog*, in: Maunz/ Dürig, Art. 20, Abschnitt II, Rdnr. 44, 93 und 97.

996 *Hofmann*, in: Festschrift für K. G. Neumayer, 1985, S. 290.

997 Hierzu *Hermann von Mangoldt/ Friedrich Klein*, GG, Art. 28, Anm. III, 1c-2 b; *Löwer*, in: von Münch, GG, Art. 28, Rdnr. 19; *Storr*, Verfassunggebung in den Ländern, S. 258, Fn. 444, m.w.N.

998 *von Mutius/ Friedrich*, Staatswissenschaften und Staatspraxis 1991, 257.

b) *Identität zwischen den Grundsätzen des durch Art. 79 Abs. 3 für unabänderlich erklärten Kernbereichs des demokratischen Prinzips und denen des demokratischen Prinzips aus Art. 20 Abs. 2, 28 Abs. 1 Satz 1*

Eine Erklärung für die Diskrepanz bietet Hasso Hofmann. Auch wenn das Grundgesetz, wie es die herrschende Auffassung annimmt, strikt repräsentativ ausgerichtet ist, werde, so Hofmann, mit dem Begriff einer solchen Verfassungsentscheidung nur eine bestimmte Inhaltsbeschreibung zusammengefaßt, aus der nicht ohne weiteres normative Folgerungen bundesverfassungsrechtlichen Ranges abgeleitet werden könnten. Um die Rangfrage der Entscheidung für das strikt repräsentative Prinzip zu klären, dürfe man die Analyse nicht auf Art. 20 und 28 GG beschränken, sondern müsse auch Art. 79 Abs. 3 GG einbeziehen.[999] Die Grundsätze der Art. 20 Abs. 2 und 28 Abs. 1 Satz 1 seien identisch mit den Grenzen der Verfassungsänderung in Art. 79 Abs. 3, die einen unantastbaren Kernbereich der grundgesetzlichen Ordnung, gewissermaßen die materielle Verfassungsidentität der Bundesrepublik Deutschland markierten, welcher auch die Länderverfassungen unterworfen seien.[1000] Die Bundesländer hätten nicht nur das Recht, in ihre Verfassungen Staatsfundamentalnormen aufzunehmen, die der Bundesverfassung unbekannt seien, sondern auch solche, die mit den entsprechenden Regelungen des Grundgesetzes nicht in Einklang stünden, solange sie nicht dem Wesensgehalt der durch Art. 79 Abs. 3 geschützten Normen widersprächen.[1001]

Art. 20 Abs. 2 lege die Grundsätze des Demokratieprinzips für das staatliche Leben der Bundesrepublik fest. Wegen der notwendigen föderalen Homogenität mache Art. 28 Abs. 1 Satz 1 eben diese Grundsätze auch für die Länderverfassungen verbindlich, und Art. 79 Abs. 3 erkläre den in Art. 20 Abs. 2 niedergelegten Demokratiegrundsatz für unabänderlich.[1002] Mit anderen Worten: Die sächsische Volksinitiativregelung entspricht dem Homogenitätsprinzip des Art. 28 Abs. 1 Satz 1 und damit den Grundsätzen des Demokratieprinzips aus Art. 20 Abs. 2, wenn die Einführung der Gesetzesinitiativberechtigung des Volkes auf Bundesebene den durch Art. 79 Abs. 3 GG geschützten Wesensgehalt des Demokratieprinzips aus Art. 20 Abs. 2 nicht verletzt.

Da jedoch das Grundgesetz das Demokratieprinzip in einer streng repräsentativen Ausgestaltung konkretisiere, könnte erwogen werden, daß diese Aus-

---

999 *Hofmann*, in: Festschrift für K. G. Neumayer, 1985, S. 293f.

1000 Vgl. *Kersten*, DÖV 1993, 898; zu diesem Zusammenhang siehe auch *Evers*, in: BK, GG, Art. 79, Rdnr. 117, 118 und 180; vorsichtig zustimmend auch *Grawert*, NJW 1987, 2330; *H. P. Schneider*, DÖV 1987, 751.

1001 *H. P. Schneider*, DÖV 1987, 751.

1002 *Hofmann*, in: Festschrift für K. G. Neumayer, 1985, S. 293f.

gestaltung der „Ewigkeitsgarantie“ des Art. 79 Abs. 3 unterliegt. Dem ist jedoch nicht so. Art. 79 Abs. 3 GG schützt schon vom Wortlaut her nicht jede Konkretisierung des demokratischen Prinzips, sondern nur seine Grundsätze, welche wiederum restriktiv auszulegen sind. So hat das Bundesverfassungsgericht die Anwendung der Vorschrift auf Fälle begrenzt, in denen „die geltende Verfassungsordnung in ihrer Substanz, in ihren Grundlagen auf dem formal-legalistischen Weg eines verfassungsändernden Gesetzes beseitigt“ werden soll.[1003] Eine restriktive Interpretation der in Art. 79 Abs. 3 GG genannten Grundsätze ist daher geboten, um zu vermeiden, daß normative Zementierungen geschaffen werden, die von der Vorschrift nicht gewollt waren.[1004] Es werden daher nicht die Details, sondern die essentialia, also der Kernbereich vor Veränderungen und Beseitigung geschützt.[1005] Hierzu zählt aber die streng repräsentative Konkretisierung des Demokratieprinzips nicht.[1006] Zu den Wesensmerkmalen des Demokratieprinzips zählen vielmehr der Grundsatz der Volkssouveränität, die Mehrheitsentscheidung, ein in periodisch wiederkehrenden Abständen neu zu wählendes Parlament, staatsunabhängige Parteien, der Prozeß offener politischer Willensbildung sowie der Kern der Wahlrechtsgrundsätze.[1007] Die Einführung der Gesetzesinitiativberechtigung des Volkes wäre daran gemessen durch verfassungsänderndes Gesetz möglich.

Die Bestimmung des Art. 20 Abs. 2 Satz 2 GG ist „prima facie“ im Sinne einer dem Verfassungsgesetzgeber anheim gestellten Entscheidung zu verstehen, ob er in Zukunft die Ausgestaltung der grundgesetzlichen Herrschaftsform flexibel an politisch-gesellschaftliche Entwicklungen und Erfordernissen anpassen will.[1008]

Zu einem anderen Ergebnis kommt man nur dann, wenn davon ausgegangen werden müßte, daß die parlamentarische Demokratie durch die Einführung der Volksinitiative funktionsunfähig gemacht würde. Für eine solche Prognose gibt es keine Anhaltspunkte, sie ließe sich auch angesichts der bisher in den Bundesländern gesammelten praktischen Erfahrungen nicht rechtfertigen.[1009]

1003 BVerfGE 30, 1ff. (24), sogenanntes „Abhörurteil“.

1004 Vgl. *Maunz/ Dürig*, in: Maunz/ Dürig, GG, Art. 79, Rdnr. 31; *B. Huber*, ZRP 1984, 248.

1005 Hierzu *Löwer*, in: von Münch, GG, Art. 28, Rdnr. 6ff.; *Evers*, in: BK, GG, Art. 79, Rdnr. 152ff.

1006 Hierzu *Bryde*, in: von Münch, GG, Art. 79, Rdnr. 39ff.; *Evers*, in: BK, GG, Art. 79, Rdnr. 189.

1007 *Kriele*, VVDStRL 1971, 46ff.; *Maunz/ Dürig*, in: Maunz/ Dürig, GG, Art. 79, Rdnr. 47; *Bryde*, in: von Münch, GG, Art. 79, Rdnr. 39ff.

1008 *Bugiel*, Volkswille und repräsentative Entscheidung, S. 451, m.w.N.

1009 Dazu *Bleckmann*, JZ 1978, 218; *Evers*, in: BK, GG, Art. 79, Rdnr. 189.

Da die Einführung der Volksinitiative auf Bundesebene nicht im Widerspruch zu dem durch Art. 79 Abs. 3 geschützten Kernbereich des Demokratieprinzips stünde, verstößt auch die sächsische Regelung der Volksinitiative insoweit nicht gegen die Grundsätze dieses Prinzips und entspricht damit dem Homogenitätsgebot des Art. 28 Abs. 1 Satz 1 GG.

Der Homogenitätsgrundsatz fordert nach allem nicht Uniformität, sondern nur ein Mindestmaß an Übereinstimmung von Grundgesetz und Landesverfassung.[1010] Daraus wird teilweise gefolgert, daß die Prinzipien des Art. 79 Abs. 3 als Beschränkungen des verfassungsändernden Gesetzgebers auf Bundesebene noch enger seien, als die des Art. 28 Abs. 1 GG, da diese Vorschrift lediglich ein Minimum an Übereinstimmung zwischen Grundgesetz und Landesverfassung fordere.[1011] Zwar überschnitten sich die beiden Mindeststandardbestimmungen in ihrer Bezugnahme auf Strukturprinzipien des Grundgesetzes partiell, jedoch stünden sie in ihrem je eigenen Kontext und hätten unterschiedliche Funktionen.[1012] Art. 79 Abs. 3 limitiere die verfassungsändernde Gewalt und gehöre somit primär in den Bereich des Demokratiekontextes. Art. 28 Abs. 1 beziehe sich auf das Minimum an prinzipieller Übereinstimmung, ohne das kein Bundesstaat auskommen könne.[1013] Konsequenz dieser Auffassung ist, daß hier ein „Erst-recht-Schluß" gezogen werden kann. Wenn die Aufnahme der Volksinitiative in das Grundgesetz schon nicht gegen Art. 79 Abs. 3 GG verstößt, dann liegt in der Einführung in die Länderverfassungen erst recht kein Verstoß gegen Art. 28 Abs. 1 GG vor. Das Demokratiegebot des Art. 28 Abs. 1 Satz 1 GG verlangt danach von den Ländern eine repräsentative Demokratie,[1014] deren Spielraum vom schweizerischen Kantonsmodell bis zum Präsidialsystem der USA reicht.[1015]

Das Bundesverfassungsgericht hat in seinen Entscheidungen zu Art. 28 Abs. 1 Satz 1 GG Art. 79 Abs. 3 zwar nicht mit einbezogen, jedoch die Homogenitätsklausel stets eng ausgelegt und lediglich ein Minimum an prinzipieller Übereinstimmung mit den Verfassungsstrukturen des Bundes gefordert.[1016] Die Grundsätze des Art. 28 Abs. 1 Satz 1 und 2 werden dabei als Normativbe-

---

1010 BVerGE 9, 268 (279); 24, 367 (390); 27, 44 (55); 36, 342 (361); 83, 37(58).

1011 *H. P. Schneider*, NJW 1991, 2450; *Vitzthum*, VVDStRL 1988, 30; vgl. auch *Kersten*, DÖV 1993, 898f.

1012 *Vitzthum*, VVDStRL 1988, 30.

1013 *Vitzthum*, VVDStRL 1988, 30, Fn. 87.

1014 Hierzu *Tillmanns*, DÖV 2000, 272, *Sacksofsky*, NVwZ 1993, 236.

1015 Vgl. *Kersten*, DÖV 1993, 900.

1016 BVerfGE 9, 268 (279); 24, 367 (390); 27, 44 (55); 36, 342 (361); 83, 37 (58).

stimmungen im Sinne von Richtlinien verstanden.[1017] Danach ist es den Ländern überlassen, ob sie neben der Parlaments- eine Volksgesetzgebung vorsehen und unter welchen Voraussetzungen und mit welchen Inhalten Volksbegehren und Volksentscheide zulässig sein sollen.[1018] Auch unter diesem Aspekt steht der sächsischen Volksinitiative verfassungsrechtlich nichts entgegen.

c) Die Bedeutung des Begriffs Abstimmungen in Art. 20 Abs. 2 Satz 2 2. Alternative GG für die Volksinitiative auf Länderebene

Es ist schließlich noch zu fragen, welche Bedeutung die in Art. 20 Abs. 2 Satz 2, 2. Alternative genannten Abstimmungen für die Volksinitiative auf Landesebene haben. Sieht man die Abstimmungen ausschließlich auf die Länderneugliederungen beschränkt, so wären die Volksinitiativregelungen in den Ländern hierdurch nicht gedeckt. Dies ist jedoch keineswegs ausgemacht, zumal die Auffassung vertreten wird, daß Territorialplebiszite keine Abstimmungen im Sinne von Art. 20 Abs. 2, 2. Alternative seien.[1019] Dies läßt sich auch über die Entstehungsgeschichte der Norm begründen. Zwar zeigt die Untersuchung der Debatten des Parlamentarischen Rates über die Aufnahme plebiszitärer Elemente in das Grundgesetz, daß diese nicht generell ermöglicht werden sollten. Volksabstimmungen sollten danach auf die Fälle des Art. 29 und 118 GG beschränkt sein. Fraglich ist aber, ob damit der Begriff Abstimmungen insgesamt ausgeschöpft ist oder ob die Entstehungsgeschichte der Norm eine ausweitende Deutung für die Länderverfassungen zuläßt. Hierzu ist zunächst die ursprüngliche Fassung des heutigen Art. 20 Abs. 2 GG heranzuziehen, welcher bis zur 4. Sitzung des Hauptausschusses am 17. November 1948 folgenden Wortlaut hatte: „Die Staatsgewalt geht vom Volke aus. Das Volk übt diese einheitliche Gewalt in Gesetzgebung, Verwaltung und Rechtsprechung für jeden dieser Bereiche getrennt und durch besondere Organe nach diesem Grundgesetz aus.“[1020] Die Möglichkeit einer Abstimmung war nicht vorgesehen. Erst auf Antrag des Redaktions-

1017 BVerfGE 4, 178 (189); *Werner*, Wesensmerkmale des Homogenitätsprinzips und ihre Ausgestaltung im Bonner Grundgesetz, S. 38, 42ff., 59ff.; *Herzog*, in: Maunz/ Dürig, GG, Art. 20, Abschnitt IV, Rdnr. 47; *Maunz*, in: Maunz/ Dürig, GG, Art. 28, Rdnr. 17; *Magiera*, in: Deutsche Wiedervereinigung, Bd. 3, S. 152.

1018 BVerfGE 36, 342 (361); ebenso BVerfGE 60, 175 (208).

1019 Vgl. *Dreier*, in: Grundgesetzkommentar, hrsg. von demselben, Bd. 2, Art. 20 (Demokratie), Rdnr. 95.

1020 Art. 21 des Entwurfes in der Fassung des Ausschusses für Grundsatzfragen, in: Parlamentarischer Rat, Hauptausschuß, 4. Sitzung, 17. November 1948, S. 46.

ausschusses fügte der Hauptausschuß diesen Begriff in den Text der Vorschrift ein.[1021]

Motivation für diese Änderung könnte die Überschrift des II. Abschnitts des Grundgesetzes gewesen sein. Danach betreffen die Vorschriften dieses mit Art. 20 GG beginnenden Kapitels sowohl den Bund als auch die Länder.

Auf Bundesebene waren bis zum 17. November 1948 Volksabstimmungen bei der Verfassungsannahme, bei Gebietsänderungen sowie das Institut des Verfassungsreferendums vorgesehen.[1022] Da das Bundesvolk außer bei Wahlen auch im Wege dieser Volksabstimmungen tätig werden konnte, war es konsequent, diese Formen unmittelbarer Teilnahme in Art. 20 Abs. 2 GG aufzunehmen.

Darüber hinaus sollten die Grundsätze des Art. 20 GG gemäß der zu diesem Zeitpunkt ebenfalls im Stadium des Entwurfs befindlichen Vorschrift des heutigen Art. 28 Abs. 1 GG aber auch für die Länder maßgeblich sein.[1023] Nach der ursprünglichen Fassung des Art. 20 Abs. 2 GG hätten auch die Länderverfassungen eigentlich streng repräsentativ ausgestaltet werden müssen. Die Aufnahme von Volksinitiativberechtigungen wäre danach bundesverfassungswidrig gewesen. Zu diesem Zeitpunkt waren jedoch bereits einige Landesverfassungen verabschiedet, welche die Institute des Volksbegehrens und des Volksentscheids aufgenommen hatten.[1024] Aus diesem Grund spricht viel dafür, daß der Parlamentarische Rat auch deshalb den Begriff Abstimmungen in den Entwurf des Art. 20 Abs. 2 GG eingefügt hat. Den Ländern sollte die Entscheidung über die Aufnahme plebiszitärer Elemente in die Verfassungen überlassen bleiben.

Da die Ausschußmitglieder des Parlamentarischen Rates vielfach auch an den Entwürfen der bereits vor dem Grundgesetz verabschiedeten Länderverfassungen mitgewirkt haben, liegt es nahe, daß der Begriff Abstimmungen alle Formen von Volksabstimmungen als legitime Formen der Demokratie für die Landesebene umfassen sollte. Diese Schlußfolgerung deckt sich im übrigen mit der Äußerung des Abgeordneten Prof. Heuss im Parlamentarischen Rat, wonach plebiszitäre Elemente eher für kleinere und überschaubare Gebietskörperschaften geeignet seien.[1025]

1021 Die Vorschrift lautete nun: „Alle Staatsgewalt wird vom Volke nach diesem Grundgesetz durch Wahlen und Abstimmungen und durch besondere Organe der Gesetzgebung, der Rechtsprechung und der vollziehenden Gewalt ausgeübt.“; vgl. Parlamentarischer Rat, 4. Sitzung des Hauptausschusses vom 17. November 1948, S. 47.

1022 Vgl. Art. 106, 111a, 148 (148e) des Entwurfs von Herrenchiemsee.

1023 Vgl. Art. 27 des Entwurfs, in: JöR 1951, 245f.

1024 Z.B. die Landesverfassungen Bayerns vom 1. Dezember 1946, Bremens vom 21. Oktober 1947 und Hessens vom 1. Dezember 1946.

1025 Parlamentarischer Rat, Hauptausschuß, 22. Sitzung, 8. Dezember 1948, S. 264.

Auch die Entstehungsgeschichte des Art. 20 Abs. 2 Satz 2 GG läßt sich somit dafür anführen, daß durch die Verwendung des Begriffs Abstimmungen auf Grundgesetzebene nicht nur die plebiszitären Ausnahmeregelungen der Art. 29 und 118 gemeint waren, sondern daß auf der Ebene der Länderverfassungen ein großzügiger Gebrauch der Volksgesetzgebung ermöglicht werden sollte.

Zusammenfassung der Ergebnisse und Ausblick

Ziel der vorliegenden Arbeit war es, das legislative Einleitungsverfahren in Sachsen seit der Verfassung vom 4. September 1831 im Hinblick auf die Volksinitiative zu untersuchen.

Im Ersten Teil der Arbeit, der die verfassungsgeschichtlichen und verfassungstheoretischen Grundlagen der sächsischen Volksinitiative umfaßt, wurde nach der begrifflichen und systematischen Einordnung des legislativen Einleitungsverfahrens sowie der Volksinitiative festgestellt, daß das Volk zunächst nur über Gesetzentwürfe abstimmen konnte, die ihm von anderen Institutionen vorgelegt wurden. Die theoretische Grundlegung des Volksinitiativrechts erfolgte 1796 in Frankreich als radikaldemokratische Forderung durch Babeuf und die „Verschwörung für die Gleichheit". Da sich das Volk nur noch um öffentliche Angelegenheiten kümmern müsse, sollte die gesamte Gesetzgebung in seine Verantwortung gelegt und daher das Abstimmungsrecht um das Initiativrecht erweitert werden. Die Volksgesetzgebung sollte keine Ergänzung zur Gesetzgebung einer repräsentativen Versammlung sein, sondern galt als Antithese zu jeglicher anderen Art von Gesetzgebung. Eingeführt wurde die Volksinitiative erstmalig 1845 im schweizer Kanton Waadt sowie darauf in einigen Bundesstaaten der USA.

Bei der Untersuchung der konstitutionellen Bewegung und der Darstellung der Entwicklung des Gesetzgebungsrechts nach der Sächsischen Verfassung vom 4. September 1831 stellte sich heraus, daß eine unmittelbare Beteiligung des Volkes an der Gesetzgebung zunächst nicht gefordert worden ist. Reformkräfte oder Vorstellungen wie die Verabschiedung der Verfassung durch das Volk sowie eine repräsentative Volksversammlung, ganz abgesehen von der Gesetzesinitiativberechtigung des Volkes, waren in Sachsen 1831 unter den Bedingungen der konstitutionellen Monarchie nur schwer vorstellbar.

Im Rahmen der Untersuchung der Revolution von 1848 konnte festgestellt werden, daß der Dresdner Stadtverordnete Hermann Köchly zwar noch nicht die Volksinitiative, jedoch die unmittelbare Beteiligung des Volkes in Form von Abstimmungen in Urversammlungen über Streitpunkte zwischen Regierung und Abgeordneten forderte. Die Arbeiterverbrüderung von 1848/ 49, zu der auch die sächsischen Arbeiterorganisationen gehörten, zog die Gesetzesinitiativberechtigung des Volkes zwar in Erwägung, verwarf die Idee jedoch aus Praktikabilitätsgründen wieder.

Auf Reichsebene warb seit 1849 erstmals Moritz Rittinghausen für die Einführung der Volksinitiative. Sie sollte eingeführt werden, da die nach der Revolution neu gewählten Parlamente nicht den in sie gesetzten Erwartungen entsprachen. Es handelte sich, wie in der Revolution gefordert, noch immer nicht um Einrichtungen, die das gesamte Volk repräsentierten. Auch hatten die Befürworter der Volksinitiative kein großes Vertrauen in die einzelnen Abgeordneten. Ihnen warfen sie vor, nicht die Interessen ihrer Wähler, sondern ihre eigenen zu vertreten. Abhilfe sollte die Volksinitiative schaffen, da durch sie Gesetze geschaffen würden, die dem Volk wirklich dienlich seien.

Erste Ansätze plebiszitärer Elemente brachte dann die deutsche Revolution in der durch sie inspirierten Verfassung Bremens vom 5. März 1849. Dieser Verfassung lag erstmalig in Deutschland das auch in Sachsen geforderte Prinzip der Volkssouveränität zugrunde.

Während des Kaiserreiches nahmen auf Reichsebene die sozialistischen und sozialdemokratischen Parteien die Volksinitiative in ihre Programme auf. In Sachsen ging es vor allem darum, sich gegen die Wahlrechtsbeschneidung vom 3. Juni 1850 zur Wehr zu setzten.

Unter der Weimarer Republik dynamisieren sich die Verhältnisse und geben der Volksgesetzgebung Auftrieb.

Das Gesetz über die vorläufige Reichsgewalt vom 10. Februar 1919 und das vorläufige sächsische Grundgesetz vom 28. Februar 1919 verzichteten allerdings nicht zuletzt wegen der Eilbedürftigkeit und des neuen allgemeinen und gleichen Wahlrechts zunächst auf die Einführung der Volksinitiative.

Die Tradition der Volksinitiative innerhalb der sächsischen Verfassungsgeschichte im eigentlichen Sinne beginnt mit der Aufnahme des Volksbegehrens in die Verfassung vom 1. November 1920. Unbestritten sollte die Volksgesetzgebung nicht als Antithese zur parlamentarischen Gesetzgebung, sondern als deren Ergänzung aufgenommen werden. Für die Einführung waren sowohl Gesichtspunkte der Volksgesetzgebung als auch das grundlegende Verhältnis von Parlament und Regierung maßgebend.

Die Aufnahme des Volksentscheids schien unumstritten, die Aufnahme des Volksbegehrens dagegen erfolgte erst nach längeren Verhandlungen im Verfassungsausschuß. Dabei orientierte sich der sächsische Verfassungsgeber an der Reichsverfassung und an einigen süddeutschen Landesverfassungen. Eine Vorreiterrolle nahm Sachsen hierbei anders als die Verfassungen Badens, Württembergs und Bayerns nicht ein. Hätten nicht bereits andere Landesverfassungen das Volksbegehren eingeführt, wäre wohl auch in Sachsen auf dieses verzichtet worden, ohne dabei ein demokratisches Defizit zu empfinden.

Die alten sozialdemokratischen beziehungsweise sozialistischen Parteiprogramme, in denen speziell die Volksinitiative gefordert worden war, fanden zunächst keine Berücksichtigung. Erst im Verlauf der Verhandlungen wurde angeführt, daß die Volksinitiative doch schon immer gefordert worden sei, so daß sie nun auch in die Verfassung aufgenommen werden solle. Für besonders wichtig hielt man sie nicht, da infolge der Einführung des allgemeinen und gleichen Wahlrechts eine herausragende Notwendigkeit dafür nicht gesehen wurde.

Im Vergleich zu den Regelungen der Volksinitiative in den anderen Landesverfassungen bewegten sich die sächsischen Vorschriften, wie auch im Verfassungsausschuß gefordert, auf einer mittleren Linie. Praktische Erfahrungen wurden damit auf Landesebene kaum gemacht. Außer in Hamburg und Bayern wurde in keinem Land vom Volk die Gesetzesinitiative ergriffen. Neben dem allgemeinen Wahlrecht scheint hierfür auch ein gewisses Mißtrauen des Volkes gegen die Volksgesetzgebung ursächlich zu sein, welche in Deutschland, anders als z.B. in der Schweiz, noch nicht auf eine gefestigte Tradition zurückblicken konnte. Auch konnte sich die Volksgesetzgebung in den Ländern nicht wirklich entwickeln, da diese durch das NS-Regime ihrer Hoheitsrechte beraubt wurden.

Das nach dem zweiten Weltkrieg in Sachsen durchgeführte Volksbegehren zur Überführung der Betriebe von Kriegs- und Naziverbrechern in das Eigentum des Volkes vom 25. Mai 1946 wurde ohne eine verfassungsmäßige Grundlage durchgeführt. „Initiative von oben“ beziehungsweise „Befragung zu beabsichtigten Maßnahmen“ scheint dafür eine sachlich angemessenere Bezeichnung als der Begriff der Volksinitiative zu sein. In der Tradition der Verfassung vom 1. November 1920 stand sie nicht.

Die Sächsische Verfassung vom 28. Februar 1947 sowie die Verfassung der DDR vom 07. Oktober 1949 haben ihrem Wortlaut nach das Volksbegehren aus der Weimarer Zeit wieder aufgegriffen. Jedoch unterschied die Staatsrechtslehre der DDR, allerdings nur formal, zwischen „Verfassung im juristischen Sinne“ und „Verfassung im tatsächlichen Sinne“. Von einer Tradition kann, wenn überhaupt, nur in Bezug auf die „Verfassung im juristischen Sinne“, das heißt, nur auf den Wortlaut hin gesprochen werden. Konsequenterweise dürften die Regelungen der Volksinitiative sowohl auf der Ebene Sachsens als auch auf der Ebene der DDR nur dem von der kommunistischen Partei organisierten Teil des Volkes die Möglichkeit zu einem Volksbegehren ermöglicht haben. Rechte sollte nicht das Volk, sondern nur die Arbeiterklasse haben, das heißt, das von der Partei organisierte Proletariat. Für diejenigen, die nicht zu dieser Klasse gehörten, gab es demnach auch keine Demokratie. Was jedoch passiert wäre, wenn tatsächlich ein hinreichend großer Anteil der Bevölkerung versucht hätte, eine gegen die „wahren Erkenntnisse“ der Partei gerichtetes Volksbegehren einzuleiten, kann nur vermutet werden, da ein solches Volksbegehren nicht beantragt wurde. Wahrscheinlich wäre es bereits im Anfangsstadium verhindert worden.

Im Dritten Teil der Arbeit wurde zunächst die Genese der Regelungen zur Volksinitiative dargestellt. Die direkte Demokratie hatte nun in der sächsischen Verfassungsgeschichte eine wirkliche Chance und nahm einen Schwerpunkt in der Verfassungsdiskussion ein. Vor dem Hintergrund der positiven Erfahrungen im Herbst 1989, auf die während der Verfassungsberatungen immer wieder hingewiesen wurde, und im Hinblick auf den weitreichenden Einfluß von Bürgerbewegungen auf die Politik in der Wendezeit der DDR und darüber hinaus, erschien in den Verfassungsberatungen die Aufnahme der Volksinitiative parteiübergreifend fast als selbstverständlich. Die Diskussion des Für und Wider der direkten Demokratie hatte sich daher bald auf die Frage nach der Höhe der Quoren verschoben. Der sächsische Verfassungsgeber hat anders als 1920 und 1947 und anders als in vielen aktuellen Landesverfassungen dem üblichen einstufigen Verfahren der Volksinitiativberechtigung dem Volksbegehren mit dem Volksantrag eine Stufe vorangestellt. Das Neuartige an diesem Verfahren liegt darin, daß den Antragstellern ermöglicht wird, mit einem wesentlich niedrigeren Potential an Stimmberechtigten als bei einem Volksbegehren gegenüber dem parlamentarischen Gesetzgeber aktiv zu werden.

Das Beteiligungsquorum für den Volksantrag nach der Sächsischen Verfassung ist mit den Regelungen der übrigen neuen Landesverfassungen vergleichbar, die das zweistufige Initiativverfahren vorsehen.

Weitaus größer sind die Unterschiede bei den Quoren für das Volksbegehren. Hier liegen Brandenburg mit etwa 4,1% und Schleswig-Holstein mit 5% weit unter denen von Sachsen und den übrigen neuen Bundesländern. Die älteren Landesverfassungen mit dem einstufigen Modell der Volksinitiative sehen mit Ausnahme von Bayern wesentlich höhere Beteiligungsquoren vor. Somit bewegt sich Sachsen im Rahmen des Volksbegehrens im gesamtdeutschen Vergleich wie bereits 1920 wieder auf einer mittleren Linie.

Anders als 1920 spielten 1992 jedoch die Argumente der Verfechter der Volksinitiative aus den Parteien wieder eine größere Rolle. Stichworte wie „Kontrolle“ und mehr „Einflußmöglichkeit“ etc. auf das Parlament waren 1992 wieder aktuell. Während man 1920 aufgrund des neuen Wahlrechts großes Vertrauen zum Parlament hatte, stand man diesem 1992, wie auch die Befürworter der Volksinitiative in den Jahren nach 1849, kritischer gegenüber.

Im Zweiten Kapitel wurden die praktischen Erfahrungen dargestellt und gewürdigt. Anders als unter der Verfassung von 1920 hat die sächsische Bevölkerung die Möglichkeit zur Gesetzesinitiative bereits mehrfach ergriffen. Nach zehnjährigem Bestehen der Verfassung wurden bisher fünf Gesetzentwürfe vom Volk durch Volksantrag initiiert. Die Befürchtung, die Volksgesetzgebung könne die parlamentarische Gesetzgebung beeinträchtigen, hat sich, ebenso wie in den Jahren nach 1920, nicht bewahrheitet. Sämtliche vom Volk initiierte Gesetzentwürfe lehnte der Landtag jedoch ab. Lediglich das daraufhin eingeleitete Volksbegehren „Entwurf eines Gesetzes zur Erhaltung kommunaler Sparkassen in Sachsen“ war erfolgreich. Zwei weitere, nach Ablehnung der jeweiligen Volksanträge eingeleitete Volksbegehren scheiterten am Beteiligungsquorum. Aus diesem Grund wurde bereits eine erhebliche Senkung dieses Quorums gefordert. Zwei der fünf abgelehnten Volksanträge wurden aus Gründen, die nur vermutet werden können, nicht weiterverfolgt.

Im Dritten Kapitel wurde die Vereinbarkeit der sächsischen Volksinitiativregelungen mit dem fast ausschließlich repräsentativ ausgestalteten Grundgesetz untersucht. Dabei wurde festgestellt, daß die Regelungen dem Homogenitätsprinzip des Art. 28 Abs. 1 Satz 1 GG entsprechen. Die Gründe dafür, daß auf Grundgesetzebene die Einführung plebiszitärer Elemente nach der Verfassungsrevision 1994 erneut abgelehnt wurde, obwohl alle Landesverfassungen solche enthalten, liegen offenbar in der Brisanz der Gesetzgebungsmaterie. Auf Bundesebene ist die Bandbreite möglicher volksinitiierter Gesetze weitaus größer. Hierbei wird von den Gegnern der Volksgesetzgebung dem Volk noch immer großes Mißtrauen entgegengebracht. Offensichtlich wurden aus diesem Grund auch weitere Initiativen zur Einführung der Volksinitiative und des Volksentscheids im Grundgesetz aus den Jahren 1998 bis 2002 im Bundestag mehrheitlich abgelehnt.

Neben dem Gesetz zur Erhaltung kommunaler Sparkassen sind weitere erfolgreiche volksinitiierte Gesetze in Sachsen dann zu erwarten, wenn eine Problematik breitere Bevölkerungskreise mobilisiert, sich die Politiker dieser nicht oder nicht im Sinne der Bevölkerung annehmen und sie sich auch nicht, wie z.B. im Fall des Volksantrages „Gesetz über die Änderung der Gemeindeordnung für den Freistaat Sachsen (SächsGemO) zu vermuten ist, durch Schaffung vollendeter Tatsachen erledigt. Welche weiteren Themen die sächsische Bevölkerung derart mobilisieren kann, wird sich in der Zukunft zeigen.

Die teilweise geforderte wesentliche Senkung des Beteiligungsquorums beim Volksbegehren sollte jedoch nicht vorgenommen werden, ohne dafür ein Zustimmungsquorum oder eine Mindestbeteiligung auf der Ebene des Volksentscheids einzuführen, welche die Sächsische Verfassung zur Zeit nicht vorsehen. Beim Volksentscheid entscheidet in Sachsen die Mehrheit der abgegebenen Stimmen. Mit dieser Regelung hat sich der sächsische Verfassungsgeber exponiert. In den neu errichteten Landesverfassungen ist sie einzigartig. Vergleichbare Regelungen gibt es bundesweit, was den Volksentscheid angeht, nur in Bayern und in Hessen. Der sächsische Verfassungsgeber wollte so der Politikverdrossenheit entgegenwirken. Würde das Beteiligungsquorum beim Volksbegehren erheblich reduziert, so bestünde die Gefahr, daß ein gegebenenfalls auf diese Weise zustande gekommenes Gesetz nur noch bei glücklicher Fügung im Einzelfall – dank zahlreicher Abstimmungsbeteiligung – nicht aber mehr kraft verfassungsrechtlicher Absicherung als Ausdruck des Willens der Mehrheit des sächsischen Volkes angesehen werden könnte.

Mit den Grundsätzen des Grundgesetzes, insbesondere dem Homogenitätsprinzip, steht die sächsische Volksinitiativregelung im Einklang, da das parlamentarisch-repräsentative System einer Ergänzung durch plebiszitäre Formen der Demokratie nicht entgegensteht.

Anhang mit Textauszügen aus den Sächsischen Verfassungen von 1920, 1947 und 1992

1. Auszug aus der Verfassung des Freistaates Sachsen vom 1. November 1920 (Gbl. S. 445)

Art 36. Wenn ein Zehntel der Stimmberechtigten der letzten Landtagswahl ein Gesetz oder die Auflösung des Landtags begehrt, so muß das Gesamtministerium den Volksentscheid herbeiführen.

Verlangt das Volksbegehren ein Gesetz, so muß ihm ein Gesetzentwurf mit Begründung beigefügt sein.

Das Gesamtministerium hat das Volksbegehren mit seinen Vorschlägen dem Landtage zu unterbreiten. Der Volksentscheid findet nicht statt, wenn der Landtag dem Volksbegehren stattgibt.

Art 37. Über den Staatshaushaltsplan, Abgabengesetze und Besoldungsordnungen findet kein Volksbegehren statt.

Art 38. Bei einem Volksentscheid wird über die gestellte Frage mit „Ja" oder „Nein" abgestimmt.

Zu einem Volksentscheid ist die Beteiligung der Hälfte der Stimmberechtigten und die Mehrheit der Abstimmenden erforderlich. Werden diese Mehrheiten nicht erreicht, so gilt die Frage als verneint.

Das Verfahren über Volksentscheid und Volksbegehren regelt ein besonderes Gesetz.

2. Auszug aus der Verfassung des Landes Sachsen vom 28. Februar 1947 (Gesetze, Befehle, Verordnungen, Bekanntmachungen, veröffentlicht durch die Landesregierung Sachsen vom 15. März 1947, S. 103)

Art 58. Die Verkündung eines Gesetzes ist um einen Monat auszusetzen, wenn ein Drittel der Mitglieder des Landtages es verlangt. Nach Ablauf dieser Frist ist das Gesetz zu verkünden, falls darüber nicht ein Volksbegehren auf Volksentscheid eingeleitet ist.

Artikel 59

(1) Ein Volksentscheid ist herbeizuführen, wenn ein Zehntel der Stimmberechtigten oder wenn Parteien und Organisationen, die glaubhaft machen, daß sie wenigstens ein Fünftel aller Stimmberechtigten vertreten, es beantragen (Volksbegehren)

(2) Ist das Volksbegehren auf Erlaß eines Gesetzes gerichtet, so ist ihm ein ausgearbeiteter Gesetzentwurf zugrunde zu legen. Er ist von der Regierung unter Darlegung ihrer Stellungnahme binnen zwei Wochen dem Landtag zu unterbreiten.

(3) Der Volksentscheid findet nicht statt, wenn das begehrte Gesetz im Landtag in einer Fassung angenommen wird, mit der die Antragsteller oder ihre Vertretungen einverstanden sind.

(4) Das dem Volksentscheid unterbreitete Gesetz ist angenommen, wenn die Mehrheit der Abstimmenden zugestimmt hat. Soll durch Volksentscheid eine Verfassungsänderung beschlossen werden, so ist die Zustimmung der Mehrheit der Stimmberechtigten erforderlich.

(5) Über den Haushaltsplan, über Abgabengesetze und über Besoldungsordnungsangelegenheiten findet ein Volksentscheid nicht statt.

(6) Das Verfahren beim Volksbegehren und beim Volksentscheid regelt ein besonderes Gesetz.

3. Auszug aus der Verfassung des Freistaates Sachsen vom 6. Juni 1992 (GVBl. S. 243)

Artikel 70

(1) Gesetzesvorlagen werden von der Staatsregierung, aus der Mitte des Landtages oder vom Volk durch Volksantrag eingebracht.

(2) Die Gesetze werden vom Landtag oder unmittelbar vom Volk durch Volksentscheid beschlossen.

Artikel 71

(1) Alle im Land Stimmberechtigten haben das Recht, einen Volksantrag in Gang zu setzen. Er muß von mindestens 40.000 Stimmberechtigten durch ihre Unterschrift unterstützt sein. Ihm muß ein mit Begründung versehener Gesetzentwurf zugrunde liegen.

(2) Der Volksantrag ist beim Landtagspräsidenten einzureichen. Er entscheidet nach Einholen der Stellungnahme der Staatsregierung unverzüglich über die Zulässigkeit. Hält er den Volksantrag für verfassungswidrig, entscheidet

auf seinen Antrag der Verfassungsgerichtshof. Der Volksantrag darf bis zu einer gegenteiligen Entscheidung nicht als unzulässig betrachtet werden.

(3) Der Landtagspräsident veröffentlicht den zulässigen Volksantrag mit Begründung.

(4) Der Landtag gibt den Antragstellern Gelegenheit zur Anhörung.

Artikel 72

(1) Stimmt der Landtag dem unveränderten Volksantrag binnen sechs Monaten nicht zu, können die Antragsteller ein Volksbegehren mit dem Ziel in Gang setzen, einen Volksentscheid über den Antrag herbeizuführen. Dem Volksbegehren kann von den Antragstellern ein gegenüber dem Volksantrag veränderter Gesetzentwurf zugrunde gelegt werden. In diesem Fall findet Artikel 72 Absatz 2 entsprechende Anwendung.

(2) Ein Volksentscheid findet statt, wenn mindestens 450.000, jedoch nicht mehr als 15 vom Hundert, der Stimmberechtigten das Volksbegehren durch ihre Unterschrift unterstützen. Für die Unterstützung müssen mindestens sechs Monate zur Verfügung stehen. Der Landtag kann zum Volksentscheid einen eigenen Gesetzentwurf beifügen.

(3) Zwischen einem erfolgreich abgeschlossenen Volksbegehren und dem Volksentscheid muß eine Frist von mindestens drei und höchstens sechs Monaten liegen, die der öffentlichen Information und Diskussion über den Gegenstand des Volksentscheids dient. Diese Frist kann nur mit Einverständnis der Antragsteller unter- oder überschritten werden.

(4) Bei dem Volksentscheid wird mit Ja oder Nein gestimmt. Es entscheidet die Mehrheit der abgegebenen Stimmen.

Artikel 73

(1) Über Abgaben-, Besoldungs- und Haushaltsgesetze finden Volksantrag, Volksbegehren und Volksentscheid nicht statt.

(2) Ein durch Volksentscheid abgelehnter Volksantrag kann frühestens nach Ablauf der Wahlperiode des Landtages erneut in Gang gesetzt werden.

(3) Das Nähere über Volksantrag, Volksbegehren und Volksentscheid bestimmt ein Gesetz, in dem auch der Anspruch auf Erstattung der notwendigen Kosten für die Organisation des Volksbegehrens und eines angemessenen Abstimmungskampfes geregelt wird.

Literaturverzeichnis

A. Quellen

I. Gedruckte Quellen

1. Sächsische Quellen

Änderungsantrag der Linken Liste/PDS zu Artikel 72 des Ausschußentwurfes vom 25. Mai 1992, Sächsischer Landtag, Drucksache 1/1906

Beschlußempfehlung und Bericht des Verfassungs- und Rechtsausschusses des Landtages vom 18. Mai 1992, Sächsischer Landtag, Drucksache 1/8000

Beschlußempfehlung und Bericht des Verfassungs- und Rechtsausschusses des Landtages vom 14. März 1994, Sächsischer Landtag, Drucksache 1/4489

Beschlußempfehlung und Bericht des Innenausschusses vom 7. November 1997, Sächsischer Landtag, Drucksache 2/7259

Beschlußempfehlung und Bericht des Innenausschusses vom 5. Oktober 1998, Sächsischer Landtag, Drucksache 2/9787

Beschlußempfehlung und Bericht des Verfassungs- und Rechtsausschusses vom 16. April 1999, Sächsischer Landtag, Drucksache 2/11351

Bericht des Verfassungsausschusses zu der Vorlage über den Entwurf der Verfassung für den Freistaat Sachsen, in: Berichte usw. der Volkskammer Nr. 834, 1920

Die Protokolle des Verfassungs- und Rechtsausschusses zur Entstehung der Verfassung des Freistaates Sachsen, hrsg. von Volker Schimpff/ Jürgen Rühmann, Materialien und Studien des Sächsischen Landtages, Bd. 1, Rheinbreitbach 1997

Entschließungsantrag der SPD zum Thema Grundrechte, Staatsziele und plebiszitäre Elemente vom 18. September 1992, Sächsischer Landtag, Drucksache 1/2317

Gesetzentwurf der Fraktion Bündnis 90/Die Grünen „Verfassung des Freistaates Sachsen“ vom 8. November 1990, Sächsischer Landtag, Drucksache 1/29

Gesetzentwurf der Fraktion Linke Liste/PDS „Verfassung des Freistaates Sachsen“ vom 9. November 1990, Sächsischer Landtag, Drucksache 1/26

Gesetzentwurf zur Ausarbeitung und Annahme der Verfassung vom 12. November 1990, Sächsischer Landtag, Drucksache 1/30

Gesetzentwurf der Fraktion PDS zur Änderung der Verfassung des Freistaates Sachsen und zur Änderung des Gesetzes über Volksantrag, Volksbegehren und Volksentscheid vom 5. März 1999, Sächsischer Landtag, Drucksache 2/11085

Gohrischer Entwurf (CDU/FDP) überarbeitete Fassung vom 8. November 1990, Sächsischer Landtag, Drucksache 1/25

Große Anfrage der Fraktion SPD zur Tätigkeit der Staatsregierung in der Gemeinsamen Verfassungskommission des Bundestages und des Bundesrates vom 20. Mai 1992, Sächsischer Landtag, Drucksache 1/1885

Verhandlungen des Sächsischen Landtages:
Plenarprotokolle:
1/3 vom 15. November 1990
1/46 vom 25./26. Mai 1992
1/52 vom 18. September 1992
1/81 vom 19. November 1993
1/92 vom 17. März 1994
1/99 vom 23. Juni 1994
2/60 vom 10. Juli 1997
2/66 vom 13. November 1997
2/83 vom 22. Juli 1998
2/87 vom 8. Oktober 1998
2/97 vom 24. Februar 1999
2/99 vom 17. März 1999
2/101 vom 22. April 1999
2/105 vom 24. Juni 1999

Verhandlungen der Sächsischen Volkskammer:
Verhandlungsprotokolle:
2. Sitzung, 26. Februar 1919
3. Sitzung, 28. Februar 1919
116. Sitzung, 12. Mai 1920
152. Sitzung, 26. Oktober 1920

Verhandlungen des Sächsischen Landtages:
Protokolle:
20. Sitzung, 28. Januar 1921
26. Sitzung, 23. Februar 1921
1/13 vom 28. Februar 1947
2/28 vom 25. Juli 1952

Volksantrag zur Inkraftsetzung der Verfassung vom 26. Mai 1992, Sächsischer Landtag, Drucksache 1/1920

Volksantrag zur Änderung der Verfassung des Freistaates Sachsen vom 20. Oktober 1993, Sächsischer Landtag, Drucksache 1/3918
Volksantrag zur Änderung des sächsischen Schulgesetzes vom 24. Mai 1994, Sächsischer Landtag, Drucksache 1/4829
Volksantrag „Gesetz über die Änderung der Gemeindeordnung für den Freistaat Sachsen (SächsGemO) vom 21. April 1993“ vom 10. Juni 1997, Sächsischer Landtag, Drucksache 2/6031
Volksantrag „Gesetz über das Leitbild, die Leitlinien und die Durchführung der Gemeindegebietsreform im Freistaat Sachsen“ vom 3. Juli 1998, Sächsischer Landtag, Drucksache 2/9262
Volksantrag „Sparkassengesetz des Freistaates Sachsen (SächsSparG)“ vom 15. April 1999, Sächsischer Landtag, Drucksache 2/11475

2. Deutscher Bundestag und Deutscher Bundesrat

Bericht der gemeinsamen Verfassungskommission vom 5. November 1993, Deutscher Bundestag, Drucksache 12/6000
Beschluß des Bundesrates zur Einsetzung einer Kommission „Verfassungsreform“ vom 1. März 1991, Bundesrat, Drucksache 103/91
Beschlußempfehlung und Bericht des federführenden Innenausschusses zur Drucksache 13/10261 vom 23. Juni 1998, Deutscher Bundestag, Drucksache 13/11170
Beschlußempfehlung und Bericht des federführenden Innenausschusses zur Drucksache 14/1129 vom 23. November 1999, Deutscher Bundestag, Drucksache 14/2151
Gesetzentwurf der Fraktion Bündnis 90/Die Grünen zur Einführung von Volksantrag, Volksbegehren und Volksabstimmung im Grundgesetz vom 24. März 1998, Deutscher Bundestag, Drucksache 13/10262
Gesetzentwurf der Fraktion PDS über Volksinitiative, Volksbegehren und Volksentscheid (dreistufige Volksgesetzgebung) vom 9. Juni 1999, Deutscher Bundestag, Drucksache 14/1129
Gesetzentwurf der Fraktionen der SPD und des Bündnisses 90/Die Grünen zur Einführung von Volksinitiative, Volksbegehren und Volksentscheid in das Grundgesetz vom 13 März 2002, Deutscher Bundestag, Drucksache 14/8503
Schlußbericht der Enquête-Kommission Verfassungsreform des Bundestages vom 9. Dezember 1976, Deutscher Bundestag, Drucksache 7/5924
Unterrichtung durch die Kommission Verfassungsreform des Bundesrates. Stärkung des Föderalismus in Deutschland und Europa sowie weitere Vorschläge zur Änderung des Grundgesetzes vom 14. Mai 1992, Bundesrat, Drucksache 360/92

Verhandlungen des Deutschen Bundestages:
Plenarprotokolle:
12/238 vom 30. Juni 1994
13/244 vom 24. Juni 1998
14/87 vom 17. Februar 2000
14/240 vom 7. Juni 2002

3. Sonstige gedruckte Quellen

Bericht und Beschlußempfehlung des Sonderausschusses zur Beratung des Schlußberichts der Enquête-Kommission „Verfassungs- und Parlamentsreform", Schleswig-Holsteinischer Landtag, Drucksache 12/218, Dezember 1989

Parlamentarischer Rat, Verhandlungen des Hauptausschusses, Stenographische Protokolle 1-59, Bonn 1948/49

Schlußbericht der Enquête-Kommission Verfassungs- und Parlamentsreform/ Schleswig-Holsteinischer Landtag, (Hrsg.): Die Präsidentin des Schleswig-Holsteinischen Landtages, Baden-Baden, 1989

Stenographischer Bericht über die Verhandlungen der deutschen constituierenden Nationalversammlung zu Frankfurt/a. M.
4. Band 1848, Nr. 90-92, S. 2369-2451
6. Band 1849, Nr. 133-135, S. 3991-4073
7. Band 1849, Nr. 158-162, S. 4862-4957

Verhandlungen der verfassunggebenden Deutschen Nationalversammlung, Bd. 336, Anlagen zu den stenographischen Berichten, Nr. 391: mündlicher Bericht des 8. Ausschusses über den Entwurf einer Verfassung des Deutschen Reiches, Berlin 1920

Volksbegehren Bürgeraktion „Das bessere Müllkonzept" Bayern e. V. vom 17. August 1990, Bayerischer Landtag, Drucksache 11/17881

Volksbegehren „Mehr Demokratie in Bayern: Bürgerentscheide in Gemeinden und Kreisen" vom 11. April 1995, Bayerischer Landtag, Drucksache 13/1252

Volksbegehren über den Entwurf eines Gesetzes zur Abschaffung des Bayerischen Senats vom 19. August 1997, Bayerischer Landtag, Drucksache 13/8956

II. Ungedruckte Quellen

Bönninger Karl: Bemerkungen zum Verfassungsentwurf der Leipziger Hochschullehrer, Rede gehalten bei einer wissenschaftlichen Tagung zu theore-

tisch-konzeptionellen Fragen der Verfassunggebung in Leipzig am 28. August 1990
private Aktensammlung Prof. Bönninger

Donner Ralf: masch. Empfehlungsschreiben der Demokratie-Initiative 90 an die Gemischte Kommission Baden-Württemberg/Sachsen, Fachgruppe 11 „Verfassungs- und Verwaltungsreform" vom 20. April 1990
private Aktensammlung Prof. Bönninger

Hahn Alfred: 120 Jahre Dresdener Gemeindevertretung – Kommunalrepräsentanten und Stadtverordnete - 1830-1950,
Stadtarchiv Dresden 76.187

Mangoldt Hans von: Bemerkungen zum Verfassungsentwurf der Räte der Bezirke, masch., Tübingen, 30. April 1990, private Aktensammlung Prof. Bönninger

Sächsische Verfassung, Leipziger CDU-Entwurf, Diskussionsstand Schimpff, Becker, Georgi, Goliasch vom 24.06.1990, private Aktensammlung Volker Schimpff

Sitzungsprotokolle der Stadtverordneten zu Dresden,
Drucke, 1847-1850
Stadtarchiv Dresden 3.2.3

Niederschrift über:
die 3. Sitzung des Verfassungsausschusses vom 30. Juni 1920
die 4. Sitzung des Verfassungsausschusses vom 6. Juli 1920
die 21. Sitzung des Verfassungsausschusses vom 7. Oktober 1920
Sächsisches Hauptstaatsarchiv Dresden, Landtag 1919-1933, Nr. 294

Protokolle der Verfassungsdeputation, erster Band, 1. bis 40. Sitzung, Bremen 1848; zweiter Band, 41. bis 72. Sitzung, Bremen 1849
Staatsarchiv Bremen: E.14.d.2.d.6.a.

Verfassungsgerichtshof des Freistaates Sachsen:
Antrag gemäß Art. 71 Abs. 2 Satz 3 Sächsische Verfassung, §§ 7 Nr. 6, 33 Absatz 1 VerfGHG, § 12 Absatz 1 VVVG des Präsidenten des Sächsischen Landtages Erich Iltgen, Holländische Str. 2, 01067 Dresden vom 4. Januar 1994 an den Verfassungsgerichtshof des Freistaates Sachsen zur Feststellung der Verfassungswidrigkeit des Volksantrages zur Änderung der Verfassung des Freistaates Sachsen
AZ: Vf-VI-94

B. Schrifttum

Abelein Manfred: Plebiszitäre Elemente in den Verfassungen der Bundesländer, in: ZParl 2 (1971), S. 187-199

Achterberg Norbert: Parlamentsrecht, Tübingen 1984

Adams Willi Paul: Republikanismus und die ersten amerikanischen Einzelverfassungen. Zur ideengeschichtlichen und verfassungsgeschichtlichen Komponente der amerikanischen Revolution 1775-1780, Diss. Berlin 1968

–: Republikanische Verfassung und bürgerliche Freiheit, Darmstadt 1973

Ahcin Christian: Zur Entstehung des Bürgerlichen Gesetzbuchs für das Königreich Sachsen von 1863/65, Diss. Berlin 1993

Albrecht Günter: Dokumente zur Staatsordnung der Deutschen Demokratischen Republik, Bd. 2, Berlin 1959

Anmerkungen Dresdner Sachwalter über den Entwurf der Verfassungsurkunde und des Wahlgesetzes für das Königreich Sachsen, Dresden 1831

Anschütz Gerhard: Die Verfassung des Deutschen Reiches vom 11. August 1919. Kommentar für Wissenschaft und Praxis, 4. Bearbeitung, 14. Aufl., Berlin 1933

Apelt Willibalt: Geschichte der Weimarer Verfassung, 2. Aufl., München 1964

Argumente und Zitate aus sowjetischen und sowjetzonalen Quellen, zusammengestellt von Hans Schütze, hrsg. vom Bundesministerium für Gesamtdeutsche Fragen, 3. Aufl., Bonn 1959

Badura Peter: Die parlamentarische Demokratie, in: Handbuch des Staatsrechts der Bundesrepublik Deutschland, hrsg. von Josef Isensee und Paul Kirchhof, Bd. 1: Grundlagen von Staat und Verfassung, 2. Aufl., Heidelberg 1995, S. 953-986

Bartlsperger Richard: Verfassung und verfassungsgebende Gewalt im vereinten Deutschland, in: DVBl 105 (1990), S. 1285-1301

Bayer Detlef: Die Konstituierung der Bundesländer Brandenburg, Mecklenburg-Vorpommern, Sachsen, Sachsen-Anhalt und Thüringen, in: DVBl 106 (1991), S. 1014-1024

Beckmann Dirk: Direkte Demokratie und Verfassung, Diss. Linz 1992

Behrendts Wilhelm: Reformbestrebungen in Kursachsen im Zeitalter der französischen Revolution, Diss. Leipzig 1914

Berger Wolfgang: Die unmittelbare Teilnahme des Volkes an staatlichen Entscheidungen durch Volksbegehren und Volksentscheid, Diss. Freiburg 1978

Berger Willi: Der Verlauf der Revolution in Sachsen, Dresden 1920

Berlit Uwe: Die neue Niedersächsische Verfassung, in: NVWZ 13 (1994), S. 11-17

–: Rahmenbedingungen der (Wieder)entstehung der brandenburgischen Staatlichkeit, in: Handbuch der Verfassung des Landes Brandenburg, hrsg. von Helmut Simon, Dietrich Franke, Michael Sachs, § 1, S. 37-56
Bernet Wolfgang: Aspekte zur Wiedereinführung der Länder, in: LKV 1 (1991), S. 2-6
Biedermann Karl: Mein Leben und ein Stück Zeitgeschichte, Bd. 1, 1812-1849, Breslau 1886
–: Die Wiedereinberufung der alten Stände in Sachsen, aus dem Gesichtspunkte des Rechts und der Politik, Leipzig 1850
Bickel Hans: Kritische Betrachtungen zum gegenwärtigen Verfahren beim Volksentscheid, Diss. Marburg 1932
Birk Dieter/Wernsmann Rainer: Volksgesetzgebung über Finanzen – Zur Reichweite der Finanzausschlußklauseln in den Landesverfassungen – in: DVBl 15 (2000), S. 669-675
Blaschke Karlheinz: Königreich Sachsen und thüringische Staaten, in: Deutsche Verwaltungsgeschichte, hrsg. von Kurt G. A. Jeserich, Hans Pohl, Georg Christoph von Unruh, Bd. 2: Vom Reichsdeputationshauptschluß bis zur Auflösung des Deutschen Bundes, Stuttgart 1983, S. 608-643
–: Landstände, Landtag, Volksvertretung. 700 Jahre politische Mitbestimmung im Lande Sachsen, in: Der Sächsische Landtag. Geschichte und Gegenwart, Dresden 1990, S. 7-20
–: Die sächsische Verfassung von 1831 als Epochengrenze, in: Sächsische Heimatblätter 37 (1991), S. 306-310
–: Die Ausbreitung des Staates in Sachsen und der Ausbau seiner sämtlichen Verwaltungsbezirke, in: Blätter für deutsche Landesgeschichte 91 (1954), S. 74-109
Bleckmann Albert: Die Zulässigkeit des Volksentscheids nach dem GG, in: JZ 33 (1978), S. 217-223
Bleicken Jochen: Die athenische Demokratie, 4. Aufl., München 1995
–: Die Verfassung der Römischen Republik; 7. Aufl., München 1995
Blos Wilhelm: Denkwürdigkeiten eines Sozialdemokraten, Bd. 2, München 1919
Blum Hans: Die deutsche Revolution von 1848-49, Leipzig 1898
Blume Wilhelm von: Die württembergische Verfassungsgesetzgebung des Jahres 1919, in: JöR 9 (1920), S. 171-179
Blumenwitz Dieter: Wie offen ist die Verfassungsfrage nach Herstellung der staatlichen Einheit Deutschlands? in: Aus Politik und Zeitgeschichte, Blg. zur Wochenzeitschrift Das Parlament, Nr. B 49/91, November 1991, S. 3-11
Böckenförde Ernst-Wolfgang: Der Verfassungstyp der deutschen konstitutionellen Monarchie im 19. Jahrhundert, in: Moderne deutsche Verfassungsge-

schichte (1815-1914), hrsg. von dems., 2. Aufl., Königstein/Ts. 1981, S. 146-170

Boehl Henner Jörg: Landesverfassungsgebung im Bundesstaat. Zur Neukonstituierung der Länder im beigetretenen Teil Deutschlands, in: Der Staat 30 (1991), S. 572-593

Bönninger Karl: Verfassungsdiskussion in den ostdeutschen Bundesländern - Beispiel Sachsen, in: DuR 4 (1991), S. 395-403

- Verfassungsdiskussion im Lande Sachsen, in: LKV 1 (1991), S. 9-17

Bonner Kommentar. Kommentar zum Bonner Grundgesetz, Bd. 4 (Art. 20-37); Bd. 5 (Art. 38- 49); Bd. 7 (Art. 75-91b)

Braas Gerhard: Die Entstehung der Länderverfassungen in der sowjetischen Besatzungszone Deutschlands 1946/47, Köln 1987

Bracher Karl-Dietrich: Stufen der Machtergreifung, Frankfurt 1962

Bracher Karl-Dietrich, Sauer Wolfgang, Schulz Gerhard: Die nationalsozialistische Machtergreifung. Studien zur Errichtung des totalitären Herrschaftssystems in Deutschland 1933/34, Köln 1960

Bramke Werner: Sachsen unter der faschistischen Diktatur (1933-45), in: Sächsische Heimatblätter 30 (1984), S. 156-164

–: Unter der faschistischen Diktatur (1933-1945), in: Geschichte Sachsens, hrsg. von Karl Czok, Weimar 1989, S. 480-517

Braun Klaus: Kommentar zur Verfassung des Landes Baden-Württemberg, Stuttgart 1984

Brüggemann Rüdiger: Die Beschränkung der Rechte des Staatsvolkes und der Staatsbürger durch die repräsentative Demokratie nach dem Bonner Grundgesetz, Köln 1964

Brünneck Alexander von/Epting Immanuel: Politische Gestaltungsrechte und Volksabstimmungen, in: Handbuch der Verfassung des Landes Brandenburg, hrsg. von Helmut Simon, Dietrich Franke, Michael Sachs, § 22, S. 339-354

Bugiel Karsten: Volkswille und repräsentative Entscheidung, Baden-Baden 1991

Bull Hans Peter: Abschied von einem Provisorium - Plädoyer für eine Verfassungsrevision, in: RuP 27 (1991), S. 193-203

–: Die Verfassungen der neuen Länder - zwischen östlicher Selbstbestimmung und westlichen Vorgaben, in: Festschrift für Werner Thieme zum 70. Geburtstag, hrsg. von Bernd Becker, Hans Peter Bull, Otfried Seewald, Berlin 1993, S. 305-328

Buonarotti Philippe: Conspiration pour l' égalité dite de Babeuf, Bruxelles 1828, deutsche Übersetzung von Anna und Wilhem Blos, Stuttgart 1909

Busse Volker: Herausforderungen für den Rechtsstaat nach Schaffung der deutschen Einheit, in: ZRP 24 (1991), S. 332-336

- Das vertragliche Werk der deutschen Einheit und die Änderungen von Verfassungsrecht, in: DÖV 44 (1991), S. 345-354

Calker Wilhelm van: Die Verfassungsentwicklung in den deutschen Einzelstaaten, in: Handbuch des Deutschen Staatsrechts, hrsg. von Gerhard Anschütz und Richard Thoma, Bd. 1, Tübingen 1930, S. 49-63

Caviezel Ivo: Die Volksinitiative im allgemeinen und unter besonderer Berücksichtigung des Kantons Graubünden, Freiburg, Schweiz 1990

Curti Theodor: Der Weltgang des Referendums, in: AöR Bd. 28 (1912), S. 1-44

–: Geschichte der schweizerischen Volksgesetzgebung, Bern 1882

Curtius Julius: Über die Einführung von Volksinitiative und Volksreferendum in die neuen Verfassungen der deutschen Staaten, Heidelberg 1919

Dahnke Eckart: Verfassungsentwürfe der neuen Länder – Eine vergleichende Betrachtung – in: Deutsche Wiedervereinigung, hrsg. von Klaus Stern, Bd. 3: Zur Entstehung von Landesverfassungen in den neuen Ländern der Bundesrepublik Deutschland, Berlin 1992, S. 119-140

Dambeck Martin: Die Diskussion um direkte Demokratieelemente in den „neuen Bundesländern“, in: RuP 30 (1994), S. 208-222

Dannenberg Hans-Eckhard: Robert Blum und die Leipziger Unruhen, in: Dresdner Hefte 13 (1995), Heft 43, S. 9-18

Danwitz Thomas von: Plebiszitäre Elemente in der staatlichen Willensbildung, in: DÖV 45 (1992), S. 601-608

Dautz Adrian: Bernhard Moßdorfs radikal-demokratischer Verfassungsentwurf, in: Dresdner Hefte 8 (1991), Heft 26, S. 41-46

–: „Constitution, wie sie das sächsische Volk wünscht“: der Verfassungsentwurf des Rechtsanwaltes Bernhard Moßdorf - die demokratische Alternative, in: Sächsische Heimatblätter 37 (1991), S. 202-204

Degenhart Christoph: Direkte Demokratie in den Ländern – Impulse für das Grundgesetz? in: Der Staat 31 (1992), S. 77-99

–: Grundzüge der neuen sächsischen Verfassung, in: LKV 3 (1993), S. 33-39

–: Verfassungsrecht, in: Handbuch des Sächsischen Staats- und Verwaltungsrechts, hrsg. von Rolf Stober, Dresden 1996, § 2, S. 43-122

–: Staatsrecht I, 17. neubearteitete Aufl., Heidelberg 2001

Delbrück Hans: Regierung und Volkswille. Eine akademische Vorlesung, Berlin 1914

Dennewitz Bodo: Das Bonner Grundgesetz und die westdeutschen Länderverfassungen, in: DÖV 2 (1949), S. 341-344

Dietlein Johannes: Die Verfassungsgebung in den neuen Bundesländern, in: NWVBl. 7 (1993), S. 401-406

Diemer Gebhardt/Kuhot Eberhart: Kurze Chronik der Deutschen Frage. Mit den drei Verträgen zur Einigung Deutschlands, 2. Aufl., München 1991

Doeming Klaus-Berto/Füsslein Rudolf Werner/Matz Werner (Bearbeiter), Entstehungsgeschichte der Artikel des Grundgesetzes, in: JöR N. F. 1 (1951)
Doernberg Stefan: Die Geburt eines neuen Deutschland 1945-1949. Die antifaschistisch-demokratische Umwälzung und die Entstehung der DDR, Berlin 1959
Dreier Horst: (Hrsg.) Grundgesetzkommentar, Bd. 2, Art. 20-82, Mohr Siebeck 1998
Dreißig Jahre volkseigene Betriebe. Dokumente und Materialien zum 30. Jahrestag des Volksentscheids in Sachsen, hrsg. vom Institut für Marxismus-Leninismus beim ZK der SED, Berlin 1976
Ebel Friedrich: Über Legaldefinitionen. Rechtshistorische Studie zur Entwicklung der Gesetzgebungstechnik in Deutschland, insbesondere über das Verhältnis von Rechtssetzung und Rechtsdarstellung, Berlin 1974 (Schriften zur Rechtsgeschichte, Heft 6)
Ebsen Ingwer: Abstimmungen des Bundesvolkes als Verfassungsproblem, in: AöR Bd. 110 (1985), S. 2-29
Ehmke Horst: Eine alte Frage neu gestellt. Zur Diskussion um die Einführung von Volksabstimmungen, in: DNG 35 (1988), S. 247-254
Eichenberger Kurt: Gesetzgebung im Rechtsstaat. Bericht und Leitsätze, in: VVDStRL 40 (1982), S. 7-39
Einführung in die marxistisch-leninistische Staats- und Rechtslehre, hrsg. von der Akademie für Staats- und Rechtswissenschaft der DDR, 2. Aufl., Berlin 1986
Eyck Erich: Geschichte der Weimarer Republik, Bd. 1, 4. Aufl., Stuttgart 1962
–: Geschichte der Weimarer Republik, Bd. 2, 4. Aufl., Zürich 1972
Fabian Walter: Klassenkampf um Sachsen. Ein Stück Geschichte 1918-1930, Löbau 1930
Fechner Max: Wirtschaftliche und politische Bedeutung des Volksentscheides im Lande Sachsen, in: Landesnachrichtendienst, Ausgabe 76 vom 25. Juni 1946, S. 6/7
Feddersen Christoph: Verfassunggebung in den neuen Ländern: Grundrechte, Staatsziele, Plebiszite, in: DÖV 45 (1992), S. 989-998
Fell Karl: Plebiszitäre Einrichtungen im gegenwärtigen deutschen Staatsrecht, Diss. Bonn 1964
Fetzer Max: Das Referendum im deutschen Staatsrecht, Stuttgart 1923
Fiedler Helene/Köhler Traude: Dokumente zum Volksentscheid in Sachsen 1946, in: Zeitschrift für Geschichtswissenschaft 34 (1986), S. 523-533
Fiedler Helene: Rundschreiben der SED zum Volksentscheid in Sachsen, in: Beiträge zur Geschichte der Arbeiterbewegung 18 (1976), S. 463-471

Fiedler Wilfried: Die deutsche Revolution von 1989: Ursachen, Verlauf, Folgen, in: Handbuch des Staatsrechts der Bundesrepublik Deutschland, hrsg. von Josef Isensee und Paul Kirchhof, Bd. 8: Die Einheit Deutschlands – Entwicklung und Grundlagen –, Heidelberg 1995, § 184, S. 3-33

Fischer Edmund: Demokratie, München 1919

Fischer Heinz: Die plebiszitäre Komponente in den Verfassungen Österreichs, der Schweiz und der Bundesrepublik Deutschland, in: Festschrift für Claus Arndt, hrsg. von Annemarie Renger, Carola Stern, Herta Däubler-Gmelin, Heidelberg 1987, S. 23-46

Fischer Peter Christian: Staatszielbestimmungen in den Verfassungen und Verfassungsentwürfen der neuen Bundesländer, Diss. München 1993

Fischer Peter (Hrsg.): Babeuf. Der Krieg zwischen Reich und Arm. Artikel, Reden Briefe, Berlin 1974

Flathe Theodor: Das Zeitalter der Restauration und Revolution 1815-1851, Berlin 1883

–: Geschichte des Kurstaates und Königreiches Sachsen, Bd. 3: Neuere Geschichte Sachsens von 1806-1866, Gotha 1873

Fleiner Fritz: Schweizerisches Bundesstaatsrecht, Tübingen 1923

Fleiner-Gerster Thomas: Allgemeine Staatslehre, 2. Aufl., Heidelberg 1995

Fliegauf Harald: Verfassungsgesetzgebung und Volksentscheid, in: LKV 3 (1993), S. 181-185

Fraenkel Ernst: Die repräsentative und plebiszitäre Komponente im demokratischen Verfassungsstaat, Tübingen 1958 (Recht und Staat, Heft 219/220)

Franke Andrea: Zur Verfassung des Freistaates Sachsen, in: Deutsche Wiedervereinigung, hrsg. von Klaus Stern, Bd. 3: Zur Entstehung von Landesverfassungen in den neuen Ländern der Bundesrepublik Deutschland, Berlin 1992, S. 57-64

Friesen Richard von: Erinnerungen aus meinem Leben, Bd. 1, Dresden 1880

Fritz Markus/Musall Peter: Die Volksgesetzgebung im Freistaat Sachsen, in: SächsVBl. 9 (2001), S. 233-238

Fromme Friedrich Karl: Der Demokratiebegriff des Grundgesetzgebers, in: DÖV 23 (1970), S. 518-525

–: Von der Weimarer Verfassung zum Bonner Grundgesetz – Die verfassungspolitischen Folgerungen des Parlamentarischen Rates aus Weimarer Republik und nationalsozialistischer Diktatur, 2. Aufl.,Tübingen 1962

–: Vorwort, in: Die Revolution in der Spur des Rechts. Verdienst und Schwäche des Umbruchs in der früheren DDR, hrsg. von Steffen Heitmann, Dresden 1996, S. 3-9

Frotscher Werner: Direkte Demokratie in der Weimarer Reichsverfassung, in: DVBl 104 (1989), S. 541-549

Fuß Ernst-Werner: Die Nichtigerklärung der Volksbefragungsgesetze von Hamburg und Bremen, in: AöR Bd. 83 (1958), S. 383-422

Gangl Hans: Der deutsche Weg zum Verfassungsstaat im 19. Jahrhundert. Eine Problemskizze, in: Probleme des Konstitutionalismus im 19. Jahrhundert, Berlin 1975, (Beihefte zu Der Staat, Heft 1) S. 23-59

–: Die Verfassungsentwicklung in Frankreich 1814-1830, in: Historische Zeitschrift 202 (1966), S. 265-308

Geitmann Roland: Volksentscheide auch auf Bundesebene, in: ZRP 21 (1988), S. 126-131

Gerlach Siegfried: Sachsen. Eine politische Landeskunde, Köln 1993

Gerstein Dietmar: Das Funktionieren der unmittelbaren Demokratie in rechtsvergleichender Hinsicht, Diss. München 1969

Giese Friedrich: Die Verfassung des deutschen Reiches vom 11. August 1919, 8. Aufl., Berlin 1931

Glockner Karl: Badisches Verfassungsrecht mit Erläuterungen, 2. Aufl., Karlsruhe 1930

Gmelin Hans: Bericht über die Gesetzgebung in Hessen in den Jahren 1921 und 1922, in: JöR 12 (1923/24), S. 113-125

–: Verfassungsentwicklung und Gesetzgebung in Hessen von 1913-1919, in: JöR 9 (1920), S. 204-217

–: Die hessische Verfassung und Gesetzgebung von 1920, in: JöR 10 (1921), S. 301-320

Goldt Christoph: Parlamentarismus im Königreich Sachsen. Zur Geschichte des Sächsischen Landtages 1871-1918, Münster 1996

Grabner Wolf-Jürgen/Heinze Christiane/Pollak Detlef (Hrsg.): Leipzig im Oktober. Kirchen und alternative Gruppen im Umbruch der DDR. Analysen zur Wende, Berlin 1990

Gräfe Karl-Heinz /Wehner Helfried: Zur Politik der Sowjetischen Militäradministration in Sachsen. Die Zusammenarbeit zwischen den sowjetischen Besatzungsorganen und der Landesverwaltung Sachsen 1945-1947, in: Zeitschrift für Geschichtswissenschaft 23 (1975), S. 897-907

–: Die führende Rolle der KPD bzw. SPD beim Aufbau der Grundlagen der antifaschistisch-demokratischen Staatsmacht. Dargestellt am Beispiel des damaligen Landes Sachsen von April/Mai 1945 bis zum Herbst 1946, in: Geschichtsunterricht und Staatsbürgerkunde 13 (1971), S. 307-328

Grävell M.C.F.W.: Sachsens Wiedergeburt. Ein Sendschreiben an Se. Majestät König Friedrich August, Mainz 1814

Grawert Rolf: Die Bedeutung gliedstaatlichen Verfassungsrechts in der Gegenwart, in: NJW 40 (1987), S. 2329-2338
Greifeld Andreas: Volksentscheid durch Parlamente – Wahlen und Abstimmungen vor dem Grundgesetz der Demokratie, Berlin 1983
Gusy Christoph: Die Entstehung der Weimarer Reichsverfassung, in: JZ 49 (1994), S. 753-763
–: Die Weimarer Reichsverfassung, Tübingen 1997
Häberle Peter: Der Entwurf der Arbeitsgruppe „Neue Verfassung der DDR" des Runden Tisches (1990), in: JöR N. F. 39 (1990), S. 320-493
–: Die Verfassungsbewegung in den fünf neuen Bundesländern, in: JöR N. F. 41 (1993), S. 69-302
Hammer Michael: Verfassungspolitische Vorstellungen von Karl Ernst Richter (1826-1832). Pressefreiheit gegen Despotie und Anarchie, in: Sächsische Heimatblätter 37 (1991), S. 204-207
–: Karl Ernst Richter – ein früher sächsischer Liberaler zwischen Reform und Revolution, in: Neues Archiv für sächsische Geschichte 66 (1995), S. 183-208
Hartmann Dieter-Dirk: Volksinitiativen, Diss. Tübingen 1974
Hasbach Wilhelm: Die moderne Demokratie. Eine politische Beschreibung, Jena 1912
Hatschek Julius: Deutsches und Preussisches Staatsrecht, Bd. 1, 2. Aufl., Berlin 1930
Hartung Fritz: Deutsche Verfassungsgeschichte, 8. Aufl., Stuttgart 1964
Hartwig Werner: Volksbegehren und Volksentscheid im deutschen und österreichischen Staatsrecht, Diss. Jena 1930
Heidenreich Gerhard: Volksentscheid in Sachsen, in: Deutschlands Junge Garde 2 (1959), S. 39-52
Heitmann Steffen: Die neue sächsische Verfassung – zwischen Aufbruch und Bewahrung, in: Sächs.VBl. 1 (1993), S. 2-8
–: Entstehung und Grundgedanken der Verfassung des Freistaates Sachsen, in: Die Entwicklung der Rechtsstaatlichkeit in den neuen Bundesländern, Heidelberg 1992, (Rechtsstaat in der Bewährung, hrsg. von der Deutschen Sektion der Internationalen Juristen-Kommission, Bd. 27), S. 11-28
–: Die Revolution in der Spur des Rechts. Verdienst und Schwäche des Umbruchs in der früheren DDR, in: ders., Die Revolution in der Spur des Rechts. Verdienst und Schwäche des Umbruchs in der früheren DDR, Dresden 1996, S. 11-31
–: Zur Entstehung des „Gohrischer Entwurfs" der Sächsischen Verfassung. Rede auf der Feier anläßlich des 4. Jahrestages des Koordinierungsausschusses zur Bildung des Landes Sachsen am 6. Mai 1994 in Dresden im Sächsischen

Landtag, abgedruckt in: Die Revolution in der Spur des Rechts. Verdienst und Schwäche des Umbruchs in der früheren DDR, hrsg. von dems., Dresden 1996, S. 33-52
–: „Im Namen des deutschen Volkes – Justiz und Nationalsozialismus". Rede anläßlich der Eröffnung der Ausstellung „Im Namen des deutschen Volkes – Justiz und Nationalsozialismus" am 3. Mai 1994 im Oberlandesgericht Dresden, abgedruckt in: Die Revolution in der Spur des Rechts. Verdienst und Schwäche des Umbruchs in der früheren DDR, hrsg. von dems., Dresden 1996, S. 87-99
–: Geschichtliche Entwicklung, in: Handbuch der Verfassung des Freistaates Sachsen, hrsg. von Christoph Degenhart und Claus Meissner, Dresden 1997, § 1, S. 33-50
Henke Wilhelm: Recht und Staat. Grundlagen der Jurisprudenz, Tübingen 1988
Henkys Reinhard: Zu diesem Buch und seinem Autor, in: Die Protestantische Revolution 1987-1990, hrsg. von Gerhard Rein, Berlin 1990, S. 11-13
Henseler Paul: Möglichkeiten und Grenzen des Vermittlungsausschusses, in: NJW 35 (1982), S. 849-855
Hernekamp Karl: Formen und Verfahren direkter Demokratie, Hamburg 1979
Hettling Manfred: 1848 – Illusion einer Revolution, in: Revolution in Deutschland? 1789-1989, hrsg. von dems., Göttingen 1991, S. 27-45
Heusler Andreas: Schweizerische Verfassungsgeschichte, Basel 1920
Heussner Hermann K.: Volksgesetzgebung in den USA und in Deutschland, Berlin 1994
Hill Hermann: Einführung in die Gesetzgebungslehre, Heidelberg 1982
Hinds Caroline: Die neue Verfassung des Freistaates Sachsen – Berechtigte oder unberechtigte Kritik an der Verfassungsgebung, in: ZRP 26 (1993), S. 149-151
Hoffmann Immanuel: Das Plebiscit als Correctiv der Wahlen, Berlin 1884
Hofmann Hasso: Bundesstaatliche Spaltung des Demokratiebegriffs?, in: Festschrift für Karl G. Neumayer zum 65. Geburtstag, hrsg. von Werner Barfuß, Bernard Dutoit, Hans Forkel, Ulrich Immenga, Ferenc Majoros, Baden-Baden 1985, S. 281-298
–: Verfassungsrechtliche Sicherungen der parlamentarischen Demokratie – Zur Garantie des institutionellen Willensbildungs- und Entscheidungsprozesses, in: Konsens und Konflikt, hrsg. von A. Rendelzhofer, W. Süß, Berlin 1986, S. 267-287
Hoof Claus/Kempf Antonio: Dokumentation zur plebiszitären Praxis und Verfassungsrechtslage in den Bundesländern, in: ZParl 24 (1993), S. 14-20

Hoyer Siegfried: Die Ideen der Französischen Revolution und der kursächsische Bauernaufstand 1790, in: Neues Archiv für sächsische Geschichte 65 (1994), S. 61-76

Huber Bertold: Formen direktdemokratischer Staatswillensbildung – eine Herausforderung an das parlamentarische System der Bundesrepublik Deutschland? in: ZRP 17 (1984), S. 245-251

Huber Ernst Rudolf: Deutsche Verfassungsgeschichte seit 1789, Bd. 1: Reform und Restauration 1789-1830, 2. Aufl., Berlin 1967

–: Deutsche Verfassungsgeschichte seit 1789, Bd. 2: Der Kampf um Einheit und Freiheit 1830-1850, 3. Aufl., Stuttgart 1988

–: Deutsche Verfassungsgeschichte seit 1789, Bd. 6: Die Weimarer Reichsverfassung, Berlin 1981

–: Dokumente zur Deutschen Verfassungsgeschichte 1803-1850, Bd. 1, 3. neubearb. u. verm. Aufl., Stuttgart 1978

–: Verfassungsrecht des Großdeutschen Reiches, 2. Aufl., Hamburg 1939

Huber Hans: Das Gesetzesreferendum, Tübingen 1969

Iltgen Erich: Zum Geleit, in: Der Sächsische Landtag. Geschichte und Gegenwart, Dresden 1990, S. 5

Imboden Max: Rousseau und die Demokratie, Tübingen 1963

Isensee Josef: Chancen und Grenzen der Landesverfassung im Bundesstaat, in: SächsVBl. 2 (1994), S. 28-35

–: Staat und Verfassung, in: Handbuch des Staatsrechts der Bundesrepublik Deutschland, hrsg. von Josef Isensee und Paul Kirchhof, Bd. 1: Grundlagen von Staat und Verfassung, Heidelberg 1995, S. 13, S. 591-661

Jacobi Erwin: Die Wandlungen der Verfassung und Verwaltung in Sachsen, in: JöR 9 (1920), S. 163-170

Jacoby Johann: Gesammelte Reden und Schriften, Bd. 2, Hamburg 1877

Jan Heinrich von: Wahlrecht und Volksabstimmungen, in: JöR 10 (1921), S. 177-221

Jarass Hans/Pieroth Bodo: Grundgesetzkommentar, 5. Aufl., München 2000

Jellinek Georg: Allgemeine Staatslehre, 3. Aufl., Darmstadt 1959

Jellinek Walter: Revolution und Reichsverfassung. Bericht über die Zeit vom 9. November 1918 bis zum 31. Dezember 1919, in: JöR 9 (1920), S. 1-128

Jestaedt Christoph: Geschichte des Sächsischen Staats- und Verwaltungsrechts, in: Handbuch des Sächsischen Staats- und Verwaltungsrechts, hrsg. von Rolf Stober, Dresden 1996, § 1, S. 19-42

Jonas Friedrich: Die Gesellschaftslehre des Babeuf, in: Jahrbuch für Sozialwissenschaft 16 (1965), S. 317-336

Jung Otmar: Direkte Demokratie in der Weimarer Republik, Frankfurt 1989

–: Daten zu Volksentscheiden auf Landesebene, in: ZParl 24 (1993), S. 5-13

–: Jüngste plebiszitäre Entwicklungstendenzen in Deutschland auf Landesebene, in: JöR N. F. 41 (1993), S. 29-68

–: Verfahrensprobleme der Volksgesetzgebung. Darstellung am Beispiel der Entwürfe eines Ausführungsgesetzes in Sachsen-Anhalt, in: ZG 8 (1993), S. 314-337

–: Grundgesetz und Volksentscheid, Opladen 1994

–: Plebiszit und Diktatur: die Volksabstimmungen der Nationalsozialisten, Tübingen 1995

Just Hermann: Geschichte der Sächsischen Verfassung nebst einer Würdigung des Inhalts der Verfassungsurkunde und einer Betrachtung über das, was zu ihrer Erfüllung theils schon geschehen ist, theils noch geschehen soll. Denkschrift zur Jahresfeier der Übergabe der Sächsischen Verfassungsurkunde an die Landstände, Zittau 1832

Kaisenberg Georg: Die formelle Ordnung des Volksbegehrens und des Volksentscheids in Reich und Ländern, in: Handbuch des Deutschen Staatsrechts, hrsg. von Gerhard Anschütz und Richard Thoma, Bd. 2, Tübingen 1932, S. 204-220

Kanther Wilhelm: Die neuen Landesverfassungen im Lichte der Bundesverfassung, Diss. Köln 1993.

Karpen Ulrich: Plebiszitäre Elemente in der repräsentativen Demokratie? – Eine Studie zur Verfassung des Landes Brandenburg –, in: JA 25 (1993), S. 110-115

Kautsky Karl/Schoenlank Bruno: Grundsätze und Forderungen der Sozialdemokratie. Erläuterungen zum Erfurter Programm, 2. Aufl., Berlin 1892

Kautsky Karl: Parlamentarismus und Demokratie, 2. Aufl., Stuttgart 1911

–: Der Entwurf des neuen Parteiprogramms, in: Die Neue Zeit 9 (1891), S. 723-749, S. 780-814

Kersten Jens: Homogenitätsgebot und Landesverfassungsrecht, in: DÖV 46 (1993), S. 896-902

Kilian Michael: Wiedererstehen und Aufbau der Länder im Gebiet der vormaligen DDR, in: Handbuch des Staatsrechts der Bundesrepublik Deutschland, hrsg. von Josef Isensee und Paul Kirchhof, Bd. 8: Die Einheit Deutschlands – Entwicklung und Grundlagen –, Heidelberg 1995, S. 3-33

Kirchhof Paul: Der demokratische Rechtsstaat – die Staatsform der Zugehörigen, in: Handbuch des Staatsrechts der Bundesrepublik Deutschland, hrsg. von Josef Isensee und Paul Kirchhof, Bd. 9: Die Einheit Deutschlands – Festigung und Übergang –, Heidelberg 1997, § 221, S. 957-1064

Kirsch Günter: Vom vorläufigen Grundgesetz vom Februar 1919 zur Verfassung für den Freistaat Sachsen im November 1920, in: Sächsische Heimatblätter 37 (1991), S. 297-299

–: Die Konstituierung der nationalsozialistischen Herrschaft in Sachsen 1933/34, in: Sächsische Heimatblätter 41 (1995), S. 23-27

Klein Eckart: An der Schwelle zur Wiedervereinigung Deutschlands, in: NJW 43 (1990), S. 1065-1073

Kleßmann Christoph: Die doppelte Staatsgründung. Deutsche Geschichte 1945-1955, Göttingen 1982

Klinghoffer Hans: Die Verankerung des Referendums in den europäischen Nachkriegsverfassungen, in: AöR N. F. Bd. 14 (1928), S. 1-60

Klischies Waldemar Christian: Die verfassungs- und staatsrechtliche Entwicklung Bremens von einer mittelalterlichen Reichsstadt zu einem modernen Verfassungsstaat unter besonderer Berücksichtigung der Verfassungen von 1849 und 1854, Diss. Kiel 1955

Knabe Hubertus: Aufbruch in eine andere DDR. Reformer und Oppositionelle zur Zukunft ihres Landes, Reinbek bei Hamburg, 1989

Knaup Bettina: Plebiszitäre Verfahren als Ergänzung der repräsentativen Demokratie, Bonn 1994

Knüpfer Volker: Konstitution und Öffentlichkeit. Zur Verfassungsdiskussion in der sächsischen Wochenschrift „Die Biene" 1831-33, masch., Chemnitz 1990

–: Presse und Liberalismus in Sachsen vom Anfang des 19. Jahrhunderts bis 1833, in: Neues Archiv für sächsische Geschichte 65 (1994), S. 77-92

Koellreutter Otto: Die neue staatsrechtliche Gestaltung in Baden, in: JöR 9 (1920), S. 180-203

–: Die verfassungsrechtliche Entwicklung in Oldenburg, Braunschweig, Anhalt, Lippe, Schaumburg-Lippe und Waldeck, in: JöR 10 (1921), S. 409-438

Koenig Christian: Volksabstimmungen nach dem Grundgesetz auf dem Weg in die Vereinigten Staaten von Europa? in: DVBl 108 (1993), S. 140-148

Kötzschke Rudolf/Kretzschmar Hellmut: Sächsische Geschichte. Werden und Wandlung eines Deutschen Stammes und seiner Heimat im Rahmen der Deutschen Geschichte, Frankfurt/a. M. 1965

Krause Peter: Verfassungsrechtliche Möglichkeit unmittelbarer Demokratie, in: Handbuch des Staatsrechts der Bundesrepublik Deutschland, hrsg. von Josef Isensee und Paul Kirchhof, Bd. 2: Demokratische Willensbildung – Die Staatsorgane des Bundes, 2. durchgesehene Aufl., Heidelberg 1998, S. 313-337

Krawietz Werner: Recht und Rationalität in der modernen Systemtheorie, in: Objektivierung des Rechtsdenkens, Gedächtnisschrift für Ilmar Tammelo, hrsg. von Werner Krawietz, Theo Mayer-Maly, Ota Weinberger, Berlin 1984, S. 723-743

–: Recht als Regelsystem, Wiesbaden 1984

–: Juristische Argumentation in rechtstheoretischer, rechtsphilosophischer und rechtssoziologischer Perspektive, in: Recht und Staat im sozialen Wandel, Festschrift für Hans Ulrich Scupin zum 80. Geburtstag, hrsg. von Norbert Achterberg, Werner Krawietz, Dieter Wyduckel, Berlin 1983, S. 347-390

Krehl August Ludwig Gottlob: Was geschehen müsse, wenn die neue Verfassung dem sächsischen Volke wirklich Segen bringen soll. Rede bei der kirchlichen Feier der Constitution am 4. September 1832 in der St. Afra-Kirche zu Meißen, Meißen 1832

Kretzschmar Hellmut: Die sächsische Verfassung vom 4. September 1831, in: Der Sächsische Landtag. Geschichte und Gegenwart, Dresden 1990, S. 21-34

Kriele Martin: Das demokratische Prinzip im Grundgesetz, in: VVDStRL 29 (1971), S. 46-84

Kühne Jörg-Detlef: Die Reichsverfassung der Paulskirche. Vorbild und Verwirklichung im späteren deutschen Rechtsleben, 2. überarbeitete und um ein Nachwort ergänzte Aufl., Neuwied 1998

–: 150 Jahre Revolution von 1848/49 – ihre Bedeutung für den deutschen Verfassungsstaat, in: NJW 51 (1998), S. 1513-1518

Kunzmann Bernd/Haas Michael/Baumann-Hasske Harald/Bartlitz Uwe: Die Verfassung des Freistaates Sachsen. Kommentierte Textausgabe, 2. überarbeitete Aufl., Berlin 1997

Kuratorium für einen demokratisch verfaßten Bund deutscher Länder in Zusammenarbeit mit der Heinrich-Böll-Stiftung e.V. Vom Grundgesetz zur deutschen Verfassung. Denkschrift und Verfassungsentwurf, Leipzig 1991

Kuriki Hisao: Die Funktion des Volksgedankens in der Geschichte der deutschen Staatsrechtswissenschaft, in: Recht und Staat im sozialen Wandel, Festschrift für Hans Ulrich Scupin zum 80. Geburtstag, hrsg. von Norbert Achterberg, Werner Krawietz, Dieter Wyduckel, Berlin 1983, S. 233-250

Lässig Simone: Wahlrechtsreformen in den deutschen Einzelstaaten. Indikatoren für Modernisierungstendenzen und Reformfähigkeit im Kaiserreich?, in: Modernisierung und Region im wilhelminischen Deutschland. Wahlen, Wahlrecht und politische Kultur, hrsg. von Simone Lässig, Karl Heinrich Pohl und James Retallack, Bielefeld 1998, S. 127-169

Lange von Stocmeier Karlfriedrich: Volk, Gesetz und Regierung in der Französischen Revolution. Eine vergleichende Darstellung nach Verfassung und Verfassungsentwürfen von 1789 bis 1795, Diss. Bonn 1968

Latzko Henriette: Babeuf und die Verschwörung für die Gleichen, Diss. Tübingen 1914

Lege Joachim: Verfassungsänderung oder Verfassungsinterpretation? – Der Methodenstreit um die Abschaffung des Bayerischen Senats –, in: DÖV 53 (2000), S. 283-287

Lerche Peter: Föderalismus als nationales Ordnungsprinzip, in: VVDStRL 21 (1964), S. 66-104
Leuthold Karl Edwin: Das Staatsrecht des Königreichs Sachsen, in: Handbuch des Öffentlichen Rechts der Gegenwart, hrsg. von Heinrich Marquardsen, Bd. 2: Das Staatsrecht des Deutschen Reiches und der Deutschen Staaten, Tübingen 1884, S. 169-254
Links Christoph/Bahrmann Hannes:Wir sind das Volk. Die DDR im Aufbruch. Eine Chronik, Berlin 1990
Loewenstein Karl: Volk und Parlament nach der Staatstheorie der französischen Nationalversammlung von 1789. Studien zur Dogmengeschichte der unmittelbaren Volksgesetzgebung, Neudruck der Ausgabe München 1922, Aalen 1964
–: Verfassungslehre, 2. Aufl., Tübingen 1969
Magiera Siegfried: Verfassungsgebung der Länder als Gliedstaaten der Bundesrepublik Deutschland, in: Deutsche Wiedervereinigung, hrsg. von Klaus Stern Bd. 3: Zur Entstehung von Landesverfassungen in den neuen Ländern der Bundesrepublik Deutschland, Berlin 1992, S. 141-163
Malek Regina: Die Hilfe der Sowjetischen Militäradministration Sachsen für die Landesverwaltung Sachsen bei der Lösung der Aufgaben der antifaschistisch-demokratischen Umwälzung, in: Archivmitteilungen, Zeitschrift für Theorie und Praxis des Archivwesens, hrsg. von der staatlichen Archivverwaltung der DDR, 25 (1975), S. 56-60
Malinka Hartmut: Die Verfassungsentwicklung im Freistaat Sachsen, in: Verfassungsreform und GG, 32. Tagung der wissenschaftlichen Mitarbeiterinnen und Mitarbeiter der Fachrichtung „Öffentliches Recht", Regensburg 1992, hrsg. von Klaus Borgmann, Max-Emanuel Geis, Martin Hermann, Gabriele Liegmann, Jörg Liegmann, Gerrit Manssen, Stuttgart 1992, S. 75-95
Mampel Sigfried: Ein tragikomisches Kapitel der Verfassungsgeschichte, in: Deutsche Fragen 5 (1959), S. 21-22
–: Die Verfassung der sowjetischen Besatzungszone Deutschlands von 1949, 2. Aufl., Frankfurt 1966
–: Herrschaftssystem und Verfassungsstruktur in Mitteldeutschland, Köln 1968
–: Das Recht in Mitteldeutschland, Berlin 1966
Mangoldt Hans von: Die Verfassung des Freistaates Sachsen – Entstehung und Gestalt, in: SächsVBl. 1 (1993), S. 25-35
–: Die Verfassungen der neuen Bundesländer. Einführung und synoptische Darstellung, Tübinger Schriften zum Staats- und Verwaltungsrecht 15 (1993)
–: Bürgerpartizipation und neue Länderverfassungen – Das Beispiel Sachsens, in: Jenaer Reden und Schriften N. F., hrsg. von Gerd Meyer, Gerhard Riege,

Dieter Strützel, Bd. 3: Lebensweise und gesellschaftlicher Umbruch in Ostdeutschland, Jena 1992, S. 197-217

–: Historische Verantwortung, in: Handbuch der Verfassung des Freistaates Sachsen, hrsg. von Christoph Degenhart und Claus Meissner, Dresden 1997, § 2, S. 51-79

Mangoldt Hermann von/Klein Friedrich: Das Bonner Grundgesetz, Bd. 1, 2. Aufl., Berlin 1966

Marx Karl: Zur Kritik des Sozialdemokratischen Programms. Aus dem Nachlaß von Karl Marx, in: Die Neue Zeit 9 (1890-91), S. 561-575

März Wolfgang: Bundesrecht bricht Landesrecht. Eine staatsrechtliche Untersuchung zu Artikel 31 des Grundgesetzes, Berlin 1989

Matern Hermann: Die Sozialistische Einheitspartei Deutschlands – die führende Kraft unserer Nation, in: Beiträge zur Geschichte der Sozialistischen Einheitspartei Deutschlands, hrsg. vom Institut für Gesellschaftswissenschaften beim ZK der SED, Berlin 1961, S. 1-30

Mattedi Norbert: Gründung und Entwicklung der Parteien in der sowjetischen Besatzungszone Deutschlands 1945-1949, Bonn 1966

Matthé Ulrich: Die Legalität des Ermächtigungsgesetzes vom 24. März 1933 und die Schranken der Verfassungsrevision in der Weimarer Verfassung, Diss. Kiel, 1971

Maunz Theodor/Dürig Günther u.a: Grundgesetzkommentar, Bd. 2 (Art. 12-20), Stand März 2001; Bd. 3 (Art. 20a-53), Stand März 2001; Bd. 4 (Art. 53a-88), Stand März 2001; Bd. 5 (Art. 89-146), Stand März 2001

Mayer Otto: Das Staatsrecht des Königreichs Sachsen, Tübingen 1909

Mayer Thomas: Direkte Demokratie als Chance für die politische Kultur, in: ZRP 26 (1993), S. 330-334

Meisner Heinrich: Die Lehre vom monarchischen Prinzip in der französischen und deutschen Verfassungsgeschichte, Diss. Berlin 1913

Meissner Boris: Wandlungen des sowjetkommunistischen Einparteienstaates, in: Recht und Staat im sozialen Wandel, Festschrift für Hans Ulrich Scupin zum 80. Geburtstag, hrsg. von Norbert Achterberg, Werner Krawietz, Dieter Wyduckel, Berlin 1983, S. 53-70

Meissner Claus: Gesetzgebung, in: Handbuch der Verfassung des Freistaates Sachsen, hrsg. von Christoph Degenhart und Claus Meissner, Dresden 1997, § 13, S. 365-398

Meißner Otto: Das Staatsrecht des Reichs und seiner Länder, 2. Aufl., Berlin 1923

Menge Marlies: „Ohne uns läuft nichts mehr“. Die Revolution in der DDR, Stuttgart 1990

Merk Wilhelm: Die Entwicklung des öffentlichen Rechts in Baden bis Ende 1992, in: JöR 12 (1923/24), S. 32-74
Meuwly Olivier: Histoire des droits Politiques dans le Canton de Vaud de 1803 à 1885, Diss. Lausanne 1990
Milatz Alfred: Wähler und Wahlen in der Weimarer Republik, 2. Aufl., Bonn 1968
Mommsen Wilhelm: Geschichte des Abendlandes 1789-1945, München 1951
–: Größe und Versagen des deutschen Bürgertums. Ein Beitrag zur Geschichte der Jahre 1848-1849, Stuttgart 1949
–: Deutsches Handbuch der Politik, hrsg. von dems., Bd. 1: Deutsche Parteiprogramme, München 1960
Müller Klaus: Verfassung des Freistaates Sachsen: Kommentar, Baden-Baden 1993
Müller Martin: Repräsentativerhebung: Einfügung plebiszitärer Elemente in die Verfassungsordnung der Bundesrepublik? in: ZParl 5 (1974) S. 143-148
Müller Werner: Die KPD und die „Einheit der Arbeiterklasse“, Frankfurt/a. M. 1979
Münch Ingo/Kunig Philip: Grundgesetzkommentar, Bd. 2 (Art. 20-69), 5. Aufl., München 2001; Bd. 3 (Art. 70-146), 3. Aufl., München 1996
Münch Ingo von: Gesetze des NS-Saates, Berlin 1968
Mutius Albert von/Friedrich Thomas: Verfassungsentwicklung in den neuen Bundesländern – zwischen Eigenstaatlichkeit und notwendiger Homogenität, in: Staatswissenschaft und Staatspraxis 2 (1991), S. 243-281
Näf Werner: Staatsverfassungen und Staatstypen 1830/31, in: Quellen zur neueren Geschichte, hrsg. vom Historischen Seminar der Universität Bern, Heft 4, Bern 1946, S. 1-79
–: Staatsverfassungen und Staatstypen 1830/31, in: Moderne deutsche Verfassungsgeschichte (1815-1914), hrsg. von Ernst-Wolfgang Böckenförde, 2. Aufl., Königstein/Ts. 1981, S. 127-145
–: Die Epochen der neueren Geschichte. Staat und Staatengemeinschaft vom Ausgang des Mittelalters bis zur Gegenwart, Bd. 2, 2. Aufl., hrsg. von Ernst Walder, Aarau 1960
Neumann Hildegard: Historische Lehren und Erfahrungen zum Volksentscheid in Sachsen am 30. Juni 1946, in: Sächsische Heimatblätter 28 (1982), S. 1-10
Niedobitek Matthias: Neuere Entwicklungen im Verfassungsrecht der Deutschen Länder, 2. Aufl., Speyer 1994
Nolte Paul: Republikanismus, Revolten und Reformen. Reaktionen auf die Französische Revolution in Deutschland 1789-1820, in: Revolution in Deutschland? 1789-1989, hrsg. von Manfred Hettling, Göttingen 1991, S. 5-26

Novak Richard: Gesetzgebung im Rechtsstaat. Bericht und Leitsätze, in: VVDStRL 40 (1982), S. 40-62
Obermann Karl: Die deutschen Arbeiter in der Revolution von 1848, Berlin 1953
Obermayer Klaus: Über die zwei Arten von Volksabstimmungen, in: NJW 11 (1958), S. 1174-1176
Obst Claus-Henning: Chancen direkter Demokratie in der Bundesrepublik Deutschland – Zulässigkeit und politische Konsequenzen, Köln 1986
Opitz H. B.: Das Staatsrecht des Königreichs Sachsen, Bd. 2, Leipzig 1887
Ossenbühl Fritz: Probleme der Verfassungsreform in der Bundesrepublik Deutschland, in: DVBl 107 (1993), S. 468-477
Pache Alfred: Geschichte des sächsischen Landtagswahlrechts von 1831-1907, Dresden 1907
Paetzold Helmut: Das Volksbegehren über das „Freiheitsgesetz" als Quelle staatsrechtlicher Problemstellung, Berlin 1931
Paterna Tatiana: Volksgesetzgebung. Analyse der Verfassungsdebatte nach der Vereinigung Deutschlands, Berlin 1995
Pernthaler Peter: Allgemeine Staatslehre und Verfassungslehre, 2. Aufl., Wien 1996
Pestalozza Christian: Der Popularvorbehalt – direkte Demokratie in Deutschland, Berlin 1981
–: Volksbefragung – das demokratische Minimum, in: NJW 34 (1981), S. 733-735
–: Die Bedeutung gliedstaatlichen Verfassungsrechts in der Gegenwart, in: NVwZ 6 (1987), S. 744-751
–: Neues Deutschland – in bester Verfassung, in: Jura 16 (1994), S. 561-577
Peter Willy: Die Gründung der Sozialistischen Einheitspartei Deutschlands in Sachsen (1945/1946), in: Beiträge zur Geschichte der Sozialistischen Einheitspartei Deutschlands, hrsg. vom Institut für Gesellschaftswissenschaften beim ZK der SED, Berlin 1961, S. 79-114
Poetzsch-Heffter Fritz/Ule Carl-Hermann/Dernedde Carl: Vom Deutschen Staatsleben (vom 31. Januar bis 31. Dezember 1933), in: JöR 22 (1935), S. 1-272
Pölitz Karl Heinrich Ludwig: Die europäischen Verfassungen seit dem Jahre 1789 bis auf die neueste Zeit. Mit geschichtlichen Erläuterungen und Einleitungen, Bd. 1, 2. Aufl., Leipzig 1832
Posener Paul (Hrsg): Die Staatsverfassungen des Erdballs, Charlottenburg 1909
Presse- und Informationszentrum des Deutschen Bundestages 1976, Bd. 3: Beratungen und Empfehlungen zur Verfassungsreform (I)

Preuß Ulrich K.: Das Landesvolk als Gesetzgeber, in: DVBl 100 (1985), S. 710-715
Protokoll über die Verhandlungen des Allgemeinen Deutschen sozialdemokratischen Arbeiterkongresses zu Eisenach am 7., 8. und 9. August 1869, in: Der Leipziger Hochverratsprozeß vom Jahre 1872, hrsg. von Karl-Heinz Leidigkeit, Berlin 1960, S. 432-527
Protokoll des Vereinigungs-Kongresses der Sozialdemokraten Deutschlands, Gotha, 22. bis 27. Mai 1875, in: Die ersten deutschen Sozialisten Kongresse, hrsg. von der Frankfurter Volksstimme Frankfurt/a. M. 1906, S 68-148
Quark Max: Die Arbeiterverbrüderung 1848/49, Frankfurt 1900
Ramm Thilo: Die Grossen Sozialisten als Rechts- und Staatsphilosophen, Bd. 1: Die Vorläufer. Die Theoretiker des Endstadiums, Stuttgart 1955
Rechtslexikon, hrsg. vom Staatsverlag der DDR, Berlin 1988
Reichelt Erich: Das Staatsleben unter der Sächsischen Verfassung vom 1. November 1920, Leipzig 1928
Rein Gerhard (Hrsg.): Die Opposition in der DDR. Entwürfe für einen anderen Sozialismus, Berlin 1989
Reinhardt Paul: Die sächsischen Unruhen der Jahre 1830-1831 und Sachsens Übergang zum Verfassungsstaat (Teildruck), Diss. Halle/a. S. 1915
Reschke Hans: Die Neugliederung des Bundesgebietes, in: DVBl 88 (1973), S. 728-732
Riege Gerhard: Partizipation als Verfassungsproblem im vereinigten Deutschland, in: Jenaer Reden und Schriften N. F., hrsg. von Gerd Meyer, Gerhard Riege, Dieter Strützel, Bd. 3: Lebensweise und gesellschaftlicher Umbruch in Ostdeutschland, Jena 1992, S. 171-196
Rinken Alfred: Der Verfassungsgerichtshof des Freistaates Sachsen, in: NVwZ 13 (1994), S. 29-35
Ritter Gerhard A: Das Wahlrecht und die Wählerschaft der Sozialdemokratie im Königreich Sachsen 1867-1914, in: Der Aufstieg der deutschen Arbeiterbewegung. Sozialdemokratie und freie Gewerkschaften im Parteiensystem und Sozialmilieu des Kaiserreichs, hrsg. von dems. unter Mitarbeit von Elisabeth Müller-Luckner, München 1990, S. 49-101
–: Zur Geschichte der sozialen Ideen im 19. und frühen 20. Jahrhundert, in: Arbeiter, Arbeiterbewegung und soziale Ideen in Deutschland. Beiträge zur Geschichte des 19. und 20. Jahrhunderts, hrsg. von dems., München 1996, S. 11-66
Ritterbach Manfred: Repräsentative und direkte Demokratie, Bonn 1976
Rittinghausen Moritz: Die direkte Gesetzgebung durch das Volk, 5. Aufl., Zürich 1893

Röper Erich: Verfassunggebung und Verfassungskontinuität in den östlichen Bundesländern, in: ZG 6 (1991), S. 149-169

Roggemann Herwig: Die DDR-Verfassungen. Einführung in das Verfassungsrecht der DDR, 4. Aufl., Berlin 1989

Rollecke Gerd: Brauchen wir ein neues Grundgesetz? in: NJW 44 (1991), S. 2441-2448

Rommelfanger Ulrich: Das konsultative Referendum. Eine verfassungstheoretische – rechtliche und – vergleichende Untersuchung, Berlin 1988

Rotteck Carl von: Das demokratische Prinzip, Freiburg 1837, in: Deutsches Handbuch der Politik, hrsg. von Wilhelm Mommsen, Bd. 1: Deutsche Parteiprogramme, München 1960, S. 93-103

Rousseau Jean-Jacques: Der Gesellschaftsvertrag, deutsch von Eva Pietzcker und Hans Brockard, Stuttgart 1977

Ruck Erwin: Schweizerisches Staatsrecht, Zürich 1957

Rühlmann Paul: Die öffentliche Meinung in Sachsen während der Jahre 1806 bis 1812, Diss. Gotha 1902

Ruhland Volker: Die bürgerliche Revolution von 1830/31 und Sachsens Übergang zum Verfassungsstaat, in: Dresdner Hefte 8 (1991), Heft 26, S. 5-12

–: Sächsischer Feudalstaat in der Krise. Bürgerliche Revolution und bürgerliche Reformen, in: Sächsische Heimatblätter 37 (1991), S. 194-198

–: Ein unbekanntes Dokument über die Erhebung des Prinzen Friedrich August zum Mitregenten 1830, in: Neues Archiv für sächsische Geschichte 65 (1994), S. 217-226

–: Der Dresdner Maiaufstand von 1849, in: Dresdner Hefte 13 (1995), Heft 43, S. 27-37

Rux Johannes: Direkte Demokratie – Bericht über das 3. Speyerer Demokratieforum vom 27. bis 29. Oktober 1999 –, in: DVBl 15 (2000), S. 34-37

Sächsische Heimat, Mitteilungen der Bundeslandsmannschaft Sachsen, Heft 3, 1981

Sacher S.: Zur Entwicklung des Sächsischen Landtags unter dem Einfluß der Blockpolitik, in: Wissenschaftliche Zeitschrift der Karl-Marx-Universität Leipzig 14 (1965), S. 659-668, (Gesellschafts- und Sprachwissenschaftliche Reihe, Heft 4)

Sachs Michael: Die Bedeutung gliedstaatlichen Verfassungsrechts in der Gegenwart, in: DVBl 102 (1987), S. 857-866

Sacksofsky Ute: Landesverfassungen und Grundgesetz – am Beispiel der Verfassungen der neuen Länder, in: NVwZ 12 (1993), S. 235-240

Satorius Carl: Die Entwicklung des öffentlichen Rechts in Württemberg in den Jahren 1920-1924, in: JöR 13 (1925), S. 375-403

Schaller Karlheinz: Versuch eines echten demokratischen Neuanfangs: zur sächsischen Verfassung vom 28. Februar 1947, in: Sächsische Heimatblätter 37 (1991), S. 302-305

Schambeck Herbert: Das Volksbegehren, Tübingen 1971, (Recht und Staat, Heft 400/401)

Schäuble Frieder/Friedrich Matthias/Grams Ulrike: Sachsen – Finanzverband – wie weiter?, in: SächsVBl. 10 (2002), S. 1-4

Schauer Rolf: Quellen im Staatsarchiv Dresden zum Volksentscheid in Sachsen 1946, in: Archivmitteilungen, Zeitschrift für Theorie und Praxis des Archivwesens, hrsg. von der staatlichen Archivverwaltung der DDR, 26 (1976), S. 218-223

Schelcher Walter: Die Verfassung des Freistaates Sachsen, in: JöR 10 (1921), S. 285-300

–: Das öffentliche Recht in Sachsen unter der neuen Verfassung bis Ende 1922, in: JöR 12 (1923/24), S. 1-31

Schiffers Reinhard: Elemente direkter Demokratie im Weimarer Regierungssystem, Düsseldorf 1971

Schlechte Alexander: Die Vorgeschichte der sächsischen Verfassung vom 4. September 1831, Diss. Borna - Leipzig 1927

Schlenker Heinz: Die Volksgesetzgebung in Deutschland, Diss. Heidelberg 1952

Schlink Bernhard: Deutsch – Deutsche Verfassungsentwicklungen im Jahre 1990, in: Der Staat 30 (1991), S. 163-180

Schmidt Gerhard: Die Staatsreform in Sachsen in der ersten Hälfte des 19. Jahrhunderts,Weimar 1966

–: Die Zentralverwaltung Sachsens vom 1831 bis 1918, in: LĚTOPIS, Jahresschrift des Instituts für sorbische Volksforschung, Reihe B – Geschichte, Nr. 27/1 und 2, Bautzen 1980, S. 19-42, 113-134

–: Der Sächsische Landtag 1833-1918. Sein Wahlrecht und seine soziale Zusammensetzung, in: Der Sächsische Landtag. Geschichte und Gegenwart, Dresden 1990, S. 35-48

Schneider Hans: Die Reichsverfassung vom 11. August 1919, in: Handbuch des Staatsrechts der Bundesrepublik Deutschland, hrsg. von Josef Isensee und Paul Kirchhof, Bd. 1: Grundlagen von Staat und Verfassung, 2. Aufl., Heidelberg 1995, S. 85-142

Schneider Hans Peter: Verfassungsrecht der Länder – Relikt oder Rezept? in: DÖV 40 (1987), S. 749-756

–: Die bundesstaatliche Ordnung im vereinigten Deutschland, in: NJW 44 (1991), S. 2448-2445

Schober Manfred: Ereignisse der Französischen Revolution 1789 und der sächsische Bauernaufstand von 1790 im Spiegel der zeitgen. Aufzeichnungen des

Bauern Johann Christoph Näther, in: Sächsische Heimatblätter 36 (1990), S. 185-188

Schönherr Carl-Heinz: Die unmittelbare Demokratie als Institution im parlamentarischen Staatssystem, Diss. Köln 1954

Scholz Rupert: Krise der parteienstaatlichen Demokratie? „Grüne" und „Alternative" im Parlament, Berlin 1983

Schreckenberger Waldemar: Krise der Gesetzgebung? in: Gesetzgebungslehre. Grundlagen – Zugänge – Anwendung, hrsg. von Waldemar Schreckenberger, Klaus König, Wolfgang Zeh, Berlin 1986, S. 21-41

–: Vorwort, in: Gesetzgebungslehre. Grundlagen – Zugänge – Anwendung, hrsg. von Waldemar Schreckenberger, Klaus König, Wolfgang Zeh, Berlin 1986, S. 5

Schroeder J. U.: Die Rechtsgrundlage für den sächsischen Volksentscheid gegen die Kriegs- und Naziverbrecher, in: Landesnachrichtendienst, Ausgabe 76 vom 25. Juni 1946, S. 3-5

Schröder Otto: Die Vorbereitung des Volksentscheids in Sachsen gegen Kriegs- und Naziverbrecher 1946, in: Beiträge zur Geschichte der Sozialistischen Einheitspartei Deutschlands, hrsg. vom Institut für Gesellschaftswissenschaften beim ZK der SED Berlin 1961, S. 244-282

–: Volksentscheid in Sachsen gegen die Kriegs- und Naziverbrecher, in: Einheit, Zeitschrift für Theorie und Praxis des wissenschaftlichen Sozialismus 6 (1961), S. 855-868

Schröder Wolfgang: Sachsen als Zentrum der revolutionären Sozialdemokratie in Deutschland, in: Sächsische Heimatblätter 35 (1989), S. 106–109

Schürmann Wilhelm: Die unmittelbare Demokratie in Bayern und im Bund im Vergleich zur Schweiz, Diss. München 1961

Schüßler Gerhard: Die Einheit von Volk, Partei und Staat – Verfassungswirklichkeit in der DDR, in: Aktuelle Beiträge der Staats- und Rechtswissenschaft, hrsg. von der Akademie für Staats- und Rechtswissenschaft der DDR, Heft 206, Potsdam – Babelsberg 1979, S. 9-49

Schütze Hans: „Volksdemokratie" in Mitteldeutschland, Bückeburg 1960

–: Argumente und Zitate aus sowjetischen und sowjetzonalen Quellen, hrsg. vom Bundesministerium für Gesamtdeutsche Fragen, 3. Aufl., Bonn 1959

Schwarz Otto /Noack Erwin: Die Gesetzgebung des Dritten Reiches, Berlin 1934

Sheehan James J.: Der Deutsche Liberalismus. Von den Anfängen im 18. Jahrhundert bis zum ersten Weltkrieg 1770-1914, München 1983

Sievers Hans-Jürgen: Stundenbuch einer deutschen Revolution. Die Leipziger Kirchen im Oktober 1989, Göttingen 1990

Sommer Monika: Verfassungsgebung in den neuen Bundesländern – Eine Bestandsaufnahme, in: ArbuR 41 (1993), S. 381-383

Sponer Wolf-Uwe /Haentjens Alexander: Die Verordnung des sächsischen Staatsministerums der Justiz zur Durchführung des Gesetzes über Volksantrag, Volksbegehren und Volksentscheid (VVVGVO), in: LKV 5 (1996), S. 150-154

Sporschil Johann: Bemerkungen über den Entwurf der Verfassungsurkunde des Königreichs Sachsen, Leipzig 1831

Staatsrecht der DDR, hrsg. von der Akademie für Staats- und Rechtswissenschaft der DDR, Berlin 1978

Staatsrecht der DDR, hrsg. von der Akademie für Staats- und Rechtswissenschaft der DDR, 2. Aufl., Berlin 1984

Stadtlexikon Dresden, Basel 1994

Starck Christian: Verfassungsgebung in den neuen Ländern, in: ZG 7 (1992), S. 1-26

–: Die Verfassungen der neuen deutschen Länder. Eine vergleichende Untersuchung, Heidelberg 1994

–: Die Verfassungen der neuen Länder, in: Handbuch des Staatsrechts der Bundesrepublik Deutschland, hrsg. von Josef Isensee und Paul Kirchhof, Bd. 9: Die Einheit Deutschlands – Festigung und Übergang –, Heidelberg 1997, § 208, S. 353-402

Starck Christian, Berg Wilfried, Pieroth Bodo: Der Rechtsstaat und die Aufarbeitung der vorrechtsstaatlichen Vergangenheit, in: VVDStRL 51 (1992), S. 9-176

Statistisches Landesamt des Freistaates Sachsen (Hrsg.), Volksentscheide im Freistaat Sachsen, Volksentscheid am 21. Oktober 2001, endgültige Ergebnisse, Sonderheft Nr. 3/2001

Staude Fritz: Sachsen im preußisch – deutschen Reich (1871-1917/18), in: Sächsische Heimatblätter 30 (1984), S. 123-137

Steinberg Rudolf: Der Beitrag des Einigungsprozesses und der neuen Bundesländer zur Verfassungsentwicklung in Deutschland, in: Gegenrede. Aufklärung – Kritik – Öffentlichkeit, Festschrift für Ernst Gottfried Mahrenholz, hrsg. von Herta Däubler-Gmelin, Klaus Kinkel, Hans Meyer, Helmut Simon, Baden-Baden 1994, S. 423-441

Stelzenmüller Constanze: Direkte Demokratie in den Vereinigten Staaten von Amerika, Baden-Baden 1994

Stern Klaus: Das Staatsrecht der Bundesrepublik Deutschland, Bd. 1: Grundbegriffe und Grundlagen des Staatsrechts, Strukturprinzipien der Verfassung, 2. Aufl., München 1984

–: Das Staatsrecht der Bundesrepublik Deutschland, Bd. 5: Die geschichtlichen Grundlagen des deutschen Staatsrechts, München 2000

Stober Rolf: Quellen zur Entstehungsgeschichte der Sächsischen Verfassung, Dresden 1993

Storr Stefan: Verfassunggebung in den Ländern – Zur Verfassunggebung unter den Rahmenbedingungen des Grundgesetzes –, Berlin 1995

Strenge Irene: Plebiszite in der Weimarer Zeit, in ZRP 27 (1994), S 271-275

Tautz Günter: Zur Entstehung einer Verfassung im Freistaat Sachsen, in: Deutsche Wiedervereinigung, hrsg. von Klaus Stern, Bd. 1: Eigentum – Neue Verfassung – Finanzverfassung, Berlin 1991, S. 25-35

Thoma Richard: Recht und Praxis des Referendums im Deutschen Reich und seinen Ländern, in: ZöR 7 (1928), S. 489-507

Tietze Karl-Heinz: Die Menschenrechtsproblematik in der sächsischen Verfassung von 1831, in: Dresdner Hefte 8 (1991), Heft 26, S. 13-15

Tillmanns Reiner: Verfassungsänderung durch Volksgesetzgebung, in: DÖV 53 (2000), S. 269-275

Triepel Heinrich: Der Weg der Gesetzgebung nach der neuen Reichsverfassung in: AöR Bd. 39 (1920), S. 456-546

Troitzsch Klaus G.: Volksbegehren und Volksentscheid, Meisenheim am Glan 1979

Um ein antifaschistisch-demokratisches Deutschland. Dokumente aus den Jahren 1945-1949, hrsg. vom Ministerium für Auswärtige Angelegenheiten der DDR und vom Ministerium für Auswärtige Angelegenheiten der UdSSR, Berlin 1968

Unger Karlfritz: Der Kampf um die Enteignung der Kriegsverbrecher und aktiven Nazis im Landkreis Schwarzenburg und Stadtkreis Aue. Eine Dokumentation aus den Jahren nach 1945, hrsg. von der SED-Kreisleitung Schwarzenberg, Schwarzenberg 1962

Unger Manfred: Die antifaschistisch-demokratische Umwälzung (1945-1949), in: Geschichte Sachsens, hrsg. von Karl Czok, Weimar 1989, S. 518-575

–: Sachsen in der antifaschistisch-demokratischen Umwälzung, seine Stellung in der DDR am Beginn des sozialistischen Aufbaus (1945-1952), in: Sächsische Heimatblätter 30 (1984), S. 165-186

Unger Manfred/Gläß Klaus: Die Verfassung des Landes Sachsen vom 28. Februar 1947, Leipzig 1990

Venator Hans: Volksentscheid und Volksbegehren im Reich und in den Ländern, in: AöR Bd. 43 (1922), S. 40-144

Vitzthum Wolfgang Graf: Staatsgebiet, in: Handbuch des Staatsrechts der Bundesrepublik Deutschland, hrsg. von Josef Isensee und Paul Kirchhof, Bd. 1: Grundlagen von Staat und Verfassung, 2. Aufl., Heidelberg 1995, S. 709-731

–: Die Bedeutung gliedstaatlichen Verfassungsrechts in der Gegenwart, in: VVDStRL 46 (1988), S. 8-52

Vogelsang Klaus: Die Verfassungsentwicklung in den neuen Ländern, in: DÖV 44 (1991), S. 1045-1053

Wagner Ingo: Die Theorie des wissenschaftlichen Kommunismus und die Rechtswissenschaft. Probleme und Fragestellungen, in: Wissenschaftliche Zeitung der Karl-Marx-Universität Leipzig 14 (1965), S. 631-639 (Gesellschafts- und Sprachwissenschaftliche Reihe)

Weber Albrecht: Direkte Demokratie im Landesverfassungsrecht, in: DÖV 38 (1985), S. 178-185

Weber Hermann: DDR. Grundriß der Geschichte (1945-1990), Hannover 1991

Weber Karl von: Detlev Graf von Einsiedel, in: Archiv für die sächsische Geschichte 1 (1863), S. 58-116, 129-193

Weber Rolf: Die Revolution in Sachsen 1848/49. Entwicklung und Analyse ihrer Triebkräfte, Berlin (Ost) 1970

–: Das Königreich in der Epoche der bürgerlichen Umgestaltung (bis 1870), in: Sächsische Heimatblätter 30 (1984), S. 111-122

–: Gestalten der revolutionären Demokratie von 1848/49 in Leipzig, in: Sächsische Heimatblätter 36 (1990), S. 80-85

Weber Werner: Mittelbare und unmittelbare Demokratie, in: Spannungen und Kräfte im westdeutschen Verfassungssystem, hrsg. von dems., 3. Aufl., Berlin 1970

–: Weimarer Verfassung und Bonner Grundgesetz, in: Spannungen und Kräfte im westdeutschen Verfassungssystem, hrsg. von dems., 3. Aufl., Berlin 1970

Wehler Hans-Ulrich: Deutsche Gesellschaftsgeschichte, Bd. 2: Von der Reformära bis zur industriellen und politischen „Deutschen Doppelrevolution" 1815-1848/49, München 1987

–: Das Deutsche Kaiserreich 1871.1918, 6. Aufl., Göttingen 1988

Wehner Helfried: Proletarischer Internationalismus und sozialistische Besatzungspolitik. Ein Beitrag zur Darstellung der antifaschistisch-demokratischen Entwicklung im ehemaligen Land Sachsen unter besonderer Berücksichtigung der sozialistischen Besatzungsmacht, Diss. Halle 1969

Wenzel Max: Die reichsrechtlichen Grundlagen des Landesverfassungsrechts, in: Handbuch des Deutschen Staatsrechts, hrsg. von Gerhard Anschütz und Richard Thoma, Bd. 1, Tübingen 1930, S. 604-619

Werdegang des Volksantrages „Gesetz zur Änderung der Verfassung des Freistaates Sachsen", hrsg. von der Fraktion Linke Liste/PDS, Dresden 1994

Werner Peter: Wesensmerkmale des Homogenitätsprinzips und ihre Ausgestaltung im Bonner Grundgesetz, Diss. Köln 1966

Willoweit Dietmar: Deutsche Verfassungsgeschichte. Vom Frankenreich bis zur Teilung Deutschlands, München 1990

Willy Peter: Die Gründung der Sozialistischen Einheitspartei Deutschlands in Sachsen (1945/46), in: Beiträge zur Geschichte der Sozialistischen Einheitspartei Deutschlands, hrsg. vom Institut für Gesellschaftswissenschaften beim ZK der SED, Berlin 1961, S. 79-114

Witzleben Caesar Dietrich von: Die Entstehung der constitutionellen Verfassung des Königreichs Sachsen, Leipzig 1881

–: Julius Traugott Jacob von Könneritz, königl. sächs. Staatsminister a. D., in: Archiv für die sächsische Geschichte 7 (1869), S. 1-59

Woelker Joachim: Das Staatsleben unter der sächsischen Verfassung vom 1. November 1920 in der Zeit vom 31. März 1927 bis zum 11. Juli 1931, Leipzig 1933

Woelker Konrad: Die Verfassung des Freistaates Sachsen, Leipzig 1921

Wuermeling Joachim: Auf dem Weg zur Einheit: Die Rolle der deutschen Bundesländer in: NJW 43 (1990), S. 1079-1083

Würtenberger Thomas: Die Verfassunggebung in den neuen Bundesländern, in: Kodifikation gestern und heute. Zum 200 Geburtstag des Allgemeinen Landrechts für die Preußischen Staaten, hrsg. von Detlef Merten und Waldemar Schreckenberger, Schriftenreihe der Hochschule Speyer 119 (1995), S. 115-134

Wyduckel Dieter: Gesetzgebungslehre und Gesetzgebungstechnik. Aktueller Stand und künftige Entwicklungstendenzen, in: DVBl 97 (1982), S. 1175-1179

–: Die Entwicklung der Staats- und Kommunalverwaltung in Sachsen von 1815 bis 1918, in: 100 Jahre Allgemeines Baugesetz Sachsen, hrsg. von Hartmut Bauer, Rüdiger Breuer, Christoph Degenhart, Martin Oldiges, Stuttgart 2000, S. 19-43

–: Prinz Johann als Jurist und Mitglied der Ersten Kammer des Sächsischen Landtages, in: König Johann von Sachsen. Zwischen zwei Welten, hrsg. von der Sächsischen Schlösserverwaltung und dem Sächsischen Schlossbetrieb Weesenstein, Halle an der Saale 2001, S. 125-129

–: Das frühe rechtliche Wirken Johanns von Sachsen in seiner Bedeutung für Sachsen und Deutschland, in: SAXONIA, Schriftenreihe des Vereins für sächsische Landesgeschichte e. V., Bd. 7: König Johann von Sachsen 1801/1854-1873. Ein Blick auf Deutschland, Dresden 2000, S. 34-52

–: Besprechung: Bernd Rüthers. Entartetes Recht, in: DVBl 106 (1991), S. 334f.

–: Ius Publicum. Grundlagen und Entwicklung des Öffentlichen Rechts und der deutschen Staatsrechtswissenschaft, Berlin 1984 (Schriften zum Öffentlichen Recht, Bd. 471)

–: Princeps Legibus Solutus. Eine Untersuchung zur frühmodernen Rechts- und Staatslehre, Berlin 1979 (Schriften zur Verfassungsgeschichte, Bd. 30)
–: Verfassungsrechtliche und verfassungsgeschichtliche Überlegungen zur Rechtsbereinigung am Beispiel Sachsens, in: SächsVBl. 5 (1997), S. 285-294
Zeise Roland: Die bürgerliche Umwälzung. Zentrum der proletarischen Parteibildung (1831.1871), in: Geschichte Sachsens, hrsg. von Karl Czok, Weimar 1989, S. 332-380
–: Sachsen und die europäische Revolution von 1848/49, in: Dresdner Hefte 13 (1995), Heft 43, S. 2-8
Zwahr Hartmut: Sachsen im Übergang zum Kapitalismus und im Revolutionsjahr 1831, in: Sächsische Heimatblätter 30 (1984), S. 97-110
–: Die Revolution in der DDR, in: Revolution in Deutschland? 1789-1989, hrsg. von Manfred Hettling, Göttingen 1991, S. 122-143

Dresdner Schriften zum Öffentlichen Recht

Herausgegeben von Jochen Rozek

Band 1 Matthias Röhl: Die Regulierung der Zusammenschaltung. Voraussetzungen und Rechtsfolgen der Zusammenschaltungsanordnung nach §§ 35, 36, 37 Telekommunikationsgesetz durch die Regulierungsbehörde für Telekommunikation und Post. 2002.

Band 2 Georg Mester: Die Volksinitiative in Sachsen. Ein Beitrag zur verfassungsgeschichtlichen und verfassungsrechtlichen Entwicklung des legislativen Einleitungsverfahrens seit der Verfassung von 1831. 2003.

Band 3 Ansgar Hense (Hrsg.): Denkmalrecht unter Denkmalschutz? Aktuelle rechtspolitische, verfassungs- und verwaltungsrechtliche Probleme von Denkmalschutz und Denkmalpflege. 2003.

FSC
www.fsc.org
MIX
Papier | Fördert gute Waldnutzung
FSC® C083411

Kolibri 360 GmbH
Ferdinand-Jühlke-Straße 7
99095 Erfurt, Deutschland
produktsicherheit@kolibri360.de

Druck:
CPI Druckdienstleistungen GmbH
im Auftrag der
Kolibri 360 GmbH
Ferdinand-Jühlke-Str. 7
99095 Erfurt